# Marketing Psychology

# 市场营销心理学

（第三版）

俞文钊
陆剑清
张 章
著

东北财经大学出版社
Dongbei University of Finance & Economics Press
大连

Ⓒ 俞文钊 陆剑清 张 章 2014

**图书在版编目（CIP）数据**

市场营销心理学／俞文钊，陆剑清，张章著 . —3 版 . —大连：
东北财经大学出版社，2014.9
ISBN 978 - 7 - 5654 - 1681 - 1

Ⅰ . 市… Ⅱ .①俞… ②陆… ③张… Ⅲ . 市场心理学
Ⅳ . F713.55

中国版本图书馆 CIP 数据核字（2014）第 199020 号

东北财经大学出版社出版
（大连市黑石礁尖山街 217 号 邮政编码 116025）
教学支持：（0411）84710309
营 销 部：（0411）84710711
总 编 室：（0411）84710523
网 址：http：// www.dufep.cn
读者信箱：dufep @ dufe.edu.cn

大连图腾彩色印刷有限公司印刷 东北财经大学出版社发行
幅面尺寸：170mm×230mm 字数：369 千字 印张：22 插页：1
2014 年 9 月第 3 版 2014 年 9 月第 8 次印刷
责任编辑：郭 洁 石建华 责任校对：赵 楠 毛 杰
封面设计：张智波 版式设计：钟福建

ISBN 978 - 7 - 5654 - 1681 - 1
定价：35.00 元

# 第三版前言

《市场营销心理学》（第三版）正式与读者见面，作者甚为高兴。尽管《市场营销心理学》（第二版）深受读者欢迎，该书由台湾扬智书局于 2002 年在台湾重印，也深受台湾同胞的喜爱，但是，本着与时俱进、精益求精的宗旨，作者全面修订与补充了新的内容，使本书第三版以全新的面貌与读者见面。

本书有以下六个新特点：

第一，内容更加全面与系统。其中，作者对第二版第 4 章"市场营销与消费文化"在内容上进行了扩充，调整为"消费文化与整合营销传播"。

第二，作者始终认为，撰写《市场营销心理学》的过程就是创建中国特色的"市场营销心理学"这一学科的过程。由于"市场营销心理学"是一门处于营销学与心理学之间的边缘学科，它的特色就在于要将两门学科有机地融合起来。本书的特点就是真正将两门学科融合起来，创建一门新的学科。

第三，作者始终强调，我们要在中国文化的背景下创建有中国特色的"市场营销心理学"。书中保留了作者及其他国内学者在实证研究与经验规律总结上所取得的有价值的成果，并在已有成果的基础上继续深入研究与探索。

第四，本书本着与时俱进的理念，使全书充满时代感。其中，作者将第二版第 7 章"市场营销的创新理念"改为"消费心理与神经营销"，全面深入介绍了 21 世纪"神经营销"这一新兴的营销理念与技术。

第五，作者认为，作为市场营销心理学的教学、科研工作者以及企事业单位的实际工作者，不仅要进行这方面的理论知识学习，更要学习在市场中进行市场调查的实际操作方法。本书中的"市场调查"一章将教你学会具体的调查方法，特别是心理学的市场调查方法。

第六，并非任何人都适合从事市场营销工作，本书第三版保留"营销人员的心理素质及其测评"一章。这也是本书的一大特色，并能为企事业单位提供行之有效、效度与信度都很高的营销人员心理素质评定量表。

全书共分为 12 章。

第 1 章"市场营销心理学概述"中分别阐述了"市场营销"与"市场营销心理学"的概念、内涵，使读者能清楚地了解"市场营销学"与"市场营销心理学"两门学科的联系与区别、历史沿革等。

第 2 章"市场消费需求与消费结构"中特别指出了我国社会进入高速发展时期、恩格尔系数已下降的情况，由此得出在 21 世纪我国的消费结构发生了质的变化的结论，最后列出了针对新时期我国的消费结构变化的市场营销对策。

第 3 章专门介绍"市场营销与消费者的心理与行为"。

第 4 章介绍"消费文化与整合营销传播"，主要介绍中国人的消费文化观念以及整合营销传播模式。

第 5 章与第 6 章分别为"市场分析与营销心理"与"市场调查"。市场分析中的"市场细分"、"目标市场"、"市场周期心理"、"市场价格心理"等都与制定市场营销战略与策略直接相关，也就是说与企事业单位的经营成败息息相关。市场调查中的各种调查方法，特别是心理学方法，可以正确地预测显在与潜在的市场，是市场营销是否成功的关键所在。

第 7 章"消费心理与神经营销"则全面深入介绍了 21 世纪神经营销这一新兴的营销理念与技术及其对未来市场营销实践所起的引领作用。

第 8 章"市场营销中消费者的购买行为与推销模式"从理论上分析了消费者的购买行为与推销模式。

第 9 章"广告心理与市场营销"介绍了推销的手段之一——广告。

第 10 章"超市营销与顾客心理"介绍了零售业推销——超市营销与顾客心理。

第 11 章"市场营销中的人员推销"则系统介绍人员推销，详细阐述了人员推销中的各种心理学理论，人员推销的程序、技巧等。

第 12 章为"营销人员的心理素质及其测评"。

本书每章章前有本章的重点内容介绍，每章章后有用于复习的基本概念、思考题。

《市场营销心理学》（第三版）由俞文钊、陆剑清、张章主持修订。在此，对于李成彦在《市场营销心理学》（第二版）修订中所付出的劳动表示肯定与感谢。

**作者**

2014 年 8 月 · 上海

# 目　录

# 第1章

# 市场营销心理学概述

## 重点内容

- 解释市场营销概念的基本内涵，区分需要、欲望和需求概念的差别
- 概述市场营销导向的演变，列举顾客价值
- 简述市场营销心理学的研究历史，明确其研究对象的规定性

## 1.1 市场营销的基本内涵与核心概念

### 1.1.1 市场营销的基本内涵

"市场营销"这一概念最初是从英文"Marketing"翻译而来，关于"市场营销"的定义，国内外不同的学者有不同的释义，其中最具有代表性的是以下三种：（1）美国市场营销学会（American Marketing Association，AMA）于 1960 年下的定义是："市场营销是指产品和服务由生产者流向消费者或用户的一场商务活动。"① （2）美国著名市场营销学专家菲利普·科特勒（P. Kotler）所作的定义是："市场营销是个人和群体通过创造，并同他人交换产品和价值以获得其所需所欲之物的一种社会和管理过程。"② （3）美国市场营销学者里查德·黑斯（R. T. Hise）等人的

---

① 美国市场营销学会定义委员会. 市场营销定义［M］. NY：美国市场营销学会定义委员会，1960：15.
② 科特勒 F. 营销管理：分析、计划、执行和控制［M］. 梅汝和，等，译. 上海：上海人民出版社，1997：21.

定义是："市场营销是确定市场需求并使提供的产品和服务能满足这些需求。"①

上述三种定义具有以下五方面的共同特点与丰富内涵：一是强调任何现代企业所进行的市场营销活动必须以"顾客和市场"为导向，而非以产品、技术或者生产为导向。二是市场营销活动以最大限度地满足消费者的各种需求和欲望为目的，而非以赚取最大利润为目的，赚取利润仅仅是满足消费者需求的副产品，而非营销活动的唯一目的。三是强调通过组织内外的协调以实现其目的，即市场营销活动不仅是企业中营销职能部门的职责，还是整个组织内部上下一致的自觉行为。企业在面向消费者进行促销活动之前，必须首先做好企业内部营销工作，以雇用和培训员工为顾客提供优质服务。四是强调交换是市场营销的核心，只有通过交换才能实现双方的目的。五是强调市场营销不仅仅局限于营利性组织的经营管理活动，也包括非营利性组织的经营管理活动，诸如政府机构、医院、学校等。

可见，正如美国企业管理权威彼得·德鲁克（F. B. Drucker）所言："市场营销的目的在于使推销成为多余。"然而，上述定义的不足在于：其仅涉及了组织与消费者之间的关系，而没有考虑"社会"这一很重要的因素，因为市场营销活动的过程与结果不仅涉及和影响组织与消费者本身，而且对于整个社会也会产生非常重要的影响。例如，快餐业的发展在迎合了消费者的生活节奏日益加快的同时，也造成了严重的环境污染。换言之，如何正确处理好组织、消费者与社会这三者之间的关系，是营销理论与实践中必须认真考虑的一个基本问题。此外，上述定义缺乏辩证的动态发展观，因为市场营销活动是在动态的经营环境中产生和发展的，而非在静态的经营环境中进行。

基于以上考虑，我们认为市场营销是指"以促进和保护消费者与社会的整体利益为目的，在动态的经营环境中所进行的满足顾客需求的社会交换过程"。

### 1.1.2 市场营销的核心概念

由于市场营销是个人和集体通过创造产品，并与他人交换产品和价值，从而满足其需要的一种社会过程，因而具体涉及以下一些核心概念：需要、欲望和需求，产品，交换和交易，市场，市场营销和市场营销者。图1-1显示了它们之间的相互关系。

---

① 黑斯 L. 市场营销原理与决策［M］. 韩佩璋，胡士廉，等，译. 北京：机械工业出版社，1983：1.

```
┌──────────┐     ┌──────┐     ┌──────┐     ┌──────┐     ┌──────────┐
│ 需要、欲 │ →  │ 产品 │ →  │ 交换 │ →  │ 市场 │ →  │市场营销和│
│ 望和需求 │     │      │     │和交易│     │      │     │市场营销者│
└──────────┘     └──────┘     └──────┘     └──────┘     └──────────┘
```

**图 1-1　市场营销的核心概念**

1）**需要、欲望和需求**

市场营销的出发点是人类的各种需要和欲望。人们需要食物、空气、水、衣服和住宅，以便生存下去。除此之外，人们对于娱乐、受教育和其他一些服务也充满强烈的欲望。因而对需要、欲望和需求加以区别，是极富现实意义的。需要是指因某些基本的愿望没有得到满足而产生的一种心理状态。为了生存，人们需要食物、衣服、住所、安全、归属、受人尊重等。这些需要产生于人类自身的生理与心理本能，而不是由市场营销者创造的。

欲望是指满足深层次需要的愿望。例如，人们从仅需要食物充饥到想要一个汉堡包，从仅需要衣服取暖到想要一件皮尔·卡丹时装，从想要人们尊重自己到购买卡迪拉克豪华房车。

人类的需要并不多，可是人类的欲望却纷繁复杂。诸如公司之类的各种社会力量和社会机构，不断地刺激人们形成欲望。

需求是指对某种产品与服务具有购买能力和购买意愿的欲望。只有具备了购买能力，欲望才能转化成为需求。例如，许多人都想买一辆奔驰汽车，但只有极少数人买得起。因此，企业不仅要了解需要本企业产品的消费者人数，更重要的是，应该去了解既有购买意愿又有购买能力的消费者人数。

可见，营销者并不创造需求而只是对人们的需求产生影响。例如，虽然一辆奔驰汽车可以提高人们的社会地位，但是人们对社会地位的需求并不是由营销者所创造的，他们只是试图指出哪些产品与服务能满足人们的某种需求。而营销者对消费需求的影响主要表现在：使产品富有吸引力，制定合理的价格和创造便利的购买条件。

2）**产品**

人们用产品来满足自己的各种需求。从广义上说，产品是指任何提供给人们用于满足其需要或欲望的物品或服务，如一辆汽车、一台电视机，或者一种软饮料。

一般而言，产品既包括实体产品也包括无形服务。实体产品的重要性不仅是因为购买者拥有它，更在于使用它以满足其需求。例如，购买汽车，不是用于欣赏的，而是用于提供便利的交通服务；购买微波炉也不仅是作摆设，而是用于烹饪食物。因此，实体产品本质上是传递无形服务的工具。

如果厂商过于注重实体产品本身，而忽视了实体产品所带来的无形服务，那么它将会陷入窘困的境地。营销者的工作就是销售包含在实体产品中的无形服务，而不仅是描述产品的外形，否则，就是患有"营销近视征（marketing myopia）"，即营销者把目光投向产品本身，而不是满足消费者的需要。

3）交换和交易

当用以满足需求的交换方式产生时，营销就存在了。通常，人们可以通过四种方式获得所需要的产品，交换则是其中之一。

第一种方式，自己生产。例如，饥饿者可以通过打猎、捕鱼或采集果实以充饥。他与他人不需要发生联系。在这种情况下，既没有市场，也不存在市场营销。

第二种方式，巧取豪夺。例如，饥饿者可以掠夺他人的食物充饥，被夺者没有获得任何益处。

第三种方式，乞讨。例如，饥饿者通过乞讨可以获得食物。

第四种方式，交换。例如，饥饿者可以用货币、物品或某些服务，通过与他人交换以获取食物。

市场营销就是产生于最后那种获得物品的方式之中。所谓交换，是指从他处获得所需之物并拿出某种物品或服务作为回报的行为。在市场营销学中，交换是一个特定的概念，只有满足以下五个条件，交换行为才会发生：

（1）交换的主体至少有两个；

（2）双方都认为对方的物品或服务对自己有价值；

（3）彼此之间能进行信息沟通和货物传送；

（4）双方都有接受或拒绝对方产品的自由；

（5）双方都认为这种交换是合情合理的。

只有当上述条件全都具备时，交换行为才会发生。交换双方只要能使交换的条件对双方都有利，交换就能顺利进行。从这种意义上而言，交换是个价值的创造过程，因为通常交换之后交换双方都会觉得比交换之前更好。

市场营销者只有对交换双方所持有的资源进行分析，才能保证交易成功。通过双方当事人及其所交换的特定资源,可以画出简单的交易过程。四种人们熟悉的交易的典型案例如图 1-2 所示。第一种是人们最熟悉的商业交易,如卖方为获得货币而向买方出售产品和服务。第二种是雇佣交易,如雇主给予雇员工资及福利待遇,以换取雇员高效的工作(由时间、精力和技术组成)。第三种是民政交易,如警方负责保护市民,市民则交纳税金并与警方合作。第四种是慈善交易,即慈善机构向捐赠者表示感激之情和良好祝愿,以换取捐赠者为其捐献时间和金钱。

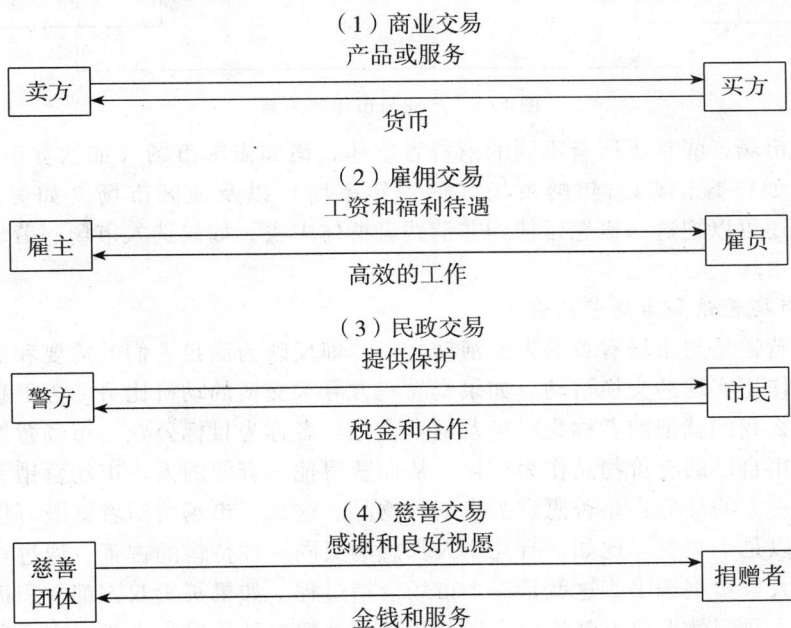

图 1-2　交易的典型案例

**4)市场**

交换和交易这一概念引申出市场。市场是指有着某种特定的需要和欲望、愿意且能够通过交换来满足的全体显在与潜在消费者。因此,市场的大小取决于有着某种需要和特定资源,并且愿意通过交换以满足其需要的消费者人数。

市场原指买卖双方进行交换的场所,经济学则用市场表示销售者和购买者的集合,而营销学认为,销售者的集合构成产业,购买者的集合形成市场。产业与市场的关系如图 1-3 所示,销售者和购买者通过四条途径相互连接,互换信息。图中内圈代表货币与产品、服务的交换,外圈代表信息的交换。

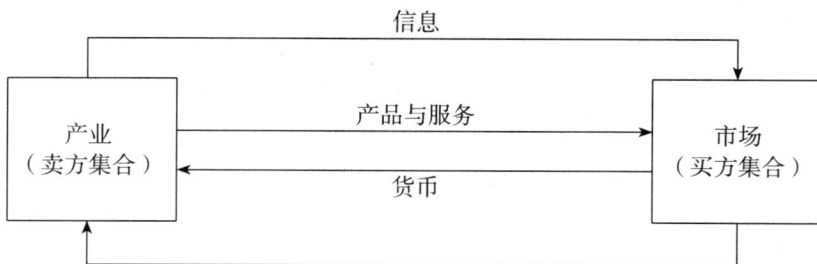

**图1-3 产业与市场的关系**

所谓市场,囊括了所有不同的消费者群体,诸如需求市场(如饮食市场)、产品市场(如鞋类市场)、年龄市场(如青年市场)以及地区市场(如美国市场)等。甚至还可以把这一概念延伸到非消费者群体中去,如候选人市场、劳动力市场和捐助者市场。

5)市场营销和市场营销者

市场营销是与市场有关的人类活动之一,即反映为满足人们的需要和欲望,通过市场的作用实现的交换活动。如果交易一方寻求交换的动机比另一方更积极、更强烈,那么我们就把前者称为市场营销者,把后者称为目标公众。市场营销者是指那些愿意用自己的有价物品作为交换,从而获得他人资源的人。市场营销者寻求的是交易另一方的反应:是否愿意买卖某种物品。这样,市场营销者就既可以是个卖主,也可以是个买主。比如,有几个人都想购买同一件待售的古董,通过竞标最终只有一个人被卖主选中。这就是一个市场营销过程。如果买卖双方都在积极地寻求达成交易,我们就把双方都称为市场营销者,并把这种情况称为相互市场营销。因此,市场营销是指个人或群体为了满足其需要而创造并交换产品及其价值的社会过程。

## 1.2 市场营销导向的演变

市场营销导向是指一定时期内支配企业行为的经营哲学。企业在经营活动中,需要处理企业、消费者与社会三者之间的利益关系,这三者之间通常存在着矛盾和冲突,如何对待这三者之间的利益关系,便涉及企业的市场营销导向。市场营销导

向是特定时代的社会产物，它在一定的社会经济大背景下形成，并随着历史条件的
发展变化而逐步演变。在欧美国家，市场营销导向大体上经历了五个发展阶段。

### 1.2.1　生产导向

这是 20 世纪 20 年代之前主导企业经营活动的哲学理念。在生产力水平低下的
历史条件下，社会产品总体上供不应求，基本处于"卖方市场"。在这一历史时
期，消费者所希望的仅是能够方便地买到自己需要的产品，尤其是价格低廉的产
品；而生产厂商，只要所生产产品的价格能被消费者接受，就不存在销售问题。因
而，企业经营活动是以生产为导向，立足于通过采用新技术、使用新机器、提高劳
动生产率等途径扩大生产规模、降低生产成本，以求在产品批量销售中获取更多利
润。例如，美国福特汽车公司在 20 世纪初开拓汽车市场时便奉行"扩大生产、降
低成本"的企业经营哲学。福特公司为使更多的消费者购买汽车，竭尽全力在降
低产品成本的同时扩大生产规模，而当时的消费者对于汽车亦无过多的要求，因
此，福特公司无须开发汽车新品种、新款式，只要大量生产现有的黑色 T 形轿车
就可获利，正如亨利·福特所言："不管顾客喜欢什么颜色的汽车，我们只需生产
黑色的。"

### 1.2.2　产品导向

这是盛行于生产导向后期至 20 世纪 30 年代之前的另一种传统经营哲学。推崇
产品导向的企业经营者认为，随着社会消费水平的提高，消费者购买产品将以品质
为中心，喜欢购买高质量、多功能和具有特色的优质产品，只要厂商生产出高品质
的产品，就不愁销路。正是基于这一认识，企业经营活动便以产品为导向，力求生
产出市场上的最优产品。遵循产品导向的企业在生产经营中迷恋于追求产品的高品
质，则容易忽视市场的实际需求，会因为生产成本与产品价格过高而难以被消费者
所接受，从而在市场营销中导致失败。科特勒把这种过分注重产品本身而不考虑市
场实际需求的营销导向称为"营销近视征"。例如，美国爱尔琴手表公司自创办以
来，一直注重生产优质手表，曾享有全美最佳手表制造商的美誉。20 世纪 50 年代
以前，该公司的手表销售量和市场占有率持续上升，但进入 50 年代以后，其手表
销售量与市场占有率开始下滑。究其原因，是因为手表的市场需求发生了很大变
化，消费者开始摒弃"一只名表佩戴终生"的传统消费理念，希望购买走时准确、

佩戴方便、款式美观、价格适中的中档手表。然而，爱尔琴公司忽视了手表市场需求的这一变化，仍然醉心于生产价格昂贵的高档名表，未对这一市场变化做出准确的判断和反应。

### 1.2.3 推销导向

推销导向盛行于 20 世纪三四十年代。这一时期，由于生产规模的扩大以及劳动生产率的提高，大量产品充斥市场，市场开始由"卖方市场"向"买方市场"转变，市场竞争日趋激烈。同时，1929—1933 年世界性经济危机的爆发使得全球经济处于萧条之中，整个社会的购买力水平大幅下降。在这一历史背景下，推销导向应运而生，它认为消费者一般不会足量购买自己所需要的产品，即消费者会表现出消费惰性，因而厂商应采用各种有效的推销手段以刺激消费，努力说服顾客多购买产品。推销导向致使市场上产品广告铺天盖地，无视顾客实际需求的"强力促销"手段风行。虽然推销是市场营销的重要手段之一，但是如果把推销作为产品销售的唯一手段而无视消费者的利益，则是一种危险行为。对此，美国著名营销学家菲利普·科特勒认为："总有人认为推销是必要的，然而营销的目的就是要使推销成为多余，营销的目的在于深入地认识和了解顾客，让产品完全适合其需要从而使之自我推销，理想的营销所要做的便是如何使顾客方便地获得产品。"①

企业的经营哲学由生产导向、产品导向发展到推销导向，说明企业经营者已逐渐认识到消费者在营销过程中的重要地位，表明企业经营活动的重心正逐步由企业向市场转移。然而推销导向如同生产导向和产品导向一样，在处理企业与消费者的利益关系上仍以企业为中心，并未充分考虑市场需求与消费者利益。随着市场经济的迅速发展，以企业为中心的传统经营哲学则由以市场为中心的现代经营哲学所取代。

### 1.2.4 市场营销导向

有关市场营销的思想源远流长。早在 17 世纪中叶，日本三井家族在东京开办世界上最早的百货商店时，就提出了富有创意的经营方针：做顾客的买手、销售顾

---

① 科特勒 F. 营销管理：分析、计划、执行和控制 [M]. 梅汝和，等，译. 上海：上海人民出版社，1997：29.

客所需要的商品、为顾客提供丰富多样的物品以及无条件退货退款等。19 世纪中叶，美国国际收割机公司也提出了类似的经营方针：通过市场调查以分析市场需求，向顾客提供零部件和服务以及实行分期付款等。20 世纪 50 年代后，市场营销导向开始成为企业界主导性的经营哲学，市场营销导向取代推销导向等传统经营哲学作为企业经营哲学发展史上的一次根本性变革，被国外学者称之为可与产业革命相提并论的"市场营销革命"。

　　市场营销导向源于消费者主权理论。这一理论认为产品生产的决定权既不在企业手中，也不在政府手中，而应在广大消费者手中；企业应该生产消费者所需要的产品，这样才能使消费者的利益达到最大化，并使企业因此获利。市场营销导向的核心思想是：企业经营活动应以市场为导向、以消费者为中心、以满足消费者的需求为出发点与归宿，并以此谋求最大利润。市场营销导向所提的口号是："发现需求，满足他们"；"生产市场需求的产品，而非生产企业能够制造的产品"；"爱你的顾客，别爱你的产品"；"顾客至上"；"有利可图地满足需求"。20 世纪 80 年代美国贝尔公司在一则广告中的陈述充分体现了市场营销导向的基本思想，这则广告如此写道："我们的中心目标始终是顾客。我们将倾听他们的声音，了解他们所关心的东西。我们重视他们的需求，并先于我们自己的需要。我们与他们的长期合作关系将建立在相互尊重、相互依赖和我们努力行动的基础上。顾客是我们的生命，是我们存在的全部理由。我们必须永远铭记谁是我们的服务对象，随时了解顾客需要什么，何时需要，何地需要，如何需要，这将是我们每一个人的责任。衡量我们与顾客之间合作关系成功与否的客观标准，直接与我们能否适应顾客需要、能否掌握顾客活动的特点有关。现在，让我们继续这样干下去吧，我们将信守自己的诺言。"①

　　同时，市场营销导向强调大营销观念。企业在市场营销过程中应从各个方面适应市场和满足消费者需求，诸如开发新产品、调整产品结构、构建分销渠道、策划促销方案、提供售后服务、降低营销成本、优化资源配置等。因而在市场营销过程中，企业内部各个职能部门（生产部门、财务部门、人事部门和营销部门等）应在达成以满足消费者需求为宗旨这一共识的基础上，相互配合，齐心协力，充分发

---

　　① 科特勒 F. 营销管理：分析、计划、执行和控制 ［M］. 梅汝和，等，译. 上海：上海人民出版社，1997：29.

挥企业整合营销的综合效能。

市场营销导向与推销导向之间存在着重大差异（如图 1-4 所示）。推销导向的出发点是企业现有的产品，主张通过强力的推销活动以促销产品、获取利润；市场营销导向则以满足目标市场需求为出发点，强调企业各部门以及各种营销活动的整合协调，力求通过赢得和保持顾客的满意以获取利润。

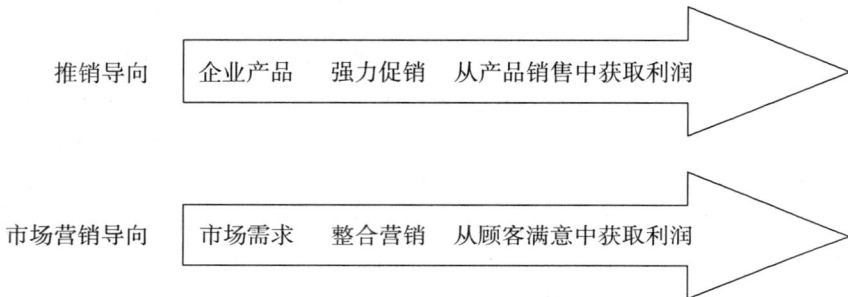

推销导向 　企业产品　强力促销　从产品销售中获取利润

市场营销导向 　市场需求　整合营销　从顾客满意中获取利润

图 1-4　推销导向与市场营销导向的比较

### 1.2.5　社会营销导向

社会营销导向形成于 20 世纪 70 年代，它是对市场营销导向的扩充与修正，是市场营销导向的新发展。70 年代后，全球社会经济在快速发展中出现了诸多问题，如生态失衡、环境恶化、资源短缺、人口爆炸等。同时，随着消费者主体意识的迅速觉醒以及保护消费者权益运动的蓬勃兴起，在市场营销过程中出现了新的矛盾，即企业、消费者和社会利益之间的矛盾以及消费者的眼前利益与长远利益之间的矛盾。例如，餐饮业为满足消费者的方便需求，大量使用一次性饭盒，既浪费资源又污染环境；日用化学品公司为了满足消费者对衣物去污增白的需求，生产出了特效增白洗涤剂，但这类产品却污染了江河水质，威胁鱼类的生存；快餐公司向消费者供应美味可口的快餐，但其食品却不具有理想的营养价值等。诸如此类情况的存在，要求市场营销导向进一步扩充与修正，从而导致了社会营销导向的出现。

社会营销导向的核心思想是要求企业在市场营销过程中协调与均衡企业、消费者以及社会这三方面的利益，即企业在策划和开展市场营销活动的过程中，应在满足市场消费需求的同时兼顾社会和公众的利益，企业既要满足消费者的眼前需求，又应考虑消费者的长远利益；既要谋求眼前利益和吸引新顾客，又应着眼于长远利益和维系老顾客。因此，企业在市场营销中应承担相应的社会责任，诸如保护自然环境、维护生态平衡、有效利用资源、保障消费者权益、遵守国家法律等。

# 1.3　市场营销与顾客满意

在现代激烈竞争的市场上，企业要想生存和发展，并立于不败之地，必须使顾客在购买产品与服务时，能获得最大的满意度，从而吸引顾客，并维系顾客。对于企业营销人员而言，建立起吸引并维系顾客的营销观念，是其首要任务。一个企业能在多大程度上取得成功，将取决于顾客在获得与消费该企业产品过程中的满意度。企业必须以顾客为导向，通过提供高顾客价值以达到这一目标。现在，吸引与维系顾客已不再是单个营销部门的任务，而成为了整个企业的任务。

## 1.3.1　顾客价值与顾客满意

顾客购买产品的过程，是一个运用其知识、能力与经验进行判断的过程，顾客会按照自己认为最具有价值、最令其满意的方式来选择和购买。什么时候顾客才会感觉到所选择的产品最具价值，也最使自己满意呢？这就涉及顾客让渡价值的概念。

1）顾客价值与顾客让渡价值

顾客价值是指顾客期望从某一特定产品或服务中获取的一系列利益所构成的总价值。顾客让渡价值则指顾客所获得的总价值与其为获取这些价值所付出的成本之间的差额（如图 1-5 所示）。

顾客价值包含四个方面的价值，即产品价值、服务价值、人员价值和形象价值：

（1）产品价值，指产品自身的功能、可靠性、耐用性等因素。

（2）服务价值，指顾客购买产品时所获得的培训、安装、维修等方面的服务。

（3）人员价值，指顾客购买产品时与营销人员建立良好的合作关系，并能及时获得营销人员的帮助。

（4）形象价值，指顾客购买产品后，受到他人的尊崇与赞誉，从而提高自己的社会地位。

为获得上述价值所支付的顾客成本则包括货币成本、时间成本、精力成本和体

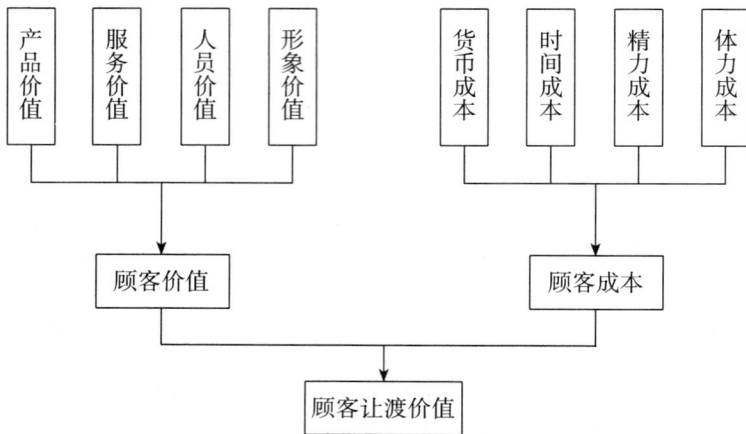

**图 1-5　顾客价值与顾客让渡价值**

力成本：

（1）货币成本，指顾客为获得产品或服务而支付的价款。

（2）时间成本，指顾客在选购之后学习使用产品所要花费的时间，或是为了等候服务而耗费的时间。

（3）精力成本，指顾客为了学习使用或安全维护产品所付出的精力。

（4）体力成本，指顾客为使用、保养、维修产品所付出的体力。

顾客价值观念的内涵与传统销售观念有根本区别，这一观念认为顾客购买产品所获得的不仅是产品的功能与质量，而顾客购买时所付出的也不仅是购买价款。顾客购买产品时的选择过程是顾客追求最大让渡价值的过程，企业只有能够提供比竞争对手更大的顾客让渡价值，才能吸引顾客并留住顾客。因此，营销人员应尽力提高顾客让渡价值，具体可以通过增加顾客价值或减少顾客成本，或者两个方面同时进行。

**2）顾客满意**

顾客让渡价值仅是顾客在购买产品时所使用的购买决策判断标准之一，另一项判断标准为顾客满意。顾客满意是指顾客通过对一个产品的可感知绩效与其期望值进行比较后所形成的感觉状态。而满意的水平则取决于可感知绩效与期望值之间的差异程度。如果产品绩效超过期望值，顾客就会十分满意或喜出望外；如果产品绩效等于期望值，顾客就会感到满意；但如果产品绩效低于期望值，顾客就会失望而感到不满意。

顾客的期望在很大程度上是根据他人的评价、介绍和厂商的承诺而形成的。因此，企业不能将期望值定得过高，因为顾客极有可能失望，也不能将期望值定得过低，因为这样无法吸引顾客。对于以追求顾客满意为目标的企业而言，可在降低期望值、提高可感知绩效方面做出努力，以提高顾客满意度。

### 1.3.2 价值链与价值让渡系统

在明确了顾客价值与顾客满意的重要性之后，接着就要了解如何为顾客生产价值以及如何向顾客转让价值。这就涉及价值链与价值让渡系统的概念。

1）价值链

营销学者迈克尔·波特（Michael E. Porter）率先提出了价值链这一概念。价值链是指一系列创造价值和产生成本的相互关联的活动。虽然这些活动的直接目标不同，但最终都对形成顾客价值起作用。例如，企业内部有产品设计、生产、销售、送货、售后服务等一系列活动，它们都是形成企业价值链的重要环节。波特认为，价值链将创造价值和产生成本的一系列活动分解为相互关联的九项活动，其中五项是基础性活动，四项是辅助性活动，如图 1-6 所示。

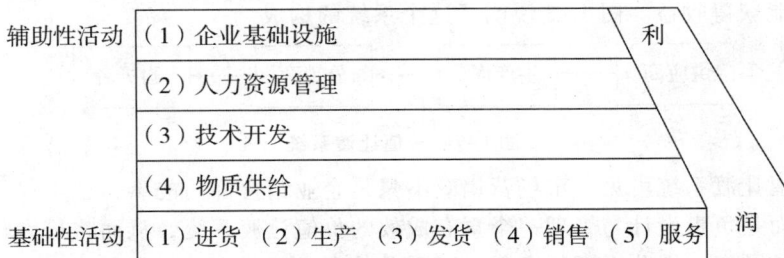

| 辅助性活动 | （1）企业基础设施 | 利 |
| | （2）人力资源管理 | |
| | （3）技术开发 | |
| | （4）物质供给 | |
| 基础性活动 | （1）进货　（2）生产　（3）发货　（4）销售　（5）服务 | 润 |

**图 1-6　企业的价值链**

由价值链的构成可见，企业内部各个部门之间的活动是相互联系、相互影响与相互制约的。如果每个部门只寻求本部门利益的最大化，那么相关部门的利益就会受到损害，其结果是企业在整体上无法获得最大利益，顾客也无法获得最大的让渡价值。例如，企业的发货部门为了节约开支选择铁路来运送货物，结果使顾客的等候时间延长。因此，企业的营销活动需要建立起高度协调的价值链体系，从整体上努力提高顾客让渡价值。同时，企业内部的核心业务流程涉及众多部门的投入与合作，企业要提高顾客让渡价值，就需要对其核心业务流程加强管理。企业的核心业务流程包括：

（1）新产品实现流程，指在快速、高效、按目标成本来创新产品时所涉及的活动，包括识别需要、研究、开发和成功推出新产品。

（2）存货管理流程，指在原材料、中间产品和制成品的存货管理中所涉及的全部活动。

（3）订货-付款流程，指在接受订货、按时送货以及收取货款中所涉及的全部活动。

（4）顾客服务流程，指在为顾客提供各种便利中所涉及的全部活动，包括使顾客获得便捷满意的服务、解答以及解决问题等。

2）价值让渡系统

企业不能仅依靠其自身的价值链将顾客价值传递出去，企业还必须进入供应商、分销商和最终顾客各自的价值链中去寻求竞争优势，通过将不同组织的价值链重新组合，把顾客价值最终传递给顾客。可见，价值让渡系统是由产业机构的价值链组成的、用于向顾客传递价值的合成系统。在市场营销活动中，价值让渡系统中的任何一个产业机构如果不能将顾客价值顺利传递，那么该价值让渡系统中的所有成员都不能获得收益。图1-7说明了这个系统的构成。

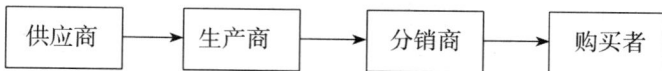

```
┌───────┐      ┌───────┐      ┌───────┐      ┌───────┐
│ 供应商 │ ───▶ │ 生产商 │ ───▶ │ 分销商 │ ───▶ │ 购买者 │
└───────┘      └───────┘      └───────┘      └───────┘
```

**图 1-7 价值让渡系统**

由价值让渡系统可见，市场营销既不只是企业销售部门的事，也不仅是生产厂商的事，而是负责设计与管理一个卓有成效的价值让渡系统，从而将最大顾客让渡价值传递给顾客。因此，新的竞争已不再是单个竞争者之间的竞争，而是由若干竞争者所组成的价值让渡系统之间的效率之争。

### 1.3.3 维系顾客

价值让渡系统中的企业不仅要改善与其他系统成员的关系，而且还须加强其与最终顾客的联系，以提高顾客忠诚度。传统的销售观念并不认为流失一两个顾客会有何损失，因为总会有新的顾客补充进来。然而，顾客满意观念的提出，使得企业重新考虑流失顾客的成本与获得新顾客成本之间的巨大差异，并开始意识到维系顾客的重要性。

　　1）维系顾客的重要性

　　企业流失老顾客不仅会导致直接利润损失，而且还会因为顾客购买竞争对手的产品而带来间接成本上涨。同时，维系顾客的重要性还在于赢得新顾客的成本是维系老顾客成本的 5 倍。为了维系老顾客，企业必须提高顾客忠诚度，而达到此目的的重要方法是运用关系营销。本书在后文中将作专题论述。

　　2）控制顾客流失的方法

　　控制顾客流失首先应确定顾客的维系率，首先，如果顾客流失与人口变化相关，那么这种流失则属正常。其次，如果顾客流失超过企业的顾客维系率，就要分析其原因是否是因为所提供的顾客价值下降，诸如服务质量差、产品设计不合理、价格偏高等。企业应找出真正原因，并加以改进。

### 1.3.4　全面质量营销

　　质量是维护顾客忠诚的最好保证，是企业应对竞争的有力武器。企业要想在竞争中站稳脚跟，巩固或者扩大市场份额，必须采取全面质量营销措施。在企业中，虽然由营销部门来负责实施营销职能，但是营销部门无法弥补产品质量缺陷，即只有实施全面质量营销，才能将导致顾客不满意的因素，在产品销售之前就予以解决。

　　企业如何实施全面质量营销呢？第一，营销人员必须正确识别顾客的需要，并将这些需要及时传达给设计者，以便设计出符合顾客需要的产品；第二，要保证顾客的订货能准确及时地得到处理，按时交货；第三，当产品出售给顾客时，应为其提供各种必要的服务，并视这些服务为市场营销的必要组成；第四，应与顾客建立密切联系，及时解决他们在使用产品中所遇到的问题；第五，营销人员应不断收集顾客反馈的意见与建议，并在新产品的开发过程中予以积极采纳，以使产品的功能与质量不断提高。

## 1.4　市场营销心理学的研究历史

　　市场营销心理学是心理学与市场营销学之间派生出来的一门边缘性的应用学科。其理论基础为心理学、经济学、社会学和文化人类学。市场营销心理学产生于

20 世纪 60 年代的美国，至今仅有 50 多年的历史，因此它还是一门很年轻的学科。但就其历史渊源来说则可追溯到 19 世纪末。这门学科有一个短暂的历史，却有一个漫长的过去。纵观市场营销心理学的发展史，我们可以大致把它划分为如下几个阶段。

1）第一阶段：广告心理学研究期（19 世纪末至 20 世纪初）

这一时期市场的基本特征是，资本主义经济迅速发展，消费需求极度膨胀，市场基本上为求大于供的卖方市场。因此，在企业管理中生产观念占据主导地位，企业经理奉行"我能够生产什么就卖什么"的经营观念，完全忽视了消费需求研究和其他营销手段的配合。不过后来由于竞争的加剧和劳动生产率的迅速提高，致使某些企业出现了一定程度的产品销路问题，因此迫使一些经济学家和企业经理着手研究产品的销售问题，而其中的重点又是广告术，希望通过有效的广告宣传解决产品的销售问题。1895 年美国明尼苏达大学的盖尔首先采用问卷调查法就消费者对广告及其所宣传的商品的态度与看法进行了研究。1901 年，美国心理学家斯科特在西北大学建立了一个心理学实验室开始着手对广告心理学进行实证研究。此后，他陆续发表了 19 篇文章，论述广告心理学问题，并于 1903 年把这些论文汇编成《广告理论》一书出版，强调心理学应该而且确实可以在广告科学的发展中发挥重要的作用。他还提出心理学不仅可应用于广告方面，而且还可以应用于各种产业问题的研究上。学术界一般认为，《广告理论》一书的问世标志着广告心理学的诞生，同时它也被看做是市场营销心理学的雏形。此后，斯科特又发表了一系列的文章论述在工商业中，应用心理学原理解决动机激励和劳动生产率的提高问题，并于 1908 年出版了《广告心理学》一书，这在建立系统的广告心理学的道路上又迈出了一大步。同一时期，美国哈佛大学的闵斯特伯格也开展了广告心理学方面的实证研究，对广告的面积、色彩、文字运用和广告编排技巧等因素与广告效果之间的关系进行了系统的实验研究。随后，越来越多的心理学家和市场营销专家开始注意研究心理学知识在市场营销中的应用问题，并出版了世界上第一本以"Marketing"命名的教科书。这一时期的研究重点是广告心理学，这是市场营销心理学的初创期。这一时期市场营销心理学的主要特点是：研究范围比较单一，主要局限于广告心理学的研究；学科自身没有明确的理论原则和体系，也还没有出现现代市场营销的一些基本观念和原则；实践运用上仅限于大学课堂，尚未得到社会和企业的认可。

2）第二阶段：销售心理学研究期（20 世纪 20 年代至 40 年代末）

进入 20 世纪 20 年代以后，随着垄断的资本主义商品经济的飞速发展和市场竞争的日益加剧，商品销售出现了前所未有的困难。于是，商品推销工作和推销技术受到了人们的特别重视，销售第一次被看做是与生产同等重要的环节；"推销观念"成为企业经理的管理理念，信奉"我卖什么人们就会买什么"的营销观念；推销机构和营销人员成为企业最受重视的一个重要部分。这种局面极大地促进了市场营销心理学的分支之一——消费者心理学的发展。美国西北大学的贝克伦在其《实用心理学》一书中分两章专门论述了销售心理学问题，指出了解消费者的消费需要是搞好推销工作的核心环节。这一时期的特点是：研究范围有所扩大，但重点是销售心理学的研究，尤其是推销术备受重视；理论上仍然局限于推销观念的范围之内；实践应用范围已扩大到企业界，但主要局限于流通领域，尚未对潜在的市场需求和生产领域进行研究。

3）第三阶段：消费者心理学研究期（20 世纪 50 年代至 80 年代初）

这一时期市场营销心理学的研究特别繁荣。由于第二次世界大战后西方各国经济由战时经济转为民用经济，加上科学技术的飞速发展，极大地促进了市场经济的发展。西方各国社会生产力得到了前所未有的提高，买方市场全面形成，市场消费需求变得异常复杂，企业面临着更为严峻的考验，于是形成了"以消费者为中心"的现代市场营销心理学观念，并以此为核心形成了现代市场营销心理学的概念、原则和理论体系。应该指出的是，这段时期出版了大量的市场营销心理学专著，发表的学术论文更是汗牛充栋。据统计，仅 1967—1976 年这 10 年间，在美国关于消费心理学方面的文章就发表了一万多篇。此外，专门研究市场营销心理学问题的各类刊物陆续创刊，如《广告研究》、《市场研究》、《消费者研究》、《市场》、《市场调查》等杂志。这一时期的主要特点是：市场营销心理学的研究范围从流通领域向前拓展，进入了生产领域，消费者的消费动机、态度、消费人格和购买习惯等一系列问题都成为市场营销心理学家的研究对象；市场营销心理学因此也由专门指导流通领域中的销售过程的参谋，发展成为参与指导企业经营决策的一门学科；在研究方法上也更强调动态的整体研究，实验法受到了人们的推崇。

4）第四阶段：整体市场营销心理学研究期（20 世纪 80 年代至今）

进入 20 世纪 80 年代以后，随着市场竞争更趋激烈、营销环境的不断变化，以往的市场营销观念、理论和方法已逐渐无法适应营销实践的发展变化，由此产生了

"大市场营销观念"和"全球市场营销观念"。所谓的"大市场营销观念",其核心思想是强调企业不仅要适应外部环境,同时还要有意识地利用"经济的、心理的、政治的和公共关系的"等营销手段主动去改变和营造外部经营环境,使之朝着有利于企业的方向发展。所谓的"全球市场营销观念",其主要观点是强调企业要适应经济全球化的趋势,要求企业从整个世界角度去安排自己的全部营销活动,打破原有的国界概念,抛弃落后的本国企业与外国企业、本国市场与外国市场的概念,按照最优化的原则,把不同国家中的不同企业组织起来,通过适当的分工合作重新配置有限资源,以最低的成本、最优化的市场营销去满足全球市场需求,从而达到大幅度地降低成本、提高整体营销效益的目的。在上述崭新的市场营销观念的指导下,市场营销实践及其相关的理论研究工作都得到了突飞猛进的发展。这一时期市场营销心理学的主要特点是:理论体系日趋成熟,研究方法更加精确和数量化,更注重因果关系的分析和探讨;多学科综合研究的方针逐渐深入人心,尤其是与社会心理学、跨文化心理学、社会学和人类学的联系越来越密切;研究范围向前延伸到了消费者对产品的潜在需求领域,向后延伸到了产品的售后服务阶段;研究成果得到了社会的广泛承认,并成为企业进行营销活动的理论依据。

## 1.5　市场营销心理学的研究对象

### 1.5.1　什么是市场营销心理

"市场营销心理"是指市场营销活动中的客观现实在营销人员和营销对象头脑中的主观反应。这一定义包含了下面两个核心概念:"客观现实"、"主观反应"。市场营销活动中的"客观现实"主要包括三类因素:第一类是营销企业所提供的产品、服务以及对产品的说明、定价、广告、分销、人员推销等,这类因素就是营销因素;第二类是消费者本身的社会地位、经济状况、消费需求和购买动机,以及其他的一些因素如消费者的性别、年龄、偏好等,这类因素就是个人因素;第三类因素就是由社会文化背景、政治经济发展状况等构成的外部影响因素。这就是说,上述三类因素就是影响市场营销活动成效的"客观现实"。这些客观现实必将在与营销有关的人们身上产生一定的认知的、情绪的和意志的反应,并且会导致人们一定的行为反应,如对产品信息或广告的注意、知觉、了解、偏好、欲望和购买行为等就是一些具体的反应。这些反应不同于人们照镜子时镜子所产生的那种机械的反应。因为照镜子时出现的反应是人或物体原有形象的复制，而人头脑里产生的对那些客观现实的反应已经具有了一定的创造性的加工性质，它并非客观现实的、原封不动的"形象复制"，而是一种创造和复制的有机结合，因此把它们叫做"主观反应"。

市场营销心理是制约和左右营销绩效的一种特别重要的因素。如果说在卖方市场上因为不存在产品销售问题，可以不考虑甚至可以完全忽略市场营销心理的存在，那么在买方市场上我们就没有任何理由不按照市场营销心理规律去进行营销活动。尤其是消费心理行为规律更是现代市场营销活动的理论依据，如果不对其进行深入的研究和理解，我们就没有办法进行任何有效的生产活动和产品促销活动。因此，一切新产品的设计和生产，一切人员销售活动和非人员销售活动，都必须以市场营销心理规律为自己的理论基础。

### 1.5.2　市场营销心理学研究对象的规定性

市场营销心理学的研究对象，应该着重研究与分析在市场营销全过程中人的心理与行为活动的规律性。这里所指的人，应局限于营销过程的各方面的参与者，其中包括营销者个人和群体，也包括消费者个人和消费者群。从现象上看，营销过程的关键是商品，而实质上从深层次看是推销者与被推销者之间心理与行为上的沟通，及其相互作用的结果，因而只有深入研究营销过程中人的心理与行为活动的规律性，才能找到促进营销的最有效的方法。此外，市场营销心理的研究应属于多学科交叉、共同研究的对象，仅从人的微观心理与行为的研究上分析问题是不够的，还需要从宏观的市场（国内外市场）、社会、家庭、国民经济收入与个人收入等环境条件、因素等方面结合起来加以考察、分析，才能找到全面的真正促销的最优方案。具体说来，我们认为市场营销心理应着重研究以下几方面的问题：

第一方面要研究市场营销的宏观与微观心理。市场营销的出发点就是要满足市场消费需要。市场消费需要可以有微观与宏观分析两种，前者主要研究个体的消费需要与消费动机，而后者要从社会角度整体分析市场消费需要的趋势及其变化特征。进一步，市场营销心理还要研究市场消费结构，其中包括宏观的世界各国的消费结构的特征，以及微观的我国 21 世纪市场消费需求结构的预测。这两方面研究的结果将为我国市场营销提供新的对策。

第二方面为市场心理的宏观与微观分析。首先，要对"看不见的手"——市场从心理学角度进行界定，仅从物（商品）的角度并不能概括市场的真正内涵，而从人（消费者群）的角度才能真正理解市场的意义。市场心理的宏观分析包括研究社会文化、社会群体、社会阶层、社会心理现象与消费行为的相关。市场心理的微观分析包括研究年龄、性别、个性、家庭与消费行为的相关。上述研究结果是进行市场区分与市场定位的理论根据。这方面的研究成果将为企业提供市场机遇，最终使寻找与识别市场落到实处。

第三方面为市场营销的策略与动态管理。首先，要树立现代市场营销的新观念，并学会市场营销的策略，特别是要熟练掌握销售因素组合策略。其次，为了使市场营销心理用到实处，参与实战，这就需要进一步学会动态需求管理的灵活方法。最后，我们还应制定中国市场营销的准则与职能。

第四方面为市场营销过程的心理分析。这方面的内容较多，涉及面也广，其中包括市场营销中的顾客购买心理分析、推销过程中的推销模式与推销方格理论等，特别是对人员推销的各个方面——说服、接近、成交等从理论与实践两方面作了详尽的介绍，这使有关人员学了就能用，以提高知识的实用性和可操作性。

第五方面为营销人员的选拔、考核与培训。我们将重点研究国内外关于营销人员心理素质的维度分析，在此基础上将介绍我们在大样本研究基础上制定的营销人员心理素质评定量表。事实证明，这一具有中国特色的量表，其效度与信度是甚高的。由于篇幅所限，考核与培训营销人员的内容就省略了。

至于市场调查，它既可作为一个方法，也可作为对象进行研究。因为现代市场营销心理成功研究的关键，也决定于研究方法的科学性，而各种市场调查方法（统计方法、心理学方法、预测方法等）如何综合应用最有效，这本身也就构成了一个需要研究的课题。

# 1.6 学习市场营销心理学的意义

### 1.6.1 理论与经济意义——促进社会主义市场经济体制的早日建立

在社会主义市场经济条件下，市场竞争必然加剧。为了提高企业的经济效益，把产品迅速销售出去已不能等到产品生产出来以后再设法推销，而要在生产以前，就应了解和掌握消费者的需要、动机、习惯及其变化规律，预测消费者的行为。这正如恩格斯所说："社会一旦有技术上的需要，则这种需要就会比十所大学更能把科学推向前进。"① 因此我们要学习研究市场营销心理。

1）市场消费对经济的影响

美国经济学家凯恩斯 1936 年在《就业、利息和货币通论》一书中指出，资本主义经济危机的根源在于有效需求不足或消费不足。有效需求不足、消费不足的根源在于人们的心理因素的作用，在于"消费倾向递减"、"资本边际效率递减"、"灵活偏好"三大心理规律的作用。凯恩斯把消费同投资、就业、通货相联系，认为消费是影响经济运行总格局的独立因素。他重视消费行为、消费倾向、心理因素。

2）市场消费对生产的影响

众所周知，社会再生产有四大环节：生产、分配、流通、消费。在社会主义计划经济条件下，生产被认为是四个环节中最重要的环节。在社会主义市场经济体制日益健全的今天，越来越多的人开始重视消费对生产的影响作用。对于消费问题，以前被视为禁区，现在不管是学术界还是企业界都开始进行消费经济理论和消费经济心理的研究。

总的说来，生产与消费互相依存、互相制约、互相促进。具体地讲：

（1）生产对消费的影响和作用

①生产创造可供消费的对象。

②生产力水平决定消费水平，生产力发展速度决定消费的增长水平。

③生产方式创造并决定不同的消费方式。

④生产创造出消费者的消费动力、发展消费者的消费能力。

（2）消费对生产的影响和作用

①消费使产品得以最终完成，成为现实的产品。产品只有进入消费过程才能成为"现实的产品"，没有进入消费过程的产品只能成为"可能的产品"。通过消费，产品实现由"可能"向"现实"的转化。

②消费是生产的动力和目的。通过消费，不仅满足需要，而且创造出新的生产需要，给生产以更新、更强的动力。消费还再生产出劳动者的生产积极性。

③消费者的作用。消费者是消费活动的主体，消费者的需要是一切消费活动的

---

① 马克思，恩格斯. 马克思恩格斯选集［M］. 第 4 卷. 北京：人民出版社，1972：505.

初始动机或第一推动力。

### 1.6.2 实践意义

1）研究市场营销心理可以指导设计新产品和改进现有产品

产品的设计和改进应从消费者心理、生理需求出发，在厂家设备能力和生产条件许可的情况下，根据消费者的不同心理要求，设计出各种不同功能、不同造型、不同品种和具有个性的产品，千方百计地去满足消费者的不同需要，使企业也获得效益。比如有些产品设计人员把握了我国家庭消费的新趋势，随着独生子女政策的顺利实施，独生子女的需求在家庭总需求中所占比重明显上升，在设计儿童玩具时，不仅设计普通玩具，而且大力开发高档玩具和智力玩具及时投放市场，获得极大的成功。

2）研究市场营销心理有助于提高企业的经济效益和营销水平

市场营销心理的研究范围很广，广告心理就是其中一个内容。现代企业经营和营销对广告的依存越来越明显。有的企业家说，一个广告救活一个企业。例如，河北有个小厂——冀县暖气片厂，所产的暖气片尽管质量不错，但由于知名度不高，销路一直很差。于是决定利用中央电视台春节晚会寻求企业赞助的机会，拿出高额赞助款，使自己的厂名名列各赞助单位之首。结果晚会节目一经播出，冀县暖气片厂顿时名扬全国，产品迅速打开了销路。这家厂的广告之所以收到良好的经济效益，是因为该广告遵循了消费者的注意和记忆的规律。

3）研究市场营销心理有助于提高企业营销人员的素质

日趋激烈的市场竞争对企业营销人员的素质提出了越来越高的要求。一个优秀的营销人员应具备全面的修养，即健全的人格、丰富的创造力和广博的知识。市场营销心理是一门多专业相综合的学科，学习它，可以获得各种学科的知识，并且可以获得掌握各种知识的能力；学习它，可以认识自己，知道自己的人格是否健全，是否具备与从事营销工作应具备的各种能力、各种人格特质，为自我发展提供依据和指导方向。市场营销心理学知识还可以使营销人员具备丰富的创造力。总之企业营销人员研究学习市场营销心理有百益而无一害。

4）研究市场营销心理有助于提高外销产品的营销水平，促进对外贸易

发展外向型经济是我国经济体制改革的主要内容。随着改革开放政策的进一步深入，我国外向型经济企业越来越多，对外销产品的设计要求日趋严峻。许多事实

表明，我国一部分优质产品在推向国际市场时，由于缺乏对外国消费者心理特点的了解，如在造型、包装、商标上不适合进口国当地消费者的消费心理习惯和审美需求，而被迫大幅度削价处理，给国家和企业造成巨大的损失。

## 基本概念

市场营销　市场营销导向　社会营销导向　顾客价值　市场营销心理学发展史

## 思考题

1. 如何区别需要、欲望、需求概念的差别？
2. 阐述市场营销导向经历了哪五个阶段。
3. 概述顾客价值与顾客让渡价值概念的内涵及相互关系。
4. 试述学习市场营销心理学的理论与实践意义。

# 第2章

# 市场消费需求与消费结构

## 重点内容

- 阐述消费需求概念的内涵，指出影响消费需求的因素
- 概述消费结构概念的内涵，了解恩格尔定律及其在国内外的具体表现
- 分析我国现阶段消费结构的特征与消费者的类型，展望 21 世纪我国市场消费需求结构

## 2.1 市场消费需求

### 2.1.1 消费需求的基本内涵

经济活动的四大环节分别是生产、分配、流通和消费。在大力发展市场经济的今天，消费已日益成为经济活动的重点。"顾客至上"、"以消费者为中心"等观念，在当今已被越来越多的精明的企业家所接受，对市场消费的研究也逐渐受到重视。例如，世界知名的日本丰田公司将企业的经营方针定为"用户第一，销售第二，制造第三"，可见其对市场消费的关注程度。过去，在计划经济体制下，人们往往过于强调生产的重要性，而忽视了消费的作用，只看到生产对消费的影响与作用，而未认识到生产与消费之间相互依存、相互制约和相互促进的关系。事实上，消费是生产的出发点和最终的归宿，营销心理则源于消费需求，因而深入研究消费需求，对于实现社会主义的生产目的、发展商品生产和流通、繁荣市场经济、满足人民需求、提高企业经济效益和社会效益等均有重要意义。

1）消费需求的概念

消费是指满足生产和生活需求的行为和过程。广义的市场消费包括生产消费和生活消费两大部分；而狭义的市场消费仅指生活消费，这也是我们日常生活中所说的消费。在此，我们将简单地介绍一下"生产消费"与"生活消费"的确切含义。生产消费，即生产性消费，是指满足生产需求的行为和过程，也就是指在物质资料生产过程中，各种工具、设备、原料、燃料、辅助材料等生产资料以及劳动力的使用和耗费。生活消费则是指，人们为了满足自身需求而消耗的各种物质产品、精神产品和劳动服务的行为和过程。显然，人们通过消费物质资料和劳务，以实现人自身的再生产的活动。本书论及的消费则指狭义的市场消费，即"生活消费"。

一般认为，消费欲望与消费需求是两个不同的概念。消费欲望是指个体主观上的消费愿望；消费需求则是指个体具有支付能力的消费需要，即消费者只有同时具备消费欲望与购买能力时，才能产生现实的消费行为。消费需求是如何产生的呢？按照激发消费的诱因，我们可以将消费需求分为内生型消费需求和外生型消费需求。

（1）内生型消费需求是指由个体内部因素激活的消费需求。消费者可通过自我调节和自我约束来引导消费。例如，专家学者具有强烈的自我实现需求，由此诱发出逛书市、购买"精神食粮"的强烈消费倾向。

（2）外生型消费需求是指由个体外部因素激活、诱发的消费需求，要靠外部刺激的调节和约束来实施引导。例如，电视广告中反复出现新产品，由此诱发出购买的消费需求。

2）消费需求的作用

通常，人们对投资拉动经济增长容易理解，而对消费拉动经济增长往往忽视，或者认识不足。殊不知，生产、流通、分配、消费是社会经济生活周而复始的一种循环运动。社会生产的最终目的是为满足人民群众日益增长的物质文化生活需求，生产为了消费，消费促进生产，如果消费这个环节中断了，再生产、再投资也就失去了动力和方向。近年来，不少企业感到"投资无方向，资金无出路"的重要原因之一就是"市场无热点"，消费市场的持续萎缩使得产品结构调整失去了应有空间，使投资失去了方向。因此，通过活跃消费市场来带动投资，将为整个社会投资提供应有的空间和市场导向，这既有利于提高经济增长的质量和效益，也有利于产业结构的调整。只有当生产、投资与消费都活跃起来，才能提供更多的就业机会，才能增加财政收入，使整个国民经济的运行进入良性循环的健康轨道。据统计，由消费拉动经济每增长 1 个百分点，至少可提供 200 万人次的就业机会，并使财政收入同比例增长 2~3 个百分点。

改革开放 30 多年来，我国国民生产总值平均增长 9.8%，这一奇迹举世瞩目。其中原因很多，但遵循经济规律办事是最基本的一条，即经济政策与居民消费结合最紧密的时刻，也就是经济实现高速、健康、持续发展的时刻。20 世纪 70 年代末农村联产承包解决了"吃"，80 年代轻工业"六优先"解决了"穿"，80 年代中期家电普及解决了"用"，随着居民"吃、穿、用"各层次消费逐一得到满足，我国经济也实现了自身的高速增长。当前经济增长乏力，问题出在"住"和"行"，以及社会服务消费的升级遇到了种种障碍上。总之，投资生产的最终目的是为了满足居民消费，而扩大基础设施投资只是为实现这一目标提供了必要的条件。正反两个方面的历史经验证明：投资、生产必须要与最终消费相适应，最终消费也必须要为投资、生产提供空间和方向，如若投资过度脱离消费而自我循环，则经济增长必将难以持久。总之，观念转变是一切改革和发展的先导，当我们转变了消费观念使之符合经济规律，就会自觉地启动、扩大最终消费，从而拉动投资和经济增长。

### 2.1.2 消费需求与国民经济发展

1）效益消费与非效益消费

如果说消费有效益消费与非效益消费之分，我们中的很多人也许会觉得奇怪和陌生，因为日常生活的经验告诉我们，人们似乎是为"消费"而消费的，只要能满足人的需求就行了。但从更高的立足点上看，我们还会发现消费变化与国民经济发展之间存在着相关。我们可以根据消费增加是否对国民经济发展起促进作用，将消费分为效益消费与非效益消费。例如，人们日常衣食住行的消费都会促进国民经济相应生产部门的发展，这就是一种效益消费；反之，人们从事迷信活动的消费无助于国民经济发展，因而是一种非效益消费。

显然，我们应力求使消费的增长能促进国民经济的增长。正如著名经济学家马歇尔所言："为效率所绝对必需的那种消费，有任何增加，都不会得不偿失的，它对国民收益之所取等于它对国民收益之所增。""一个像牛顿或瓦特这样的人，他的个人生活费用如果加倍，而能增加他们效率的百分之一的话，他的消费的增加就是真正生产的。""……达到这种限度的一切消费都是严格的生产的消费。这种消费的任何节省，都是不节省的，而且是会造成损失的。"

2) 边际效率

我们应如何对"消费对生产的促进功能"进行量化处理呢？为此，经济学界提出了一个新的指标——消费需求增长对国民经济发展的边际效率。其计算公式如下：

$$\frac{\text{消费需求增长对国民}}{\text{经济发展的边际效率}} = \frac{\text{国民收入增量}}{\text{消费需求增量}}$$

由上式，我们可以看出消费对生产的促进效率边际界限为 1。如果边际效率低于 1，则这种消费需求是非经济的、不合理的，不应予以满足；如果边际效率大于 1，则这种消费需求是经济的、合理的，应当予以满足。

3) 消费需求与产业结构变动的关系

关于市场消费需求与产业结构变动的关系，每个企业经营者都应树立三个基本观念：

（1）要着眼于消费对生产的促进作用，并努力使消费对生产的促进效应最大化。应当指出，效益消费远比非效益消费来得重要。我们不能因为贪图眼前的"小利"，而损失长远的"大利"，因为非效益需求最终会对生产形成恶性循环。例如，在我国，尤其是广大农村地区，人们进行的封建迷信活动，这虽然也可称之为是一种消费，但这样的消费活动不利于消费与生产之间的良性循环，这样的消费活动只是徒然浪费社会财富而已。

（2）要着眼于消费需求逐步上升的层次性和有序性，首先满足人们的基本生活需要，再逐步满足全面发展的需要。由于我国经济就总体而言还比较落后，因此，解决全体人民的温饱问题，尤其是经济落后的老、少、边、贫地区人们的温饱问题，是我国发展经济的重要目标之一。另外，我们也应看到，我国经济发展极不平衡，东部沿海地区经济发展较快，人们的基本生活需求大体上已得到满足，于是，人们便产生了更高层次的需求，逐步追求自身的全面发展。即使在经济落后地区，尽管人们的基本生活需求仍未得到满足，但人们同样存在着较高层次的需求。所以，在满足人们基本需求的同时，我们也不能忽视对人的全面发展需求的满足。

（3）要着眼于消费需要的宏观调控，特别是对外生型消费需要的宏观调控。我国的国民经济发展水平，与发达国家之间仍存在很大差距，这使得我们必须正确对待国际性消费潮流的示范效应。不仅不能盲目地追求和提倡"高消费"，而且还要注意外生型消费需要及其满足行为的非理性化的一面。

（4）要着眼于一次性与多次性消费需要的追踪预测，以调整市场需求。应将重点放在消费需要结构与产业结构、消费品市场供求结构之间的综合性平衡上。

### 2.1.3　消费需求的影响因素

1）收入的影响——消费需求的收入弹性值

我们认为"消费需求"与"消费欲望"之间有着本质的区别：消费欲望仅指个体主观上的消费愿望，而消费需求则指个体具有购买能力的需要。消费者的购买支付能力是与其收入水平直接相关的。

收入对消费需求的影响，可以用"消费需求的收入弹性值"来表示。它代表收入增长与消费需求增长之间的函数关系，其规律是：在其他经济参数不变的前提下，收入增长，则消费需求也增长；反之，收入下降，则消费需求也下降。但在不同的方面，各自增长的范围和幅度是不同的。各种消费需求收入弹性值的大小，表明了不同方面的消费需求在收入增长的基础上各自增长的幅度。

据统计，随着收入的增加，我国消费者对高档耐用商品消费需求的增长幅度是最大的，其次为副食品，而收入增长对日用品消费需求的影响最小。

2）价格的影响——消费需求的价格弹性值

在此，我们引入另一个指标——消费需求的价格弹性值。它表示价格变化与市场消费需求变化之间的函数关系。一般认为，在其他经济参数不变的情况下，产品价格下降，市场需求量就增大；产品价格上升，市场需求量就下降，这两者成反比关系，亦称为"消费品价格与消费品需求量之间的常规性函数关系"。

当然，随着价格变动，不同产品需求量的变动幅度也是不同的，价格在调节市场消费需求中发挥了重大作用。价格上升，消费需求量就下降，其中日用品和文化用品的消费减少量最多。

3）吉芬效应

在消费品价格和消费品需求量之间还存在着"非常规性函数关系"，即"吉芬效应"或"吉芬之谜"。19世纪，英国经济学家吉芬对爱尔兰土豆销售情况作观察统计时发现：当土豆价格上升时，对土豆的需求量就上升；而当土豆价格下降时，对土豆的需求量也随之下降，两者成正比关系。"吉芬效应"在我国也同样存在，如我国的黄金销售就是这样：当黄金价格在每克140元以上时，人们争相购买，销售量很高；当金价降至 120 元时，反而乏人问津，销售量锐减，从而形成"追涨杀跌"效应。

"吉芬效应"提醒我们注意这样一个事实，薄利并不一定多销，人们相信"一分价钱，一分货"；更有少数人，为了显示其地位和经济实力而专挑高价商品买，此时，产品的品质和功效则处于次要的位置。那么，怎样的涨幅最能吸引消费者去购买商品呢？这已成为一个亟待解决的问题，然而至今尚无定论。

### 2.1.4　我国消费需求的发展变化

1）我国消费需求发展变化的特征

消费需求一般受各种因素的影响和制约，诸如政治因素、经济因素、社会因素、心理因素等。这些因素相互作用、相互依存、交叉渗透，决定了消费需求的发展趋势。从各方面的综合分析来看，我国消费需求的发展变化具有以下特征：

（1）消费需求的时滞性与迁移性

由于地理位置、经济发展程度不同等原因，造成了消费需求在我国各地区之间存在差异。这主要表现在两个方面：①时间滞后性，农村相对滞后于城市，内地相对滞后于沿海地区。②梯度迁移性，消费浪潮在城乡间的迁移，20 世纪 50 年代需要 7~8 年；60 年代需要 5~6 年；70 年代减少为 4 年左右；到了 80 年代，只需 1~2 年的时间了。可见，随着交通运输、现代通讯等手段的发展，时间差距在逐步缩小，然而这种时间差距在一定时期内仍然存在。梯度迁移性不仅存在于我国城乡之间，也同样存在于广大的农村地区，如沿海地区的农民会率先进入较高消费层次。

（2）消费需求的梯度性与层次性

目前，我国消费者根据其收入可以分为四种消费水平：

①低层次消费水平。这一层次的消费者收入水平低，消费需求单一，主要集中在生存需求方面，对发展、享受需求很低。

②中层次消费水平。这一层次的消费者收入水平不太高，消费需求量逐步增长，除了生存需求外，对发展、享受需求也有所增长。

③亚高层次消费水平。这一层次的消费者有较高的收入水平，消费需求正由生存需求向发展、享受需求发展，并由数量型转向质量型。

④高层次消费水平。这一层次的消费者收入高，消费需求直接转向发展和享受

需求，追求生活质量的提高。

消费水平的梯度性，既有利于市场供求均衡，也有利于产业结构优化。消费水平的梯度结构使得目标市场层次化，不同消费水平对应于相应层次的目标市场，能有效防止排浪型消费所引发的市场震荡。例如，20 世纪 80 年代的"彩电热"、"冰箱热"造成市场供不应求；一旦饱和则造成供大于求，导致产品滞销。可见，消费需求的同步性对于企业的发展是极为不利的，而消费需求的梯度性则表现为不同层次消费水平沿时间轴呈前后相继的序列特征，有利于社会经济的平稳发展。

我国现阶段的消费需求从总体上可分为三大层次：生存需求、发展需求和享受需求。各层次的消费需求在吃、穿、用、住、行等方面，又有着各不相同的内容。例如，就"饮食"方面而言，主食及低限度佐餐用副食品等属于生存需求，用以满足人们最基本的生理需要；保健药品、大众化烟、酒、茶、糖、水果、糕点及饮料等，则属于发展需求；而营养滋补药品、高级副食品，高档烟、酒、茶、糖、水果、糕点等，就属于享受需求。随着人民生活水平的逐步改善和提高，生存需求所占的比重将逐渐减少，发展需求与享受需求所占的比重则逐步提高，而它们各自所包含的消费内容，也将逐步向高档化发展变化，这就表现为消费需求的层次性。据新华社报道，目前我国农村消费需求已形成三个层次，分别为：①温饱型，人均年收入 2 000 元以下，主要消费用于维持基本生活需要和简单再生产需要的商品；②小康过渡型，人均年收入 2 500 元左右，开始消费中高档耐用消费品；③小康型，人均年收入 3 000 元以上，消费观念趋向城市化，开始消费高档商品。

（3）消费需求的周期性与季节性

从商品消费情况来看，有些商品是常年均衡消费，需要经常购买；有些商品则属于季节或节日消费，如时令衣帽、节日鞭炮等，一般要当季或当节才购买；而有些高档耐用消费品，一般要在其使用价值基本消费完毕或有更好的新产品取代时，才可能购买，这就表现为消费需求的周期性和季节性。此外在农村，则还受到风俗习惯、传统节日等影响。

2）我国消费需求发展的基本趋势

从总体而言，我国消费需求可用两句话来概括：①需求总量不断增长，消费水平不断上升；②需求结构逐步向高级化发展，即消费需求正日益呈现出多样化与个性化的特点，这反映了我国社会经济的发展趋势。在党的十一届三中全会以前，我国消费需求水平始终在低层次徘徊。随着改革开放的不断深化，人民生活水平的持续提高，消费需求有了较大幅度的增长。这具体表现为：①基本生活需求比例下降，发展、享受需求上升；②实物消费下降，劳务消费上升；③一次性消费下降，多次性消费上升；④非效益性消费下降，效益性消费上升；⑤饮食消费下降，住房与高档耐用品消费上升。

## 2.2　消费结构的基本内涵

### 1）消费结构的概念

从市场购买的货币形式来看，消费结构是指为满足人们各方面的消费需求而支付的货币量之间的比例关系，也就是消费支出结构。此外，还可以将消费结构看做是人们在消费过程中所消费的不同类型消费需求的数量比例关系，即指消费需求和消费服务的种类及其比例关系。消费结构有宏观与微观之分。宏观消费结构是指一个国家的消费结构，微观消费结构则指一个家庭或个人的消费结构。

### 2）消费结构的分类

我们可以按照不同的标准对消费结构进行划分。

（1）消费结构的主体划分法。这是从消费者主体的类型区分出发，对消费结构类型进行划分。主要有以下五个划分标准：

①收入水平差异。具体研究高、中、低三个层次的消费结构及其各自特征的差异。

②职业差异。以我国现阶段的情况来看，大致有工人、农民、知识分子和个体劳动者等几大类职业，通过研究不同社会阶层在消费结构上的特征，以处理好不同目标市场的划分与组合问题。

③经济环境差异。由于我国各地的经济发展水平不同，其经济环境也存在一定差异，大体上可分为沿海、内地、边区这三个大的区域市场。

④性别、年龄差异。由于性别或年龄上的差异，使人们的消费也各具特色。

⑤民族、宗教差异。我国是个多民族的国家，每个民族都有其独特的传统习惯、生活方式与宗教信仰，因而，深入研究各民族在消费结构上的特征，在我国是极具现实意义的。

（2）消费结构的客体划分法。这是根据消费需求的性质、用途以及获取形式等来划分消费结构。具体而言，可分为以下几种划分法：

①根据不同消费需求在满足人们消费需求上所处的层次来划分，即确定生存需求、发展需求和享受需求在消费结构中的比例关系。这一划分具有不确定性、可变换性和动态性，因为在不同的国家与社会、在同一国家的不同的历史发展阶段或者在不同经济条件下的同一个人，其各层次消费需求所包含的具体内容是变化的、不确定的、可变换约。在发达资本主义国家中作为生存需求的消费内容，在发展中国家就会成为享受需求。例如，在西方国家，汽车只是基本的生存需求，而在当代中国，则成为享受需求。

②根据获取方式将消费需求分为商品性消费需求和自给性消费需求。随着经济的不断发展，商品性消费需求在整个消费结构中所占比重将越来越大，如珠江三角洲的农村地区，商品性消费需求所占比重比内地农村高出 17 个百分点左右。

③根据商品存在形式对消费需求进行结构划分。通常将以物质产品形式存在的商品称为"实物商品"，与之相对的则是"劳务商品"，其通过服务活动提供某种使用价值以满足人们的特殊需求。劳务商品在经济高度发展的今天尤为重要，它直接影响到第三产业的发展规模及其结构选择问题。消费服务也可以分为三大层次：生存服务、发展服务和享受服务。

④根据消费形式可分为吃、穿、住、用、行等，这是一种较常用的划分法（见表 2-1）。

表 2-1 　　　　　　　　　　**我国消费形式的层次划分及结构**

| 结构　　内容　　层次 | 生存资料 | 发展资料 | 享受资料 |
|---|---|---|---|
| 吃 | 主食<br>低限度佐餐用副食品 | 保健药品<br>大众化烟、酒、茶、糖、水果、糕点、饮料 | 营养滋补药品<br>高级副食品<br>高档烟、酒、茶、糖、水果、糕点 |
| 穿 | 原布<br>棉制品<br>一般化纤布 | 成衣<br>针织品<br>涤纶化纤品<br>普通毛皮制品 | 高档服装<br>呢绒绸缎制品<br>各类毛、布制品 |

续表

| 结构层次＼内容 | 生存资料 | 发展资料 | 享受资料 |
|---|---|---|---|
| 用 | 生活日用必需品 | 一般耐用品<br>文化教育<br>医疗器械<br>书报、杂志、化妆品 | 高级耐用品<br>文化娱乐设施（钢琴、高级化妆品） |
| 住 | 人均必需的基本住房<br>简易宿舍 | 较多的住房并附有水暖卫生设备 | 不仅宽敞，且附有高级生活设备（空调、地毯等）的住房 |
| 行 | 通用自行车<br>公共汽车、火车 | 高级自行车<br>公用大轿车<br>轻型摩托车<br>民用航空 | 私人轿车<br>豪华大轿车<br>高级客机<br>软卧火车 |
| 劳务 | 受初等文化教育<br>公用服务（如饮食业、服务业）<br>低限度医疗 | 受中等、高等文化教育<br>电视电影娱乐<br>近途旅游<br>保健性医疗、保健 | 高级艺术<br>远途国内外旅游<br>高级医疗、保健 |

⑤根据社会组织形式，可分为社会公共消费、集团消费、个人（家庭）消费三部分。

## 2.3　消费结构的相关理论

### 1）恩格尔定律

恩斯特·恩格尔（Ernst Engel，1821—1896）是 19 世纪德国统计学家。1857年，他对萨克森地方的下层阶级、中等阶级，即工人阶级作了广泛的调查研究，由此写成《萨克森生产与消费的关系》一书。恩格尔根据其长期观察与统计需求的研究结果提出：一个家庭或一个国家越穷，其消费支出总额中，用以购买食物的费用所占比例就越大；反之，一个家庭或一个国家越富，其消费支出总额中，用以购买食物的费用所占比例就越小。以此作为衡量消费水平高低的标志之一。

（1）恩格尔系数

所谓恩格尔系数或恩格尔定律，是指食物支出在消费总支出中所占的比例，可用如下公式表示：

①食物支出对消费总支出的比率：

$$R_1 = \frac{食物支出变动的百分比}{消费总支出变动的百分比}$$

②食物支出对收入的比率：

$$R_2 = \frac{食物支出变动的百分比}{收入变动的百分比}$$

$R_2$ 又称为食物支出的收入弹性系数。

当今国际社会，将恩格尔定律视为消费结构变动发展的基本规律。联合国将恩格尔系数的高低作为衡量一个国家贫富程度的标准，具体指标为：

恩格尔系数在59%以上，为绝对贫困的国家；

恩格尔系数在50%~59%，为勉强度日的国家；

恩格尔系数在40%~50%，为小康水平；

恩格尔系数在20%~40%，为富裕社会；

恩格尔系数在20%以下，为极富裕的国家。

（2）恩格尔定律应用时的两个限定

恩格尔认为，随着家庭收入的增加，其总支出中用在食品上的开支所占比例会越来越小，但这种变化只是一种长期的发展趋势，并非是每年下降的绝对倾向。恩格尔系数的变化，在不同的社会经济条件下，仍具有特殊性，这也决定了它在实际应用中，有一定的局限性。我们应当注意到，恩格尔定律虽被公认为是消费结构研究的一个重要理论，但它的适用性是以两个限定条件作为前提和保证的。

第一个条件为：假定其他一切变量皆为常数，即假定其他诸如经济、社会因素等皆不变。换言之，政治、经济、消费观念与方式的变化都会影响恩格尔定律的适用性。首先，在应用恩格尔定律时，如果消费者在消费习惯、消费方式、消费观念等方面发生变化，就可能影响到恩格尔系数的高低。例如，人们的消费习惯发生变化，由原先不吸烟、不喝酒变为爱吸烟、爱喝酒，这就会使得食物支出的比重增大，但并不能说明生活水平降低了；青年人对衣着等商品的需求增强，可能缩食节支，把支出投向高档服装，这样则会使恩格尔系数下降，但也不能说明生活水平提高了。其次，人们消费方式的改变也会对恩格尔系数产生影响。例如，由于城市化进程的加快，农民进入城市，虽然人们的收入增加了，但由于生活方式的改变，食物支出增长会更快，收入即使不增加，食物支出也会增长；又如，随着改革开放的不断深入，近年来，我国农村商品化程度有所提高，许多专业户从食物的自给性消费转化为商品性消费，这样，恩格尔系数仍有可能增大。再次，人们消费观念的变化也是影响恩格尔定律的因素之一，如人们为图方便，宁可多花钱上饭店吃年夜饭。

另外，当国家政治形势、经济形势等发生变化时，同样会影响恩格尔定律。例如，我国国民经济的稳定程度对恩格尔定律的影响甚大。新中国成立初期，虽然人民收入增加了，但粮食支出费用在几年内急剧增加，这是因为新中国成立前，劳动人民吃不饱，翻身做了主人后，消费支出的主要投向就是粮食消费，当生存问题解决后，恩格尔系数才开始下降。但到了"三年困难"时期，人们又一次在饥饿线上挣扎，几乎将全部收入都投向食物，恩格尔系数再次上升。"十年动乱"时期，由于人为地限制了收入在其他项目上（如穿、住、用等方面）的支出，在这种非常时期，无任何消费规律可言。改革开放后，我国经济不断发展，人们收入有所增加，但由于物价等因素的影响，食物支出比重仍不稳定，时降时升。纵观新中国成立后的消费结构历史，虽然并没有给予恩格尔定律以实践上的论证，但我们不能因此得出恩格尔定律在我国不适用的结论。因为只有当国家经济相对稳定一段时期，人们达到比较协调的消费水平后，收入的增加才不会再对食物支出发生重要影响，恩格尔定律才能得以表现。至于天灾、人祸等更是破坏一般规律的特殊条件。

第二个条件为："食物支出"应有统一的含义，一般理解为维持家庭成员的生存所需求的食物支出。只有这样，才能保证食物支出在总收入中所占比例的动态可比性。而消费者在非常态情况下的食物支出，如为社交应酬或为某种纪念活动或某种情绪的需求而狂饮暴食，则不应包括在内，因为这样的食物支出往往不是由其收入的多少来决定的。所以，应统一"食物支出"的含义，使得各时期的恩格尔系数之间可进行纵向比较。

（3）恩格尔系数与消费水平类型

消费经济学家一般根据恩格尔系数将消费结构水平划分为四种类型：贫困型、温饱型、小康型与富裕型。

①贫困型消费结构：恩格尔系数在 59% 以上。消费者用全部收入购买食品尚且不足，更无余力涉及衣物用品，可谓食不果腹，衣不蔽体，生活贫困。

②温饱型消费结构：恩格尔系数在 50% ~ 59%。居民温饱问题已基本解决，所剩有限收入可购买数件衣物，简单用具（桌、椅、收音机等）及最基本的享受发展需求，居民绝大部分收入用于食品消费。

③小康型消费结构：恩格尔系数在 40% ~ 50%，居民食品消费完成从"主食型"到"副食型"、从"粗放型"到"营养型"的转变，开始购买中档衣物用品（"老四件"已基本普及，电视机、电冰箱等销量有所增加），住房面积较大，看电影、看电视、近郊旅游成为经常性活动，居民大部分收入用于食品和低中档享受发展需求消费。据上海市统计部门对市区 500 户居民家庭抽样调查显示，1999 年上半年上海居民家庭生活中的恩格尔系数首次低于 50%，由 1998 年上半年的 52.9% 下降为 46%，标志着上海市民的实际生活已达小康水平。

④富裕型消费结构：恩格尔系数在 30% ~ 40%，居民食品消费已趋近按需分配，高档服装、名贵皮毛制品和高档家用电器已经普及。居民高级住宅普遍附有地毯、卫生间等设施，拥有私人轿车、游艇和飞机，高级娱乐、艺术欣赏和国际旅游成为经常性活动，居民大部分收入用于中、高档享受发展资料的消费。

（4）影响恩格尔系数的因素

恩格尔定律适用的前提条件是假定其他一切变量皆为常数，而在现实生活中，诸多社会经济因素是不可能一成不变的，这些变化会或多或少对恩格尔系数产生影响，使恩格尔系数发生相应变化。玛格丽特·伯格在《消费经济学》（1986）一书中，将影响恩格尔系数的因素归纳为四类：

①城市化：随着现代大工业的发展，农民不断进入城市，使得城市逐步扩展，人们的收入与支出均有增加，但各方面增长的幅度可能会有差异，从而影响到恩格尔系数的高低。

②商品化：在商品经济高度发达的今天，自给性产品越来越少，商品化产品则日益增加，从而引起食品支出的增加。

③生活方式的改变：社会化大生产的逐步扩大与深入，使得人们的生活方式发生改变，人们不愿意花大量时间用于做家务，而渴望有更多的时间去娱乐、休闲和享受。例如，人们在家里用餐的次数越来越少，在外用餐次数则越来越多，这也会使得食物支出有所增加，因为在外用餐的消费支出中包括了相当部分的服务消费

支出。

④消费质量的提高：由于经济的迅速发展，人们的生活水平得到了改善与提高，对于食物消费而言，不仅要求"吃得饱"，更希望"吃得好"。这表现在消费结构中便是，低档食品的比重越来越小，中高档食品比重逐渐增大，从而导致食品支出的增加。

（5）恩格尔定律在国外的具体表现

从西方发达资本主义国家的资料来看，当消费者生活水平提高后，其消费结构发展趋势为：

①用于食品方面的消费支出比重会下降；

②用于住房、燃料、衣着消费支出比重保持原水平；

③用于教育、医疗、娱乐、旅游的消费支出比重将会增加。

国外的消费结构变化趋势说明，恩格尔系数的高低确实在一定程度上反映了一个国家的经济发展状况和社会的贫富程度。美国经济学家钱纳瑞（H. Chenery）曾对 101 个国家的资料进行调查分析，他所作的统计回归表明，恩格尔系数随人均国民收入的提高而下降，两者的相关系数高达 0.82。

2）卡托纳的理论

卡托纳（G. Katona，1960）认为，在"贫困时代"，消费是收入的函数。由于消费者没有很强的购买能力，收入大部分只能用于购买食品，以维持最低的生活水平。进入"富裕社会"后，个体的消费行为发生了根本变化，这主要表现为以下五个方面：

（1）收入的增加；

（2）储蓄和资产的增加；

（3）信贷消费方式的普及；

（4）非必需耐用商品的比重增加；

（5）经济信息迅速传播。

在富裕社会中，广大消费者自由酌量处理的支出以及自由酌量处理的储蓄和投资占据主要地位，人们随着信贷消费方式的普及，远远超过自己收入的高额支出也变得容易了，这样，"消费"作为收入函数的倾向正在减少。只要自己喜欢，经过考虑后即可购买，消费者的"购买意识"在消费中开始起重要作用。

卡托纳进一步提出，个体的消费行为受下列因素影响：

（1）经济因素：这是影响个体消费行为的可能条件（enabling condition），如人们的收入水平、酌量支出额等。

（2）心理因素：即消费者对产品的好恶态度（attitudes），如人们对某种商品的购买欲。

（3）市场因素：这是个体消费行为的促进条件（precipitating condition），诸如产品价格下降、推出新产品等。

3）拉扎尔斯费尔德的消费理论

拉扎尔斯费尔德（P. F. Lazarsfeld）在卡托纳消费理论的基础上又提出影响个体消费行为的社会因素，认为处于不同社会阶层的个体具有不同的购买习惯。例如，他提出下层人们喜欢甜味重的巧克力和浓艳的花式，而上层人士则喜欢苦辣味的食物和淡雅的花式。另外，人们的生活方式也决定了其购买习惯。通常可以将消费者分为四类：

第一类为经济合理购买者。这类消费者选购商品多从经济角度考虑，对商品的价格非常敏感，并对商品品质、服务质量有较高要求。例如，工薪阶层购买商品房需反复比较才作决策。

第二类为个人交际购买者。这类购买者选购商品的目的是为了人情交往或工作应酬。

第三类为伦理型购买者。这类购买者经过深思熟虑后，才确定购买某类商品。

第四类为无所谓型购买者。这类消费者没有明确的购物目标，一般是漫无目的地浏览商品，或随便了解一些商品情况，碰到感兴趣与合适的商品就会购买，否则不买商品就离去。这类购买者即使有明确的购物目标，也对购物场所表示无所谓，认为随便什么地方买都一样。

4）凯恩斯的边际消费倾向理论

在不同的国家，由于文化背景、风俗习惯等的差异，使得各国居民个人收入与消费之间的函数关系也不相同。著名经济学家凯恩斯提出了边际消费倾向理论，他认为：①消费随收入的增加而增加；②消费增加的幅度总是逐渐小于收入增加的幅度。他指出，在收入水平低的国家，消费者的收入增加时，大部分增加的收入会用于消费；而在收入水平较高的国家，消费者的收入增加时，用于消费的只占很小部分，大部分增加的收入将用于储蓄。因而随着收入水平的变化，恩格尔系数会发生相应的变化。当收入水平较低时，即使家庭收入保持不变，但受其他因素的影响

（如物价上涨等），食物支出所占比重将会增大；当家庭收入略有增加时，用于食物支出的增长幅度可能更大；只有在达到相当高的平均食物消费水平时，收入的增加才会导致食物支出所占比重的下降，也只有在这种情况下，恩格尔系数才会随收入的增加，呈反方向同步下降。

5）经济条件变化对消费需求结构的影响

上述理论实质上说明了经济条件变化对需求结构的影响，可归纳如下：

人们的消费欲望与消费需求是两个不同的概念。消费欲望是指一种主观上的消费愿望；而消费需求则是指人们有支付能力的需求。消费者只有同时具备消费欲望与购买能力，才能产生现实的购买行为。可见，经济条件变化确实对消费者行为产生影响，主要表现于以下方面：

（1）契约性的、习惯性的、必需的消费减少。随着消费者收入水平的逐步提高，人们用于伙食、房租、电费、燃料等契约性、习惯性、必需的消费支出所占比例将越来越小。

（2）自由酌量处理的支出增加。在富裕时代，当人们的消费达到较高水平后，用于非必需品、高价品、耐用品的支出所占的比例将越来越大。

（3）自由酌量处理的储蓄和投资增加。在富裕时代，人们的投资和储蓄也将增加，主要表现在用于土地、别墅、不动产、股票、信托投资等方面的投资有了大幅度增长。

这三方面的变化，导致了消费者支出模式、消费需求结构以及消费行为理论等方面的变化。

# 2.4　我国消费结构的分析

## 2.4.1　不同国家消费需求结构的差异

消费需求结构受各种因素的影响和制约，有政治的、经济的、社会的、文化的、心理的等。这些因素相互作用、相互依存、交叉渗透，决定了各国消费需求结构的发展趋势和差异。

1）美国的消费需求结构

美国个人消费支出可分为 12 大类：

（1）食品和烟草；

（2）衣着和装饰品；

（3）个人卫生和化妆；

（4）住房；

（5）家庭运转；

（6）医药；

（7）个人事务；

（8）交通；

（9）文化娱乐；

（10）私人教育和研究；

（11）宗教和福利活动；

（12）出国旅游和其他。

其消费需求结构正在发生如下的变化：

（1）食品支出比重下降幅度大；

（2）衣着支出比重持续下降；

（3）住房开支比重增加；

（4）家庭运转费开支比重先升后降，变化不大，所谓家庭运转费是指水、电、煤、电话、家庭劳务等开支；

（5）医药开支比重增长快；

（6）交通开支比重大；

（7）文教、旅游费开支大于衣着费。

2）日本的消费需求结构

日本经济的迅猛发展，使其消费需求结构发生了极大的变化，主要表现于以下四个方面：

（1）饮食、被服开支比重下降，居住开支比重下降不大，杂费开支比重上升（占家庭开支一半以上）。

（2）衣、食、住需求从数量转向质量。首先，在需求内容方面向高级化发展，如对衣料，要求高档、新颖、豪华；对食物，要求新鲜、味美、丰盛、营养价值高，且要求在外用餐；对住所，要求宽敞、舒适、环境幽美等。另外，在消费方式上，也向欧美化发展。

（3）除了丰富的物质需求，还需要充实的精神生活，如用于教育、娱乐、交际、旅游、余暇活动等的开支增加。

### 2.4.2　我国消费结构的特征

当前，我国的消费市场呈现四大特征：

一是从消费结构上看。我国消费市场已发生了根本性变化。广大消费者在吃、穿、用方面的需求进入高档化时期，低层次消费已趋饱和，而更高水平消费需求正在到来。

二是从消费档次上看。目前，市场商品消费已出现层次化越来越清晰的趋势，生产企业供给充裕，大型企业集团占据龙头地位，在买方市场环境下市场竞争激烈，竞争结果使市场份额逐步向名牌企业集中。

三是城市消费出现断层现象。一方面，由于收入差距的拉大、消费习惯的差异，人们对热点商品的趋同率降低，因此，不再出现 20 世纪 80 年代中后期那样市场高度集中的热销商品；另一方面，居民家庭主要耐用消费品的拥有量趋于饱和，而大多数家庭购买价值含量更高的商品房、家用轿车等仅靠目前的收入一时还难以达到，需要依靠银行信贷。因此消费市场出现断层现象，居民消费行为正逐步由重视数量向重视质量转变。

四是居民消费由消费型向资产积累型和储备型转变，即从近期消费转向中长期消费。

我国消费结构的恩格尔系数从总体而言呈下降趋势。随着人们收入的提高，消费支出相应增长，食物消费支出在支出总额中所占比重呈下降趋势。以食物支出的货币形式计算，得出我国农村居民的恩格尔系数高于 50%，我国城镇居民的恩格尔系数低于 50%，与新中国成立初期比较，均有所下降。但同时，我们也应认识到，恩格尔定律是以假定物价保持不变为前提条件的，因而在现阶段，我国恩格尔系数的变化情况将有所不同，即恩格尔系数不会随着经济发展、人民生活水平提高而同步下降。

我们可以从实物构成和价值构成这两个方面，对消费结构加以考察。当价格总水平和消费品之间的比价发生变化时，会引起消费结构的价值构成与实物构成发生三种情况的变化：①消费结构的实物构成不变，价值构成发生变化；②消费结构的实物构成变化，价值构成则不变；③消费结构的实物构成和价值构成都发生变化，但变动方向、幅度不同。

在我国现阶段的国情下，由于食物生产成本可能相对上升，即使消费结构的实物构成保持不变，但实际用于食物消费的支出在消费结构中所占比重也会相应上升。同时，由于人们消费观念、消费方式的改变，对食物的需求正逐步向中、高档食品发展，因而在我国现阶段，消费结构的恩格尔系数不一定会随着人们收入水平和消费水平的上升而同步下降。相反，在人们收入水平、消费水平上升的同时，恩格尔系数可能会同步上扬，即恩格尔系数并非一定会与收入发生反方向的变化。

总之，我国消费结构的恩格尔系数从总体发展趋势而言是下降的，但阶段性的上升也是不可避免的，会表现为上升、下降、再上升、再下降……的螺旋式交替性变动。

### 2.4.3　我国消费者的类型分析

随着市场经济的不断发展，我国消费者的总体收入水平已经有了显著的提高，出现了不少"大款"，他们在对各种高档消费品和奢侈品的追逐上表现出令人惊讶的能力，他们以戴几十万元一只的"劳力士"名表为荣，以驾驶"奔驰"名车显气派；但大部分的消费者，他们勤俭节约，量入为出，价格仍是他们选择商品的主要依据。总的来讲，目前我国的消费者群体出现了五个层次。

（1）富豪型：该层次消费者主要是民营企业和三资企业的经营者。他们出行有车，居住豪宅，衣着昂贵，腰缠万贯，一掷千金，其购物方式完全以个人喜好和能否炫耀为标准。

（2）富裕型：该层次主要为三资企业高级管理人员与技术人员、明星、有海外富有亲戚者、企业承包主等。他们收入颇丰，经常上饭店，购物以是否喜欢为第一标准，其次再考虑价格问题。他们常购买一些昂贵的时装以及名贵的物品以显示自己的财力和地位。

（3）小康型：这一层次主要是那些三资企业和效益较好的国有企业管理人员，以及有第二职业的知识分子、工商个体户、建筑包工头等。拥有存款，财务比较自由，日子过得很是坦然。高档家电样样俱全，不愁吃穿。其购物既追逐潮流，也考虑实惠。

（4）温饱型：主要是那些企业经营状况良好的工薪阶层。他们无额外收入，靠工资度日，略有存款但为数不多，购置房产一般需要银行贷款。这一层次的消费者追求价廉物美，以经济实惠为第一标准，对商品内在质量以及售后服务的要求相当高。

（5）贫困型：这类消费者多见于经营状况不佳的国有企业职工、多子女家庭。他们的人均收入很低，挣钱一般只够养家糊口，量入为出，计算度日，基本没有存款。购物一般只限于日常用品，对各类高档家电、高档时装只能望而兴叹。他们只求价格便宜，对商品的款式、质地等不怎么挑剔。

就目前来看，上述五种类型的消费者在人数上呈正态分布，其中以小康型和温饱型消费者居多；而富豪型和贫困型消费者人数所占比例较小。随着我国经济的发展和人民收入水平的提高，这条正态分布曲线将向富豪型一端移动。

# 2.5　消费结构与营销心理

## 2.5.1　消费结构的动态分析

消费结构的模型特征可概括为以下四点：

（1）支撑需求的因素有收入水平、心理因素、风俗习惯、生活水平及生活方式等要素，共同构成了以满足人类生存、发展需求为目的的有机整体。

（2）消费结构系统是一个不断变化的动态系统，根据搜集到的信息，调整自身行为，以适应环境的变化，使个体更好地生存与发展。

（3）消费结构系统是一个具有自适应能力的反馈控制系统。

（4）在消费结构系统中，影响需求的"扰动"制约因素有政治因素、经济因素（消费者收入、商品价格等）、社会因素、人口因素和自然因素（如季节、气候）。

## 2.5.2　消费结构变化的心理特征

消费结构变化的心理特征可概括为以下三点：

（1）消费需求总量增长的无限性和增长幅度的有限性。随着社会生产力水平的不断提高、社会财富的逐步增长，消费者的收入水平会相应提高，因而消费者的消费欲望是无限的；但在另一方面，一定时期内各因素增长的幅度又是有限的，因而消费者需求的增长幅度也是有限的。

（2）消费需求内容的伸缩性和渐进性。根据马斯洛的需求层次理论，我们认为人的消费需求是渐进的、不断运动的过程。

（3）消费结构的多样性和替代性。由于消费者个体在民族传统、宗教信仰、经济收入、文化程度、生活方式、风俗习惯、兴趣爱好、情感意志，以及年龄、性别、职业等方面存在着差异，因而对于商品或劳务的需求必然是千差万别的。另外，在现实生活中，某些商品相互之间具有替代性，一种商品的需求量增加，另一种商品的需求量会相对减少，甚至淘汰。例如，新型电子产品（如智能手机）的需求量增加，使老式手机需求量减少，最终被淘汰。

可见，消费结构的动态变化引导消费产业结构的调整，这不但影响到短期微观经济的变动，而且也会影响到中长期宏观经济发展战略的制定。一个企业，乃至一个国家，都应根据消费结构的变动，来调整产品结构，预测、规划与引导生产结构的发展方向。在新的时代，企业必须建立起新的经营目标：最大限度地满足消费者需求。

### 2.5.3 21世纪我国市场消费需求结构

消费者的消费需求包括追求流行、自己动手、需求真货、高级化、关心健康、国际化、简便化、安全需要八类。

消费者对追求流行需求的调查（见表2-2）说明，在追求流行方面，体现个性、色彩协调、追求多样式占前三位，而一般的追求流行的需求已不强烈。

表2-2　　　　　　　　　　　　对追求流行需求的调查结果

| 等级排列 | 1 | 2 | 3 | 4 | 5 |
|---|---|---|---|---|---|
| 名称 | 体现个性 | 色彩协调 | 追求多样式 | 独一无二 | 追求流行 |
| 消费者需求的相对百分数（%） | 100 | 94.2 | 73.8 | 42.7 | 16.5 |

消费者对自己动手的需求（见表2-3）日益增加，其中烹调、园艺、自制点心占前三位，其次为家庭裁缝、手工编织。

表2-3　　　　　　　　　　　　对自己动手需求的调查结果

| 等级排列 | 1 | 2 | 3 | 4 | 5 |
|---|---|---|---|---|---|
| 名称 | 烹调 | 园艺 | 自制点心 | 家庭裁缝 | 手工编织 |
| 消费者需求的相对百分数（%） | 100 | 87.6 | 70.1 | 56.7 | 44.3 |

消费者对需求真货的调查（见表2-4）说明对天然食品、天然饮料、纯金饰

品的需求很强烈，而对棉制品、全毛呢绒需要较弱。

表 2-4                             对需求真货的调查结果

| 等级排列 | 1 | 2 | 3 | 4 | 5 |
|---|---|---|---|---|---|
| 名称 | 天然食品 | 天然饮料 | 纯金饰品 | 棉制品 | 全毛呢绒 |
| 消费者需求的相对百分数（%） | 100 | 89.4 | 72.3 | 57.5 | 53.2 |

消费者对高级化需求的调查（见表 2-5）表明，对高级住宅、豪华汽车、高档服装需求占首位；而超级市场与精品屋的需求相对较弱。

表 2-5                             对高级化需求的调查结果

| 等级排列 | 1 | 2 | 3 | 4 | 5 |
|---|---|---|---|---|---|
| 名称 | 高级住宅 | 豪华汽车 | 高档服装 | 超级市场 | 精品屋 |
| 消费者需求的相对百分数（%） | 100 | 88.0 | 78.7 | 27.8 | 23.2 |

消费者对关心健康需求的调查（见表 2-6）说明，这类潜在需求都非常强烈，自音乐、书法，体育运动，健康食品，健身器具直至俱乐部。

表 2-6                             对关心健康需求的调查结果

| 等级排列 | 1 | 2 | 3 | 4 | 5 |
|---|---|---|---|---|---|
| 名称 | 音乐、书法 | 体育运动 | 健康食品 | 健身器具 | 俱乐部 |
| 消费者需求的相对百分数（%） | 100 | 92.7 | 89.0 | 74.4 | 67.1 |

消费者对国际化的需求（见表 2-7）也日益强烈，其中排在前四位的是国外旅行、变化的生活与变化的居住生活、家乡风味；对西方食品相对需求较弱。

表 2-7                             对国际化需求的调查结果

| 等级排列 | 1 | 2 | 3 | 4 | 5 |
|---|---|---|---|---|---|
| 名称 | 国外旅行 | 变化的生活 | 变化的居住生活 | 家乡风味 | 西方食品 |
| 消费者需求的相对百分数（%） | 100 | 84.9 | 79.6 | 68.8 | 30.1 |

消费者也有对简便化（见表 2-8）的潜在需求，其中快餐、简便服饰、方便

食品占前三位，其次为罐头和盒饭，这些都是快节奏社会所需要的。

表 2-8　　　　　　　　　　对简便化需求的调查结果

| 等级排列 | 1 | 2 | 3 | 4 | 5 |
|---|---|---|---|---|---|
| 名称 | 快餐 | 简便服饰 | 方便食品 | 罐头 | 盒饭 |
| 消费者需求的相对百分数（%） | 100 | 92.6 | 73.4 | 58.5 | 39.4 |

随着社会的发展，消费者对安全需要（见表 2-9）的需求也增长了，其中食宿安全、交通安全、人身保险占前三位，其次为商品安全与防老储蓄。

表 2-9　　　　　　　　　　对安全需要的需求调查结果

| 等级排列 | 1 | 2 | 3 | 4 | 5 |
|---|---|---|---|---|---|
| 名称 | 食宿安全 | 交通安全 | 人身保险 | 商品安全 | 防老储蓄 |
| 消费者需求的相对百分数（%） | 100 | 82.35 | 81.37 | 48.04 | 31.37 |

以上为消费者显在与潜在需求的总趋势。根据市场细分的原则，我们将进一步按照商品的类别进行更深入细致的调查研究，为企业的经营战略的制定提供科学根据。

### 2.5.4　消费结构变化特征对营销策略的影响

由于消费结构变化具有上述心理特征，从而对企业的市场营销策略产生影响，具体表现为：①消费需求总量的增长将影响企业产品的需求量以及产品的更新换代；②消费需求结构的变化将引导企业产品结构的调整；③消费需求目标的实现与否将影响企业的产品决策。

## 基本概念

消费需求　消费结构　恩格尔定律　吉芬效应　卡托纳理论

## 思考题

1. 试述消费需求的内涵及其影响因素。
2. 分析恩格尔系数与消费水平类型的相关性。
3. 讨论现阶段我国消费结构的特征及消费者群体的类型。
4. 试展望 21 世纪我国市场消费需求结构变动的方向。

# 市场营销与消费者的心理与行为

## 重点内容

- 解释需要层次论与市场定位的相关性，指出现代消费者的常见购买动机及其影响因素，消费者的个性对消费行为的影响
- 简述新产品消费者理论及其对制定营销策略的意义
- 阐明经典的条件反射学习理论在市场营销应用中的意义，以及消费者卷入理论及其在市场营销中的应用

消费心理是指消费者在消费过程中的心理活动与心理过程。消费心理主要涉及消费者的需要、动机、知觉、个性、学习等与消费行为有关的个体心理现象，这些消费心理现象是理解和把握市场营销活动的前提和基础。因此，我们在介绍有关概念的基础上，将着重阐述某些心理现象对消费行为的影响。

## 3.1 消费者的需要与购买动机

### 3.1.1 需要与动机的概念

个体的需要与动机既是构建市场营销理念的出发点，也是个体从事市场营销活动的出发点。需要是指个体因生理因素或者社会因素所导致的某种未满足的主观感受状态。它会促使人们采取一定的措施去加以缓解。例如，由于长时间未进食而感到饥饿，人们只有通过进食才能缓解肠胃的不适。需要不是市场营销所能创造和改

变的，因而具有固有性。因此，市场营销活动所能激发和影响的仅是人们的消费欲望。欲望是指个体希望得到能够满足其某种基本需要的产品的愿望，消费欲望才是营销活动的对象。同一需要既可以引发不同的消费欲望，也可以通过不同的产品来满足。例如，人们既可以用土豆充饥，也可以用汉堡包来填饱肚子。基本需要可以产生多种多样的欲望，而需求是指有能力购买并且愿意购买某种产品的欲望。可见，虽然市场营销不能创造或者影响人的需要，但是它能激发消费者的潜在欲望成为现实需求。

动机是指个体推动其实际活动以满足其欲望和需求的内驱力。这种内驱力是由未满足的需要所造成的紧张状态产生的。它是个体所有消费行为产生的根本动力和深层原因。图 3-1 是一个典型的消费动机过程。

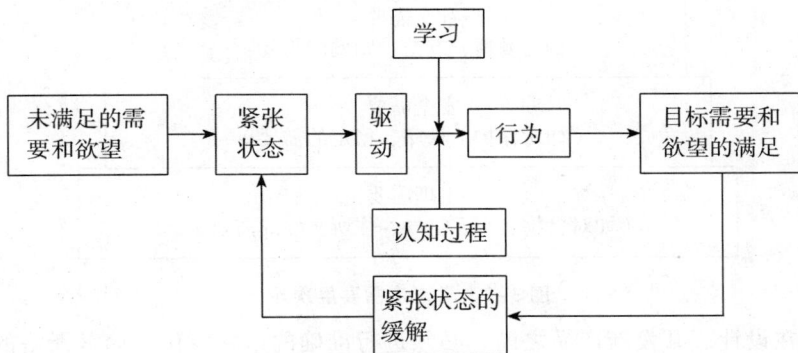

**图 3-1　消费动机过程**

由图 3-1 可见，消费者的一切消费行为都是由其一定的需要、欲望所导致的，换言之，消费者所有的消费行为都是为了满足或者缓解自己某种特定的需要和欲望。因此，市场营销的任务就是激发消费需求，并协助消费者满足自己的需要。

### 3.1.2　需要层次论与市场定位

美国心理学家马斯洛（A. Maslow）于 1943 年提出了需要层次论（hierarchy of needs），该理论把人的基本需要分为五个层次，按其重要性依次分为：①生理需要：包括食物、水、住所等基本的生存需要；②安全需要：保护自己免受伤痛、失业以及年老无保障等危害；③社交需要：获得家庭、朋友、社会团体的接纳以及友谊和爱情等；④尊重需要：获得尊敬、名誉、地位、权力等；⑤自我实现需要：充分发展自我和实现自我的能力（如图3-2所示）。马斯洛认为，这五个层次的需要由低到高依次递升，只有当低层次的需要得到基本满足之后，才能产生较高层次的需要，并激励个体不断追求更高层次需要的满足。

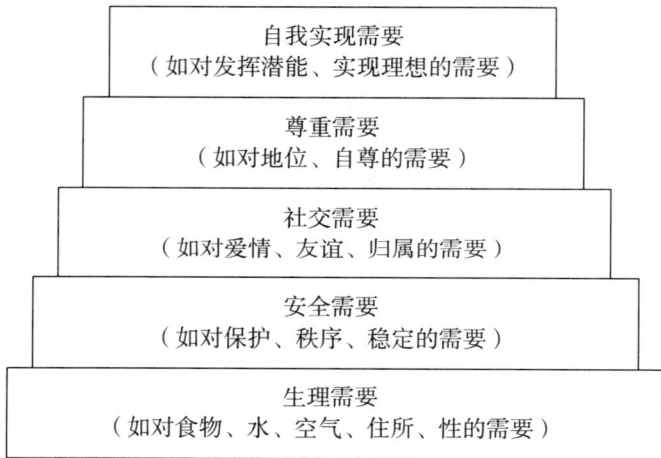

自我实现需要
（如对发挥潜能、实现理想的需要）

尊重需要
（如对地位、自尊的需要）

社交需要
（如对爱情、友谊、归属的需要）

安全需要
（如对保护、秩序、稳定的需要）

生理需要
（如对食物、水、空气、住所、性的需要）

**图3-2 马斯洛需要层次论**

我们在设计、开发新产品之前，必须进行准确的市场定位，而马斯洛的需要层次论则是进行产品市场定位的理论基础，根据需要层次论我们可把产品市场定位为以下五大类：满足生理需要的生活必需品市场、满足安全需要的保健品市场、满足社交需要的社交用品市场、满足尊重需要的享受类产品市场与满足自我实现需要的发展类产品市场。具体内容如下：

1）生活必需品市场

这一市场主要包括基本食品、普通衣着、普通家具等一般日用品。经过30多年的改革开放，中国人民的物质生活水平有了极大的提高，绝大部分人已解决了温饱问题，并在向"小康"迈进。因此，我国的生活必需品市场正由数量型向质量型转变，由原料型向半成品、成品型转变，由大包装、散装型向小包装、多包装型转变。例如，人们对能够节省时间、适应快节奏生活方式的速冻食品、快餐等有很大的需求。市场营销活动只有适应这一消费趋势，才能使消费者获得满足。

2）保健品市场

这一市场主要由药品、卫生用品、保健食品和保健器械等产品构成。随着社会经济的稳步发展和人民生活水平的日渐提高，消费者的自我安全保护意识越来越强，因此产品的安全性成为影响人们选择商品的重要因素，那些能够去病强身、延年益寿的产品将越来越受到消费者的青睐。

3）社交用品市场

这一市场主要包括烟酒、化妆品、饮料以及各类礼品等产品。随着人民生活水平的不断提高，人们的社交需要会越来越强烈，社交用品市场将获得更大的发展。据统计，消费者用于社交消费的支出正以每年10%以上的速度递增。因此，开发包装精美、质量上乘、体现个性、富有时代感的社交用品将具有良好的市场前景。

4）享受类产品市场

以我国目前的市场消费水平而言，消费者对于时装、旅游、文化娱乐、工艺品、家用轿车等方面的市场消费需求构成了享受类产品市场。这一产品市场的内涵和外延是会随着社会的发展而不断发展变化的，它与人们的生活水平和文化素质有着很密切的关系。因而设计这类产品时必须首先考虑人们的消费水平和文化传统。其次还应使产品符合当前的流行时尚和人们的求美心理，满足消费者的优越感和同步性——在消费中超越他人并与时尚保持同步。

5）发展类产品市场

学习用品、书报杂志、智力开发和个性发展等方面的消费需求构成了发展类产品市场。这类产品主要用于满足人们发展个性并最终达到自我实现的需要，其产品范围十分广泛，以精神类和教育类产品为主。教育是我国目前最大的发展类消费市场，因此，设计和开发教育类产品的市场前景十分宽广。设计这类产品应注重于开发智力与表现个性，产品应具有独特性和新颖性。

可见，马斯洛的需要层次论对于市场营销活动具有现实指导意义。在消费市场上，对于尚未解决温饱问题的低收入人群而言，不可能经常去购买那些显示身份地位的奢侈品，也不会过分考虑产品的外观包装，购买时以求廉、求实为导向；而对于衣食无忧的高收入人群而言，则会去购买与自己身份相称的名贵产品，购买时以求美、求新、求名动机为导向。因此，企业在市场营销中，必须分析消费者尤其是目标顾客的需求层次，开发出符合消费者实际需求的产品，制定出相应的营销战略。

### 3.1.3 消费者的动机分析

1）购买动机与购买行为

（1）购买动机。消费者的动机分析，是以消费者的购买动机为主要内容的。所谓购买动机，指能够引导人们购买某一商品或选择某一品牌商品的内驱力。

消费者的购买行为大多数是由多种动机共同作用的结果，这些动机包括物质性动机、社会性动机，近期动机、远期动机、集体主义的动机和利己主义的动机等。多种动机以一定的相互关系形成个体的动机体系。

（2）主导动机与购买行为。在同一动机体系中，不同动机所占的地位、所起的作用是不同的。消费者的最强烈、最稳定的动机是购买的主导动机，它比非主导动机具有更大的激励作用。在其他因素相同的情况下，人的购买行为是和主导动机相符合的。

由于人们的价值观念不同，其主导动机会以不同方式表现出来。比如，在同等经济条件下，有的消费者注重体面、讲究排场与摆设，以满足自己的优越欲，他们宁可缩食，也要衣着漂亮、家里布置堂皇时髦；而有的则讲究营养与保健，宁可衣着和摆设俭朴，也要把大部分收入用于购买食品和保健用品等。

根据心理学家分析，驱使人们行动的动机不下 600 种，消费者购买商品的动机是复杂的、多变的、多层次的。我们将从消费者的一般购买动机和具体购买动机来分析。

2）购买动机的本能分析模式

人们有饥、渴、寒、暖、行止、作息、性等生理本能，由这些生理本能引起的动机和行为，称为本能分析模式。具体表现为以下几种动机：

（1）维持生命动机。当人们在饥思食、渴思饮、乏思息的动机驱使下，产生购买食品、饮料、家具、卧具等购买行为，这些动机属于这一类。

（2）保持生命动机。消费者为御寒而购买衣服鞋袜，为居住而购买建房材料，为治病而购买药品等行为的动机。

（3）延续生命动机。消费者为结婚、组织家庭、养儿育女而购买儿童用品的购买动机。

（4）发展生命动机。人们为了使生活过得更加方便、舒适和愉快，购买享受类商品的动机，以及为了掌握和提高劳动技能和知识去购买书、计算机等发展类商品的动机。

一般而言，在本能动机驱使下的购买行为，具有经常性、反复性和习惯性的特点，购买的多数是日常生活的必需品。

3）购买动机的心理分析模式

由人们的认识过程、情感过程和意志过程引起的行为动机，称为心理分析模式。这一模式包括三种类型的动机。

（1）感情动机。它包括情绪、情感两个方面。凡是由于满意、快乐、好奇、嫉妒、好胜等情绪而引起的购买行为，属于情绪动机，一般具有冲动性、即景性和不稳定性，如人们因好奇而买新产品和品尝美食等。情感动机是由人们的道德感、理智感、美感等高级情感引起的动机，具有较大的稳定性和深刻性。比如，人们为了友谊而购买礼品，过去为了荣誉而认购国库券等。

（2）理智动机。这是人们建立在对产品的客观认识基础上，经分析比较、判断决策之后产生的购买动机，具有客观性、周密性和控制性的特点。比如，消费者购买高档耐用的电器，像彩电、冰箱、录像机等，通常是经过深思熟虑、权衡利弊之后，才决定购买的。

（3）惠顾动机。这是基于情感和理智的经验，对特定的产品、商标、厂牌、商店等产生特殊的信任和偏好，使消费者重复地、习惯地前往购买的一种行为动机。这类消费者往往是企业的忠实支持者，他们不但自己经常购买，而且对潜在的消费者有很大的宣传影响作用，甚至在企业的产品和服务出现某些过失时，也能给以充分的理解。企业的产品如能在消费者中激发其惠顾动机，其经济效益和社会效益是相当可观的。激发人们的惠顾动机，应注重产品质量信用、花色品种的设计、包装装饰的新颖、产品广告的选择和宣传，以及营销人员的服务周到等因素。这些努力的结果，使产品在消费者心目中留下独特的印象，而成为潜意识的组成部分。这样，不但为企业、商店形成一支牢固的消费队伍，而且还可以依靠这支队伍的宣传，扩大产品的知名度，从而占领更广阔的市场。

4）现代消费者的常见购买动机

分析消费者的具体购买动机是指常见的、一般的类型，主要有求实、求新、求美、求名、求利、好胜、好癖七个方面的购买动机。

（1）求实购买动机。它以追求产品的实际使用价值为主要目的，其核心是

"实用"和"实惠"。具有求实购买动机的人，一般是经济收入不高、消费要从长计议的人，在年龄层次上，中老年人比较多，他们比较保守，注重传统和经济，不爱幻想，不富于想象，不易受产品的包装、商标和广告宣传的影响，多为中低档商品的购买者。

（2）求新购买动机。以追求产品的时髦与新颖为主要目的，其核心是"超时"和奇特。这类动机在经济条件较好的城乡青年中较为多见。他们富于幻想、渴望变化、蔑视传统、喜欢新潮，易受商品的广告和包装等因素的影响，他们也是新式时装、新式家具、新式鞋帽、新颖发式和各种时尚商品的主要消费者。

（3）求美购买动机。它以追求产品的欣赏价值为主要目的，核心是讲究装饰和打扮，在青年妇女和文化层次较高的人士中较多见。这类消费者注重产品的造型美、色彩美和装饰美，重视产品对人体的美化作用、对环境的装饰作用，及对人的精神生活的陶冶作用，而产品的使用价值本身并不重要。他们往往是高级化妆品、首饰、工艺品和家庭陈设用品的主要消费者。

（4）求名购买动机。它以显示自己的地位和威望为主要目的，核心是"显名"和"炫耀"。在具有一定政治地位和社会地位的人中较为多见。这类消费者特别重视产品的威望和象征性意义，喜欢购买名贵商品和高于一般消费水平的商品，或显示其生活之富裕、地位之特殊，或表现其能力之超群，从而得到一种心理上的满足。

（5）求利购买动机。它以追求廉价消费品为主要目的。持这种动机的以经济收入较低的人为多，也有经济收入较高而节俭成习的人。喜欢选购处理价、特价、折价、优惠价的商品，对商品质量要求不高。这类消费者是低档商品，废旧物品和残次、积压处理商品的主要消费者。

（6）好胜购买动机。它是以争赢斗胜为主要目的的购买动机。有此动机的消费者购买某种商品往往不是由于急切的需要，而是为了赶上他人、超过他人，表现出"优越欲"和"同调性"的消费心理现象，他们抢先购入最好的消费产品，以便能炫耀于人前，满足其好胜心理。这种购买往往具有偶然性特点和浓厚的感情因素。比如，为了购买新型组合式家具，廉价出售原有的尚新的一套家具；或为了购买双门冰箱，而廉价出售原有的单门冰箱。

（7）好癖购买动机。它以满足个人特殊偏好为目的。比如，有人喜欢花木盆景，有人喜欢古玩字画，有人喜欢集邮摄影，有人喜欢看书看报等。这种好癖心理动机，往往同某种专业特长、专门知识和生活情趣有关，因而其购买行为比较理智，指向也比较集中和稳定，具有经常性和持续性特点。例如，有的人宁可节衣缩食，将省下来的钱买喜欢看的书，或买他们向往已久的异国风光邮票。这就是好癖购买动机的实例。

5）影响消费者购买动机的因素

影响消费者购买动机的因素很多，现列举以下诸因素：

（1）产品的品质：这是构成购买动机非常主要的因素。比如，电视机的图像清晰；电冰箱制冷力强、省电和低噪音；钟表走时准确等。

（2）产品的功能：即产品的效用，一要耐用，二要多功能。如旅游鞋的设计，既要耐穿耐磨，又要晴雨两用，平地登山两用。因为功能多，能满足人们多方面的需要。

（3）产品的造型：指产品的图案和美术设计。如电视机的外观要好看，要求它不仅可以收看电视节目，也可做家中的摆设之用，以增加居室华美之感。

（4）产品的规格：即产品的大小、重量等。如产品能否放进手提包或口袋，使用时其重量是否适宜，能否分等份包装，是否便于携带等，都影响消费者的购买。

（5）产品的包装：包装是产品的无言的宣传员。在美国曾做过这样一个实验：将品质相同的洗衣粉以不同色彩分别包装，然后让家庭主妇们比较，调查其对洗衣粉的评价。调查结果显示，主妇们认为青色和黄色组合包装的洗衣粉"洗净效果甚佳"，而红色和黄色组合包装的洗衣粉，则被认为"会损伤布料"。所以，包装对产品的评价有很大的影响。

（6）产品的商标：许多惠顾型的消费者，在购买商品时，认准商标和品名就买。例如，上海的"凤凰"、"永久"自行车，"华生"、"长城"电扇等名牌优质产品，曾经很受欢迎。

（7）产品的广告：广告不仅是传播产品信息的工具，也是激发消费者购买产品的诱因。现代市场营销中，广告的作用日趋重要。广告的设计应当把握消费者购买动机的内容，有针对性地宣传，才能收到较好的促销效果。

（8）产品的保修：如各种家用电器或日用品购置后，在使用阶段发生故障时，要给予一定时期的保修或保用，使消费者放心，这也是形成购买动机的因素之一。例如，现在许多厂商销售电视机、电冰箱等都写上保修一年或一年以上，因为有了保修，买后不会失去其使用价值，也就解除了消费者的后顾之忧。

（9）产品的价格：价格的影响除了价值规律以外，还有心理规律。比如，对于一些处理品、清仓品、出口转内销产品，削价幅度越大，消费者的疑惑心理就会越严重，不愿问津。这是因为消费者根据以往的经验，将价格高低作为衡量产品价值的标准，从价格上来判断产品的优劣。常言道"一分价钱一分货"、"便宜无好货，好货不便宜"便是这种心理的生动反映。从前所谓"越便宜的东西越能销售"的观念，不一定适用于任何商品。对日常生活必需品来说，价廉可能会构成购买动机，但对于高档耐用品，消费者往往宁愿多花钱买好点的，如彩电、冰箱，一般顾客多愿选购比较贵的、质量有保证的产品，这是因为高档商品使用时间长，所以要求质量一定要过关。

通过上面的分析，我们看到研究消费者的购买动机，并非一件轻而易举的事情。但购买动机对市场营销策略有广泛的影响。对商品生产者和经营者来讲，应当经常分析消费者的生理性和心理性购买动机，在商品设计、销售方式、服务保证和广告宣传等方面采取有效的心理方法，更好地适应消费者购买动机的要求。

### 3.1.4　消费者购买动机的相关理论

1）消费者购买动机的深层心理学研究

日本心理学家户川行男，通过对消费者购买行为的调查，运用投射法、精神分析交谈法、深入交谈法等方法，了解人们的潜在欲望（无意识需求）和购买趋势。他认为，有意识和潜在欲望的购买趋势才是人的真正的内在需求，并提出六种主要的购买动机。

（1）需求：这是购买商品的基础。一切购买行为都是为了满足一定的需求、欲望。消费者内在真正的需求是由有意识需求和无意识需求共同构成的。而消费者的实际购买行为则与各种需求的强度有关。

（2）喜好：它虽不是购买的直接动机，但它与需求相结合间接成为购买行为的动机，如"形态喜好"注重产品的整体印象，而"机能喜好"则注重商品的功能和作用。

（3）态度：举例来说，如果消费者认为某种产品可以满足某种特定的需要，或认为某种品牌值得信赖等，这样就对这种商品形成一种态度，当他在需要时，就会不假思索地去购买，且不易受时尚风气的影响。

（4）推测：指消费者对事物的发展趋势做出预计，由此产生购买行为。例如，人们如果估计物价将上涨，就会去购买并不急需的产品。推测主要包括经济性推测和今后生活的推测。

（5）社会承认：即流行，也是一种引起购买行为的动机。

（6）偶然因素：如推销方式、商品位置和商品排列等。

我们说，消费行为虽是一种经济行为，但仅用经济变量（收入、支出）是不足以说明消费行为的，要把心理变量（态度、推测）、社会变量（集团、地位）结合起来，进行多学科研究，才能较全面地了解人们的消费行为。

户川行男于 1960 年提出了消费者的行为过程，如图 3-3 所示。

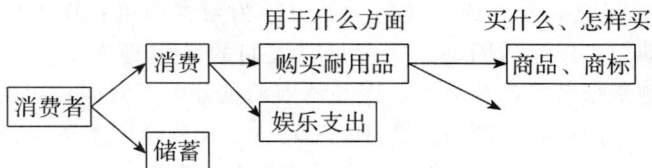

**图 3-3 消费行为过程示意图**

由图 3-3 可以看出，消费者在整个行为过程中需解决四个问题：

（1）决定是消费还是储蓄；

（2）决定消费究竟"用于哪一方面"；

（3）决定"购买什么"（如商品、商标等）；

（4）决定"怎样购买"（即何时何地、买哪一种等）。

关于消费者的动机，实质上就是消费者行为的"为什么"问题，又可分为三个小问题：

（1）消费者行为的能量源泉如何产生；

（2）消费者行为的目标定向是什么；

（3）消费者行为的维持问题——强化问题。

下面，我们来看看精神分析理论是如何做出解答的。精神分析理论注重对人的无意识行为和心理的研究，也可把它看做"深蕴心理学（depth psychology）"的一个方面。

根据动机调查（motivation research），迪奇特（E. Dichter）认为，在"物"内有"精神"存在，消费者把自己投射到各个商品上。如买车，实际上买进了自己人格的延伸部分。商品对投射其中的人，带来特殊的心理效果。这就是说，"物"也有精神，人们购买的商品是自己人格的延伸部分。例如，貂皮大衣是社会地位的象征，树木则是生命的象征。

另一学者契斯金（L. Cheskin）则进行了控制动机调查（controlled motivation research），并指出，消费者的选择是由其本人未意识到的各种因素所规定的。他强调了位于内心深处的动机作用。

2）采用内驱力理论研究消费者购买动机

内驱力理论的基本观点可用下列公式表示：

$$_sE_R = {_sH_R} \times D \times V \times K$$

其中，$_sE_R$ 为反应潜力（或反应行为）；$_sH_R$ 为习惯强度；D 为内驱力；V 为刺激强度的精神动力；K 为诱因动机。可见，人们的反应行为，或反应潜力是受习惯、内驱力、刺激强度的精神动力，以及诱因动机等因素共同作用的。

某一消费者，面对某一商品，其 $_sH_R$、D、V、K 各个因素越强，购买这种商品的可能性越大。只要有一个因素为 0，则反应潜力也为 0。

例如，当人吃饱后，对普通食品就没有需要，也就是说对此无内驱力，这时，对于普通食品的 $_sH_R$ 为 0。同样，当 $_sH_R$（习惯强度的强化水平）为 0，或 V 为 0（广告所提供的线索很少），或 K（诱因潜力）为 0 时，$_sE_R$ 都为 0。因此，营销人员应制订各种战略计划，以诱发消费者对产品的内驱力，加强购买商品的精神动力和诱因动机，这样，才能取得良好的营销效果。

3）采用需要层次论研究消费者购买动机

人的需要多种多样，同一层次的需要，可以表现于不同的行为上；另一方面，相同的行为表现也可能是为满足不同层次的需要。

以消费者吃的行为来说，可能是为了满足最基本的生理需要，要吃饱肚子以维持个体的生存；也可能是为了满足安全需要，即吃安全的食品；也可能是为了满足社交的需要，如时下经常举行的聚餐、宴请，这时"吃"是为了加强与朋友的关系。此外，消费者穿的行为和住的行为等也都是消费者复杂需求结构的体现。

同时，我们也应注意到，消费者之间存在个体差异，即使是同一消费者，其需求也是复杂多变的。

4）采用双因素理论研究消费者购买动机

双因素理论，即保健因素理论和激励因素理论，由美国心理学家赫兹伯格

（Herzberg）首先提出。

日本心理学家小岛外弘应用"MH 理论"认为，H 因素（保健因素）为必要条件；M 因素（激励因素）为魅力条件。H 与 M 条件根据时代、消费者动向以及商品生命周期的不同而变化。

商品要具有保健因素（对消费者而言），还需具有激励作用（魅力作用）。H 因素通常是质量、性能、价格等，而 M 因素则为情感、设计等。在不同的文化背景中，H、M 因素所包含的内容也不尽相同。

## 3.2　消费者的个性与消费行为

市场营销研究表明，消费者的个性差异不仅对于消费者的产品选择会产生显著的影响，而且对于厂商所进行的广告促销也会产生不同的反应。因此，研究消费者的个性差异对于更好地开展市场营销活动是十分重要的。

### 3.2.1　个性的概念

个性是指个体所具有的、内在稳定的、影响和决定其行为反应方式并使之区别于他人的心理特征的总和。个性具有以下两个主要特征：

（1）稳定性。个性一经形成就比较稳定，这使消费者在不同的营销环境中能够以基本相同的方式对营销活动做出反应。因此，营销人员如果试图对消费者的个性特征加以改变以适应自己的产品及其营销策略，那将是不明智的。由于个性特征具有一定的稳定性，因而市场营销策略及其相关活动才有了延续和存在的可能。同时，这也要求营销人员能够不断地调整和改进自己的产品及其营销策略以适应消费者的个性特征。当然，个性特征的稳定性并不意味着消费者的消费行为绝对不发生变化，随着消费者所处社会环境的改变，其消费行为亦会发生相应变化。

（2）差异性。消费者之间存在着个体上的差异性，这成为市场营销活动赖以存在的基础。因为如果个体之间没有差异性存在，那么生产标准化的产品以及进行简单的促销活动就足够了，而无须进行营销策划或者市场细分。

### 3.2.2　个性与消费行为

个性使消费行为产生较大的差异，这是市场心理微观分析的重要内容。个性亦称人格，是反映一个人独特的精神面貌，包括外在自我和内在自我的总和。个性由兴趣爱好、能力、气质和性格等四方面组合而成，个性对消费行为的影响是由这四个心理特征来表现的，下面分别进行叙述。

1）兴趣爱好与消费行为

所谓兴趣，就是一个人对一定事物所抱的积极态度，反映一个人优先对一定的事物发生注意的倾向。比如一个人对工业造型设计感兴趣，那么他对工业新产品展销会或工业设计展览会一定抱积极态度，争着要入场券和参观券，到会参观必然对优秀的产品造型设计反复观赏而留下深刻的印象。

兴趣爱好是个性的一个重要内容。不同的个性常常具有不同的兴趣爱好，这种兴趣爱好也表现在对商品的造型、色彩、商标等方面的爱好上。例如，儿童较幼稚，思维不成熟，往往只欣赏、爱好一些最简单、最鲜艳、最明快活泼的色彩；年轻人由于精力旺盛、朝气蓬勃，喜欢新鲜活泼、刺激性强的造型和色彩；成年人见多识广，有一定的欣赏能力，就喜欢较高级和丰富多彩的时尚产品；老年人饱经沧桑，性情平和，他们喜爱造型稳健、色彩素雅的产品，而不喜欢奇形怪状的设计，他们需要更多的平稳和安宁，往往偏向于沉着含蓄的色彩。

不同的兴趣爱好，反映不同的个性特点。有的心理学家研究了具有不同颜色爱好的消费者所具有的个性特征，可供参考：

喜欢绿色、蓝色等冷色调的消费者通常表现出安详、冷漠、喜欢沉思的特点。他们沉默寡言、不喜交际，但好幻想、内心世界复杂。

喜欢橘色、橙色等色调的消费者比较活泼，精神饱满，富有感情，待人热情，有时不免性急。

喜欢红色的消费者一般比较喜欢活动，精力充沛，渴望刺激，对新异的装饰和陈设感兴趣，但情绪比较多变。

喜欢红褐色的消费者多愁善感又容易使人感到亲切，性格柔和温顺，这些人幼年可能家教较严，或在家庭中其配偶占支配地位。

喜欢粉红色的消费者性情优雅，这部分人常不自觉地表现出对"文雅"的渴望，希望忘记生活中的残酷和丑恶。

喜欢黄色的消费者醉心于现代作风，热心变动，但常常落落寡欢。一般来说，黄色最受那些比较风雅的知识分子的欢迎。

喜欢紫色的消费者，常具有神秘色彩，具有艺术家气质，但性情可能比较怪癖。

　　喜欢棕色的消费者稳重可靠，责任心和义务感强，他们不喜欢出风头，对新奇事物不太感兴趣，同时有点固执和尖刻。

　　喜欢棕色和绿色相近的消费者非常精明，对金钱十分小心谨慎，行事安全第一。

　　喜欢黑紫罗兰色或黑色的消费者比较悲观和忧郁；喜欢褐红近灰色的消费者，则讨人喜欢，他们不坚持己见，与世无争，善于用迂回和巧妙的方式获得他人的好感。

　　乳黄色和浅蓝色深受大多数人喜欢。偏爱乳黄色的人比较热情，偏爱浅蓝色的人比较冷静。白色和银白色，淡雅脱俗，其爱好者一般比较清高。

　　当然，颜色爱好与个性特征的关系也并不像以上所述的简单和绝对，但这些研究成果无疑对产品的色调以及造型、包装装潢设计有一定的参考价值。

　　2）能力与消费行为

　　能力是指直接影响活动效率，使活动顺利完成的个性心理特征，又是先天素质和后天环境培养教育而形成的。能力可以分为一般能力和特殊能力。一般能力亦称智力，指从事一般活动的本领。我国著名心理学家朱智贤教授认为，智力是一种综合的认识方面的心理特征，它主要包括：①感知记忆能力，特别是观察力；②抽象概括能力（包括想象力），这是智力的核心部分；③创造力，则是智力的高级表现。当然智力结构理论颇多，吉尔福特甚至认为人的智力因素有120种。特殊能力只在特殊活动中起作用，比如音乐能力、美术能力、机械操作能力等。

　　一般能力与特殊能力具有有机的联系。一般能力的发展为特殊能力的掌握提供基础和条件，而特殊能力的发展又能促进一般能力的提高。

　　消费者的购买行为，需要多种能力的综合运用，主要表现在对商品的识别能力、挑选能力、评价能力、鉴赏能力上，这些能力的协同表现称之为购买能力。例如，消费者购买服装和布料时，他需要手的感觉能力，摸一摸服装和布料的质地；需要眼睛的识别能力，观察产品的质量和花色；还需要同别的产品进行分析比较，评价所选的服装和布料；最后还需要综合决策能力，决定购买与否。一般购买能力强的消费者，不需要外界因素的过多参与，挑选迅速，购买迅速，成交率较高，买后退货现象也较少。而购买能力较低的顾客，常表现出犹豫不决，易受购买环境的影响，倘若销售人员采取有效的促销策略，比如介绍产品，当场示范以及简易的广告说明书等，对促成消费者的购买行为实现有十分重要的意义。

3）气质与消费行为

气质，俗称脾气，是个体典型的、表现于心理过程的动力方面的特点，包括心理活动的速度、强度、稳定性和指向性方面的内容。比如人的知觉速度有快慢，人的意志程度有强弱，人的思维灵活程度有高低。人的注意稳定程度有长有短；人的活动指向性有的倾向于外部事物，对外界感兴趣，有的则倾向于内部事物，乐意体验自己的思想和情感。这些特点使一个人的心理活动染上了独特的色彩，形成多种气质类型。一般人的气质可以分成四种基本类型：兴奋型、活泼型、安静型和抑制型。四种气质类型在行为方式上的典型表现如下：

（1）兴奋型：表现为直率、热情，精力旺盛，脾气急躁，情绪兴奋性高，容易冲动，反应迅速，心境变化剧烈，具有外倾性。

（2）活泼型：表现为活泼、好动、敏感，反应迅速，喜欢与人交往，注意力容易转移，兴趣和情绪容易变化，具有外倾性。

（3）安静型：表现为安静、稳重，反应缓慢，沉默寡言，情绪不容易外露，注意力稳定但难以转移，善于忍耐，具有内倾性。

（4）抑制型：表现为情绪体验深刻，孤僻，行动迟缓而且不强烈，善于觉察他人不易觉察的细节，具有内倾性。

气质特点与消费行为有密切关系。在现实生活中，可以观察到具有上述四种典型气质类型的消费者人数甚少，大多数消费者的气质近似某种气质类型，或是几种气质的混合，消费者在各自的消费行为中有不同的表现，其原因之一，就是由消费者的气质类型决定的。根据气质类型划分的消费者类型有：

（1）习惯型。以安静型和抑制型气质居多。其特点是注意力稳定，体验深刻，习惯因素强，购买迅速，较少挑选和比较，常常表现为某一商标的依赖者。

（2）理智型。以安静型气质居多。其特点是冷静、慎重和比较细致，受外界因素影响小，善于控制情绪。

（3）定价型。以抑制型和活泼型气质居多。其特点是重视价格，善于发现价格变动和差异，对价格反应敏锐和迅速，多数人倾向于廉价商品，如果经济条件许可也会倾向于高价商品。

（4）冲动型。以兴奋型气质居多。其特点是情绪易冲动，心境变化剧烈，喜欢追求新产品，较多考虑产品外观和本人兴趣。销售宣传对冲动型购买者影响特别大。由于现代人生活节奏加快，消费者购买商品的时间减少，加上电话订购和邮购方式的推广，冲动型购买者的数量显著增加，这为刺激消费和扩大销售提供了市场心理的微观背景条件。

（5）想象型。以活泼型气质居多。其特点是活泼好动，注意力容易转移，兴趣容易变换，容易受情绪影响，想象力和联想丰富，审美意识强，易受产品外表造型、颜色和命名的影响。

（6）不定型。各种气质类型者均有。这类消费者通常缺乏购买经验和商品知识，对商品没有固定的偏好，购买心理不稳定，一般是应急而买、奉命而买，或者顺便而买。

### 4）性格与购买行为

所谓性格是指个体对现实的态度和与之相适应的习惯化的行为方式。它具体反映在对现实的态度方面的、意志方面的、情感方面的和理智方面的性格特征。性格特征反映到消费者对产品的态度和购买行为上，就构成了千差万别的消费性格。消费性格主要表现为：在消费态度上，是节约还是奢侈，是控制还是放纵；在消费倾向上，是保守还是自由，是富于幻想还是立足现实，是求新还是守旧；在消费情绪上，是乐观还是悲观，是抑郁还是开朗，是表现于外还是倾向于内；在购买决策上，是独立还是依赖，是民主还是专制；在购买方式上，是冲动还是冷静，是稳定还是波动；在购买行动上，是迅速还是迟疑等。这些都表现出不同的消费性格。

国外心理学家根据人们所持的价值观把消费者划分为六种性格类型：理论型、经济型、审美型、社会型、权力型、宗教型。然后根据这六种不同类型，指出他们消费行为的不同特征。

（1）理论型的消费者，是指追求真理的人，他们面对事实，关心变化，胸怀宽阔。

（2）经济型的消费者，是指以效用和价值为生活准则的人，这种人价值意识强，只想买好东西。

（3）审美型的消费者，对消费品追求美的价值，以审美观点来衡量商品的价值。从审美心理来看，人们喜欢新的、有变化的东西。18 世纪英国的美学家贺家斯认为，人的各种感官都喜欢变化，而讨厌千篇一律。因为美就蕴藏在变化之中，一成不变、清一色，不能唤起人们的美感，所以人们希望产品的品种、花色能不断翻新变化。

（4）社会型的消费者，指受他人影响而引起购买动机，选择倾向服从集体标准的人。这类消费者从众心理明显，在消费行为上表现为同调性。

（5）权力型的消费者，指对权力地位表示关心的人，这些人有在自己周围置备能够满足权力要求的商品的趋向，在他们的消费行为上，优越感、炫耀欲比较突出。

（6）宗教型的消费者，是神秘的，不太受"世俗标准"的约束，他们按照信仰的原则来选择符合他们信仰的商品。

必须指出，在现实生活中很少有上述六种类型消费者单独存在。每一个消费者都或多或少地具备其中几种价值观。比如，一个消费者既是精打细算的经济型的人，同时对产品的造型色彩又有审美要求，与此同时又有同调性的社会压力，促成他的购买行为。所以，一般而言，消费者是关心价格的，但并不是所有价格便宜的商品都能引起购买动机，如果质量性能相同，消费者宁愿多花些钱去买造型美观大方、色彩高雅和谐的产品，因为审美比价格更重要。同样，消费者在选购时尚商品时也参照自己所属群体的社会标准，倘若太时髦、离社会标准太远，消费者也会放弃审美而遵从社会规范，选购与社会标准相吻合的商品。

### 3.2.3 消费者的个性及其对消费行为的影响

1）消费者的个性对产品品牌选择的影响

市场营销研究表明，消费者对产品品牌的选择，在很大程度上受其个性特征的影响。一般而言，符合消费者个性特征的产品品牌可以吸引其购买，而不符合其个性特征的产品品牌则会抑制其购买。这种现象在化妆品、时装和烟酒等产品的购买中表现得最为典型。例如，人们在选购产品时常这样说："我喜欢这种产品，因为它符合我的风格。"实质上这就是个性特征在影响消费者的购买行为。产品的品牌选择不仅与个体的个性特征有关，而且也与群体的心理特征相关。同一群体的消费者会对某种产品品牌产生心理认同，把它看做是该群体地位的象征，积极评价并重复购买群体所认同的产品品牌。例如，经济收入较高的成功人士对于名牌西服就情有独钟，把它看做是自己的社会地位与经济实力的象征，而大中专学生则更喜欢休闲服装。因此，研究消费者的个性特征及其对产品品牌选择的影响，将有助于市场营销人员有针对性地赋予产品以不同的个性特点，从而吸引目标消费者群体，达到扩大市场份额的目的。

2）消费者的个性对购物场所选择的影响

市场营销研究表明，消费者的个性特征也会影响其对购物场所的选择。自信心强的消费者购物时更喜欢去特色鲜明的购物场所，而自信心弱的消费者则喜欢去自己熟悉的大众购物场所。当购买价格昂贵的产品时，在小型专卖店购买的消费者要比在传统大型商场购物的消费者更为自信。虽然小型专卖店的商业信誉不如大型商场，但是自信心强的消费者相信自己能够正确评价产品，从而控制购物风险，而自信心弱的消费者则只能去大型商场购物以获得心理安全感，减少购物风险。

3）消费者的个性对营销人员选择的影响

市场营销研究表明，消费者的场依存性与场独立性个性影响其对营销人员的选择。场依存性的消费者比较喜欢热情主动并能够提供建议的营销人员为自己服务；场独立性的消费者则更喜欢稍显被动的营销人员为自己服务，而反感过于热情、喋喋不休的营销人员。

### 3.2.4　新产品消费者理论

新产品投放市场以后，能否引起消费者普遍的购买兴趣和消费欲望，从而达到扩散新产品的目的，这在很大程度上取决于新产品消费者的个性特征。在此，我们主要阐述新产品消费者类型理论与新产品消费者增长理论。

1）新产品消费者类型理论

美国营销学者罗杰斯（E. M. Rogers）在其 1962 年出版的《改革的扩散》一书中论述了消费者接受新产品时所表现出的个性特征差异，提出了新产品消费者类型理论。他认为，部分消费者在新产品一投放市场后就会很快接受，而另一部分消费者则需要很长时间才会决定是否接受。据此，他以接受新产品的时间先后为序，将消费者划分为"革新者"、"早期接受者"、"早期采用大众"、"晚期采用大众"、"守旧者"五种类型。如果以新产品的全部接受者为100%，那么上述各类消费者所占比例及个性特征见表3-1。

罗杰斯认为，新产品消费者的类型遵从以时间为基准的正态分布，大部分的新产品消费者集中在正态分布的中间阶段（即早期采用大众和晚期采用大众），而革新者和早期接受者的人数总和与守旧者相等，他们都只占少数（如图3-4所示）。

表 3-1 五类消费者所占比例及个性特征

| 新产品消费者类型 | 所占比例 | 个性特征 |
| --- | --- | --- |
| 革新者 | 2.5% | 冒险性强，喜变革，非传统，独立性强 |
| 早期接受者 | 13.5% | 受他人尊敬，经常是公众舆论的领导人；<br>喜欢炫耀，追求时尚 |
| 早期采用大众 | 34.0% | 从众性强，喜模仿，愿意照别人的路子走 |
| 晚期采用大众 | 34.0% | 是怀疑论者，易犹豫不决 |
| 守旧者 | 16.0% | 遵从传统观念，较保守，当新事物失去新异性时才肯接受 |

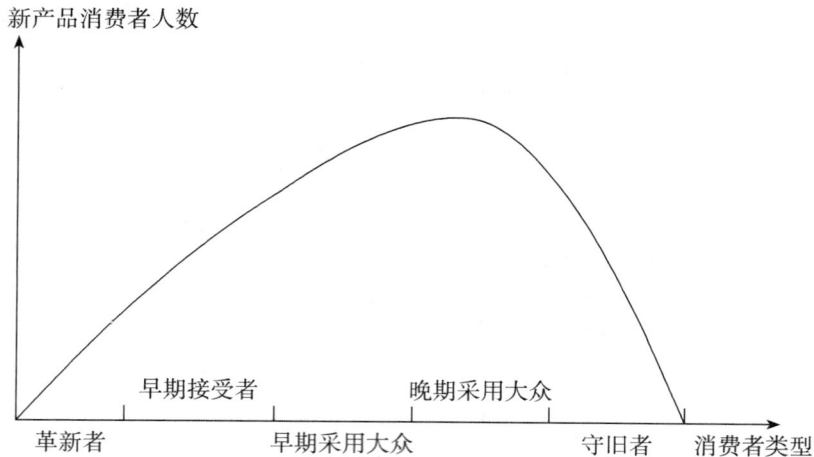

图 3-4 新产品消费者类型正态分布图

新产品消费者之所以表现为正态分布，其原因在于：一是消费者对于新产品的质量、性能、价格以及使用效果等属性普遍存在不同程度的心理疑虑，惧怕自己的购买行为招致较大的风险，因而消费者在购买新产品时就出现了时间上的差异；二是消费者个性特征的差异也会影响其购买新产品的时间顺序，一般而言，冒险性强、具有革新精神的消费者会最先购买新产品，而遵从传统、具有保守特征的消费者则最后购买新产品。

2）新产品消费者增长理论

20 世纪 60 年代末，美国营销学者佩斯依据社会学习和从众理论对新产品消费者进行分类研究，提出了新产品消费者增长理论。佩斯认为，新产品的最先购买者一般是少数革新者，其次就是人数众多的模仿者。革新者由于具有较强的冒险精神、独立性强、喜欢追求时尚和以自我为中心的个性特征，因此，其是否购买新产品主要取决于自己对产品的直接了解和认识，几乎不受他人是否购买该产品的影响。而模仿者则不同，由于他们具有尊重传统规范、随和顺从、谨慎疑虑、他人取向、缺乏冒险精神等个性特征，因而其是否购买新产品并不是取决于自己的判断，而是受已经购买该产品的消费者人数多寡所形成的社会环境压力的影响。已经购买新产品的消费者人数越多，则尚未购买该产品的社会成员所体验到的孤立感越强，这种社会环境压力迫使那些尚未购买新产品的个体采取相应的积极行动，以保持与他人行为的同步性（见表3-2）。

表 3-2　　　　　　　　　　　革新者与模仿者的消费行为差异

| 内容 | 革新者 | 模仿者 |
| --- | --- | --- |
| 对新产品的兴趣 | 很浓厚，乐意尝试 | 较淡薄，喜欢模仿 |
| 冒险精神 | 很强，喜欢探索未知领域 | 较保守，喜欢熟悉的事物 |
| 指导他人购买的倾向 | 很强，好为人师 | 较弱 |
| 思想活跃程度 | 开放，追求时尚 | 较封闭，遵守传统 |
| 风险敏感程度 | 不敏感，相信自己的判断能力 | 很敏感，风险意识很强 |
| 个性特征 | 自主，独立，以自我为中心 | 依赖，顺从，以他人为中心 |
| 产品使用范围 | 广泛，没有局限 | 很有限，使用社会认可的产品 |
| 对产品品牌的偏爱 | 不明显，只要是新的就行 | 很明显，爱好名牌产品 |
| 受电视广告和他人影响的程度 | 较少受影响 | 容易受影响 |
| 阅读专业杂志 | 广泛阅读 | 很少阅读 |

　　佩斯认为，革新者在新产品购买中所起的倡导作用是相当明显的，革新者本人就是最佳的广告宣传，革新者购买新产品的行为实质上就意味着其他人也接受了新产品。因此，营销人员应该以新产品消费人群中的革新者为中心，深入研究其个性特征及其消费行为规律，并开展以革新者为核心的市场营销活动，从而促使整个市场营销活动取得成功。然而，佩斯的上述观点并没有充分考虑新产品消费者的文化背景差异。换言之，在不同的文化背景中，人们的冒险性及其对于模仿行为的认同

都存在着显著的差异。

## 3.3　自我意象与消费行为

消费者的自我意象同其购买产品的人格特征有着极为密切的关系。我们这里所说的自我意象实质上就是心理学上常说的"自我概念"。以往的市场营销心理学研究认为，每个消费者只有一个单一的自我意象影响其购买行为。但最近的研究成果表明，每个消费者都有多个自我意象，或者说是复合自我。这实质上意味着消费者在不同的营销情景中与不同的营销人员交往时，很可能会采取不同的行为方式。事实上也确实如此。一个消费者在超市的购买行为就明显不同于在零售商店的购买行为，白天的购买行为就明显不同于夜晚的购买行为。研究表明，女性比男性更富有这种特色。由于每个消费者都具有多个自我意象，因此消费者常常是根据营销人员提供的产品或者服务与其自我意象之间的一致性程度来评价商品或服务的。有些产品与消费者的某种自我意象或者多种自我意象之间是相矛盾的，而有些则是完全一致的。一般来说，消费者往往会通过选择那些他们自认为与其自我意象一致的产品来保护或者增进自己的自我意象，同时尽力避免购买与其自我意象相矛盾的产品或服务。

市场营销心理学的研究表明，消费者的自我意象一般包括如下 5 种类型：

（1）现实自我意象（消费者实际上是如何看待他们自己的）；

（2）理想自我意象（消费者希望他们自己是什么样的）；

（3）社会自我意象（消费者觉得他人是如何看待他们自己的）；

（4）理想的社会自我意象（消费者希望他人如何看待他们自己）；

（5）期望自我意象（消费者期望在未来的某个时间段内他们自己应该是什么样的，它介于现实自我意象与理想自我意象之间，在某种程度上就是现实自我意象与理想自我意象之间的一种以未来为取向的结合）。

在不同的消费情景或者面对不同的产品时，消费者往往会选择一种不同的自我意象指导自己的消费行为。例如，当消费者需要购买日常生活用品时，其行为主要受自己的现实自我意象的指导；相反，当他们需要购买社交用品或者购买有助于提高其社会地位的用品时，其行为主要受自己的社会自我意象的指导。此外，市场营销心理学家认为，消费者所拥有的财产或者所购买的商品常常被消费者本人看做自己的自我意象的扩展和确证。例如，如果拥有一辆豪华型的奔驰轿车，消费者本人往往把自己看做是"成功的、富有竞争力的和富足的"。

一般来说，消费者所拥有的财产常常以下列方式扩展他们自己的自我意象：

（1）实际扩展，借助于某种财产得以进行某项工作，否则该项工作将无法进行或者很难进行（比如使用计算机解决问题）；

（2）象征性扩展，某种财产使消费者觉得自我更好或者更高大（比如组织奖励将使自我价值得到某种象征性肯定）；

（3）某种财产赋予消费者相应的身份和等级（比如拥有某个名人稀有字画将使消费者在相应团体中的等级地位得以提高）；

（4）通过遗产继承使继承者和赠与者都具有某种不朽的感觉；

（5）某种财产可赋予消费者一定的魔力（比如某种传家宝被消费者看做是能够带来好运的护身符）。

当然，消费者不仅借助于某种产品来扩展自己的自我意象，而且也通过产品的购买和使用来"改变"其自我意象，希望自己变得更有个性或者更与众不同。例如，购买时装、首饰等商品就可以修饰自己的外表，从而达到改变其自我意象的目的。

自我意象的概念对于市场营销人员是很有实际应用价值的。他们可以根据消费者的自我意象对产品市场进行心理细分，在此基础上以相应的产品作为自我意象的象征，从而达到促销的目的。换句话说，市场营销人员应该根据消费者的某种具体自我意象来设计自己的营销策略，有针对性地提供产品或者服务，并适时做出相应的调整。这种策略与市场营销学上所讲的"情景细分策略"是完全一致的。

# 3.4　消费者的学习与学习理论

由于消费者的学习与营销人员所做的努力之间存在着直接的关系，因此，消费者的学习是市场营销的重要研究领域之一。一切营销策略都建立在与消费者的交流活动之中，而交流活动则以消费者的学习为基础。例如，营销过程中的广告促销等实质上是一种交流活动，因而营销人员希望消费者能够注意到上述交流活动，并记住这些信息。这就涉及消费者的学习。

### 3.4.1 学习的概念

学习是指由经验所引起的个人行为变化的过程。学习是一种获得知识、产生偏好、养成习惯的过程。学习过程的基本模式为：动机→刺激→诱因→反应→强化。例如，当一位消费者想购买一台空调时，这一愿望便是一种动机；为此，他就会去注意和寻找有关空调的广告信息，这些信息会对他的购买愿望产生刺激；同时，他的亲友又鼓励他购买空调，这种鼓励即是诱因；然后，他便付诸行动去购买空调，这种购买行为便是反应；最后，当所购空调经一段时间使用后，如果他认为该空调质量性能良好，便会积极肯定这一购买行为，这种肯定或满意就是强化。厂商在市场营销活动中，应诱发出消费者购买某一品牌产品的动机，并通过种种促销手段刺激消费者做出购买反应，同时以过硬的产品质量、优良的售后服务等强化顾客的满意感，使得更多的消费者形成对该产品品牌的信任偏好。

可见，消费者的学习是指消费者获得指导其未来的购买行为的消费信息和经验的过程。这一定义主要包括以下内容：第一，消费者的学习是一种随着消费新经验的获得而持续不断发展变化的过程。在这一过程中，消费者所获得的新经验可以使其在未来相似的消费情景中做出熟悉或简化的消费决策，从而降低消费认知成本和风险。第二，消费者的学习未必都是有意识的。市场营销研究表明，消费者的许多学习活动实质上是无意识发生的。例如，消费者在阅读报刊的同时听到电视上的产品广告并被无意识的记忆了。第三，消费者的学习是一种范围相当广泛的活动。从简单的日用品购买反应到复杂的耐用消费品的购买决策都属于消费者的学习。第四，尽管各种学习理论之间存在着很大的差异性，但是它们都一致承认学习活动的发生必须以一些最基本的要素存在为前提，诸如动机、诱因、反应与强化等。

### 3.4.2 消费者学习理论

消费者学习理论中最具代表性的分别为行为主义学习理论与认知学习理论。

1）行为主义学习理论

"行为主义学习理论"又称为"刺激—反应理论"。如果消费者以一种可预测的方式对一个已知刺激（如产品信息）做出反应（如消费决策），那么他就是在学习。行为主义学习理论并不关心消费者的学习过程，而主要关心消费者如何从环境中选择刺激，以及如何对这些刺激做出可观察的反应。与市场营销关系最为密切的行为主义学习理论具体包括古典条件反射学习理论与操作性条件反射学习理论。

（1）古典条件反射学习理论

①古典条件反射学习理论的基本含义。古典条件反射学习理论把人和动物都看做是消极被动的机器，只要重复某种刺激，相应的反应就会出现，即当一个能够引起某种反应的刺激与另一个刺激成对重复出现时，如果后者也能够引起与前一刺激相同的反应，那么条件反射学习就出现了。在古典条件反射学习理论中，一般把前一刺激称为"无条件刺激"（简称 US），而后一刺激则称为"条件刺激"（简称 CS）。由"无条件刺激"所引起的反应就称为"无条件反应"（简称 UR），而"条件刺激"所引起的反应则称为"条件反应"（简称 CR）。这种条件刺激与条件反应之间固定而暂时的联系就称为条件反射，它就是古典条件反射学习理论中所谓的"学习"活动。例如，消费者看到某种美味食品（US）会产生食欲（UR），这是一种无条件反应；如果把"食品"一词（CS）与某种美味食品同时呈现并反复多次，那么消费者即使在真正的食品不出现但只要看到或听到"食品"这一词汇（CS）的情况下也会产生食欲（CR），这就是条件反射学习。图 3-5 直观地表现了古典条件反射学习的模型。在市场营销情景中，影响消费者的条件刺激主要包括产品、商标、零售商店和广告宣传等；消费者的条件反应则是购买行为。

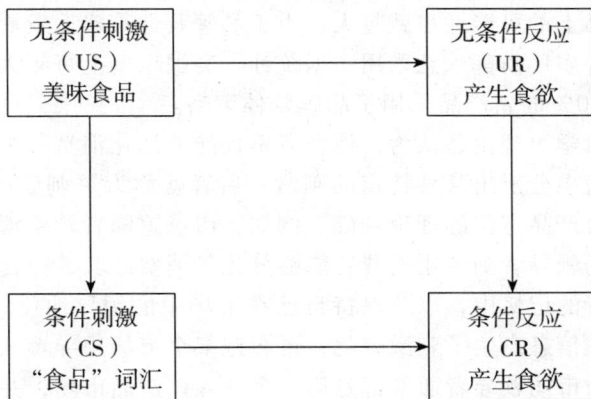

图 3-5　古典条件反射学习模型

②古典条件反射学习理论在市场营销中的应用。在古典条件反射学习理论中，"重复"、"刺激泛化"和"刺激分化"是三个与消费行为密切相关的重要概念。

古典条件反射学习理论认为，条件刺激与无条件反应之间联系的多次"重复"，对于条件反射的形成是至关重要的。市场营销研究表明，刺激的简单重复对于增强联系以及降低遗忘的效应是逐渐递减的，即增强维持的"重复"次数是有限度的，一旦超过了阈值，消费者的注意力就会衰退。例如，在广告宣传中，会出现"广告损耗效应"，而避免产生广告损耗的最佳方法则是，用各种不同的形式表现同一个主题，或使用不同的背景，或运用不同的广告人物，即"变化"是有效防止"广告损耗效应"的理想方法。

古典条件反射学习理论认为，消费者的学习活动不仅依赖于"重复"，而且也依赖于消费者对于刺激的泛化能力。如果消费者不能对差别很小的各种刺激做出相同的反应，那么他就无法进行更多的学习。换言之，如果消费者缺乏归类能力，对每一刺激都要分别做出各种不同的反应，那么他就根本无法进行学习，更无从积累适应生活环境的经验。例如，厂商之所以喜欢模仿名牌产品的包装和商标，其主要原因在于消费者容易将模仿产品与知名产品混淆导致误购，从而大大降低模仿者的营销成本。此外，目前市场营销中广泛应用的"品牌延伸"策略（即把新产品搭载在已形成品牌效应的老产品系列上进行销售），其原理也是刺激的泛化。市场营销研究表明，如果品牌延伸产品与老产品之间的相似性越大，那么对于老产品的评价被迁移到新产品上的可能性也就越大。由于品牌延伸策略比发展全新品牌要节省营销成本，因此许多厂商都乐意采用。据统计，美国市场上每年大约有2万种新产品上市，其中约80%的新产品采用了品牌延伸策略。

古典条件反射学习理论还认为，消费者不仅能够泛化消费刺激，而且也能够从一系列相似的刺激中分辨出某种特定的刺激。后者就称为"刺激的分化"，它是市场营销过程中进行产品定位的理论基础。例如，市场追随者希望消费者能够泛化其消费经验，而市场领导者则希望消费者能够分化其消费经验，把自己的品牌形象长久地保持在消费者的记忆中，以此保持自己在市场中的领导地位。营销研究表明，一旦消费者对产品信息产生了刺激分化，再想把某个市场领导者从市场中逐出则是非常困难的。因为市场领导者通常都是第一个进入该产品市场，并且长期以来一直进行着不懈的努力，希望通过广告和促销手段努力使消费者将其特定商标与产品牢固地联系在一起。一般而言，消费者的学习（即把某种商标与其产品相联系）时间越长，产生刺激分化的可能性也就越大，出现刺激泛化的可能性就越小，而形成刺激分化的关键就是进行有效的产品定位。

（2）操作性条件反射学习理论

①操作性条件反射学习理论的基本含义。操作性条件反射学习理论亦称为工具性条件反射学习理论。美国心理学家斯金纳认为，大多数学习活动都发生在受控环境中，在这种环境中消费者被"奖励"做出某些适宜的消费行为，即消费者的学习是指消费者通过不断地尝试错误而最终选择会导致有利结果（如奖励）的消费行为，同时避免会导致有害结果（如惩罚）的消费行为。其中，"有利结果"就成为"教育"消费者重复该种消费行为的"工具"。例如，某个消费者想购买一套住房，他看了多处房型各异、价格不等的楼盘（看的过程就是尝试错误的过程），最终发现了适合自己的住房（积极强化）。根据操作性条件反射学习理论，该消费者选择住房的过程实质上也就是进行操作性学习的过程，而适合他要求的商品房就是他将来买房的首选目标。图 3-6 直观地表现了操作性条件反射学习的模型。

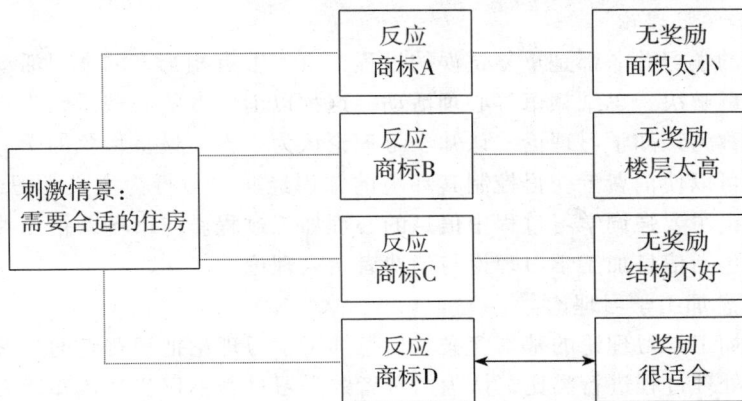

**图 3-6　操作性条件反射学习模型**

②操作性条件反射学习理论在市场营销中的应用。操作性条件反射学习理论中有两个基本概念与市场营销密切相关，分别为强化与学习时间分配。斯金纳认为，有两种强化类型会影响反应重复出现的概率，分别为正强化与负强化。正强化是指能够不断加强某种反应出现几率的事件，负强化是指鼓励某种特定行为的不愉快或消极的事件。所谓"负强化"与"惩罚"是有区别的，因为负强化与正强化的目的都是鼓励某种所希望行为的出现，而惩罚则是拒绝或抑制某种行为的出现。例如，人寿保险公司常运用"恐惧诉求"手法以展现广告内容，督促人们购买寿险，

这便是一种负强化。像这种借助于负强化所做的广告宣传，其目的就在于通过鼓励消费者购买广告上的产品从而避开消极后果。

根据操作性条件反射学习理论，学习中的时间分配方式（集中学习与分散学习）的差异将直接影响消费者的学习效果。集中学习是指在很短的时间内反复学习同一内容，直至学会全部内容；分散学习则指在较长一段时间内分批学完规定内容。市场营销中常运用不同的学习时间分配方式设计广告策略。一般而言，当厂商希望消费者能够对其产品立即产生强烈印象时（如介绍新产品或者与竞争者的广告宣传相抗衡），一般采取集中学习策略；当广告宣传的目的是促使消费者长期稳定地购买产品时，分散学习策略则较适宜。在营销实践中，厂商也常将这两种策略结合运用：在新产品宣传的最初几周内先采取集中学习策略，而在以后一个较长时期内则运用分散学习策略。

2）认知学习理论

消费者的学习并非都是重复试误的过程，事实上有相当多的学习活动要借助于消费者的问题解决、思维顿悟等心理活动。这种以消费者的心理活动为基础的学习活动理论被称为认知学习理论。认知学习理论认为，人类最富特色的学习活动是问题解决，它可以使消费者获得控制其环境的知识经验。与行为主义学习理论不同，认知学习理论主要强调学习过程中信息的心理加工过程。与市场营销相关的认知学习理论主要包括信息加工学习理论与消费者卷入理论。

（1）信息加工学习理论

①信息加工学习理论的基本含义。信息加工学习理论把消费者的学习过程与计算机的信息处理过程进行类比，认为消费者的学习过程不仅与其认知能力有关，而且也与其所要加工信息的复杂程度有关。例如，消费者一般是通过对产品的质量、商标、品牌进行比较或者将上述因素结合在一起进行产品信息加工，因此，消费者的认知能力越强，所获得的产品信息就越多，而对产品信息的整合加工能力也就越强。

信息加工学习理论认为，在消费者的信息加工中最关键的是记忆过程。在消费者的记忆过程中有一些专门的"信息储藏室"供临时储存尚需进一步加工的信息。这些"储藏室"分别是感觉记忆、短时记忆和长时记忆。人类的一切信息都是经过感觉器官的初步加工后输入大脑的，在加工和传输信息的过程中，这些信息会在消费者的感觉器官中留下直观生动的"记忆表象"，尽管这种记忆表象在感官中储存 1~2 秒时间后就会遗忘，但其储存容量却相当大，这便是"感觉记忆"；感觉记忆中的信息一旦被消费者意识到就进入了"短时记忆"，短时记忆是一种真正的记忆阶段，信息在短时记忆阶段继续被加工，但其储存时间也很短（30 秒左右）。例如，我们在电话簿上查到一个电话号码，但刚拨完就把电话号码遗忘了；短时记忆中的信息经过"默诵"就会进入"长时记忆"，信息在长时记忆中受到进一步的加工，虽然长时记忆中所储存的信息在几分钟内也会发生遗忘，但一般情况下长时记忆中的信息会维持几天、几周甚至终生。图 3-7 表明了消费者信息加工的过程。

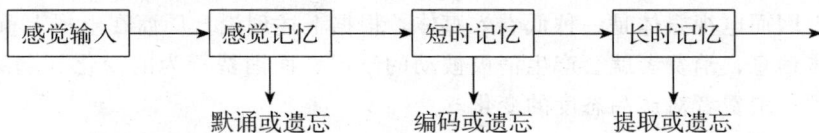

| 感觉输入 | → | 感觉记忆 | → | 短时记忆 | → | 长时记忆 | → |
|---|---|---|---|---|---|---|---|
|  |  | ↓ |  | ↓ |  | ↓ |  |
|  |  | 默诵或遗忘 |  | 编码或遗忘 |  | 提取或遗忘 |  |

**图 3-7　信息加工学习的模型**

②信息加工学习理论在市场营销中的应用。市场营销研究表明，消费者对产品广告信息的编码方式受许多因素的影响。正如电视节目中有些内容需要消费者花费较多的认知资源进行加工，有些内容则需要较少的认知资源就可加工。广告节目中的不同内容也需要不同的认知资源进行加工，当消费者把过多的认知资源用于电视节目本身时，那么他就会用较少的认知资源对电视节目所传递的产品广告信息进行编码和储存。因此，将广告节目安排在轻松愉快的电视背景中效果会更好。而男性消费者与女性消费者的编码方式有较大的差异性，女性消费者所能回忆起的电视广告中有关社会关系主题的内容要比男性消费者多。在一个有限的时间段内，当消费者面对过多的产品广告信息时（信息超载），他们一般无法对所有的信息进行必要的编码和储存，其结果就是信息的混淆，最终无法及时做出消费决策。

认知加工学习理论认为，消费者储存在其记忆中的产品信息是以商标或品牌为基础的，并且以一种与已经组织的信息相一致的方式解释新的产品信息。消费者每年都会遇到几千种新产品信息，消费者对新信息的学习与掌握一般依赖于这些信息与其大脑中已经组织的产品分类范畴之间相似程度的大小。

（2）消费者卷入理论

①消费者卷入理论的基本含义。消费者卷入理论是从大脑半球单侧化理论发展而来的。大脑半球单侧化理论认为，人的大脑左、右两半球在对所加工信息的种类上存在着"特化"现象。左半球主要负责阅读、言语和归因信息加工等认知活动，

而右半球则主要负责非言语的、图形的和整合的信息加工活动。大脑左半球是理性的、活跃的和现实的，而右半球则是情绪的、冲动的和直觉的。基于大脑半球单侧化理论，经长期的市场营销实践，逐渐发展出了消费者卷入理论，主要包括：高—低卷入媒体理论与高—低卷入消费者及其产品购买理论。

②消费者卷入理论在市场营销中的应用。高—低卷入媒体理论认为，消费者的大脑右半球消极被动地对非言语的图像信息进行加工和储存，而没有积极地卷入。由于电视是图像媒体，看电视主要是由大脑右半球所进行的消极被动的整体表象加工活动，因而电视媒体是一种低卷入媒体。根据上述理论，厂商在电视上重复播放产品广告信息，消费者就会产生消极被动的学习，而消费行为的变化（购买产品）总是滞后于消费者对产品态度的变化。

高—低卷入媒体理论认为，由于大脑左半球负责加工产品的认知信息，而且产生了积极的卷入，因此印刷媒体（如报纸杂志）就是高卷入的媒体，其对产品广告信息的加工过程是按信息加工的认知模式进行的（见表3-3）。

表 3-3　　　　　　　　　　　信息加工的认知模式

| 促销模式 | 购买决策模式 | 新产品采用模式 | 新产品决策过程 |
|---|---|---|---|
| 注意 | 觉察 | 觉察 | 了解 |
| 兴趣欲望 | 评价 | 引起兴趣 | 说服 |
| 行动 | 购买<br>购后评价 | 尝试采用 | 决策 |

近年来的研究表明，尽管大脑两半球存在着特化现象，但是两半球都能同时从事高或低卷入的信息加工：左半球可进行高或低的认知加工，右半球则可进行高或低的情感加工。例如，当消费者看到高度情绪化的电视广告时，他们既进行高卷入的情感加工，也进行低卷入的认知加工。这说明大脑两半球的信息加工是同步的，并存在卷入水平的差异。表3-4列出了大脑左、右两半球信息加工卷入的类型。

高—低卷入消费者及其产品购买理论认为，消费者在购买产品时，由于产品复杂程度不同，从而表现为高卷入购买或者低卷入购买行为。高卷入购买是指消费者对产品信息加工程度高、消费风险大的购买行为。所购买的产品涉及广泛的信息加工和问题解决。例如，购买汽车就是一种高卷入购买行为，这一消费行为具有较大的消费风险，因而消费者会非常仔细地评价产品及其购买，营销人员所提供的产品

表 3-4　　　　　　　　　大脑左、右两半球信息加工卷入类型

| 卷入类型 | 卷入类型的条件 | 加工信息的特性 | 信息加工程度 | 信息加工的结果 | 左右半球的分工程度 |
|---|---|---|---|---|---|
| 高认知 | 产品的语言展示很重要（广告包含着大量的相关信息） | 各不相同的产品特征信息（相对客观的信息） | 高 | 形成商标信念 | 左：高<br>右：中 |
| 高情感 | 产品的表象程度很重要（广告表现了情绪或想象的情景） | 产品的符号性质和想象程度（广告中具有情绪意味和想象力） | 高 | 形成丰富想象力 | 左：中<br>右：高 |
| 低卷入（低认知和低情感） | 语言展示和表象程度都不重要（广告中既没有表现强烈情绪的情景也没有提供很多的产品外形信息） | 容易接近的产品外形（广告仅表现了一种模糊的情感印象和肤浅的表象） | 低 | 形成肤浅和零星的信念以及一般表象 | 左：低<br>右：低 |

信息将直接影响消费者的购买决策。低卷入购买是指消费者对产品信息加工程度低、消费风险小的购买行为，这类购买所涉及的信息加工和问题解决非常有限。例如，日常生活必需品的购买就是一种低卷入购买，因为消费者会经常重复购买这类产品，并且这类购买几乎不存在可觉察的风险，所以消费者会非常迅速地做出购买决策。

此外，高—低卷入消费者及其产品购买理论还认为，高卷入的消费者可接受的新品牌较少，他们会按照其以前的产品经验来解释新品牌，因而具有一定的品牌忠诚。相反，低卷入的消费者会大量接受新的产品信息，并愿意考虑更多的品牌。这类消费者一般缺乏品牌忠诚，喜欢在各种品牌之间转换购买。品牌转换一般由下列原因引起：消费者对某种品牌产生厌倦心理或者不满意其产品品质；市场上持续不断出现同类新产品；以牺牲品牌忠诚为代价的价格战，以及各种促销手段的相互竞争等。

### 3.4.3　消费者的学习与培养品牌忠诚

市场营销学研究消费者学习的目的在于通过了解消费者的学习规律进而培养消费者对产品品牌的忠诚。消费者的品牌忠诚为厂商提供了稳定的市场份额与丰厚的

利润回报，因此对品牌忠诚的消费者人数就成为厂商的无形资产。研究表明，具有较大市场份额的知名品牌一般都拥有相当数量的忠实消费者。

营销研究发现，消费者的品牌购买行为与其所接受的品牌数量之间成反比关系，即如果消费者所接受的品牌数量越多，那么消费者对某种品牌的购买行为就越少，相反，如果同类产品的品牌竞争者越少，那么消费者对其不仅具有较高的购买频率，而且具有较强的品牌忠诚。不同的产品一般具有不同的品牌忠诚度。

持操作性条件反射观点的学者认为，品牌忠诚源于消费者最初使用该产品时所获得的满意和强化，从而导致了重复购买行为；认知学派的营销学者则认为，消费者的品牌忠诚源于广泛的信息加工过程和产品品质比较，从而导致了品牌忠诚者之间没有人口统计学上的显著性差异存在。研究表明，消费者的品牌忠诚形成得非常早，甚至可以追溯到早期的家庭生活。例如，许多父母喜欢给儿童购买他们小时候喜欢的或者他们记忆中最深刻的儿童玩具。这种怀旧情结已成为儿童玩具市场重要的广告诉求方法之一。

## 基本概念

产品市场定位　消费者购买动机　新产品消费者理论　消费者卷入理论　品牌忠诚

## 思考题

1. 阐述需要层次论与市场定位的相关性。
2. 分析现代消费者常见的购买动机及相应的营销策略。
3. 举例描述消费者个性（气质与性格）与消费行为的联系。
4. 试述消费者卷入理论在市场营销中的应用。

# 第4章

## 消费文化与整合营销传播

**重点内容**

- 阐述文化的内涵、层面、影响因素
- 解释消费文化的内涵与特征，指出中国消费文化的内涵及对消费行为的影响
- 了解参照群体的范围及其在市场营销中的应用，列举社会阶层的分类及消费行为的差异性
- 说明消费时尚的传播特点及营销对策
- 分析霍夫斯泰德关于文化对组织影响的五个维度
- 概述整合营销传播的内涵、特征以及基本原则

## 4.1 消费文化的理论概述

### 4.1.1 文化的内涵

关于什么是文化，可谓是仁者见仁，智者见智。古今中外，不同学科，不同领域的专家、学者对其做过数以千计的诠释和界定，美国人类学家克鲁伯（A. L. Kroeber）和克拉克洪（C. Kluckhohn）合著的《文化关于概念和定义的检讨》一书中，列举了1871年至1951年的80年间关于"文化"的诸种定义，总计160余种。时至今日，对文化的界定仍是五花八门，还没有形成为世人所公认的定义。

在众说纷纭的"文化"理解和定义中，我们还是可以找出一些共识的，如：

文化是指一群人的发展久远和世代相传的生活方式，文化研究就是对作为一种体系的人类生活方式的研究。因界定文化的角度、维度不同，文化主要有：①横向划分为政治、经济、社会、宗教、文学艺术、饮食娱乐等无数方面，文化概念像人类的生活一样宽广无垠。②纵向划分为传统文化、现代文化、原始文化、启蒙文化，以及后现代文化、后工业文化等。③对文化做深度的探讨，则会区分出文化的表面现象、实际本质和潜在特质等。④从静态与动态及强势和弱势，划分为不同时代、不同实力、不同偏爱的文化，它们相互交流、吸收、碰撞、冲突，并最终互相涵化，也有若干文化最终作为独立体已经消失等。

一般而言，文化的概念有广义、狭义之分。广义的文化是指人类在社会历史发展过程中所创造的物质财富和精神财富的总和，并包括创造这些财富的过程。它是由若干个文化类型或文化状态所组成的，包括风俗习惯、行为规范、宗教信仰、生活方式、价值观念、态度体系以及社会共同创造的物质产品等。狭义的文化则是指社会的意识形态以及与之相适应的制度、组织机构以及知识技术等。文化是历史的社会现象，每一社会都有与其相适应的文化，这种文化会随着社会物质生产的发展而不断发展。

1）文化的特性

（1）文化的习得性

文化不是存在于人体的基因之中遗传下来的，而是通过人们学习而得到的。学习有两种类型：一是"文化继承"，即学习自己民族（或群体）的文化。正是这种学习，保持了民族（或群体）文化的延续，并且形成了独特的民族（或群体）个性。中华民族由于深受几千年传统儒家文化的影响，形成了强烈的民族特性，即使今天在西方文化的不断冲击下，中庸、忍让、谦恭的文化内涵仍是主要的民族文化心态。这种文化心态表现在人们的消费行为中就是随大流、重规范、讲传统、重形式，这同西方人重视个人价值、追求个性形成了强烈的反差。二是"文化移植"，即学习外来新文化。一个民族（或群体）在其文化的演变和发展过程中，需要不断学习、融入其他民族（或群体）的文化内容，甚至使其成为本民族（或群体）文化的典型特征。例如，中国人现在的礼服西装，就是学习借鉴西方服装文化的结果；日本人喜爱喝酱汤的习俗则是从中国文化中汲取的。当外来文化为本民族（或群体）成员普遍接受时，就自然而然地演变成了本民族（或群体）世代相传的本质特征。

（2）文化的适应性

文化不是静止不变而是不断发展变化的。尽管文化的演变通常十分缓慢，然而文化确实会随着环境变化而变化。当一个社会或群体面临新的问题和机会时，人们的价值观念、行为方式、生活习惯、兴趣等就可能发生适应性改变，形成新的文化。在文化演变过程中，新文化模式的形成和引入会受到人们原有价值观念、行为准则的影响。文化研究表明，那些为社会人群感兴趣而又与现有价值观念、行为准则差异程度最小的新事物最容易为人们所接受。20 世纪初期，在西方人的文化意识中，节省时间的观念并不重要，追求悠闲、享乐、安逸、舒适是许多人的信念。但近几十年来，随着商品经济的高度发展和工业化程度的不断提高，人们越来越关心如何节省时间以及如何使生活过得更有成效。在节省时间和提高工作效率的新观念支配下，更多的人开始接受方便、省时的新产品或服务（如速溶饮料、快餐食品、快速加热设备、邮政快递等），也更愿意到时间节奏快、工作效率高的场所进行消费。文化是特定社会群体中的成员所共同具有的，每个民族或国家、每个城市、每个企业乃至部落和家庭，都会形成各自的文化，从而相应地有民族文化、城市文化、企业文化、部落文化、家庭文化等。就民族文化而言，每个民族会在其繁衍和发展过程中形成本民族独特的语言、文字、仪式、风俗、习惯、民族性格、民族传统与生活方式。例如，英国文化的典型特征是经验的、现实主义的，由此导致英国人重视经验，保持传统，讲求实际。法国文化则是崇尚理性的，法国人更喜欢能够象征人的个性、性格，反映人类精神意念的东西。在服装风格上，英国人的时装往往给人以庄重、大方、实用、简练的鲜明印象；法国人的时装则潇洒、飘逸、抽象，具有更高的艺术性。文化差异不仅体现在国别上和不同民族之间，同时也表现在不同种族、地域、宗教、机构以及家庭等不同群体之间。实际上，文化确定了不同群体之间的界限。

（3）文化的社会性

文化是由上一代传到下一代的习惯和模式，包含着促进同一文化中成员之间的相互交往、相互作用这一社会实践功能。社交规范本身就是文化的重要组成部分。文化的社会性还在于它满足并适应社会需要。文化通过提供行为准则和规范而维持社会的秩序。某一社会或群体越是坚持某种价值准则，其对违反这种价值准则的成员进行惩罚的可能性就越大。文化还通过提供基本价值观念，从而告诉人们什么是对的、好的和重要的；人们也需要知道什么是对的和错的，什么是被期望的，以及在各种不同情景下应该做什么、不应该做什么。因此，文化是满足社会存在和发展需要的重要因素。

2）亚文化

亚文化（subculture）：又称集体文化或副文化，指与主文化相对应的那些非主流的、局部的文化现象，指在主文化或综合文化的背景下，属于某一区域或某个集体所特有的观念和生活方式，一种亚文化不仅包含着与主文化相通的价值与观念，也有属于自己的独特的价值与观念。亚文化是一个相对的概念，是总体文化的次属文化。一个文化区的文化对于全民族文化来说是亚文化，而对于文化区内的各社区和群体文化来说则是总体文化，而后者又是亚文化。研究亚文化对于深入了解社会结构和社会生活具有重要意义。那就是在都市处于非中心——或者说处于边缘地位的人，共同创造与享有的特殊文化，而且它是相对于主流文化而言的。一般来看，这些文化极少被专业出版物、媒体与展示单位所介绍，甚至也不为专业的文化学者所重视。在外国的历史上，著名的爵士乐与摇滚乐都曾经是亚文化，但随着专业人士与文化学者的不断介入，它们到后来都成了正规文化的一部分。昨天的亚文化可能就是今天的主流文化，今天的亚文化可能就是明天的主流文化。这也表明，所谓正规文化总是在吸收亚文化的过程中发展起来的。亚文化在某种程度上相比社会文化更为重要，因为在消费者的购买活动中，它更能影响和决定消费者的行为倾向。目前，国内外营销学者普遍接受按民族、宗教、种族和地理划分亚文化的分类标准。

（1）民族亚文化

不同的民族都各有其独特的风俗习惯和文化传统。我国各民族虽然由于受社会文化的直接影响而带有共同的中华民族文化烙印，但是各民族还都保持着自己传统的宗教信仰、消费习俗、审美意识和生活方式。例如，朝鲜族人喜食狗肉、辣椒，喜欢穿色彩鲜艳的衣服，群体感强，男子的地位比较突出；蒙古族人则习惯穿蒙袍，住帐篷，吃牛、羊肉，喝烈性酒，而奶茶对蒙古族人而言是生活中不可缺少的美味饮品。由此可见，民族亚文化对消费者行为的影响是巨大的、深远的，也是营销者所不容忽视的。

（2）宗教亚文化

不同的宗教群体，具有不同的文化倾向、习俗和禁忌。如我国有佛教、道教、伊斯兰教、天主教、基督教等，这些宗教的信仰者都有各自的信仰、生活方式和消费习惯。宗教能影响人们的行为，也能影响人们的价值观。对一个社会或群体有着深远影响的宗教会给其成员的态度和行为留下深刻的印迹。例如，日本、韩国、新加坡之所以被称为"后儒教社会"，就是因为儒教关于成就和工作、家庭和国家的态度成为了这些国家和地区经济迅速发展的主要动因之一。可见，宗教因素对于企业营销有着重要意义。例如，虽然宗教禁忌会限制一部分产品的需求，但是却会促进对替代产品的需求。伊斯兰教徒对含酒精饮料的禁忌，使碳酸饮料和水果饮料成了畅销品；牛奶制品在佛教徒中很受欢迎，因为他们之中很多人是素食主义者。又如，宗教还意味着与某一特定宗教节假日相联系的高消费期（如基督教的圣诞节、复活节，伊斯兰教的开斋节等）。对企业而言，宗教节假日是销售商品的良好时机，伴随一个重要节假日的，往往是一个销售旺季。

（3）种族亚文化

白种人、黄种人、黑种人都各有其独特的文化传统和生活态度。他们即使生活在同一国家甚至同一城市，也会有自己独特的需求偏好和购买习惯。例如，在美国，黑人文化和黑人市场对企业营销者而言就是绝对不容忽视的。黑人消费者是美国增长最快的细分市场之一，总人口超过 3 000 万人。其在美国中心城市人口中占 20% 以上，在美国南部人口中也占近 20%，在华盛顿特区、底特律、伯明翰、新奥尔良、洛杉矶、亚特兰大等城市人口中更高达 40% 以上。黑种人具有与白种人不同的人口统计特征，他们在所购买的产品和品牌、购买行为、支付的价格、选择的媒体等诸方面都有着显著的差异性。就购买的产品来看，美国黑人在服装和家具上的支出比例相比美国白人要均匀得多。白人在医疗服务、食物和交通上的花费更多。黑人所购买的相册数量是白人的两倍，对橘子汁、大米、软饮料和速食土豆的消费量也要高得多。

（4）地理亚文化

由于自然地理状况和社会经济发展的历史差异，因而导致人们消费习俗和消费特点的不同。例如，中国著名的川菜、鲁菜、京菜等八大菜系，风格各异而自成一派，就是因地域不同而形成的。长期形成的地域习惯一般比较稳定。我国北方人由于气候寒冷，因而就有冬天吃酸菜和火锅的习惯，几乎家家都备有火锅、砂锅；南方人则由于气候炎热，养成了吃泡菜、熏肉、腊肠的习惯。同是面食，北方人喜欢吃饺子，南方人喜欢吃包子，西北人则喜欢吃饼和馍。再如中东地区，由于那里气候干燥，容易出汗，消费者更喜欢气味浓烈、易挥发的香水，含油脂多的化妆品则无人问津。

自然地理环境不但直接决定着一个地区的经济产业和贸易发展格局，而且间接影响着一个地区消费者的生活方式、生活水平、购买力大小和消费结构。马克思就曾说过："资本的祖国不是草木繁茂的热带，而是温带。不是土壤的绝对肥力，而是它的差异性和它的自然产品的多样性，这形成了社会分工的自然基础，并通过人所处自然环境的变化，促使他们自己的需要、能力、劳动资料和劳动方式趋于多样化。"

中国文化的形成和延续以及中国文化的异质性等无不与中国独特的地理环境有关。以中国文化的异质性为例，有人认为，北方的高粱、大豆与白面培育了北方人的魁伟与刚健。这些农作物的耕作需要人们之间的协作，于是人们之间的合作精神与政治意念就突显出来。而南方人吃的是大米，大米养育了南方人的灵巧，于是南方人的个性就较为突出。总之，每一个人、每一个群体都生活在一个特定的区域内，地域、地理、地缘的特性对于生活在其中的人们都会烙上深深的印痕。

【延伸阅读 4-1】

### 美国社会文化发展的新趋势①

未来学家菲斯·鲍普康恩（Faith Popcorn）经营的智力储备公司（Brain Reserve）是一家营销咨询公司，该公司密切关注文化发展趋势，通过调研分析，鲍普康恩认为影响美国消费者的十大文化趋势是：

（1）结伴出走，逃离压力。人们迫切感觉到应该将生活节奏放慢，尽量过得更有价值。公司的高级职员们可能会突然中止手头的工作，从大城市的生活挣扎中解脱出来，而到佛蒙特或蒙大拿去办一份小报纸、开个小旅馆或组织一个小乐队。人们摆脱压力是因为他们认为不值得生活在巨大的压力之下，他们充满怀旧之情，渴望回到小城的价值观中，寻求新鲜的空气、安全的学校和坦率的邻居。

（2）作茧自缚，闭门谢客。许多美国人认为外面的世界会变得十分艰难与恐怖，而宁愿待在家里。许多人把家弄得像个"巢"，他们会重新装修他们的房子，喜欢待在家里看影碟而不是去电影院，往往网购商品而不是去购物中心。由于犯罪等社会问题的持续增长，这些人还可能会挖掘和修建地堡。自我保护是这类人的原则。另一类人则是"走动的茧子"，他们在汽车里吃买来的食物并通过车载电话与

---

① 根据相关公开资料整理。

外界联系，这种社交型"作茧者"一般有少数的朋友，并经常为了交流而聚会。

（3）返老还童，不甘寂寞。如今人们倾向于认为自己比实际年龄要小，其行为也相应显小。这些人认可的性感偶像包括谢尔（过了 45 岁）、保罗·纽曼（过了 65 岁）及伊丽莎白·泰勒（过了 60 岁）等。老年人会花更多的钱来购买显得年轻的衣服，会去染头发或做面部手术。他们热衷于更有趣的活动，其行为可能在以前会被认为是与其年龄不相称的。他们还会购买成人玩具，参加成人野营或参加假日探险。

（4）自我设计，我行我素。人们希望能发展自我的个性，从而使自己看起来与众不同。这并不是个人主义，而只是希望通过自己的经历和所拥有的东西来使自己更具个性。人们越来越喜欢订阅比较专业的杂志，参加任务特定的小团体，购买有特色的衣服、汽车和化妆品。个性的自我发展给了营销者一个有针对性地提供特色商品、服务和体验的绝佳机会。

（5）不切实际，异想天开。许多人认为有必要找到能改变枯燥日常生活的情感逃避方式。人们也许会去度假，吃异国情调的食品，去迪士尼乐园或其他有趣的游乐场所，或重新装修房屋使其有远离喧嚣的感觉。对营销人员来说，这是一个创造异想天开的产品和服务的机会，或者他们可以为其现有的产品与服务注入新的色彩。

（6）内外交困，分身乏术。现在的人们必须竭力设法同时承担多种角色和责任。最好的例子就是"超级母亲"，她们必须完成全日制的工作，还要同时照顾好她的家庭和孩子。今天的母亲们常常感觉时间不够用，因而常常使用传真机和车载电话，常常去快餐店就餐或者通过其他方式以减轻时间上的压力。营销人员的对策则是建立起集合型营销企业——五脏俱全、性质全面的服务站。例如，"影视城自助洗衣店"除了有洗衣设备外，还有日光浴室、健骑机、复印机以及传真设备，并有 6 000 多种影碟可供出租。

（7）社会责任，刻不容缓。越来越多的人希望能使社会在教育、道德和环境方面更具有责任感。人们组成各种团体来促使公司和其他机构承担起更多的社会责任。营销者对此最佳的响应方式则是督促自己的公司采取更具社会责任感的营销策略。

（8）忙里偷闲，稍事放纵。工作重压下的消费者需要情感上的休整，他或许没有时间去欧洲度两周假期，但至少可以在新奥尔良过一个周末。他或许一周都在吃健康食品，但在周末则会放纵自己吃一品脱高热量的哈根达斯冰淇淋。营销者应该知道消费者的被剥夺感，并为他们提供能振奋精神的小小休闲方式。

（9）节制有度，长命百岁。人们总是想活得更长，活得更好。人们现在明白了也许自己的生活方式正是导致自己早死的原因——吃不合适的食品、抽烟、呼吸污染的空气、使用毒品。他们现在对自己的健康更加负责，会选择健康的食品，会经常锻炼、经常放松。营销人员可以利用这个机会为消费者提供更有利于健康的产品和服务。

（10）谨防假冒，事事小心。警惕性强的消费者不能忍受劣质产品和糟糕的服务，他们希望企业更具责任感，能召回"劣质品"并退款；他们会订阅《全国拒购商品消息报》以及《消费者报告》；会参加 MADD（反对酒后驾车母亲协会）；会购买"绿色产品"，抵制劣质产品和糟糕的服务。因此，营销人员应为消费者提供更好、更具责任感的产品和服务。

3）文化与消费行为

我国福建省出产的"雄鸡"牌蚊香出口到西部非洲，就很受当地消费者的欢迎，其原因不仅是因为这种蚊香质优价廉，而且因为"雄鸡"这个商标受当地人的喜爱，在西非地区，雄鸡象征坚强、美丽、精神焕发，当地许多部落都视雄鸡为神的化身。其之所以如此，乃是源于文化的影响。在中国，红色代表喜庆，传统的结婚典礼，新娘要穿红妆艳服，生小孩则要吃红蛋。但是，在西方一些国家，新娘在婚礼上却要穿白色婚纱，因为在他们看来，白色婚纱象征着爱情的神圣和洁白。这些也是源于文化的影响。

人们的日常行为都与文化有关，文化极大地影响着消费者的购买行为。文化的这种影响主要表现在以下三个方面：

（1）文化决定消费者的价值观念和行为标准

我们每个人都生存在一定的文化环境之中，出生伊始便开始接受社会文化的教育和熏陶，并逐渐建立起与这种文化相一致的价值观念和行为标准。不同的民族、不同的地区，由于生态环境、社会结构、经济发展等的不同，其文化传统与价值观念也不尽相同，因此，人们在消费行为上也会表现出很大的差异性。例如日本人爱吃生鱼片，美国人则不吃章鱼。我国山东人好吃大葱，广东人则喜欢吃蛇肉。美国人穿着随便，英国人穿着庄重，意大利人则十分喜爱穿抽纱制品。在意大利，一个女婴降生后，她的双亲就开始为她准备嫁妆，姑娘长大出嫁时，常常有几十套抽纱制品（如床罩、被套、枕套、台布等）作为嫁妆。

由于时代的发展和社会的变迁，各个民族、各个地区的文化也会发生某种变化，导致人们的价值观念发生改变。例如在中国传统封建社会，妇女以脚小为美，为得到一双三寸金莲，不少妇女被迫忍痛裹小脚。而现代女性，则不必再受此苦。旗袍在消逝了几十年之后又重新得宠，美国西部地区放牛郎穿的牛仔裤则在全世界风行。

文化还给人带来经验、知识和各种技能。中国人不习惯用刀叉，但拿起筷子来却运用自如，这是一代一代传下来的生活技能。人类从婴儿时期开始，就通过眼神、手势、语言、符号、动作等从父母或者长辈那里学习各种知识和技能。人类的学习，不仅仅是从上一代人那里接受许多知识和经验，还通过自己的创造增加了许多新的知识。正是由于文化的不间断地传递和发展，才使得人类社会具有了如今灿烂辉煌的文化。60 年前我们习惯使用算盘来计数；50 年前，人们开始利用计算器来计算各种复杂的工程问题；今天，人们则用电脑来处理日常工作和生活中所遇到的数字计算问题。

（2）文化造就和影响消费者的个性气质和人格特质

消费者的行为与其个性气质、人格特质等心理因素有密切的关系。有的人豪爽，有的人吝啬；有的人购物时容易冲动，有的人购物时却慎重仔细等。然而，人的性格、情感等个体心理特质并不是生来就有的，而是社会文化环境所造就的，文化是造就人格最大的力量。无论是美国人的直爽、英国人的沉着以及中国北方人的粗犷豪放与南方人的细腻柔和，无一不是受到社会文化的影响而形成的。因此，文化环境的变化将影响和改变人的习性和行为。许多女孩子未出嫁时在家任性、撒娇，一旦嫁到婆家之后，立即收起了女儿态，一改自己在娘家的习性和行为。另外，在同样的社会文化条件下，也可以培养出不同个性、不同品格的人。总之，一个人越是接受先进文化的教育，文化修养越深，其人格也就越高尚。

（3）文化影响生活方式和消费习惯

文化对消费者行为的影响，还表现在它决定了消费者的生活方式，培养了消费者的购买习惯。事实上，消费者的需求和动机、购买什么以及如何购买等一系列问题，都与消费者的生活方式和消费习惯密切相关。

生活方式是人们在一定社会经济条件下的生活形式，它与人类文化的发展紧密联系在一起。在不同的历史文化时期，人们具有不同的生活方式。不同的民族和地区，由于文化的差异而造成人们生活方式有着很大差异。许多出国留学或访问的中国人，会因为吃不惯西餐而苦恼，欧美朋友来到中国也会不习惯我们慢条斯理的饮食节奏。不同阶层、不同年龄的人，由于文化观念的不同，会表现为追求不同的生活方式。即使是在相同的社会生活条件下，由于文化素养的不同，其生活方式也会呈现出差异性。对于穿着打扮，有的人浓妆艳抹，仍难效贵妇之态；有的人不施脂粉，却不失西施之美。在相似的经济条件下，有的人吃喝玩乐，今朝有酒今朝醉；有的人却操持有方，过得井然有序；有的纵情声色，有的涉足山水。

**【延伸阅读 4-2】**

**五彩斑斓的异国女性文化**①

1. 芬兰女人：温柔地执掌权力

芬兰女人的最大特点是从不认同男强女弱的说法，所以她们热衷参政。在芬兰议会的 200 个席位中，妇女占了 77 位；在内阁中，则有 5 位女部长，并有世界上唯一的女性国防部长埃·雷恩，女兵占全国军人总数的 20%。然而，芬兰的女性却不失温柔。她们的温柔并不是体现为说话的细声细语或做事的小心翼翼上，芬兰的"女性温柔"是通过掌控超过一半的国家权力，以实现和谐美好的发展理念。

芬兰作为欧洲最早一个妇女享有选举权的国家，女权主义思想源远流长，具体体现为：芬兰总统是女性，在芬兰内阁成员中半数以上是女性。在芬兰办事，有时需要一级一级找上去，起先往往是身高马大、光头长须的小伙子招呼你，而后款款走出一名身着职业套装的女子，小声地吩咐着什么，边上的男性忙不迭地点头照办。在芬兰的大学里，女性教师占到 63%；芬兰的硕士、博士近 70% 都是女性。偶尔路过一家眼镜店，你所看到的橱窗里展示的高度近视眼镜，近乎全部是女性式样。当然，这并不是中国人所谓的阴盛阳衰，因为在首都赫尔辛基的市中心，几乎所有的雕塑都是呈现男性的阳刚之美，这似乎从另一个侧面体现着芬兰这个国家对于两性关系的微妙平衡。

2. 德国女人：钱袋经常亮红灯

德国有一首非常著名的歌曲叫做《男人之心》，其中有一句歌词是："男人微笑是为了让所爱的女人开心；男人赚更多的钱，让所爱的女人享用。"这首歌出现于 20 世纪 70 年代，不过，现代的德国女人依然挣钱比男人少，消费支出却远高于

---

① 李媛媛. 五彩斑斓的异国女性文化 [J]. 海内与海外，2004 (7).

男人。

当今，尽管女人像男人一样在职场上拼杀，成为优秀企业的主宰者；尽管女人登上了拳击运动的赛场；尽管女人在汽车维修行业与男人并驾齐驱，但是女人的收入还是要比男人少！在前西德地区，在未扣除税额即毛收入的情况下，女人的月收入约为 2 789 欧元，男人则约为 3 946 欧元，而女人所必需的生活支出却要比男人昂贵得多！请看一下以下栏目：

（1）美发：对于女士，50 欧元像一缕青烟，转眼即逝；对于男士，干剪只需 20 欧元，相比之下，便宜得很。

（2）化妆品：女士必备的洁面乳、护肤乳等化妆品，每月消费 50 欧元是在所难免的；而男士所需的香皂、牙膏和剃须水，每月只需区区的 10 欧元即可。

（3）私人保险：以 30 年的健康保险为例，女人月支出 210 欧元，而男人每月只需 130 欧元。

（4）电话费：对女人来讲，和亲密的女伴"煲"上几小时的"电话粥"也不为过；男人长话短说的通话风格则使其电话费保持在较低的水平。

（5）夜间归宿的交通费：女人会将 15 欧元的车费放入出租车司机的口袋里；而男人在夜晚回家，要么"坐 11 路"（双腿走路回家），要么花 3 欧元坐公共汽车。

（6）汽车：由于缺乏维修经验，女人经常会把汽车毛病小题大做，而匆忙送进修理厂，一次又一次地被汽修厂榨取本可以节省下来的血汗钱；男人则会首先自己动手检修汽车，如果实在搞不定，就会找个高手帮忙。

（7）家庭的室内维修：女人会在雇了修理工之后惊讶地发现，工人的维修费用实在高得吓人；而男人只会在自己动手修理不成后，才明智地雇一位"明码标价"的修理工。

（8）购买家具：女人的方式是让家具店送货上门，并支付小费；而男人通常则是请个身强力壮的好友喝上两盅，然后，两人一起将家具扛回家！

3. 英国女人：女富豪多过男性

如今英国的百万富豪人群中，女性人数已经超过了男性。英国女性百万富翁人数增加的原因，除了高收入以外，还有遗产继承以及性别平等的趋势。这些富有女人中有许多是城市中的工作者，在投资方面她们要比男性更加理性和谨慎。

你也许不能相信，英国女人喜欢抽烟，尤其是稍微年轻点的女孩子走在大街上，几乎人手一支烟。表面上看起来抽烟的女人似乎不容易接近，事实上，英国女人的性格都很随和亲切。

英国女人偏爱深色调时装，尤其视黑色为流行元素，并经久不衰，因为她们信奉"简单就是美"。在伦敦，一件没有任何装饰的黑色棉布无袖直筒裙，很可能是出自设计大师的手笔。时常有英国人评论华人时装太花哨，透着股风尘味道。英国铁娘子撒切尔夫人穿衣的名言是：凡遇有棘手难题心情紧张时，绝不穿从未穿过的新衣服，肯定要选一套自己熟悉舒适的旧套装，用以减少压力，增强信心。

4. 美国女人：爱工作胜过爱孩子

中国人说："女人像水！"而美国的女人既要比柔弱的水显得刚健，又要比稳固的山显得灵活，性格上更加多姿多彩。美国女人是开朗的，她们总是笑容满面，真诚而爽朗。

美国女人富有野心，她们要与老板一起过高质量的生活。在美国妇女中流传着许多"至理名言"，诸如："与老板和同事们一起过高质量的生活，而不是与孩子！"；"上班工作要比在家带孩子更容易！"；"在家只有压力，办公室里才有和平！"。仿佛一夜之间，美国妇女都"觉醒"了，她们越来越不愿意待在家里做家务、带孩子，而是更愿意从事全职工作。女律师芭芭拉就是这样一个典型，她一回到家里就会头痛，并且胃也不舒服，但只要一到办公室，这些症状就全都消失了。因此，每天早上一醒来，她就会有种迫不及待想去上班的冲动。尽管许多美国妈妈都觉得，在办公室里呆那么长时间对孩子会有一种犯罪感，但又不得不承认待在那里比待在家里要觉得幸福。因为在办公室里大家彼此尊重，这种感觉在家里很难找得到；并且可以与不同的成人交谈，而不像在家里要迫使自己迁就于孩子的语言习惯和思维模式。

5. 委内瑞拉女人：再穷也不能穷脸蛋

众所周知，委内瑞拉的女人以美为职业，很多世界小姐都来自这个国家。委内瑞拉人十分注重外表，一项针对30多个国家的调查表明：在委内瑞拉，不管男人还是女人都是世界上最爱美的人，他们花在化妆品上的钱是别的国家的人所无法比拟的。美容师卡布雷拉曾经这样评论：尽管这里的人很穷，但只要你上了一辆公共汽车的话，就会发现车厢里充满了名贵香水味儿，因为委内瑞拉人再穷，也不能不精心地打扮自己。因此，再穷也不能穷脸蛋的说法在这里十分流行。

正因为委内瑞拉人爱美，委内瑞拉现已成为了一个美女辈出的国度，女人热衰选美自然也就顺理成章了。参加选美活动已成为委内瑞拉女性最大的梦想，训练优雅的仪态、塑造完美的形体、学习梳妆打扮已成为美女候选人每天必做的功课。而一旦在某个选美大赛上得奖，幸运之神也就从天降临，从此改变她人生的轨迹。

### 4.1.2 消费文化概述

近年来，关于消费文化的研究在国内外都受到了人们越来越多的重视，这种研究热潮的出现有着深刻的社会根源。就中国来说，长期以来，由于生产力水平的制约和消费品的欠缺，消费活动没有在社会经济生活中占据重要地位，因而消费问题也没有引起人们的足够重视。今天，伴随着商品经济的发展和商品的日益丰富，商品的消费问题已经成为制约社会再生产和社会经济发展的关键因素，因而消费活动在社会经济生活中的地位和作用就越来越重要，有关消费文化的研究也就备受关注。

1）消费与文化

由人类现代经济生活可见，消费与文化已紧密地联系在一起。从广义上讲，消费就是文化。从狭义上讲，消费又是在社会经济生活中发展起来的一种特殊文化。其关系表现为：文化影响、推动和制约着消费行为。从经济视角看，消费行为在一定条件下受个人经济收入的影响，但对一个国家或民族而言，消费行为又是受其文化的支配。人总是生活在特定的社会文化传统中，相应的生活习俗、道德规范、社会秩序、生活方式、思维方式、语言文字、文化氛围、审美情趣等决定了其消费对象与消费方式。由于国家、民族、地区的消费差异是由社会文化环境的差异所造成的，因而消费便被深深地打上了文化的烙印并具有文化特征。

同时，社会文化背景是消费文化赖以建立的基础。消费者生活在一定的社会文化环境中，从属于一定的社会文化模式，其所需的消费品种类、消费习惯以及特定的消费方式必然会受到特定社会文化背景的影响。其中，民族文化对商品消费产生着重大的影响。地域文化也影响着消费观，不同地域由于自然环境和社会环境的制约和影响，形成了不同地域的文化特征，对商品生产的取材、设计、款式、包装以及商品的消费方式会产生深刻影响。文化的时代特征同样影响消费文化的发展，并且使不同时期的消费文化表现出不同形态。

消费同样会反作用于文化。消费使文化实现其价值，消费的过程同时体现和延续了文化的发展，尤其是文化消费会直接推动文化发展。如果没有一定的社会经济环境和条件，没有相当购买力的文化消费者，实现文化价值和发展文化产业只能是一句空话。消费还推动着文化的交流、所消费的商品以及与之相伴随的消费方式的引进，这进一步促进了世界文化的交流与融合。尤其是教育消费直接增进了人力资本，促进了社会文化的发展；而作为社会文化主要传播媒介的教育产业的迅速发展，又极大地拉动了消费需求；计算机消费的普及引发了互联网革命，"快捷、省略中间环节、超越时空"的互联网在大大改变了市场经济运行模式的同时，也有力地促进了教育的发展，极大地改变了人们的生活和工作方式，并以极高的效率促进着世界文化的交流和传播。消费向文化层次的发展使得消费本身成为了社会文化的一个重要分支。当文化消费成为社会消费的主要内容时，消费现象也就成为社会生活中的一种文化现象，从以经济为中心的社会向以文化为中心的社会过渡已是大势所趋。

正是文化促使消费从单纯的物质消费发展为文化消费，并发展形成文化产业和产生大量的精神文化产品。随着社会的进步和经济的发展，人们的闲暇时间越来越多，对文化的消费也日益旺盛，文化消费成为了社会消费内容的主体，社会消费结构正发生着根本性转变。

2）消费文化的界定

尽管人类的消费文化在不断演进和发展，但是长期以来人们对消费文化的研究却更多地集中于消费的具体形式，诸如对饮食文化、茶文化、酒文化等的探讨，而系统性地研究和界定消费文化则是近些年才开始的。例如中国学者尹世杰认为："消费文化就是消费领域中人们创造的物质财富和精神财富的综合，是人们消费生活方面各种创造性活动的升华和结晶。"又如英国学者迈克·费瑟斯通认为："消费文化，顾名思义，即指消费社会中的文化。它基于这样一个假设，即认为大众消费运动伴随着符号生产、日常体验和时间活动的重新组织。许多研究都将消费文化追溯到18世纪的英国资产阶级以及19世纪的英国、法国和美国的工人阶级中，认为当时的广告、百货商店、度假胜地、大众娱乐及闲暇等的发展，可能就是消费文化的起源。另一些研究则着重指出，美国在两次世界大战期间，就已经初次显露了消费文化的发展迹象：广告、电影业、时尚产业和化妆品生产、交相传阅的大众小报、杂志和拥有无数观众的体育运动，使得众多的新品位、新禀性、新体验和新思想广泛传播开来。很明显，消费文化的一个重要特征就是，产品和体验可供人们消费、维持、规划和梦想。消费绝不仅仅是为满足特定需要的商品使用价值的消费。相反，通过广告、大众传媒和商品展示陈列技巧，消费文化动摇了原来商品的使用或产品意义的观念，并赋予其新的影像与记号，全面激发人们广泛的感觉联想和欲望。①

由上可见，消费文化就是人类所创造的各类消费相关因素的综合。文化中那些影响人类消费行为的部分，或者文化在消费领域中的具体存在形式，都可统称为消费文化。同时，人类在其消费实践中又会不断形成新的消费文化，从而为文化总系统不断注入新的内容。消费文化具体可以分为以下三个层面：

第一层是表层，即物质层面，是消费文化中的物质文化，包括各种物质产品和劳务。它是文化的载体或文化的承担者，而在消费文化中就是各种消费品，包括各种物质消费品和精神文化产品及劳务性产品。根据消费品和劳务的差异，就可以鉴别出不同时期、不同国家和不同地区消费文化的发达程度和发展状况。

第二层是核心层，即观念层面，是消费文化中的精神文化，包括消费的指导思想、价值取向、消费观念、目标追求和道德观念等，通过它可以了解消费文化的基本状况与发展趋势。

第三层是联结层，即制度层面，是消费文化中的制度文化，包括消费环境、消费的组织架构、消费的具体方式和消费行为的规范等，通过对现实消费状况开展研究可以把握人们是以何种方式、途径和手段进行消费，诸如消费中的支付手段、信用程度和消费过程的运作步骤等。

在特定的消费文化背景中，一个企业的产品和服务，实质上就是一种满足消费需求的可供选择的解决方案。如果一种产品不再被消费者所接受，那么很可能是因为与该产品用途有关的信念、价值观或者消费习惯不再适应消费者的需要，因而生产该产品的企业必须重新修订自己的产品供给策略，营销人员也必须调整自己的营销策略以适应新的消费习惯和价值观念。例如，当越来越多的消费者意识到身体健康的重要性时，精明的厂商就会及时对此做出反应，它们会提供各种各样的保健食品或者健身器材以占领这一市场。相反，如果营销人员不能敏锐地觉察到这种由价值观念和生活态度的变化所导致的营销机遇，那么他们就会丧失市场份额，甚至最终被挤出市场。

---

① 费瑟斯通 M. 消费文化与后现代主义 [M]. 刘精明，译. 北京：译林出版社，2000：165.

### 3）消费文化的影响因素

消费文化是发展变化的，不同时期会形成不同的消费文化形态。影响消费文化的因素主要包括政治制度、经济发展水平、价值观念、公众媒体的引导与控制以及民俗习惯等。

政治制度的差异决定了人们在社会生活中所处地位的不同，决定了人们的消费方式和消费观念也有较大差别。例如在中国漫长的封建社会中，严格的等级制度、重农抑商思想和长久持续的农耕经济，必然产生占主导地位的农耕文化，其在阻碍商品经济发展的同时，也阻碍着整个社会消费文化的发展。而资本主义社会在创造了空前物质文明的同时，也创造了资本主义丰富的消费文化，促进了人类社会的繁荣与进步。但是伴随着资本主义社会的进一步发展，出现了社会经济内部结构性的冲突，反映在文化上也就带来了以追求"享乐主义"和"消费主义"为核心的消费文化，从而出现了如丹尼尔·贝尔所言的资本主义的"文化矛盾"。①

经济发展水平更是影响消费文化及其发展演变的重要因素。由于资本主义生产方式的出现极大地释放了人类社会巨大的生产力，因而带来了社会财富的不断积累以及资本主义消费文化的大发展。两次工业革命使得消费物品激增，特别是以福特制为标志的新的经济方式的兴起，使以享乐主义和消费主义为标志的现代消费文化得以产生和发展，而后工业社会所产生的既有生产方式的变革更是带来了消费方式的全新变革。

价值观念是文化的核心，是整个社会的思想灵魂。一个社会的价值观念不仅会对整体社会行为产生导向作用，而且会影响消费文化形式。其在决定不同时期消费观念的同时，也直接影响着人们的消费行为和消费方式，最终使得各个社会的消费文化表现出了差异性。因此，研究消费文化的演进不能不考虑社会主导价值观的作用。

公众媒体的引导与控制会加速消费文化的形成与传播。消费文化的形成除了受到上述因素的影响外，其在现代社会更多地受到公众媒体的引导与控制。大众传播系统及广告音像作为消费文化的载体和符号充斥着现代人的生活空间，操纵着人们衣食住行等内容与消费方式，它们不仅是人们消费行为发生的策源地，而且已经成为人们日常生活的一部分，影响着人们的消费活动，并最终引导着消费文化的发展

---

① 贝尔 D. 资本主义文化矛盾［M］. 赵一凡，译. 北京：生活·读书·新知三联书店，1989：32.

方向。

　　民俗习惯对于消费文化具有一定的制约作用。民俗习惯中包含道德观、价值观、审美观等，其既是人们的日常行为规范，又是制约人们各种行为的尺度。尽管在不同社会时期，由于政治、经济、社会环境不同，其内容会有所变化，但其对于消费文化的影响却始终存在。例如，中国几千年来深受儒家思想文化的影响，推崇仁爱，主张性善论和厚德载物，重视人际关系的和谐，喜欢通过彼此间的感情投入与回报建立起一种亲密关系。儒家思想强调整体观念，重视合群，提倡为他人、为社会奉献的集体主义精神，在消费行为上表现为求同特征和从众心理，不过分突出自己，以避免与他人产生隔阂。此外，儒家思想追求精神境界，讲究道德的贤哲风范，注重个人平时的修养以达到人格完善，节制个人欲望被视为一种美德，表现在消费行为上，则是更多地注重商品的实用性。此外，审美观念是人们对美的对象的欣赏标准和情趣，审美观念直接影响着人们的消费行为以及消费需求的变化，进而推动商品消费的发展和演变。随着时代的发展，人们的审美心理、伦理道德以及时尚潮流，都会渗透于消费者的行为之中，也会表现其与国际消费文化在发展上的某种趋同性，然而民俗习惯的影响却是挥之不去的。

### 4.1.3　消费文化的内涵

　　文化人类学认为，文化具有广泛性，因此对它的研究必须具有整合观念，应全面审视整个社会的规律与特征。研究社会文化必须全面审视语言、法律、宗教、哲学、道德、历史传统、饮食习惯和社会风俗等，上述因素构成了一个社会的价值标准和行为规范体系，给社会赋予了其特殊的形态并制约着该社会全体成员的行为。由于文化的界定并非易事，因而我们的目标是了解文化对市场营销所产生的影响，所以我们把消费文化界定为是指导一个特定社会中全体成员消费行为的所习得的信念、价值观和习惯的总合。

　　这一定义中的信念和价值观是指个体对客观事物所持有的世代相传的情感和主导优势。其中，信念是由大量的心理言语的陈述（例如，"我相信……"）所构成，它反映了一个人对某些事物（一家商店、一种产品、一种品牌）的特定认识和评价。价值观也是一种信念，但价值观又不同于一般的信念。价值观必须具有下列特征：①数量相对较少；②能指导文化上的适宜行为；③能持久或者是很难被改变；④与某些具体的事物或者情景没有关联；⑤被社会成员广泛接受和承认。

与信念和价值观不同，习惯是一种公开的消费行为模式，它构成了在特定消费情景中文化上赞成或者接受的行为方式。习惯是由日常消费行为所构成的，例如，消费者在咖啡中加上糖和牛奶，或者周末带着全家外出晚餐等。因此，信念和价值观是行为的指南，而习惯则是日常生活中已被人们接受的消费行为方式。

可见，每个社会都有与其相应的消费文化模式，并随着社会经济的发展而不断发展变化。消费文化使得在同一民族文化传统下生活的不同社会成员之间，无论是行为还是个性都表现出极大的相似性，这在市场营销中表现为，每个社会成员都有其特定相似的消费行为模式。因此，对一个社会中各种文化现象的理解和把握，将有助于市场营销人员预测消费者对其产品的接受程度。

### 4.1.4　消费文化的特征

消费文化通常具有以下六项基本特征：

1）消费文化的影响性

消费文化对于消费行为的影响一般被社会成员习以为常。例如，当营销人员询问消费者为什么要做某些事情时，他们通常会回答：“因为这样做是完全正确的。”这反映了消费文化对消费者的行为所施加的影响。只有当消费者处于另一个有不同文化价值观或者习惯的社会中时，人们才会意识到自己所特有的这种消费文化对其日常生活所施加的影响并做出确切的评价，这就需要营销人员必须具备一些最基本的跨文化知识。例如，要理解每天刷牙两次这一习惯是一种消费文化现象，就需要具备一些有关其他社会的成员或者是根本不刷牙，或者是用另一种方式刷牙的知识。

2）消费文化的民族性

文化与民族具有不可分割性，每个民族都有自己的文化，而且文化是在民族的繁衍和发展中逐渐形成的。诸如民族的文字、语言、思维方式、生活方式、风俗习惯、宗教信仰和价值观念等都是民族文化的有机组成部分，它们对该民族成员的行为具有很大的影响，给所属成员的行为模式打上了特定的“烙印”。例如，美国人务实、注重自我，英国人重视经验、保守传统，日本人重视团队关系，中国人注重血缘家庭关系。文化与民族之间的这种密切联系将导致各民族在消费行为和观念上具有差异性。例如，在美国热销的产品很可能在中国滞销，在西方国家流行的营销方法和策略在中国则可能无效。因此，营销人员要时刻注意民族文化与产品之间的关系，切忌使营销方法和策略与民族文化传统相抵触。

3）消费文化的习得性

文化是通过与他人的相互作用而习得的，并通过代代相传的社会化过程而得以传播。人类文化学认为，人类的进化过程既是生物遗传过程，也是文化传承过程。人类的童年期是所有动物中最长的，这一方面是人类漫长进化岁月的缩影，另一方面也是因为人类需要学习，而文化就是其中重要的部分。文化的代际传承现象是社会文化稳定和延续的基本条件。然而，文化的传承与生物遗传现象具有质的差异。因为文化人类学的研究表明，与生物遗传特征（诸如性别、肤色、智力等）不同，文化是后天习得的，从个体的出生之时起，人们就开始从自身周围的社会环境中习得了一整套的信念、价值观和习惯，从而构成了文化。文化习得通常有三种不同的方式：①正式学习，在这种学习方式中，成人和老人教育年轻的成员学习"如何去行动"；②非正式学习，在这种学习方式中，儿童主要是通过模仿、尝试进行学习；③专门学习，在这种学习方式中，教师在专门的教学环境中教导儿童什么事应该做、怎样做以及为何要做。尽管商业广告对消费者的上述三种学习方式都会产生一定的影响，但是大部分广告仍以信息的不断重复来强化和创造某种价值观，并以非正式学习的方式给消费者提供模仿的情景。

文化人类学还认为，本民族文化的学习与他民族文化的学习之间存在着很大的差异。本民族文化的学习一般被称为孺化，他民族文化或外来民族文化的学习被称为传播。对营销人员而言，消费文化的传播具有极其重要的意义，因为随着经济全球化和市场一体化趋势日益显著，企业急需到海外去拓展其他民族文化市场。在这种情况下，营销成功的关键是深入了解潜在目标市场的消费文化特征，使产品符合目标市场的价值观和消费习惯，并采取相应的营销策略说服消费者购买。

4）消费文化的共享性

消费文化的特征、信念和价值观等都非某个社会成员所独有，而是一个社会中大多数成员所共有的。消费文化不是一种个体特征，而是一种群体特征。因此，消费文化通常被认为是把所属社会成员联系在一起的团体习俗。其中，共同的消费语言符号是人们能够享有共同价值观、经验和习俗的关键因素。

在一个社会内部传递价值、培育信念的社会单位主要有以下四种：家庭（孺化的主要单位，它给社会的新成员传递基本的价值观和行为习惯，是消费者社会化的核心单位)、教育机构、工作单位和大众媒体。其中,广告是大众媒体的重要组成部分,它不仅以经济合理的成本传递产品信息,而且也传递着价值观念和生活习俗。因此,市场营销人员应充分认识到现代广告在传导和塑造消费文化中的重要作用。

5)消费文化的发展性

由于消费文化一直处于不断演进之中,因此,市场营销人员必须时刻关注消费文化的变迁,以便有效地营销现有的产品或者设计出适销对路的新产品。然而,这一任务并非轻易可以完成。事实上,相当多的因素都可能导致消费文化发生变化,诸如新技术的采用、经济发展、资源短缺、战争和人口变化等因素都会导致消费文化发生改变。例如,随着社会经济的发展,传统的男女性别角色正趋于模糊。这些变化既向企业提出了一系列新问题,同时也产生了新的营销机会。许多原属男性专用产品领域,如啤酒和香烟等现已被女性消费者所涉足,而男用香水、化妆品也走俏市场。因此,市场营销人员必须密切关注消费文化的变化,采取积极的营销策略,以创造出新的盈利机会。这些变化包括:"谁"是现有产品的真正购买者或使用者(是男性还是女性,或者是男女双方)?他们会到"什么地方"、通过"什么途径"去购买?他们将通过"什么媒体"获得产品信息?他们还需要"什么新的产品或服务"?

6)消费文化的满足性

消费文化存在的目的就是为了满足一个社会内部人们生存和发展的需要。当消费文化有助于满足社会成员的需要时,它将继续发挥作用。然而,当消费文化不再满足社会成员的需要时,它就会被修正或者被新的信念、价值观和习惯所替代,以保证其继续符合社会的需要。因此,消费文化持续不断地进行着渐进演化以满足社会的各种需要。

### 4.1.5　中国的消费文化

1)中国文化的核心精神

中国文化的核心精神可以概括为四个方面:一是富有特色的人文精神。与西方世俗化的人文精神不同,中国的人文精神注重伦理教化。中国人文精神的经典表述就是儒家伦理,强调"以仁化人,以道教人,以德立人"。二是整体思维方式。中国人一般将客观事物的整体形态作为研究观察的基本层面,根据事物之间的内在联系把握对象，从而获得总体上的认识。三是强调天人协调。中国传统文化中的天人协调观，以《易》最为典型，其主要内容有三点：人是自然界的一部分，既是天地自然的衍化产物，又具有超越万物的卓越地位；自然界存在着普遍规律，人也要服从这种普遍规律；人生的理想是自强不息、有所作为以达天人协调的境界。四是强调"明人伦"、"讲执中"、"求致和"的人际关系。"明人伦"就是了解和遵守协调人际关系的道德规范；"讲执中"就是要求人们在处理人际关系时要把握一个合适的"度"，以"适度"为宜；"求致和"要求既要保持和谐的人际关系，又要"和而不同"，以"海纳百川、兼收并蓄"的宽容态度和"厚德载物"的博大胸怀对待人的多样性。

2）中国消费文化的基本内涵

一个社会的消费文化会直接影响和制约所属成员的消费行为。因此，营销人员对此应有充分的了解。然而，要完整、准确地描述中国人的消费文化，其困难主要有以下三点：第一，中国是一个多元化的社会。中国文化内部存在着一系列的亚文化差异，诸如民族、宗教、地区等。这些亚文化因素对社会文化及其价值观的影响，使中国社会的消费文化表现出多样性。第二，当代中国社会正处于急剧变革之中，这种动态变化使我们很难有效地监控社会消费文化价值本身及其变化。第三，中国社会中存在着多元价值体系。一方面，中国社会强调遵从传统、与他人保持一致；另一方面，年轻人又显示出一定的个人主义倾向，在衣着和行为等方面喜欢追逐时尚。因而在消费文化方面表现为：中国人既体验到来自家庭、朋友、同事和其他社会团体成员的从众压力，也喜欢能够表现自我独特个性和生活风格的产品。这说明，当代中国社会是一个处于转型期的复合型社会。

中国人消费文化核心价值观的主要判断标准有三项：一是必须具有普遍性和共享性，即至少大部分中国人必须认可和接受这些价值观念，并以此作为自己的消费行为指南。二是必须具有持久性，即对中国人的消费行为模式已经产生了相当长时期的影响。三是必须与消费行为相关，从而有助于深入洞察中国人的消费行为规律。因此，中国消费文化的核心价值观具体表现为：

（1）中庸。南宋理学家朱熹认为，中庸就是"不偏之谓中，不易之谓庸"。中庸的主要含义是：事物的发展过程都有一定的标准，超过或者未能达到这个标准都不利于事物本身的发展，最优的状态就是遵守这一标准，做到不偏不倚。中庸是中国人的一个重要价值观念，几千年来一直深刻地影响和制约着中华民族的思想和行为。凡事讲求"适度"、反对超越"常规"的思想和行为，反对根本性变革，强调持续和稳定。这一价值观念反映在消费文化中，就是强调与社会保持一致（消费中的集体主义取向）；反对超前消费与标新立异（求同、重传统）；物品能用则用，量入为出（精打细算、节俭）。

（2）重人伦。中国文化强调血缘家族关系和以血缘为基础衍生出的人际关系。反映在消费行为中，中国人非常重视以家庭为中心的消费准则，强调消费者个人对其他家庭成员的义务和责任。在产品信息的传递和沟通方面，中国人更相信非正式的人际沟通渠道（如朋友的意见）而非正式的信息沟通渠道（如广告）。

（3）注重脸面。中国文化的一大特色是在人际交往中讲究自己的形象和在他人心目中的地位，重视"脸面"。研究表明，"脸面"是一个多义的复合概念，它主要由两个基本概念构成："脸"和"面子"。脸是指社会对个人的道德品质所具有的信心及其给个人所带来的名声。中国人尤其注重通过印象整饰和角色扮演力图在他人心目中形成一个好的形象，获得一个众口赞誉的好名声，因而中国人对"丢脸"之事深恶痛绝，而对"露脸"之事心向神往。"面子"则指个人在社会生活中借助勤奋努力和刻意经营而在他人心目中形成的声望和社会地位。中国人特别注意给别人、给自己"面子"。反映在消费行为中，就是中国消费者注重"体面"的消费，看重与自己的身份地位相一致、与周围他人相一致的求同消费，从而出现了"死要面子活受罪"的不良消费倾向。

（4）重义轻利。注重精神价值，轻视物质利益，强调人际感情和道义，是中国文化又一大特色，重义轻利在消费行为中表现为人情消费盛行，在婚丧嫁娶中相互攀比，讲求排场。

3）中国消费文化的影响分析

中国消费文化所具有的核心价值观，使得中国人形成了一些特有的消费动机、购买方式和购买决策，因而分析我国当前社会文化背景下的消费行为特点，对企业的产品定位、设计和开发具有重要的现实意义。中国消费文化对消费行为的影响表现为：

（1）朴素的民风和"节欲"的消费观念。几千年来，中国人一直崇尚勤俭持家的消费观念，反对任何形式的挥霍浪费和超前消费，即我国传统文化崇尚节俭，以节制个人欲望为美德。在消费行为上表现为：花钱谨慎，不尚奢华，注重计划和积累；主张生活开支要"精打细算，细水长流"，力求"年年有余"；生活必需品消费较多，而享受奢侈品消费较少；崇尚经济、实惠、耐用的消费观念。我国民间所谓的"吃不穷，穿不穷，计划不到一世穷"的说法典型地反映了中国人节俭压抑的消费观念，这种自我压抑的消费特征突出表现在我国中老年消费人群中。总之，大多数中国消费者的购买行为较为理智、计划性强、较少冲动和冒险。形成这种消费行为特点的主要原因有两个：一是儒家传统伦理中的"节欲"观念深入人心；二是我国社会经济长期处于不发达状态，人民收入水平一直较低，缺乏购买力。

（2）讲人情和重求同的消费意识。中国人特别重视感情联系，强调良好的人际关系。反映在消费行为中就是，个体以社会上多数人的一般消费观念规范自己的消费行为，注重消费行为的社会效应，不太愿意自己的消费行为"鹤立鸡群"、与众不同，消费行为具有明显的"他人取向"特征。讲人情和重求同的消费特点尤其表现在以下三个方面：一是中国人在婚丧嫁娶方面互相攀比、送礼成风；二是同一社会阶层或者社会团体成员的消费行为具有相同的模式，成员之间在消费需求、购买动机、决策方式等方面具有很大的相似性；三是产品信息的寻求过程中不太注重广告宣传，而是相信来自亲友和同事的非正式信息。上述特点与美国消费文化有着极其显著的差异。例如，美国消费者强调的是个人的权利、价值和需要，不太考虑他人如何看待自己的消费行为，具有典型的"自我取向"特征，这也使得求异、重个性、力求多样化成为美国消费市场的一大特点。因此，企业在开展营销活动时必须注意跨文化差异，在中国市场上大众化的产品设计比较受欢迎，而在美国市场上则是个性化的产品设计符合人们的消费偏好。近年来，随着改革开放的不断深入，中国人的消费意识及其行为也发生了显著变化。在讲人情和重求同的消费大背景下，在年轻人身上已经出现了标新立异和个性化的消费新趋势。对此，市场营销人员必须给予足够的重视。

（3）含蓄的民族性格和消费审美情趣。由于在民族文化传统上，中国人比较内向和含蓄，这种差异导致了中西方消费者不同的审美情趣。在消费审美情趣上，中国人欣赏含蓄、内敛、朴素与和谐的美，西方人则崇尚张扬、外露、色彩艳丽的美。过去，消费审美情趣上的这种差异最明显地表现在两个方面：一是在服装上中国人喜欢淡雅朴素的服装，而西方人喜欢袒露、艳丽的服装；二是在产品包装上中国的产品包装重在保护产品本身，不太讲究外包装的宣传和美化作用，西方的产品包装则强调展示产品属性，注重美化和广告宣传。现在这种观念已逐渐改变。

（4）以家庭为中心的消费准则。由于受传统文化的影响，中国家庭担负着基本消费单位的职能，因而个体的消费行为往往不是孤立的，而是与整个家庭的消费活动密切相关。因此，在以中国人为主的消费市场上，个体的消费行为不仅要考虑自身的需要，而且要顾及整个家庭的消费需求。这种以家庭为中心的消费准则遍及整个中国消费市场。

（5）注重直觉判断的消费决策。与西方消费者购物时习惯于先进行细致的分析相比，中国人则倾向于直觉判断，即中国消费者购物时一般先对相关产品形成一个总体印象，然后再寻找相应的依据，以判断这一印象是否正确，而较少对产品进行细致的分析；西方消费者则会先逐一分析产品的各项功能，然后通过综合分析获得总体印象。可见，中国消费者购物时采用综合思维方式，而西方消费者则采用分析思维方式。深入了解中西方消费者购买决策思维方式上的这种差异，将有助于营销人员开展科学的市场营销工作。例如，中国消费者的这种产品评价方式就决定了品牌效应在中国市场上具有重要的意义，因此销售名牌产品或者通过市场营销创造名牌产品将赢得中国消费者的极大青睐，企业也将获得丰厚的回报。

**【延伸阅读4-3】**

### 杭州"狗不理"包子为何无人理？[①]

杭州"狗不理"包子店是天津狗不理餐饮集团在杭州开设的分店，其地处商业闹市区的黄金地段。尽管"狗不理"包子以其鲜明的特色（薄皮、水馅、滋味鲜美、咬一口汁水横流）享誉神州，但是杭州的"狗不理"包子店却是"门前冷落车马稀"。那么，在天津以及其他北方城市深受消费者欢迎的"狗不理"包子为何会在杭州遭受冷遇呢？究其原因，并非是其质量不优、品牌不名，而是在于没有契合杭州消费者颇具个性化的"口味"以及生活习惯，因为一个产品其价值的高低评判、能否畅销最终是由顾客所决定的。因此，当"狗不理"先入为主地盲目强调其鲜明的产品特色，却忽视了消费者是否接受这一"特色"时，那么受挫自然也就难免了。具体而言，"狗不理"包子馅比较油腻辛辣，既不符合地处江南、喜爱清淡饮食的杭州市民的口味习惯，又与杭州市民把包子作为便捷快餐、边走边吃的生活方式相悖（而"狗不理"包子则由于薄皮、水馅、容易流汁，因而不能

---

① 根据相关公开资料整理。

拿在手里吃，只能坐下用筷子慢慢享用），这样一来，"狗不理"包子在杭州"失宠"就在所难免了。

# 4.2　消费文化与参照群体

### 4.2.1　参照群体的概念

参照群体是指对个人的行为、态度、价值观等有着直接影响的榜样群体。虽然个体并非该群体的实际成员，但由于该群体具有较高的地位、较大的社会影响力或者较强的团体凝聚力，因而其行为标准、目标和规范往往是其他群体成员效仿的榜样，并成为影响和制约消费者的购买决策及其行为的参照系。参照群体对于市场营销活动具有极其重要的作用，因为参照群体既不限制群体规模或者成员资格，也不要求消费者必须实际参加某种团体，所以任何能够引起消费者效仿的群体都是营销人员需要关注的对象。

### 4.2.2　参照群体的分类

参照群体并不仅限于与个体发生直接接触的他人或群体，也包括尽管与个体并没有发生直接接触，但对其消费行为产生影响的他人或群体，因此，参照群体的范围极其广泛（如图4-1所示）。我们可以根据消费者与参照群体之间的关系（如卷入程度或关系水平）对参照群体进行一定的分类。按照参照群体对消费者的行为、价值观和态度的影响水平（积极的或消极的影响），我们可以把参照群体划分为以下四种类型：接受群体、向往群体、拒绝群体与逃避群体。接受群体是指消费者与该群体之间有定期的直接接触，或者消费者是该群体的成员，并且消费者也同意该群体的价值观和行为准则。因此，接受群体对消费者的行为和态度具有一致的影响力。向往群体是指消费者虽然并非该群体的成员，也没有直接接触，但其仍希望成为该群体的成员，该群体对消费者的行为和态度具有积极的影响力。拒绝群体是指消费者虽然属于该群体或者与其有直接接触，但消费者并不同意该群体的价值观和行为准则，并且采取与该群体相反的态度和行为进行消费活动。逃避群体是指消费者与该群体之间既没有成员关系，也没有直接接触，并且消费者也不同意该群体的价值观和行为准则，消费者所信奉的行为准则和所持的价值观往往与该群体相反。表4-1列出了消费者参照群体的类型。

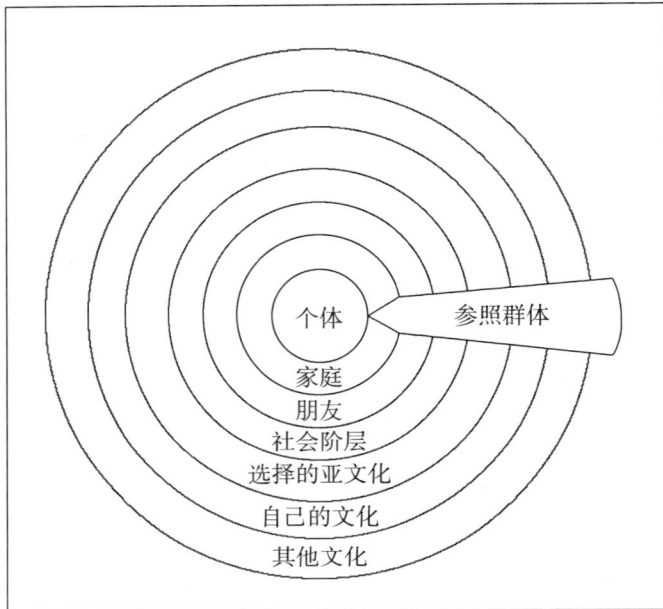

**图 4-1  主要的消费者参照群体**

表 4-1                                         消费者参照群体的类型

|        | 成员关系 | 非成员关系 |
| --- | --- | --- |
| 积极影响 | 接受群体 | 向往群体 |
| 消极影响 | 拒绝群体 | 逃避群体 |

### 4.2.3  参照群体对消费行为的影响

参照群体对消费行为的影响力在很大程度上取决于消费者的特征、产品的属性以及其他一些社会因素。

第一，消费者的产品信息和购买经验。如果消费者具有购买产品或服务的亲身经历，或者能够获得产品或服务的相关信息，那么他在购物时几乎不受他人或者群体的影响。反之，消费者则会主动寻求参照群体的支持。

第二，参照群体的可靠性和吸引力。如果消费者想获得产品的相关信息，而参照群体值得信赖，那么他将会接受该群体的劝告和建议。如果消费者想被自己向往的、会给自己带来利益的群体所接受或认可，那么他就会主动购买该群体所使用的产品或服务，并在其他方面尽力与该群体保持一致。

第三，产品的显著性特点。如果产品在视觉上具有显著性特点（因为形状或色彩等容易被他人所注意），或者在言语上具有显著性特点（口头上容易进行生动有趣的描述），那么由消费者所信赖或向往的参照群体推荐该种产品会对消费者的购买决策产生较大的影响。

### 4.2.4  参照群体在市场营销中的应用

在市场营销活动中，营销人员如何才能有效地运用"参照群体"诉求方法进行广告宣传，以取得更大的市场份额呢？据统计，近 20 年来，成功的企业一般运用以下八种参照群体诉求方法开展促销活动：一是名人诉求法（如邀请电影明星、体坛冠军等宣传该产品）；二是专家诉求法（如邀请教授、专家宣传该产品）；三是用户诉求法（如已使用过且对使用效果很满意的用户宣传该产品）；四是经理诉求法（如事业有成的企业家宣传该产品）；五是零售商诉求法（如信誉卓著的零售商宣传该产品）；六是专业杂志诉求法（如专业杂志宣传该产品）；七是证书诉求法（如运用获奖证书或资格认证证书宣传该产品）；八是评价诉求法（如运用由权威机构发布的产品质量或市场份额的客观评价或等级评定宣传该产品）。上述八种方法都各有优缺点，并且具体使用时也必须满足其必要条件。例如，名人诉求法的使用，必须要求名人具有相当的专业水准以及良好的个人信誉。否则，无法起到积极的促销作用。当然，上述方法如果混合使用则效果更佳。

## 4.3  消费文化与社会阶层

市场营销研究表明，消费者的消费文化与其所属的社会阶层之间有着极大的相关性，换言之，消费者所属的社会阶层对其消费行为具有直接的影响和制约作用。因此，市场营销人员必须了解社会阶层对于消费行为的影响及其规律。那么什么是社会阶层？与社会阶层相关的态度和行为又是如何影响消费行为的呢？

### 4.3.1 社会阶层的概念

社会阶层是指全体社会成员被按照一定的等级标准划分为彼此地位相互区别的社会集团。同一社会集团成员之间的态度、消费行为模式和价值观等方面具有相似性，而不同社会集团成员之间存在着差异性。

### 4.3.2 社会阶层的分类

社会学中通常运用"财富"（经济收入）、"权力"（个人选择或影响他人的能力）和"声望"（被他人认可或赞同的程度）这三个维度划分社会阶层。当进行消费行为研究时，市场营销学一般运用经济收入、职业地位与受教育水平这三个变量划分社会阶层。目前，国际上通常运用六分法将社会阶层划分为上上阶层、次上阶层、中上阶层、中中阶层、中下阶层、下下阶层六类，这一分类方法比较适合我国目前的社会现实结构。上上阶层是指近年来暴富起来的亿万富翁。这一阶层人数不多，他们拥有巨额财富，消费能力十分可观，是高档消费品、豪华汽车、别墅和旅游的主要消费者。次上阶层是指一些规模较大的私营企业主、成功的专业人士以及外企的高层管理者。这一阶层的人数较多，一般拥有汽车、高级住宅，经济收入相当丰厚，消费能力也很强，喜欢追逐消费时尚。中上阶层是指在三资企业或者民营企业中工作的专业技术人员、中小规模的私营企业主和沿海地区富裕的农民。这一阶层收入较高，人数相当多，他们喜欢追随潮流，消费能力较强。中中阶层是指国家公务员和事业单位员工，他们享有稳定可靠的国家工资以及住房、医疗等方面的各项福利补贴，因此具有一定的消费能力，同时，中中阶层还包括经济条件较好的农民。中下阶层是指国有、民营企业和乡镇企业的在岗职工与退休人员以及有一定经济收入的农民，虽然这一阶层人数庞大，但是经济收入有限，消费处于自我压抑状态，并且缺乏安全感，因而非常注重储蓄和节俭。下下阶层是指各类下岗职工、失业人员、特困家庭以及尚未脱贫致富的农民。这一阶层由于其经济收入大体处于社会生活最低保障线附近，因而只能购买最基本的生活必需品，他们急需全社会都来关心。

一般而言，每一个社会阶层都有其特定的消费方式，即每个社会阶层都有其相应的生活信念、消费态度、行为方式和价值观念。表4-2简要介绍了各社会阶层的消费特征。

表 4-2　　　　　　　　　　各社会阶层的消费特征

| 社会阶层 | 消费特征 |
| --- | --- |
| 上上阶层——豪宅或别墅的拥有者 | 人数很少<br>拥有名车、豪宅或者别墅<br>是当地社区的名人<br>大企业的所有者或者巨额财产的继承者<br>习惯于过显赫挥霍的生活 |
| 次上阶层——暴发户 | 不为上上阶层所接纳<br>发家致富的榜样<br>成功的企业经理或私营企业主<br>花钱大方，乐于炫耀<br>消费观念新潮，乐于模仿上上阶层的消费行为 |
| 中上阶层——成功的专业人士 | 既没有显赫的家庭背景也没有巨额遗产<br>具有职业进取心和强烈的成就欲<br>一般为专业技术人员、企业高层管理人士<br>通常拥有大学以及更高学历<br>在社交活动中表现活跃<br>特别希望在生活中能"更上一层楼"<br>消费行为具有明显的时尚性 |
| 中中阶层——消费潮流的追随者 | 主要是国家公务员和事业单位员工，以及经济条件较好的农民<br>消费偏好比较稳定，能追随消费潮流<br>希望下一代能够进入更高的社会阶层<br>爱好整洁的外表，不喜欢穿很前卫的服装 |
| 中下阶层——寻求消费安全感的社会大众 | 人数最多的社会阶层<br>以国有、民营企业和乡镇企业的在岗职工以及退休人员为主<br>通过储蓄和节俭以寻求消费安全感 |
| 下下阶层——社会的最低消费层 | 各类下岗职工、失业人员、特困家庭以及贫困的农民<br>受教育程度低，缺乏劳动与生存技能<br>时常面临生活困境而需要社会的关心与救助<br>只能购买一些基本生活必需品<br>对未来生活的预期比较悲观 |

### 4.3.3　社会阶层在市场营销中的应用

每一社会阶层都有各自的消费行为习惯。例如，各社会阶层都有自认为最时髦得体的服饰。中下阶层的消费者一般比较偏爱 T 恤衫、牛仔服等，而衣服表面常印有一些标志，比如某个名人的头像，或著名的品牌名称等。相反，上等阶层的消费者则喜欢购买外表精致的高档时装。再如，各社会阶层也都有自认为最合适的购物场所。营销研究表明，社会阶层是影响消费者购物场所选择的一个重要因素。消费者通常避免到与自己所属社会阶层不相符的商店购物。而目前确有一些商家试图把自己的目标市场定位成高档消费人群，结果却丧失了传统的老顾客而导致失败。这说明，市场营销人员必须时刻关注自己的基本消费者及其所属社会阶层，而不能向消费者传递与其社会自我观念不符的营销信息。此外，诸如闲暇时间的支配、储蓄倾向、信用消费以及对广告信息的寻求等都在各社会阶层之间存在着一定的差异性。

## 4.4　消费文化与消费时尚

### 4.4.1　消费时尚的概念

消费时尚是指在一定的时期内，某些消费群体中普遍流行的特定的消费趣味、消费思想和消费行为等。消费时尚主要是由于某种产品、服务及其消费方式具有某些新颖独特的特性而受到众多消费者的青睐，在短时间内广泛流行，最终演变为某种消费潮流。由于消费时尚的普及和发展所依赖的主要手段就是流行，因而消费时尚与流行是同一事物不可分割的两个方面，所以也把消费时尚称之为消费流行。

### 4.4.2　消费时尚的传播条件

消费时尚的流行不仅取决于一定的物质条件，而且也取决于人们的社会心理因素。消费时尚得以传播的前提条件是：第一，社会经济发展和物质生活条件以及人们的消费水平必须达到一定程度。因为只有当某种产品的生产能力达到了较高水平，企业能够大规模地组织生产从而使该产品源源不断地供应市场时，消费时尚才有可能形成。否则，一旦产品在市场上供不应求，就会抑制消费时尚的形成。另外，物质生活贫困者首先要解决温饱问题，也无力去追逐消费时尚。第二，在日常生活中消费者闲暇时间的多寡也是一个很重要的因素，如果没有足够的闲暇时间，人们就无法去赶时髦。第三，消费时尚的流行与大众传媒的发达程度相关。大众传播媒介有力地促进了消费时尚的快速流行，尤其是当代的电子传媒更是为消费时尚的形成和发展提供了有利的物质条件。第四，消费时尚的流行必须能够满足消费者的某种潜在需要，凡是符合消费者潜在需要的新时尚都会迅速地流行起来。例如，近年来人们渴望生活方式能够多样化和情趣化，因而假日消费与休闲旅游就成为一种消费时尚。第五，消费时尚的流行与人们渴望变化、求新求美、表现自我、张扬个性的心理需要密切相关，如果人们安于现状、不思进取，那么时尚就不可能流行起来，这也就是年轻人为什么要比中、老年人更易于被消费时尚所感染的主要原因。第六，消费时尚的流行也与人们从众模仿、学习遵从的个性特点相关，如果谁也不愿意模仿和遵从他人，那么任何消费时尚都无法形成。

### 4.4.3　消费时尚的传播特点

一般而言，消费时尚的传播具有以下七个特点：

（1）周期循环原则。今天视为时尚的事物，明天可能就会转为陈旧，而后天又可能再成为时尚。营销学者克鲁伯在研究妇女时装变化规律时得出结论认为，时装的变迁 5～25 年为一个循环周期，通常由宽到紧，再由紧回到宽，循环往复。形成这种周期性循环的主要原因就是每种流行产品或消费方式都有各自的生命周期，一般可以划分为四个阶段：①导入阶段。在这个阶段中新产品刚进入市场，大多数消费者尚未承认其价值，只有那些有经济实力、富有创新意识的少数消费潮流倡导者率先购买。②仿效阶段。在这个阶段中，由于消费时尚倡导者的示范作用和无形感召，产品逐渐被大多数消费者所认同和接受，致使许多热衷时尚的消费者纷纷仿效，消费时尚迅速形成。③流行阶段。在这个阶段中，产品的市场占有率达到了极限，消费市场趋于饱和，竞争激烈，消费时尚达到了顶峰，流行势头开始减弱。④衰退阶段。在这个阶段中，由于更新颖、更具特色的产品开始出现并逐渐取代原先的"流行产品"，致使原来的流行产品变得不再具有吸引力而逐渐退出了消费时尚的行列。

（2）从众原则。流行时尚一般总是表现出一定的珍贵性，使参与者无形中体验到某种优越感，因而在消费大众中形成了心理定势，使他们认为，凡是合乎流行时尚的就是好的和美的，反之则是落伍与不合时宜的。这就为消费大众对流行时尚的仿效和遵从制造了一种无形的压力，迫使人们参与并追逐流行时尚。

（3）新奇原则。流行时尚的倡导者往往追求标新立异、展现自我的独特个性，即千方百计地要在各个方面表现出与众不同，从而形成"上有所好，下必效焉"的新奇影响。

（4）价值原则。人们一般认为，消费时尚中流行的产品在款式、造型、色彩等方面都比较讲究，是高档、有价值产品的象征。同时，由于产品流行容易造成脱销，因而其价值也定得较高。

（5）常态曲线原则。一个社会中消费时尚的倡导者毕竟是极少数的，而对消费时尚熟视无睹者也属少数，大多数消费者的消费行为则会随着消费时尚的变迁而不断转移，并呈常态曲线分布。另外，时尚的流行曲线也是一条由上升、顶峰和下降三个阶段构成的常态曲线。消费时尚一般是缓慢地兴起，逐渐积聚能量，然后发展到顶峰，最后势头逐渐减弱直至彻底消失。时尚曲线由一条增长曲线和一条衰退曲线组成。

（6）年龄、性别差异原则。一般而言，消费时尚在年轻人群中比在中老年人群中更易流行，在女性人群中比在男性人群中更易流行。

（7）波浪递进原则。流行时尚因为广泛传播而最终导致各地区或者各时段之间呈现出差异性，这种现象最明显地表现为消费时尚具有地域差、品种差与时间差，即消费时尚在地域上表现为先在发达地区流行，然后向较落后地区推进；在品种上表现为在发达地区流行质地优良、功能完善的高档品种，而在较落后地区则逐渐演变出价格低廉、功能较少的中、低档品种；在时间上表现为先在发达地区流行一段时间，然后在其他地区才逐步流行。消费时尚在流行过程中所表现出的这种波浪递进现象，主要是由于不同地区、不同民族的消费者之间存在着显著的社会文化差异（诸如气候、宗教、文化、收入水平等）所造成的。

### 4.4.4 消费时尚的传播方式

消费时尚的传播方式主要有三种：

（1）自上而下传播，指先由社会上有地位、有身份、有经济实力的上层人士率先倡导或者实行，然后逐渐向下传播，最终形成流行时尚，形成"上行下效"的传播效应。一般而言，社会政治领袖、著名的企业家、影视体育明星等都有可能成为流行时尚的倡导者。以这种方式传播的时尚一般流行速度较快，例如，我国

"文化大革命"期间流行穿绿军装就是这种方式的体现。

（2）自下而上传播，指先由普通消费者率先倡导或实行某种生活方式，然后逐渐扩散开来，为社会各阶层消费者所普遍接受，并成为一种流行时尚。由于这种流行时尚的传播是由社会中下层消费者首先倡导的，因而其流行速度较慢，但持续时间却较长。例如，牛仔服装就是通过这种方式在几十年内逐渐流行起来的。

（3）横向传播，指先由社会某一阶层率先倡导，然后迅速波及社会的其他各阶层，最终形成流行时尚。例如，20 世纪 80 年代我国的"西装热"就是通过这种方式很快流行起来的。

## 4.5　消费文化与文化维度理论

文化维度理论是跨文化理论中最具影响力的理论之一。20 世纪 70 年代末，霍夫斯泰德（Hofstede）在对分布在 40 个国家和地区的 11.6 万名 IBM 员工进行文化价值观调查和分析的基础上，归纳出描述文化差异的四个指标，即：个人主义/集体主义（individualism/collectivism）、权力距离（power distance）、回避不确定性（uncertainty avoidance）、刚性/柔性倾向（masculinity/femininity）。[①]

20 世纪 80 年代后期，霍夫斯泰德又重复了十年前的研究，但这次覆盖了更多的国家和地区，总样本数超过了 60 个。这次的研究不仅证实了这四个维度，同时，通过彭迈克（Michael H. Bond）对中国价值观的调查和研究，霍夫斯泰德也把中国的儒家文化思想应用于跨文化管理，从中归纳出他的文化价值观的第五个维度：长期观/短期观。该研究的结果发表在他 1991 年出版的《文化与组织》一书中，从而进一步丰富和完善了他的文化维度理论。同时，他也对中国（主要是大陆地区）与西方国家的文化维度进行了比较研究。

显然，在霍夫斯泰德的指标中，西方和非西方的文化差异是很明显的。而同属一个文化圈的不同民族，地域文化也会在各个指标上有差异。例如，中日两国的集体主义就有所不同。严格地说，日本人的集体主义是一种团队主义。霍夫斯泰德认为，IBM 作为一家跨国公司，在 IBM 工作的员工大都有相似的教育背景和智力水

---

① Hofstede G. Culture's Consequences：International Differences in Work-related Values ［M］. Beverly Hills, CA：Sage，1980.

平，个性特征也会比较相似。因此，如果他们对同一问题选择不同的答案，那么所反映的更多的是文化对他们产生的影响。比如，如果一个人对"我总是比我们重要"这个句子非常赞同，而另一个人极不赞同，那么这种不同所反映出的就是文化的差异，而非个体的差异。① 霍夫斯泰德关于文化对组织影响的五个维度具体如下：

### 4.5.1 个人主义与集体主义

所谓个人主义与集体主义是指社会是关注个人的利益还是关注集体的利益。个人主义和集体主义这一维度也是全球性文化范畴中截然对立的两大文化。霍夫斯泰德在《文化与组织：思维的软件》一书中把个人主义/集体主义定义为："在个人主义的社会中，人际关系松散，人人各自照顾自己和自己的家庭；相反，在集体主义的社会中，人们从一出生就与强大而又具有凝聚力的内部集团结合在一起，而这种内部集团又对这些忠诚的成员提供终生的保护。"② 在霍夫斯泰德对 IBM 的研究中，一个社会的个人主义/集体主义倾向是通过个人主义指数（individualism index）来衡量的。这一指数的数值越大，说明该社会的个人主义倾向越明显，如美国；反之，数值越小，说明该社会的集体主义倾向越明显，如日本和亚洲大多数国家。霍夫斯泰德认为个人主义和集体主义是同一维度上的两极。一种文化如果在个人主义上得分高，就意味着在集体主义上得分低，反之亦然。一种文化不可能既很个人主义又很集体主义。表 4-3 显示了部分国家或地区的个人主义指数。为了说明个人主义与集体主义的价值取向在认知和行为上体现出的差异，霍夫斯泰德列举了两种不同文化在行为上的一些异同，如表 4-4 所示。不难看出，霍夫斯泰德的个人主义/集体主义所涉及的行为取向明显地可以归因于文化差异。个人主义文化价值取向的人常常会因为不了解集体主义文化价值取向的人的交际方式，而难以理解对方，认为对方不尊重他们个人的权利和利益。相反，集体主义价值取向的人也常常会因为个人主义文化价值取向的人过于直截了当而感到不舒服，甚至认为对方过于自私自利，凡事不给人留面子。

---

① 汤新煌，关哲 . 试析霍夫斯泰德的文化维度理论——跨文化视角 ［J］. 辽东学院学报：社会科学版，2006（8）.
② Hofstede G. Cultures and Organizations：Software of the Mind ［M］. London，Norfolk：McGraw-Hill Book Company（UK）Limited，1991.

表 4–3 部分国家或地区的个人主义指数①

| 排名 | 国家或地区 | 指数 | 结论 |
|------|----------|------|------|
| 1 | 美国 | 91 | 很强的个人主义倾向 |
| 2 | 澳大利亚 | 90 | 很强的个人主义倾向 |
| 3 | 英国 | 89 | 很强的个人主义倾向 |
| 4 | 加拿大 | 80 | 很强的个人主义倾向 |
| 5 | 法国 | 71 | 较强的个人主义倾向 |
| 6 | 德国 | 67 | 较强的个人主义倾向 |
| 7 | 日本 | 46 | 较强的集体主义倾向 |
| 8 | 中国香港 | 25 | 较强的集体主义倾向 |
| 9 | 韩国 | 18 | 较强的集体主义倾向 |
| 10 | 中国台湾 | 17 | 较强的集体主义倾向 |

表 4–4 两种不同文化在行为上的一些异同②

| 在集体主义社会中 | 在个人主义社会中 |
|-----------------|-----------------|
| 小孩学会用"我们"来思维 | 小孩学会用"我"来思维 |
| 人们永远保持和睦，避免正面冲突 | 诚实的人有什么说什么 |
| 教育的目的是学会如何做 | 教育的目的是学会如何学习 |
| 文凭为进入上流社会铺平道路 | 文凭提供经济方面的价值和/或自尊 |
| 老板和员工的关系是道义上的、家庭式的关系 | 老板和员工的关系是互利的合同关系 |
| 管理是对群体的管理 | 管理是对个人的管理 |
| 关系比工作重要 | 工作比关系重要 |

---

① 霍夫斯泰德. 跨越合作的障碍——多元文化与管理 [M]. 尹毅夫，等，译. 北京：科学出版社，1996.

② Hofstede G. Cultures and Organizations：Software of the Mind [M]. London，Norfolk：McGraw-Hill Book Company（UK）Limited，1991.

### 4.5.2　权力距离

所谓权力距离是指权力在社会或组织中不平等分配的程度。任何一个社会中都存在着各种各样的不平等现象。霍夫斯泰德的权力距离指的正是人们对权力在社会中不平等的分配状态所能接受的程度。具体地说，"权力距离是指在一个国家的机构和组织中（包括家庭、学校和社区中），掌握权力较少的那部分成员对于权力分配不平衡这一现象能够接受的程度。"① 对这个维度，各个国家由于对权力赋予的意义不完全相同，所以也存在着很大的差异。比如，美国人对权力的看法与阿拉伯国家的人的看法就存在很大的差异。美国人不是很看重权力，他们更注重个人能力的发挥，对权力的追求比阿拉伯国家要逊色不少；阿拉伯国家由于国家体制的关系，注重权力的约束力，由此，阿拉伯国家的机构，不管是政府部门还是企业都多多少少带有权力的色彩。霍夫斯泰德的研究表明，在权力距离不同的国家中，人们的行为方式表现出很大的差异。表4-5是基于权力距离的大小而体现出的主要行为差异。

表4-5　　　　　　　　基于权力距离的大小而体现出的主要行为差异

| 在权力距离小的国家和地区中 | 在权力距离大的国家和地区中 |
| --- | --- |
| 人们之间的不平等应该减少 | 人们之间应该存在着不平等 |
| 父母和儿女平等相待 | 父母教育儿女学会服从 |
| 教师希望学生发挥主动性 | 教师自己发挥主动性 |
| 教师应该是传授客观真理的专家 | 教师应该是传授个人智慧的导师 |
| 学生与老师平等相处 | 学生尊重老师 |
| 上级向下属征求意见 | 下级照章办事 |
| 工资差别小 | 工资差别大 |

### 4.5.3　回避不确定性

所谓回避不确定性是指一个社会考虑自己利益时受到不确定的事件和模棱两可

---

① Hofstede G. Cultures and Organizations：Software of the Mind ［M］. London，Norfolk：McGraw-Hill Book Company（UK）Limited，1991.

的环境威胁时是否通过正式的渠道来避免和控制不确定性。霍夫斯泰德认为，人们抵抗未来这种不确定性的途径主要有三种：科技、法律和宗教。人们用科技来抵抗自然界的不确定性，用法律（成文和不成文）来抵抗来自其他社会成员的不确定性，而宗教则被人们用来化解无可抵抗的死亡和来世的不确定性。霍夫斯泰德的调查表明，不同民族文化之间在不确定性状态的回避倾向上有很大的不同。有的民族把生活中的未知、不确定性视为大敌，千方百计加以避免，而有的民族则采取坦然接受的态度，"是福不是祸，是祸躲不过"。典型的不确定性回避的行为差异见表4-6。①

表 4-6 　　　　　　　　　　**典型的不确定性回避的行为差异**

| 在不确定性回避程度低的国家和地区中 | 在不确定性回避程度高的国家和地区中 |
| --- | --- |
| 不确定性是人生的特点，人们迎接每一天的到来 | 人生中的不确定性被认为是不断的威胁，应与之抗争 |
| 低压力，有主观的幸福感 | 高压力，有主观的忧虑感 |
| 对不明确的环境和不熟悉的风险感觉到自在 | 害怕不明确的环境和不熟悉的风险 |
| 对于儿童接触不健康或有禁忌的东西持宽容原则 | 对儿童接触不健康或有禁忌的东西持不宽容原则 |
| 对于差异表示出好奇 | 认为差异代表着危险 |
| 教师可以说"我不知道" | 教师应该能够回答所有的问题 |

### 4.5.4 　刚性与柔性倾向

所谓刚性与柔性倾向是指社会是对男性特征，例如对"攻击性"、"武断"赞赏，还是对其他特征欣赏，以及对男性和女性职能的界定。霍夫斯泰德把这种以社会性别角色的分工为基础的"男性化"倾向称之为男性或男子气概所代表的文化维度（即所谓男性度，masculinity），它是指社会中两性的社会性别角色差别明显，男人应表现得自信、坚强、注重物质成就；女人应表现得谦逊、温柔、关注生活质量。而与此相对立的"女性化"倾向则被其称之为女性或女性气质所代表的文化维度（即所谓女性度，femininity），它是指社会中两性的社会性别角色互相重叠，

---

① Hofstede G. Cultures and Organizations：Software of the Mind［M］. London，Norfolk：McGraw-Hill Book Company（UK）Limited，1991.

男人与女人都表现得谦逊、恭顺、关注生活质量。刚性／柔性倾向用男性度指数（masculinity dimension index，MDI）来衡量，这一指数的数值越大，说明该社会的男性化倾向越明显，男性气质越突出（最典型的代表是日本）；反之，数值越小，说明该社会的男性化倾向越不明显，男性气质弱化，而女性气质突出。刚性／柔性倾向社会中的典型行为差异如表4-7所示。

表4-7　　　　　　　　刚性／柔性倾向社会中的典型行为差异

| 在刚性倾向社会中 | 在柔性倾向社会中 |
| --- | --- |
| 金钱和物质很重要 | 和谐的人际关系很重要 |
| 男人应该自信，有抱负，而且坚毅 | 人人应该谦虚 |
| 活着是为了工作 | 工作是为了活着 |
| 同情强者 | 同情弱者 |

### 4.5.5　长期观与短期观

彭迈克（Michael H. Bond）通过对中国价值观调查的数据分析，最先发现了一个新的文化维度：长期观与短期观。这个维度是与以往西方学者发现的任何维度无关联的。彭迈克称这个维度为"儒家精神动力"。它代表儒家思想的教育与影响，按其特殊的含义，这是指一个人在生活中长远观念抑或短期观念[1]。这种划分很容易让西方人理解，而在以往西方人研究中却没有被当做一个关键变量去测量。在这个维度中，长远观念是儒家观念的集中表现，并表现为一种积极的创业精神，创业精神中最主要的特征是坚韧、不屈不挠地追求目标，而不管这些目标是什么，实现目标会有多大困难。短期观念与长期观念不同，包含另一些儒家的观念，如"个人恒常性"，它指人们的行为要守常，不能太变幻莫测。现在，西方国家逐渐地重视东方国家重节俭、坚韧的精神，也把传统、礼尚往来、面子等作为对大量消费的社会风尚的一种匡正方式。表4-8为部分国家或地区的长期观指数。[2]

---

① 司马云杰. 文化社会学［M］. 济南：山东人民出版社，1990.
② Hofstede G. Cultures and Organizations：Software of the Mind［M］. London, Norfolk：McGraw-Hill Book Company（UK）. Limited，1991.

表 4-8　　　　　　　　　**部分国家或地区的长期观指数**

| 排名 | 国家或地区 | 指数 | 结论 |
|---|---|---|---|
| 1 | 中国内地 | 118 | 很强的长期观倾向 |
| 2 | 中国香港 | 96 | 很强的长期观倾向 |
| 3 | 中国台湾 | 87 | 很强的长期观倾向 |
| 4 | 日本 | 80 | 很强的长期观倾向 |
| 5 | 韩国 | 75 | 较强的长期观倾向 |
| 14 | 德国 | 31 | 较弱的长期观倾向 |
| 15 | 澳大利亚 | 31 | 较弱的长期观倾向 |
| 17 | 美国 | 29 | 较弱的长期观倾向 |
| 18 | 英国 | 25 | 很弱的长期观倾向 |
| 20 | 加拿大 | 23 | 很弱的长期观倾向 |

# 4.6　消费文化与整合营销传播模式

### 4.6.1　整合与整合营销概述

整合就是把不同的事物与物质，让它们相互渗透相互交互，资源共享结合在一起，也叫集成一起，使他们通过结合发挥最大的价值。不管是普遍意义上好的还是坏的事物都有其存在的价值，把它们的价值有机地结合在一起，使本来无意义的事物变得有意义起来，让这些单一看来无意义或意义不大的事物获得超值的效果。整合的观念早已为人们所认知。事实上，人类的生产实践活动就是通过对资源进行有效整合从而生产所需要的各种产品的过程。如果在生产过程中，为生产一定量的产品所采用资源的数量和比例是合理的，那么就会产生整合效应，生产要素之间就会形成协同效应。在某种意义上，企业的使命就是转动生产力的魔方，通过整合各种资源以达到既满足社会需求又获得股东财富最大化目标的双赢局面。

整合营销就是把整合思想运用到营销管理决策之中的过程，是一种对各种营销工具和手段的系统化结合，根据环境进行即时性的动态修正，以使交换双方在交互中实现价值增值的营销理念与方法。营销的终极战场是顾客的心智，一切营销活动必须从顾客需求出发，并为创造最大顾客价值整合所有相关的活动和要素。与现代企业的发展相伴随，营销观念先后经历了生产观念、产品观念、推销观念和市场营销观念等阶段。这些营销观念是企业经营哲学的反映，是伴随市场环境的变化而变化的。

作为企业经营的一个业务活动领域，营销在其经营哲学的引导下，也经历了专门化过程。首先，营销作为企业组合（或公司组合，包括制造、研发、人事、财会、营销等）要素之一，与其他要素区分开来，成为了独立的营销部门，甚至是独立的营销机构，专司营销活动。其次，在营销部门（或机构）内部进行了纵向切割、横向分离，日益分化出多层次的各个职能部门。营销各职能部门的细化，造成了彼此之间缺乏沟通和资源共享，使得营销绩效乃至企业经营绩效降低。即使是在市场营销观念导向下，从消费者需求出发，却不进行资源整合，也不能够很好地满足消费者需求。整合营销观念则强调，营销活动必须要与企业中其他各个要素相整合与协调，这正如彼得·杜拉克所言："市场营销是如此基本，以至于不能把它看成是一个单独的职能，从它的最终结果看，也就是从顾客的观点来看，市场营销是整个企业的活动。"

营销组合的各个要素不仅相互之间有影响，而且与企业的非营销要素之间也有联系。例如，产品价格取决于企业的生产能力，而生产能力又受到人事政策以及投资决策的影响。同时，产品质量受到生产的可靠性和技术的影响，而它们又受到人事管理以及研究和开发投资的影响。因此，营销人员不应只看到价格与产品之间的必然联系（营销要素之间），而且还应注意那些非营销要素的影响，非营销要素可以使得企业有效降低成本并生产出更优质的产品。

整合营销观念还认为，营销组合各要素之间是相互影响的，而且要素之间的关系，不是简单的加合关系。营销要素之间既有整合正效应，也有整合负效应。整合营销要求各个要素之间的协同效应是正的，从而使得营销绩效最大化。

总之，整合营销就是从顾客需求出发，以业务流程为中心，在满足顾客需求的同时，最大限度地实现企业目标的营销双赢模式。

### 4.6.2　整合营销传播的内涵

整合营销传播（integrated marketing communication，IMC）是以消费者为信息受播对象，营销与传播彼此交融、营销与传播手段相互整合、通过多种媒体传播信息的新型营销活动。其核心思想是将与企业进行市场营销所有关的一切传播活动一元化。整合营销传播一方面把广告、促销、公关、直销、包装、新闻媒体等一切传播活动都涵盖到营销活动的范围之内；另一方面则使企业能够将统一的传播资讯传达给消费者。所以，整合营销传播也被称为 speak with one voice（用一个声音说话），即营销传播的一元化策略。整合营销传播的开展，是 20 世纪 90 年代市场营销界最为重要的发展，整合营销传播理论也得到了企业界和营销理论界的广泛认同。整合营销传播理论作为一种实战性极强的操作性理论，兴起于商品经济最发达的美国。在经济全球化的形势下，近些年来，整合营销传播理论也在中国得到了广泛的传播，并一度出现"整合营销热"。

1）整合营销传播的特征

（1）以消费者为受播对象

按照上述界定，整合营销传播是以消费者为受播对象，以消费者为中心，研究和实施如何抓住消费者、打动消费者，实现品牌产品的购买。在当代社会中，企业成功的关键在于取得消费者的青睐并与之沟通。随着市场营销走向专业化和科学化，企业的经营活动必须从以自我为中心，转向以消费者为中心，真正从消费者的需要出发，与消费者建立一种"一对一"的互动式的营销关系，不断了解客户和顾客，不断改进产品和服务，满足他们的需要。美国西北大学唐·舒尔茨教授认为，企业与顾客必须合作共事。彼得·德鲁克则以更加明确的措辞，突出了消费者在整合营销传播中的地位。

（2）营销与传播彼此交融

正是由于在营销实践中出现了许多问题，才促使营销学界与营销实务部门认真反思，从而推动营销走出单一通道，开始与传播紧密结合。

美国学者威廉姆·阿伦斯与库特兰·博维强调了在整合营销传播中营销与传播的关系，并具体描述了一个倒金字塔模式，以此反映营销与传播结合的逐步升级。这就是指在最低一层，企业营销者相当于适应单一需求的专家，面对单一顾客，进行一对一的传播；在倒金字塔的第二层，企业营销者是适当定位的专家，在一个经过合适定位的市场，从事指导性传播，因而第一层与第二层均是营销与传播相结合的尝试阶段；在倒金字塔的第三层，企业营销者积累了相当的经验，营销水平提高后，成为了市场专家，其在已经明确的细分市场中进行拓展性传播；进入倒金字塔的最高一层，企业营销者成为产品或品牌分类的专家，在目标大市场，开始进行广泛性传播。经过了上述四个阶段，企业经营获得成功，而营销与传播亦自然变得不可分离。营销与传播的交融，其重点在于传播（尤其在于传播的分层次性），传播若要收到理想效果，必须遵循"由里往外、由窄到宽"的原则。

企业不仅要制定有效的营销策略，而且必须向消费者进行传播。否则，潜在的消费者便不了解产品的质量、形态、用途及使用方法或者根本不知道该产品或品牌的存在。因此，一个企业若要在竞争中立于不败之地，不仅要建立起一整套卓有成效的营销策略，而且更应建立起一整套面向消费者的传播策略。为此，美国整合营销传播专家特伦希·希姆普强调指出："营销是传播，传播亦是营销，两者不可分割。"

（3）营销传播手段相互整合

在整合营销传播中，整合是一个至关重要的基本概念。美国卡罗莱纳大学托姆·邓肯教授认为整合是整合营销传播的核心。邓肯教授进一步强调指出："整合营销传播理论的基本概念是协调，即整体大于局部之和。协调各种传播活动的全面影响大于各自单独活动或者彼此冲突的活动所产生的影响。"

可见，整合是指对各种营销传播手段的协调。对此，美国广告协会有具体明确的表述，认为整合营销传播"是一种营销传播策划的概念，承认对于各种传播手段（如广告、促销、公共关系）的战略作用予以评价并加以融合的全面策划具有附加值，以产生明确连贯的最大限度的传播影响"。简而言之，整合营销传播的功能在于将广告、促销等各种传播手段加以整合，以求产生最大限度的传播影响力。

（4）使用多种媒体传播信息

整合营销传播强调使用多种媒体，诸如广播、电视、印刷媒体（报纸与杂志）、互联网等。美国学者威廉姆·阿伦斯与库特兰·博维从广义角度所界定的整合营销传播着重突出了媒体的作用，着重指出："整合营销传播乃是通过制订并协调战略性传播计划，通过各种媒体以使公司员工、顾客、持股者以及广大公众之间建立并增强彼此有利可图关系的概念。"由此可见，在整合营销传播过程中，媒体（尤其是多种媒体的使用），是不可或缺的重要环节，一旦离开了媒体，企业与顾客之间则无法沟通。

2）整合营销传播的层次

（1）认知的整合

这是实现整合营销传播的第一个层次，这里只有要求营销人员认识或明了营销传播的需要。

（2）形象的整合

第二个层次牵涉到确保信息与媒体一致性的决策，信息与媒体一致性一是指广告的文字与其他视觉要素之间要达到的一致性；二是指在不同媒体上投放广告的一致性。

（3）功能的整合

这是指把不同的营销传播方案编制出来，作为服务于营销目标（如销售额与市场份额）的直接功能，也就是说每个营销传播要素的优势劣势都经过详尽的分析，并与特定的营销目标紧密结合起来。

（4）协调的整合

第四个层次是人员推销功能与其他营销传播要素（广告公关促销和直销）等被直接整合在一起，这意味着各种手段都用来确保人际营销传播与非人际形式的营销传播的高度一致。例如营销人员所说的内容必须与其他媒体上的广告内容协调一致。

（5）基于消费者的整合

营销策略必须在了解消费者的需求和欲求的基础上锁定目标消费者，在给产品以明确的定位以后才能开始营销策划。换句话说，营销策略的整合使得战略定位的信息直接到达目标消费者的心中。

（6）基于风险共担者的整合

这是营销人员认识到目标消费者不是本机构应该传播的唯一群体，其他共担风险的经营者也应该包含在整体的整合营销传播战术之内。例如本机构的员工、供应商、配销商以及股东等。

（7）关系管理的整合

这一层次被认为是整合营销的最高阶段。关系管理的整合就是要向不同的关系单位做出有效的传播，公司必须发展有效的战略。这些战略不只是营销战略，还有制造战略、工程战略、财务战略、人力资源战略以及会计战略等，也就是说，公司必须在每个功能环节内（如制造、工程、研发、营销等环节）发展出营销战略以达成不同功能部门的协调，同时对社会资源也要做出战略整合。

### 4.6.3　文化对整合营销传播的影响

在整合营销传播过程中必须重视各国的社会文化差异的影响。例如，美国人在商务谈判中以先发制人著称，习惯于率先提出建议或方案作为讨论的基础。然而，美国人却不了解日本人的谈判习惯。谈判时，美国人往往会操之过急。当日方一再表示沉默时，美国人便沉不住气而做出让步。其实，日本人的沉默表明其正在考虑美方的方案。日方谈判者的地位越高，其沉默的时间便越长，美方的让步正是由于对日方沉默含义的误解所致。又如，牛仔在不同国家或地区，存在着不同理解。在美国，牛仔是积极的文化象征。著名烟草商设计的万宝路香烟广告便使用牛仔作为美国的文化象征。但在中国的香港，牛仔相当于干粗活的劳工。因此，在香港广告中，万宝路牛仔改为骑白马的骑士。

营销传播者若不了解不同文化之间的差异，便容易产生营销误导。例如，一家美国著名大公司一度将它在英国营销成功的洗发香波销往西班牙。但公司忽视了西班牙文化，不知道在西班牙女性的年龄属于保密范畴，尤其当女性超过40岁时。公司将洗发香波定位为适用于40岁以上的女性。结果是该产品很少有人问津。该产品在西班牙营销了两年，但市场占有率只有0.2%。究其原因，女性即使有心购买，却担忧被人视为青春不再。于是，绝大部分西班牙女性拒绝购买这种产品。

成功的营销通常与了解消费者所在社会的文化相关。可口可乐行销世界各地100多年。可口可乐与中国结缘，最早得追溯到19世纪末。当时，一位赴欧美考察的清朝官吏发现这种饮料后，便以谐音给它取了个中文名字"可口可乐"，并且从《庄子》语录和刘基的诗句中找到了依据。他引用庄子语录："柑梨橘柚，其味相反而皆可口。"另有刘基诗曰："兰独闻国香，女夸丽最可乐。"从此，可口可乐便以其找到中国文化的典故及其相应的谐音，一度占领了中国市场。几经曲折，可口可乐在20世纪80年代再次风靡上海，其原因之一在于公司了解中国人喜爱喝茶的文化习惯。于是，公司研发出了适合中国人口味的饮料，如"天与地"果汁以及"醒目"果味碳酸饮料。鉴于可口可乐公司深谙中国文化，故其产品已成为中国人主要饮料之一。目前，中国已成为它在亚洲的第二大市场，仅次于日本。

各个国家由于文化底蕴迥然有异，从而形成不同的销售风格。日本的销售风格为灵活、通融，被称之为"湿"；美国的销售风格，合乎逻辑，却不灵活，被称之为"干"。一旦营销出现偏差或顾客投诉，日本人的销售代表立即向顾客了解情况，甚至向顾客提交调查报告，解释产品失效原因并采取措施防止类似情况重蹈覆辙。而美国销售代表则会将问题提交技术部门，由技术部门负责解决问题。

　　跨文化的整合营销传播必须重视品牌名称、标记、商标、符号等语言文字的翻译及其内涵表达，否则便会词不达意，最终影响整合营销传播的效果。此外，整合营销传播也不能忽视视觉符号与记号方式的文化差异。例如，美国电话电报公司发起的"我策划"的广告活动在俄罗斯与波兰受到非议，原来美国电话电报公司在上述广告中使用了竖大拇指的画面，竖大拇指在美国是"呱呱叫"的积极含义，但在俄罗斯与波兰，却有冒犯人的消极含义。为了在这两个国家达到预期的营销传播效果，美国电话电报公司重新设计画面，改用人的手背以传播"我策划"的原意。

　　整合营销传播还得在企业品牌或产品名称上下工夫。Wienerschnitzel 是德国著名的面包夹牛肉片快餐连锁店，但名称太长，难以朗朗上口。为此，该公司在将连锁店扩展到墨西哥时，便将名称加以压缩，改成 Wieners。名称经压缩后，该连锁店在墨西哥的生意开始兴隆起来。

### 4.6.4　整合营销传播的实施

　　首先，整合营销传播是过程的整合。其表现为从市场前期的准备到结果分析之间的循环无不是一气呵成的，而非走一步看一步，对营销的结果没有任何把握。从长远的发展策略出发，对企业的经营、品牌的稳固进行系统思考。

　　整合营销要求将消费者的需求始终放在第一位，"消费者"成为贯穿整合营销过程中的一条主线。同时，整合传播则将广告、公关、直销等多种工具整合成一体，在传播中相互配合，相互弥补，起到完美的传播效果。而这两条线索之间的联系则是与消费者之间的双向沟通，只有通过沟通，企业才能了解消费者需要的发展变化；也只有通过沟通，企业才能够确定哪些传播手段在某一时刻发挥的效果更好。

　　在整合营销观念中，越来越多的企业在生产、销售、服务等基本思路上进行了变革，企业以目标市场为基准，密切注视消费者需求的动态变化，不断创造出功能更新、质量更好的产品，并以优质、体贴的服务来赢得消费者的信赖，在消费者心目中长期树立良好形象，这便是整合营销传播的前奏。而一旦确立起消费者的中心地位，由此进行扩散和融汇的传播过程，便有了整合营销传播的雏形。例如，金利来公司奉行优质产品、中等价格的营销策略，对质量一丝不苟的态度给公众以亲切可信的形象；同时，公司还提出了回报社会的责任目标，并在医疗卫生、体育运动、教育领域、落后地区以及家乡建设等各方面提供大量的捐赠和投资。广泛地参与这些公益活动无疑使得金利来公司在社会公众心目中树立了良好的企业形象，尽管金利来公司在营销过程中已考虑到了消费者，但是还没有完全使整个过程融汇起来，达到"一条龙"的方式，换言之，其与整合营销传播还有一定的距离，因为整合营销传播首先是过程的整合。

其次，整合营销传播表现为方式的整合。与全营销时代相适应，21世纪的整合营销传播在框架上有了"一条龙"的纵向模式后，其在横向上同样要融各种新兴营销观念之长，以便适时地发挥它们的作用。在营销方式上，除了运用传统的促销、直销、公关之外，企业还应将其进行延伸，可以综合运用关系营销、概念营销等新兴营销模式。

综上可见，整合营销传播是一个把长远的策划和创意营销过程、方式融汇成一个有机整体的过程。在整合营销传播中，每一个步骤都有其需要实现的目标；每一种方式都有其需要发挥的功能，它们相辅相成。一旦有一个步骤或一种方式没有发挥应有作用，则会使得整体效果遭受破坏。这就像是在打篮球，各种营销传播工具就如同球场上的后卫、前锋和中锋，各司其职，各守其位，多一人则难看，少一人则无效；并且要讲究战法，如何才能更加默契地发挥效能，使每一个步骤都不多余。这才是整合营销传播的精髓所在。

## 基本概念

文化　亚文化　消费文化　参照群体　社会阶层　消费时尚　文化维度理论整合营销传播

## 思考题

1. 简述文化的内涵与特性。
2. 回顾文化对消费行为的影响，谈谈个人生活中碰到的例子。
3. 试述消费文化的内涵与特征。

4. 简述消费文化的层面、影响因素。

5. 中国的消费文化有哪些核心价值观，谈谈个人的消费价值观。

6. 阐述中国消费文化的核心精神及其对消费行为的影响。

7. 分析参照群体的分类及其在市场营销中的应用。

8. 说明消费时尚的传播特点及传播方式。

9. 分别简述霍夫斯泰德关于文化对组织影响的五个维度。

10. 整合营销传播的内涵是什么？它有哪些特征？

11. 简述整合营销传播的层次。

12. 整合营销传播如何实施？

13. 文化在整合营销传播中的影响有哪些？

14. 试查找在营销传播过程中因重视文化因素而导致成功的案例以及忽视文化因素而导致失败的案例。

# 市场分析与营销心理

## 重点内容

- 描述市场细分的含义及相应的营销策略
- 说明目标市场的选择策略
- 解释产品生命周期的内涵及相应的营销战略
- 概述市场价格策略的种类及意义

## 5.1 市场细分与营销心理

在现代社会中，"市场"已成为生活中最常用的词汇之一。那么，什么是"市场"，市场由哪些因素构成，它有哪些心理活动规律，市场营销人员应如何去捕捉市场机遇，这是市场营销心理学必须面对的课题，市场营销心理学通过对此课题的研究提出相应的营销策略。

### 5.1.1 市场细分概述

1）市场的含义

从人类经济活动的历史来看，"市场"这一概念主要有三种含义。最早的"市场"是指买卖双方聚集在一起进行产品交换的场所，这一概念一直沿用至今，现代经济学则用这一概念泛指对某一产品进行交易的买主和卖主的集合，是各种供求关系的总和。因此，市场不仅是指具体的交易场所，而且是买卖双方进行产品让渡的交换关系的总和，是供给与需求的有机统一，这是"市场"的第二种含义。从市场营销的角度而言，"市场"是指由产品的买主所构成的集合，而产品的卖主则构成"行业"，因此，市场就是由那些具有特定的需要或欲望，而且愿意并能通过交换来满足这种需要或欲望的全部显在与潜在顾客所构成，即市场是指那些有一定的消费需求，有一定的购买能力，愿意通过交换从而满足自己需要的人所构成的集合体。这就是"市场"的第三种含义，用公式表示就是：

市场 = 人口 + 购买力 + 购买需要或欲望

**2）市场细分的含义**

任何市场都存在着差异性和多样化。因为市场是由不同的场所、消费需求和消费者所构成，并且消费者的文化背景和生活习惯也各不相同。如果不加以区分，就像早期的"大规模营销（mass marketing）"那样，把相同的产品和统一的营销策略用在所有的消费者身上，这虽然可以降低营销成本，但却不能有效地为最具吸引力的消费者群体服务，从而丧失了获利机会。因此，企业要更好地识别营销机会，并开展有效的营销活动，目标市场营销（STP 营销）就成为最有力的工具之一。目标市场营销主要包括三个步骤：市场细分（segmenting）、选择目标市场（targeting）和市场定位（positioning）。开展目标市场营销，首先必须进行"市场细分"，即按照消费者不同的需求特征把一个市场划分为若干不同的购买者群体。因此，市场细分就是指企业按照一定的方法把一个显在与潜在市场或者消费者群体划分为若干部分，其中的每一个部分都具有相同的消费需求特征，企业从中选择一个或者多个部分进行相应的营销活动。

市场细分的目的在于确定目标市场（即选择对企业最具吸引力的消费者群体），然后据此进行市场定位（设计和开发相应产品）和营销定位（运用营销方法和手段影响目标消费者）。如果市场细分的原理和方法应用得当，那么会给企业创造无限商机。由于市场细分具有很大的优越性，因而近年来越来越多的企业采用各种方法进行市场细分。

**3）市场细分的程序**

市场细分的程序主要有以下三个步骤：①营销调研，即在确定研究目标的基础上，制订调研计划并通过各种方法收集诸如产品的使用方式、消费者的态度和人数等相关资料；②资料分析，对所收集的资料进行统计处理，在此基础上划分出差异性最大的细分市场；③具体细分，根据消费者的态度、行为及其他常用变量划分出每个群体，并依据主要的差异性特征给每个细分市场命名。厂商在进行市场细分时必须注意，随着消费市场的不断变化，上述三个步骤也必须定期进行以适应变化中的市场，从而适时做出新的细分。

4）市场细分的依据

在市场细分的操作过程中，一般依据以下八个变量对市场进行细分，它们分别是地理因素、人口统计因素、心理因素、消费心态因素、社会文化因素、与使用相关的因素、情景因素、寻求利益因素。这八个细分变量在具体应用时都各有自己的条件与要求，也各有自己的优势与不足。例如，人口统计因素虽然比较客观、易于衡量，但是其中的年龄变量就是一个复杂的混合变量，会与其他因素交织在一起；又如，心理变量一般用于服装、化妆品、杂志、香烟和汽车等消费领域，其他领域往往无法使用。因而在市场细分过程中虽然一般把上述八个变量分别用于细分市场，但是通常会将其中的几个变量混合起来对市场进行细分。总之，市场细分的变量具有不同的组合，也就有了各种细分方法。表5-1中列出了市场细分的常用变量及其划分实例。

表5-1 **市场细分的常用变量及其划分实例**

| 细分变量 | 划分实例 |
| --- | --- |
| 地理因素 | |
| 　地区 | 沿海地区，内陆地区；西北区，东南区，西南区，东北区 |
| 　城市规模 | 100万~400万人，400万~700万人；大都市，中小城市，乡镇 |
| 　人口密度 | 中心城区，近郊区，远郊区，乡村 |
| 　气候 | 温暖，炎热，潮湿；南方的，北方的 |
| 人口统计因素 | |
| 　年龄 | 11岁以下，12~17岁，18~34岁，35~49岁，50~64岁，65岁以上 |
| 　性别 | 男，女 |
| 　婚姻状况 | 单身，已婚，离异，同居，丧偶 |
| 　收入 | 低于5万元，5万~10万元，10万元以上（以上指年收入） |
| 　职业 | 专业技术人员，国家公务员，军人，退休人员，农民，学生 |
| 　教育 | 小学或以下，中学、高中毕业，大学肄业，大学毕业或以上 |
| 　宗教信仰 | 佛教，伊斯兰教，基督教，天主教，其他 |
| 　国籍 | 中国，日本，美国，英国，法国，德国，俄罗斯等 |

续表

| 细分变量 | 划分实例 |
|---|---|
| 种族 | 汉族，回族，藏族，壮族；白人，黑人，棕色人种等 |
| 心理因素 | |
| 　个性 | 外向的，内向的；爱交际的，孤僻的；攻击性的，顺从的 |
| 　知觉 | 低风险的，中等风险的，高风险的 |
| 　学习卷入程度 | 低卷入，高卷入 |
| 　态度 | 积极，消极 |
| 　生活方式 | 追求时尚型，节俭型，保守型 |
| 　需要动机 | 寻求安全，社交，自我实现 |
| 　消费心态（生活方式）因素 | 节约型，懒散型，热衷户外活动型，谋求地位型 |
| 社会文化因素 | |
| 　文化 | 中国的，美国的，俄罗斯的，意大利的 |
| 　社会阶层 | 上上，次上，中上，中中，中下，下下 |
| 　家庭类型 | 夫妻，核心，主干 |
| 与使用相关的因素 | |
| 　使用率 | 经常使用，不常用，不用 |
| 　品牌忠诚程度 | 无，一般，强烈，绝对 |
| 　使用者情况 | 从未用过，以前用过，第一次使用，经常使用 |
| 　准备程度 | 未知晓，已知晓，有兴趣，想得到，企图购买 |
| 　对产品的态度 | 热情，积极，不关心，否定，敌视 |
| 情景因素 | |
| 　使用时间 | 休息时间，工作时间；普通时刻，特别时刻；早晨，中午，晚上 |
| 　使用目的 | 个人使用，作为礼物；娱乐，为了成就 |
| 　使用地点 | 家庭，工作单位 |
| 　寻求利益因素 | 质量，服务，价格，方便，新功能 |
| 混合因素 | |
| 　人口—心理因素 | 上述两种变量结合起来使用 |
| 　人口—地理的因素 | 青年市郊人口，老年城市人口；西北的女性，东北的男性等 |

5）市场细分的有效条件

虽然市场细分有许多方法，但是并非所有的细分都有效。例如，雀巢公司曾根据消费者的生活方式将其细分为"熬夜人群"、"早起人群"、"正常起居人群"等，并试图向"熬夜人群"推销一种特制的不含咖啡因的产品，结果遭到失败。可见，只有具备可操作性，才能使市场细分有效。有效的市场细分必须具备以下六个特征：

（1）区分性：指细分市场之间可以识别其差异性，并且对于不同的市场营销组合具有不同的反应。细分市场必须在某个重要特征上存在着显著性差异，而且能够对不同的营销组合方案产生显著不同的反应。换言之，如果市场营销人员是根据消费者的某种可观察的显著特征对某个市场做出了细分，那么细分市场之间应该具有某些易于识别的客观性差异。否则，所进行的市场细分就没有任何实际应用价值。比如，中年男性与青年男性对洗发精销售的反应基本上没有差别，这就不构成两个相互独立的细分市场。在市场细分常用的八类变量中，有些变量易于辨别（如人口统计变量），而有些需要通过问卷调查才能识别（如经济收入），还有一些则难以识别（如希望寻求的利益）。

（2）盈利性：指细分市场规模充分大，有足够的利润吸引企业为之服务；细分市场应是现实中最大的同质市场，值得企业为之制订营销计划。换言之，只有足够规模的消费者群体构成一个细分市场，企业才值得对其进行专门的产品设计与营销活动，从而给企业带来盈利机会。否则，细分市场容量太小、消费者人数太少会使所进行的市场细分无效。为了正确估计细分市场的容量，营销人员应根据现有的人口统计学资料预先对市场进行必要的分析。

（3）稳定性：企业总是希望在进行市场细分后，细分市场能够在较长一段时期内保持稳定，并随着时间发展而不断扩大。这是因为从市场细分到产品销售要经过一个周期不短的过程，在这一过程中如果细分市场发生了显著变化，那么不仅会使市场细分无效，而且会给企业造成损失。

（4）测量性：市场细分变量必须具有客观操作性，能用一定的数量标准进行测量，即细分市场的规模、购买潜力与大致轮廓可以测量，否则，细分市场会因缺乏准确性而丧失其使用价值。例如，在烟草市场上，为了与父母抗争而采取吸烟这一逆反行为的青少年这一细分市场就难以测量。

（5）接触性：指企业能有效地接近细分市场并为之服务。市场细分之后，企业应能以经济的方式或在可接受成本范围内与其目标细分市场进行接触，并开展有效的市场营销活动。例如，某个目标细分市场虽然具有一定的消费潜力，但由于没有合适的传媒对其产生影响，使企业无法对其施加影响，这样的细分市场就不具有可接触性，假设某化妆品公司发现自己品牌的使用者是喜欢深夜外出购物的单身女性，除非她们在一定地区居住或购物，并受一定传媒的影响，否则，企业就难以接近这一细分市场。

（6）运作性：指企业能系统地制订有效的营销计划以吸引细分市场，并为之服务，市场细分之后，企业应有能力、有条件对细分市场进行各种营销运作。如果企业规模太小、财力有限，或者由于竞争对手太强而无力对细分市场实施有效的营销计划，这样的市场细分也是无效的。

6）细分市场的评估

市场细分之后，企业要想选择最佳的细分市场作为目标市场，必须详细评估每一细分市场的盈利潜力，即分析细分市场的规模和发展潜力、细分市场的结构吸引力、企业的目标和资源，具体如下：

（1）细分市场的规模和发展潜力。它是指细分市场是否具有与企业自身的规模和条件相适应的适度规模和发展潜力。具有适度规模和发展潜力是企业选择目标细分市场的重要条件之一。

（2）细分市场的吸引力。细分市场是否具有可观的消费能力，细分市场是否存在激烈的竞争以及竞争者的实力如何，未来是否会出现强有力的竞争者，未来是否会出现替代产品，供应商是否能不断地提供产品与服务，这四个方面将直接影响细分市场的选择。如果在这四个因素中出现了不利于企业的变化，那么细分市场也就丧失了吸引力。

（3）企业的目标和资源。企业是否具有有效占据细分市场或者战胜竞争对手的竞争优势，以及细分市场是否符合企业的长远发展目标。如果细分市场既有吸引力，也有相当的规模和发展潜力，然而却不符合本企业的长远发展目标，或者本企业没有能力占据该细分市场，那么在此情况下，企业就必须放弃该细分市场。

## 5.1.2　我国消费市场细分

由于影响消费市场的主要因素是消费者的年龄、性别、家庭等，因而我们在此作一初步的细分，并提出相应的营销策略。

1）年龄细分与营销策略

年龄是影响消费行为的一个主要因素，不同年龄阶段的消费者因其生理机能和社会经历的差异而具有不同的消费行为特征，从而在市场上形成了不同的消费者群体。根据这种差异，企业进行市场细分时一般把消费市场划分为儿童消费市场、青年消费市场、中年消费市场和老年消费市场。

（1）儿童消费市场

①儿童消费市场的定位。儿童消费市场是由 14 岁以下的消费者构成的。在我国有近 4 亿少年儿童，这是一个极为庞大的消费市场。由于受中国传统观念的影响，家长及其祖辈们都怀着复杂的心态整天围着"小太阳"转，尽力满足其各种需要（如在城市中，儿童的消费支出约占家庭总支出的 40%），这使得儿童消费市场不仅极富吸引力，而且也形成了自身特有的消费规律及其行为特点。

②儿童消费行为的特点。儿童在其成长过程中，随着社会化程度的提高，其消费行为也会产生很大变化，一般具有如下特点：

第一，消费能力逐渐提高。这主要表现在四个方面：在本能性消费逐渐趋于成熟的同时，社会性消费也获得了很大发展，儿童在婴幼儿时期主要满足自己的生理性需要，进入学龄前时期则出现了攀比和炫耀等社会性需要，而学龄儿童的社会性需要就更为丰富；由单纯模仿性消费逐步转变为个性化独立消费，学龄前儿童在吃、穿、用、玩等方面只是进行单纯的模仿性消费，而进入小学阶段后，儿童则有了自主意识，不仅要求"别人有的，我也要有"，而且要求"有最好的，最漂亮的"；依赖性消费逐步减弱，而自主性消费则迅速发展，在婴幼儿时期，儿童的消费完全依赖于父母，其消费内容与消费时机都由父母决定，然而进入学龄期后，凡是关系到个人消费的问题，儿童会不断地提出自己的观点和要求，从而影响家长的消费决策，有时甚至左右家长乃至家庭的购买意愿；由幼稚、不成熟的消费方式逐渐向稳定、成熟的消费方式演变，即冲动性、即景性消费方式趋于减少，而深思熟虑、规范稳定的消费方式则显著增长。

第二，消费需求日趋复杂。这主要表现在三个方面：消费内容和范围迅速扩展，由单一的生活必需品消费逐渐向成人的消费内容趋同；对消费品的质量、外观、颜色和性能提出了更高的要求，希望所购买的产品既要好玩又要好用，儿童进入小学阶段之后，对产品质量等属性的评价标准和要求已明显不同于婴幼儿时期；消费动机日趋多样化，随着年龄的增长，求同、求美、好胜等消费动机逐渐居于主导地位，而生理性消费动机则退居次要地位。

③儿童消费市场的营销策略。企业要开拓潜力巨大的儿童消费市场，只有根据儿童各年龄阶段的特点才能设计出其喜爱的产品。此外，开发儿童消费市场时还必须注意以下四点：

第一，儿童用品的造型要生动有趣，包装要有童话色彩，整个产品要富有想象力。因为独生子女在家里都是"小太阳"，儿童购买自己的用品时一般是由其自己"拍板定案"，所以造型和包装富有"童趣"的产品极易唤起儿童的注意，诱发其购买动机并促成实际购买。

第二，儿童用品的广告设计要富有情趣、生动活泼。那些能给儿童带来欢乐和愉悦的广告宣传往往就是成功促销的契机，因而请动画明星做广告要比常人更具诱惑力。

第三，儿童用品的开发必须满足家长的需要。随着社会竞争的加剧和未来社会人才标准的提高，父母会越来越重视儿童智力的开发，因此凡是有助于开发儿童智力的玩具和用品必将受到青睐。

第四，儿童用品的设计必须符合安全标准。安全性是儿童用品市场的第一要则，企业在营销中必须满足这一需求。

（2）青年消费市场

①青年消费市场的定位。青年消费市场是由年龄在 15～30 岁之间的消费者所构成。目前我国有 3 亿多青年消费者，约占全国总人口的 1/4。人生的青年阶段是富有创造性和追求独立性的阶段。青年人一般敢作敢为、勇于追赶时代潮流，同时，也具有可观的经济收入，因而是一个富有消费能力的巨大市场。研究青年消费者的消费行为特点及其规律，对于企业的市场营销将具有十分重要的意义。

②青年消费行为的特点。青年消费行为表现出如下特点：

第一，消费能力强，市场潜力大。随着科学技术在社会发展中起着日益重要的作用，青年人的创新能力和知识优势给他们带来日益丰厚的经济收入，加上他们家庭负担轻、消费观念新潮，并且注重享受和娱乐，因此青年消费市场是所有消费市场中消费能力最强、市场潜力最大的。

第二，消费意愿强烈，具有时代感和自我意识。青年消费者经常表现出标新立异、追求美好事物、争强好胜、求多求全、表现自我的消费倾向，这体现出青年消费者强烈的消费欲望和追求时尚、领导时代新潮流的消费特征。

第三，消费行为富于冲动性与情感性。由于青年人个性丰富、热情奔放，所以情感往往比理智更占上风，冲动性消费会明显多于计划性消费。例如，产品的款式、颜色、形状、广告、包装等外在因素常是影响青年消费者是否购买该产品的主要要素，而产品质量、功能等内在因素则会退居次要地位。另外，青年消费者的消费行为具有很大的随机性和波动性，这都是冲动性和情感性消费的充分表现。

③青年消费市场的营销策略。在青年消费市场上开展营销活动，一是要把握青年人的消费内容，二是要符合青年的消费行为方式和特点。因此，开发青年消费市场的企业必须实行以下三种营销策略：

第一，新产品开发、设计及其营销活动必须做到标新立异且符合流行时尚。这是因为青年人具有求新、求奇的消费倾向和表现自我的消费动机。营销实践表明，凡是符合消费时尚或者能够激发青年人求新、求奇的消费倾向的产品一般都具有良好的市场前景。

第二，新产品开发和设计必须注重产品的审美功能。因为青年人具有强烈的求美、求名的消费动机，所以设计青年用品时，产品的造型与包装必须具有审美情趣。

第三，广告设计必须富有青春活力、节奏简洁明快，并具有很强的情绪感染力。例如，企业在对青年消费市场进行广告宣传时，让年轻活泼的明星主演，往往能取得显著的效果。

（3）中年消费市场

①中年消费市场的定位。中年消费市场一般由年龄在 30～60 岁的消费者构成。这一人数庞大的消费市场，既有极强的消费能力但又有自我压抑的消费特征。在我国，通常中年人上有老下有小，经济负担较重，虽然收入较高，但直接用于自己的支出并不多，在消费中表现出明显的自我压抑倾向。同时，由于中年消费者的子女往往尚未自立，而父母已步入老年，因而中年消费者在家庭消费活动中起着举足轻重的作用，一般是家庭各类产品购买的决策者和主要实施者。

②中年消费行为的特点。中年消费行为表现出如下特点：

第一，注重产品的实用性、价格与外观的统一。丰富的社会经验和经济条件的限制使得中年人购物时主要关注产品的实际效用、合理的价格和简洁大方的外观。

第二，以理性消费与计划消费为主。因为中年人要全面安排一家老少的生活，并且要考虑住房、医疗、子女的升学和就业等，所以在消费倾向上趋于理智、慎重、成熟和老练，一般是有计划、有目的、有步骤地安排消费活动。

第三，尊重传统，行为保守，对新产品缺乏热情。由于生活阅历丰富，中年人一般尊重传统，比较顾及他人和社会对自己的评价，不免对新产品缺乏充分的热情。

第四，注重产品使用的便利性。由于中年人承担着人生的繁重负担，无论是工作事业，还是家庭生活中都充满着沉重的压力，因而凡是能够减轻家务劳动时间或提高工作效率的产品，都容易激起中年消费者的购买欲望。

第五，消费需求稳定而集中，自我消费呈压抑状态。中年人的消费主要集中在家庭建设、子女教育等方面，用于享受和娱乐方面的消费支出并不多，而用于中年人自己的消费支出则更少。

③中年消费市场的营销策略。针对中年人的消费行为特点，企业在进行市场营销时，应实施以下三种营销策略：

第一，中年用品的设计和开发要讲求实用，可靠的质量和先进的功能是营销工作的基点。同时，产品的造型和装潢要适中。

第二，在广告的设计和宣传中最好请该产品的普通用户现身说法，给人以真实可信的感觉。

第三，营销工作要注意适时引导和转变中年人自我压抑的消费倾向。

（4）老年消费市场

①老年消费市场的定位。老年消费市场由年龄在 60 岁以上的消费者所构成。随着社会经济水平的持续发展、人民文化素质的不断提高以及少生优育观念的不断普及，人口老龄化将成为未来日益突出的社会问题，老年人在社会总人口中所占比例会越来越大。此外，由于子女都已成家立业，老年人的家庭经济负担大为减轻，他们有一定的储蓄可供消费支出，因而老年消费市场开发潜力巨大。

②老年消费行为的特点。老年消费行为表现出如下的特点：

第一，消费内容主要集中在饮食、医疗保健和文化娱乐方面。由于生理机能的退化，老年人最关心的问题是如何能够延年益寿，为社会奉献自己的余热。这种状况使得老年人迫切需要有益于身体健康的低糖、低盐、低胆固醇、高蛋白质的饮食与医疗保健产品。同时，随着现代生活观念的逐步确立，老年人又迫切希望自己的晚年生活能够丰富多彩，因而在文化娱乐方面也愿意消费。

第二，消费习惯稳定，对产品的品牌忠诚度很高。由于以往丰富的购买经验和长期养成的消费习惯，老年人对老字号的产品往往情有独钟。

第三，强调方便实用，注重产品的质量和功能。老年人购买产品时会极为理智地衡量其质量是否可靠，功能是否实用，服务是否周到，手续是否简便。

③老年消费市场的营销策略。营销实践表明，在老年消费市场上开展营销活动，必须实施以下三种营销策略：

第一，产品设计和开发要做到质量可靠、性能安全、一物多用、功能齐全。由于老年人行动不便，因而非常希望产品能够有多种用途。

第二，注重售前与售后服务，即要做到营销服务热情周到，购物环境方便舒适，诸如开设方便快捷的送货上门、邮购以及网上购物等服务项目，必然受到老年消费者的欢迎。

第三，大力开发有利于健康的集医疗保健和文化娱乐为一体的新产品。

2）性别细分与营销策略

在市场营销活动中，一般把性别作为市场细分的一个重要变量，因为性别是导致消费行为差异的一个主要因素。例如，人们通常认为男性富有攻击性、竞争性、独立性和自信心，而女性则具有温柔、细心、整洁、谨慎等个性特征。基于此，企业在市场营销实践中通常把产品分为男性产品与女性产品。例如，像剃须刀、雪茄、领带等产品就被人们认为是"男性产品"，而像首饰、化妆品、电吹风等产品则被认为是"女性产品"。尽管在社会发展过程中两性消费行为模式已发生了许多变化，"男性产品"与"女性产品"之间的界线也已模糊不清，但是仍然有许多企业在市场营销过程中以此作为市场细分的理论依据之一。事实上，我们不仅应该考虑传统的性别消费角色，而且也应注意到性别消费角色的变迁及其对市场营销的影响，因此，我们必须了解和把握男女消费者各自的消费行为规律及其特点，这对于新产品的设计和开发以及广告策略的制定等都具有十分重要的意义。

（1）不同性别消费行为的特点。市场营销研究表明，男性与女性的消费行为特点具有很大的差异性。这主要表现在以下四个方面：

①女性的购买能力和消费意愿远远高于男性。尽管男性的经济收入一般高于女性，但男性直接用于购买产品的消费支出并不多，往往是借女性之手进行消费。因此，女性所购买的产品可以分为两部分：一部分是为自己所用，另一部分则是为男性代购。这与我国社会传统的性别角色分工有关，即所谓"男主外，女主内"，是指男性把更多的精力和时间用于工作和事业，而女性则把其主要精力用于家政

事务。

②女性的购买动机与消费需求远比男性更为丰富多彩和积极主动。据研究，女性所购日用消费品占家庭全部消费品的54%，而男性所购数量不到20%，其余则为夫妻两人共同购买。女性之所以具有旺盛的、远高于男性的消费需求和积极主动的购买动机，主要原因在于女性在其潜意识中希望通过购物实现对自我价值的肯定，满足自我成就感。男性则主要通过在工作和事业上取得成功从而达到自我价值的肯定，满足自我成就感。

③在购买决策上，男性更具有理智、自主、决策迅速等特点。由于男性的逻辑思维能力普遍强于女性，喜欢通过传媒等途径广泛收集有关产品的信息，并且注意产品的质量和功能，而对产品的外观和包装则不太在意，因此其购买行为不易被周围环境氛围所左右，冲动性购买要少于女性。

④男性消费者购物时一般不太注意价格。由于男性具有较强的成就欲，因而购物时喜欢选购高档气派的产品，不太愿意在价格上斤斤计较，这就使得男性在购物时往往出手大方，忌讳别人说自己小气或者所购产品"不上档次"。表5-2简要介绍了不同性别消费者在消费行为上的主要特点。

表 5-2　　　　　　　　　不同性别消费者在消费行为上的主要特点

| 影响因素 | 男性 | 女性 |
|---|---|---|
| 消费需求 | 较少 | 强烈、多样 |
| 消费动机 | 被动、好胜、求名、求实用 | 主动、个性化、方便、舒适、情感 |
| 购买量 | 少 | 多 |
| 消费时尚 | 不太关注 | 追逐时尚 |
| 购买决策 | 时间短、迅速、理智、自主 | 时间长、易冲动、易受暗示 |
| 购买过程 | 速度快、不挑剔、爽快 | 速度慢、挑剔、细致、谨慎 |
| 购买时机 | 需要时 | 平时 |

（2）职业女性消费行为的特点。近年来，市场营销人员日益对职业女性这一细分市场产生了浓厚兴趣。研究表明，从20世纪70年代到21世纪初，男性消费者阅读杂志广告的人数基本上没有变化，而同一时期职业女性阅读杂志广告的人数却增长了近两倍。这一事实说明，职业女性人群是一个潜力巨大的消费市场，因为

职业女性人数众多，且拥有可观的经济收入，其购买意愿非常积极，购买力十分旺盛，职业女性的消费行为特点如下：

①职业女性由于工作压力和竞争环境，使得她们花费在购物上的时间和精力远少于家庭主妇。由于职业女性日常工作繁重，因而只能把十分有限的个人时间进行再分配，结果用于购物的时间就很少。为了能买到称心如意的产品并尽量降低购买风险，职业女性就只能通过较强的品牌忠诚来实现，因此其品牌忠诚度远高于其他女性消费者。

②职业女性的购物时间一般选择在周末或者夜间，并且喜欢送货上门、邮购或者网上购物等省时、省力的方式。

③中年职业女性在购物时喜欢带着自己的孩子一起前往，一方面是为了与孩子交流感情，另一方面也是为了使孩子学会购买产品。因此，孩子的兴趣和爱好将直接影响中年职业女性的消费倾向。

（3）职业女性消费市场的营销策略。职业女性消费市场具体的营销策略如下：

①改变传统的市场定位战略，将市场营销重点集中在职业女性消费市场上，因为职业女性的购买潜力远大于普通妇女。据研究，美国汽车市场上购买新款轿车的消费者中以白领职业女性的增长速度最快。

②广告策略和诉求手法必须适应市场的新变化，以有效地与职业女性进行沟通。例如，尊重妇女的地位和成就，摒弃过去那种把女性作为产品附属与陪衬的广告策略。

③产品的设计和开发要注重妇女的成就感，做到方便实用。

④产品的销售渠道和营销网络要快捷、便利、高效，以强化职业女性的品牌忠诚。

【案例 5-1】

### 专为女性巧装扮——沪上诞生女性产品专卖店①

2000 年年底，上海东方商厦诞生了一位"千金小姐"——东方美莎连锁有限公司，从而在沪上零售百货行业中首次探索崭新的"专业连锁"经营业态。

"东方美莎"是以女性流行专业产品为内容而创建的新型连锁商厦。它抛弃了大而全的综合百货经营模式，门店一般在 6 000 ~ 12 000 平方米，选取了在一般百

---

① 根据相关公开资料整理。

货商厦中占 60% 份额的女性产品这一大类，集中精力做深做透，并在 3 年内在上海开出 5 家分店，形成有特色、有亮点的连锁专业百货店，从而赋予百货零售业一股清新的活力。

在上海金钟广场亮相的东方美莎淮海店，率先打出了"lady first（女士优先）"牌，只销售女士系列流行商品，从女性从头到脚的穿着打扮一直延伸到美发美甲、艺术摄影、时尚咖啡、鲜花专送等温馨的女性生活服务，生动展现出鲜明柔美的营销个性。

3）家庭细分与营销策略

家庭是每个消费者学习、掌握购买产品或服务的最早的"学校"，在个体从依赖大人的消费引导到逐步成长为自主消费者的过程中，家庭扮演了一个非常重要的角色，即家庭是儿童消费行为社会化的第一个场所，儿童通过观察和模仿成人的消费活动，从中学会了作为一个消费者所必须具备的技能、知识和态度。同时，家庭的收入水平也直接影响消费者的购买力。因此，了解和掌握家庭与消费行为之间的关系，对于企业有针对性地实施营销策略具有非常重要的意义。

（1）家庭结构与消费行为特点

家庭结构是影响消费行为的一个主要因素。家庭结构是指家庭成员的组合及其相互作用而形成的关系模式。据研究，中国家庭的结构主要分为三种类型：夫妻家庭、核心家庭、主干家庭。

①夫妻家庭。夫妻家庭仅由夫妻两人组成。这种家庭或是夫妻婚后尚未生育，或是因子女成家立业而形成"空巢"家庭。这种家庭由于经济负担轻而具有很强的购买力，是住房、家具和旅游的主要消费者。如果是年轻且未生育的夫妻家庭，在购物时容易受其他已婚夫妻的劝告和影响，而网络、生活类杂志是其重要的消费信息来源。空巢家庭的夫妻，往往喜欢购买新家具或者度假旅游，年龄较大的夫妻则把电视作为重要的消费信息来源。

②核心家庭。核心家庭是由父母及其未婚子女构成，子女是影响核心家庭消费活动的重要成员。这主要表现在两个方面：一是子女的日常开支和教育投资成为整个家庭消费支出的重点；二是子女在家庭消费决策中发挥着越来越重要的作用。尤其是实行计划生育政策之后，独生子女日益成为家庭生活中的"小太阳"，其喜怒哀乐极大地影响着整个家庭的消费活动。

③主干家庭。主干家庭是由父母和已婚子女所构成，这类家庭有时还包括其他

亲属，如未婚的子女等。由于这类家庭成员较多，因而家庭消费决策的过程常因意见分歧而较漫长。在我国的广大农村中，这类家庭结构比较普遍。

家庭结构的类型存在着跨文化的差异性，不仅国家之间存在着差异性，而且同一国家不同地区之间也存在着很大差异。例如，在我国城市中以核心家庭为主，而广大农村则以主干家庭居多。

（2）家庭成员与购买决策

研究表明，家庭成员在购买决策的制定与实施过程中发挥着很重要的作用。这种作用具体体现在两个方面：其一，不同的家庭成员在购买决策中扮演着不同的角色；其二，不同的家庭成员对购买决策的影响不同。具体如下：

①家庭成员的购买角色。在消费者的购买决策过程中，不同的家庭成员所扮演的角色具有一定的差异性，即家庭成员在购买决策过程中存在着分工。家庭成员通常分别承担以下角色：影响者（给家庭其他成员提供信息）、信息过滤者（对流入家庭的消费信息进行控制和筛选）、决策者（有权对某个产品做出是否购买的最终决策）、购买者（对产品实施实际的购买）、准备者（把所购买的产品转化成家庭成员都能使用的工具）、使用者（实际使用某种产品或服务）、维护者（保证产品功能的正常运行）、处理者（提出或执行某项过时产品的淘汰与处理任务）。当然，上述八种角色是在典型的购买决策过程中存在的分工。实际上，有些购买决策过程并不需要上述所有这些角色，例如，在简单的日常消费或日常用品购买中，每个家庭成员都同时承担着多个角色，如丈夫可能既是购买彩电的影响者，又是汽车的购买者和维护者；在另外一些购买决策过程中，则会有多个家庭成员共同承担同一种角色，如丈夫与妻子共同做出购买住宅的最终决策。

②家庭成员解决购买冲突的方式。在制定购买决策的过程中，由于信息和经验等因素的影响，家庭成员之间会存在着意见分歧，因而彼此想通过一定的方式影响对方，说服对方同意自己的观点，以便做出有利于自己的购买决策。例如，在哪家餐厅共进晚餐，然后去哪家影院观看哪部影片等就是人们经常产生分歧的问题。以下即是家庭成员在解决此类问题时常用的方式：

● 专家式。家庭成员中的某一方利用自己掌握的大量信息和优势经验劝导、说服另一方同意自己的消费选择。

● 合法式。家庭成员中的某一方利用自己在某项家务劳动中所占据的主要地位影响或说服另一方同意、服从自己的消费选择。

- 契约式。通过讨价还价、双方约定或者其他条件逐步实现各自的消费选择。
- 奖励式。家庭成员中的某一方利用奖酬的方法影响或说服对方同意自己的消费选择。
- 情感式。家庭成员中的某一方利用感情手段打动对方，使之同意自己的消费选择。
- 强迫式。家庭成员中的某一方利用自己的优势地位强迫对方同意自己的消费选择。

③家庭成员对购买决策的影响。在家庭购买决策过程中，是丈夫具有较大的影响力还是妻子具有较大的影响力呢？研究表明，家庭购买决策可以分为四种类型：丈夫支配型，即丈夫在家庭购买决策中起着决定性作用；妻子支配型，即妻子在家庭购买决策中起着决定性作用；共同决策型，即夫妻双方共同协商购买产品；自主决策型，即家庭成员尤其是夫妻双方中的任何一方都可以根据自己的想法自行决定购买有关产品。

当然，上述四种购买决策类型在现实生活中会随着所购买的产品不同、家庭性别角色不同、购买决策阶段不同等因素而出现各种变化，即家庭购买决策类型取决于以下因素的影响：

第一，随着所要购买的产品或者服务不同，各家庭成员在购买决策中所占的地位与所起的作用不尽相同。例如，购买汽车、人身保险、家用电器等产品时，丈夫所起的作用更大；购买服装、食品、厨房用具等家庭日常用品时，妻子则更有影响力；而购买诸如住房、室内装潢、旅游等产品或服务时夫妻双方则拥有同等的决策权。总之，随着产品的用途、价格、功能等因素不同，家庭成员在购买决策中所起的作用也将有所变化，就目前的发展趋势而言，随着女性社会地位和经济收入的日益提高，其在各种家用产品和服务的购买决策中所起的作用正日益突出，而许多产品的购买决策表面上似乎是丈夫做出的，但实际上却是妻子在幕后发挥着决定性的作用。

第二，随着性别角色的不同，家庭成员在购买决策中所起的作用也不尽相同。在男女享有平等的社会经济地位的现代家庭中，凡是购买大件产品一般都是由夫妻双方通过平等协商做出决策，而购买小件产品则一般是由家庭成员自主决定。在传统家庭中，由于丈夫享有比妻子高的社会经济地位，因而大件产品的购买一般由丈夫做出决定，妻子则只能起建议和咨询的作用。

第三，随着文化背景的不同，家庭购买决策类型也存在着很大差异。例如，在亚裔美国人家庭中，丈夫是主要的购买决策者，而在欧裔美国人家庭中，夫妻双方共同协商做出购买决策；在发展中国家，丈夫一般扮演着购买决策者的角色，而在发达国家，一般是由夫妻双方共同协商决策。

第四，在购买决策的不同阶段，各家庭成员所起的作用也不相同。一般而言，丈夫在收集信息阶段扮演着极为重要的角色，而妻子则在最终决策阶段起着越来越大的影响作用。

第五，各家庭成员在家务分工中的地位也会影响其在购买决策中的权重。如果该成员在某项家务劳动中居于支配地位或是某项家务劳动的主要承担者，那么他（她）在与此类家务相关的购买决策中会起到主要的决策作用，而其他家庭成员则居次要地位。

（3）家庭生命周期与营销策略

家庭生命周期是指一个家庭从建立、发展、成熟直至解体的整个过程。在市场营销学中通常运用人口统计学的四个变量，即家庭婚姻状况、家庭规模大小、家庭成员的年龄和家庭成员的职业把家庭生命周期划分为单身期、新婚期、满巢期、空巢期与解体期五个阶段。我们将分别阐述并提出相应的营销策略。

①单身期：是指离开父母而单独生活的且已成年的青年人。在这一阶段，由于经济上已经独立，但因为尚未成家，所以其消费内容除基本的日常花费以外，主要集中在娱乐、时装、化妆品、旅游和社交上，是房屋租赁、基本家具、交通工具与学习用品的主要消费者。这是一个比较容易接触和影响的细分市场，因为单身期的消费者喜欢通过网络、报纸杂志寻求自己喜欢的产品信息。

②新婚期：是指从结婚开始直至第一个孩子出生前的一段时期。这一时期的消费者大量购买家具、床上用品、室内装饰、家用电器、厨房餐具等家庭用品。由于尚无子女拖累，并拥有大量业余时间，所以对于娱乐性消费非常钟情。这一阶段的消费者会把其他已婚夫妇的消费建议与劝告作为自己的重要信息来源，同时也特别重视网络及生活类杂志，并从中寻求消费信息。

③满巢期：是指从第一个子女出生直至所有子女完全离家各自独立生活为止的一段时期，这是一个时间跨度最长的阶段，一般为 20～30 年时间。随着孩子的出生，家庭生活方式也随之发生很大变化，孩子开始成为整个家庭消费的核心，以前投向娱乐和旅游的消费支出完全转向了儿童食品、衣物、玩具、医疗和教育等方

面。尽管这一时期也是人身保险、家用电器的消费高峰期，但是该阶段最大的消费支出还是在子女教育与智力投资上。

④空巢期：是指从所有子女都离家开始独立生活到父母一方或双方进入退休的一段时期。这一阶段也是家庭的"第二次诞生"，因为父母又重新获得了生活的自由，他们又可以自由支配自己的时间和经济收入，但由于身体健康状况的原因，这一时期家庭的主要消费集中在旅游、文化娱乐、保健用品、医疗等方面。此外，有些家庭因为经济条件和成员身体状况都较好，希望能够舒适安逸地重新享受生活，所以对新家具、高档家用电器的消费支出也相当可观。在这一阶段，电视逐渐成为消费信息的主要来源，网络、书报杂志则退居其次。

⑤解体期：是指从夫妻中的一方因年老体衰而去世开始直至另一方也去世为止的一段时期。这是一个"纯消费需要"阶段，此阶段衣食住行等方面的消费需求迅速衰退，而医疗保健与精神安慰则成为主要的消费内容。因此，这一阶段是医疗保健和精神服务的最大消费时期。

# 5.2　目标市场与营销心理

市场细分系统揭示了企业所面临的市场机遇，现在企业要对各个细分市场进行评估，并确定具体的细分市场作为目标对象。

## 5.2.1　细分市场的评估

企业对不同的细分市场进行评估时，一般考虑以下三个因素：

1）细分市场的规模和发展前景

企业在评估细分市场时，首先要判断潜在的细分市场是否具备适度规模和发展潜力。

"适度"是个相对概念，它意味着量力而行，量体裁衣。例如，大企业一般重视销售量大的细分市场，而避免进入销售量小的细分市场；相反，小企业则避免进入规模较大的细分市场，因为它需要较多的资源投入。

细分市场的发展潜力通常是一种期望特征，因为企业总是希望销售额与利润能不断上升，但竞争对手则会迅速抢占正在发展中的细分市场，从而抑制本企业的盈利上升。

2）细分市场的结构吸引力

虽然有些细分市场具备了企业所期望的规模与发展前景，但是缺乏盈利潜力，并可能会产生下列五种威胁：

（1）细分市场内竞争对手的威胁。如果细分市场已经存在众多的实力雄厚或具有侵略性的竞争对手，那么该市场则不具有吸引力。进入企业可能面临的挑战具体如下：

①细分市场日趋萎缩；

②市场内产量大幅度上升；

③固定成本过高；

④退出市场的壁垒过多；

⑤竞争对手在细分市场上投入大量资本。

上述五种情况将导致广告战、价格战的出现，使得企业的竞争成本上升。

（2）新的竞争加入者的威胁。如果新的竞争者进入后大幅提高市场的生产能力，增加生产资源，并迅速扩大自己的市场份额，那么该细分市场就会丧失吸引力。关键在于新的竞争者能否轻易进入这个细分市场。

如果新的竞争者进入这个市场时，遇到严重阻挠以及市场内现有企业的强烈报复，那么它们就很难进入，进入细分市场的壁垒越低，受到现有企业报复的力量越弱，则该细分市场的吸引力就越小，可见，细分市场吸引力是随着进退壁垒的高低而变化的。具体如下：

①最具吸引力的细分市场的进入壁垒高，而退出壁垒低。这时，市场外的企业很难进入该市场，而市场内经营不佳的企业却很容易退出（如图5-1所示）。

退出壁垒

|  |  | 低 | 高 |
|---|---|---|---|
| 进入壁垒 | 低 | 低而稳定的回报 | 低而冒险的回报 |
|  | 高 | 高而稳定的回报 | 高而冒险的回报 |

**图5-1　细分市场的进入、退出壁垒**

②如果细分市场的进入与退出壁垒都高，则潜在利润高，但风险也大，因为经

营状况不佳的企业很难退出该细分市场，如房地产业。

③如果细分市场的进入与退出壁垒都低，则企业可以进退自如，但收益一般且相对偏低。

④最恶劣的情况是市场的进入壁垒低而退出壁垒高，致使企业在市场景气时蜂拥而入，但当市场萧条时却难以退出。

（3）替代产品的威胁。当细分市场存在现实或潜在的替代产品时，就会失去吸引力，因为替代产品会抑制该细分市场产品价格和利润的上升。企业必须密切关注替代产品的价格趋势，如果生产替代产品行业的技术发展很快或者竞争加剧，则该细分市场的价格和利润就会下降。

（4）购买者议价能力提高形成的威胁。细分市场上的购买者如果具有很强的或不断提高的议价能力（即讨价还价能力），那么该细分市场的吸引力将会丧失，因为购买者会通过尽力压价，或要求更高的产品质量、服务标准，或引发竞争者之间的价格战，使企业的利润蒙受损失。一般出现下列情况时，购买者的议价能力将会提高。

①购买者集中起来形成一定的组织；

②产品之间的差别不明显；

③购买者改变购买渠道的成本很低；

④购买者对价格很敏感。

企业保护自身利益的最好方法是提供购买者无法拒绝的优质产品和服务，真正做到"一分价钱一分货"。

（5）供应商议价能力提高形成的威胁。如果企业的供应商能够提高产品的价格或减少供应的数量，那么企业所在的细分市场就不具有吸引力。当出现下列情况时，供应商的议价能力将会提高：

①供应商集中起来形成一定的组织；

②替代产品少；

③供应商提供的产品是企业的重要生产要素；

④企业转换供应商的成本很高。

企业保护自身利益的最好方法是与供应商建立"双赢"的良好关系或建立多条供应渠道。

3）企业的目标和资源

即使某一细分市场具有较大的规模、良好的发展前景和富有吸引力的结构，企业仍需结合自己的目标和资源进行综合考虑，具体如下：

（1）当细分市场不符合企业发展的长远目标时，企业应主动放弃；

（2）即使细分市场符合企业的长远目标，企业还应考虑是否具备获得成功的必要条件和资源，否则也应放弃；

（3）企业除了具备必要的能力外，还需发展自己的独特优势，即只有当企业能提供优质的产品与服务时，它才能进入这一细分市场。

### 5.2.2 目标市场的选择

经过评估之后，企业就必须选择是进入还是放弃细分市场，即选择一个或几个细分市场作为自己的目标市场。市场营销研究表明，企业共有五种目标市场选择策略（如图5-2至图5-6所示），其中，$P_1$、$P_2$、$P_3$代表产品，$M_1$、$M_2$、$M_3$代表细分市场，分别为：

（1）单一市场集中策略（如图5-2所示）。这是指企业只选择一个细分市场，通过集中营销，清晰地了解细分市场的需求，树立良好的信誉，巩固市场地位。一旦该企业在细分市场上处于领导地位，它将获得很高的收益。企业只选择某一细分市场，然后集中供应自己的某种产品，以在该细分市场占据牢固的市场份额和竞争优势。虽然这种策略使得企业易于深入了解消费者的需求特点及其变化规律，同时也可获得高额的回报，但它的经营风险较大。例如，所选择的目标市场可能突然出现需求衰退或者强有力竞争者闯入的情况，这将严重影响企业的经营业绩。

|  | $M_1$ | $M_2$ | $M_3$ |
|---|---|---|---|
| $P_1$ |  |  |  |
| $P_2$ | ■ |  |  |
| $P_3$ |  |  |  |

图 5-2　单一市场集中策略

（2）选择性专业化策略（如图5-3所示）。这是指企业有选择地进入几个不同的细分市场，而每一细分市场都具有吸引力，且符合企业的目标与资源水平。因为同时存在着若干个具有吸引力与发展潜力，并且完全符合企业长远目标和资源状况的细分市场，所以企业选择了这几个细分市场作为自己的目标市场。由于这几个细分市场之间几乎不存在联系，因此企业只能以各不相同的产品分别去占领这些细分市场。这种多细分市场的选择策略在总体上要优于单细分市场策略，因为企业可以据此分散经营风险，不至于在各个市场上都全军覆没。

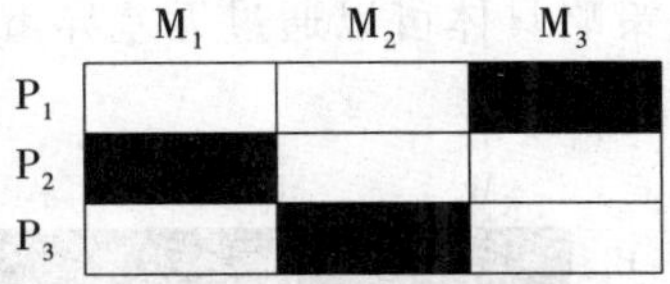

**图 5-3　选择性专业化策略**

（3）产品专业化策略（如图 5-4 所示）。这是指企业同时向几个细分市场销售同一类产品，并在特定的产品领域内树立良好的信誉。企业集中全部资源生产各种规格和用途的同类产品，并根据不同细分市场的不同需要和用途，把不同规格或不同型号的该类产品分别销售给相关的消费者群体，虽然这种策略可使企业在某一产品领域内获得很高的声誉，但如果市场上一旦出现了新的替代产品，企业则会面临生存危机。

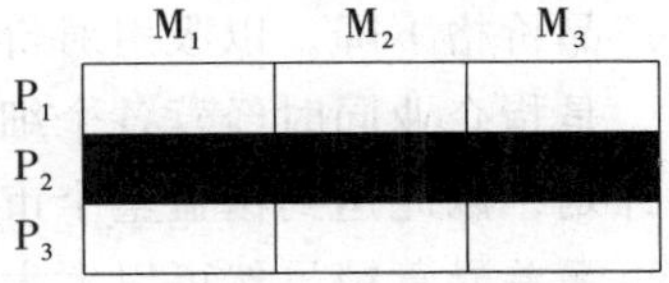

**图 5-4　产品专业化策略**

（4）市场专业化策略（如图 5-5 所示）。这是指企业集中满足某一特定消费者群体的各种需要。企业把所生产的各种产品提供给某个细分市场以满足其不同需要，即企业专门为某个消费者群体服务，为其提供所需的各种产品。例如，企业专门为青年女性消费者生产各种女性用品，包括洗发精、护肤品、装饰品及其他卫生用品。这种营销策略有利于企业获得良好的市场声誉，但如果该消费者群体突然改变消费偏好而大幅度减少购买量，就会使企业陷入严重危机。

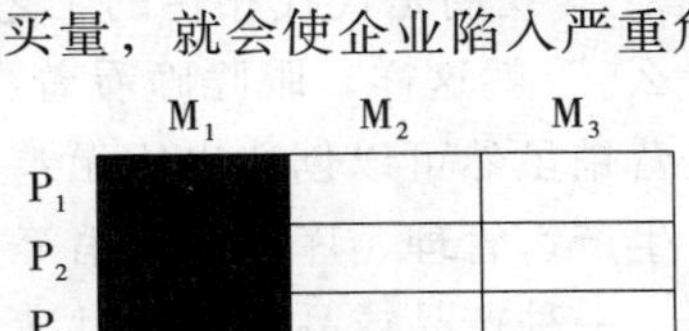

**图 5-5　市场专业化策略**

（5）市场覆盖策略（如图 5-6 所示）。这是指企业为所有消费者群体提供所需的各种产品。企业生产各种不同的产品并提供给各类细分市场以最大限度地满足消费者的不同需求，从而占据市场领导地位。这一营销策略只适用于实力强大的大型企业或企业集团，如可口可乐公司为各类消费者生产各种类型的软饮料，从而领导世界软饮料市场。市场覆盖策略具体可以通过无差异市场营销策略或差异性市场营销策略达到覆盖整个市场的目的。

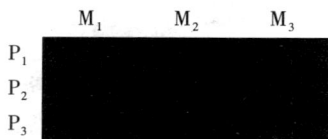

**图 5-6    市场覆盖策略**

①无差异市场营销策略，是指企业基于各细分市场之间的相同之处，不理会细分市场之间的区别，凭借其广泛的销售渠道和大规模的广告宣传，以一种产品及其营销计划迎合绝大多数的消费者，从而达到覆盖整个市场的目的。实行无差异营销可使产品单一而有利于规模化、集约化生产，从而降低管理、生产、库存、运输、调研、广告的成本，并带动产品价格下降，以吸引对价格敏感的消费人群。

②差异性市场营销策略，是指企业同时经营各个细分市场，并为每个细分市场分别设计不同产品及其营销计划，以此达到覆盖整个市场的目的。

上述两种策略各有利弊，无差异营销虽然可以大大降低经营成本，但会因为忽视了细分市场的差异性而丧失盈利机会。例如，在素有"蜀南竹海"之称的四川宜宾、江安、长宁等县，竹制品加工极为普及。2000 年年末，世界著名家具经销商之一的瑞典宜家公司派业务员专程入川订货，他们带来了所需的竹椅、花架、书架、竹帘等实样，要求按样加工，价值数百万美元。然而寻遍全川，竟无一家企业接受订单。宜家公司技术顾问比昂先生曾问某加工企业负责人："你们能按我们的要求加工吗？"该负责人回答："我们是代代相传的工艺，只能编自己设计的图案，不是客户想加工什么就编什么。"就这样，眼睁睁看着数百万美元的商机送到了家门口，却失之交臂。差异性营销虽然可以创造出比无差异营销更大的销售额，但却会增加产品的设计、开发、生产、管理、库存和促销等方面的经营成本。

随着物质生活日趋丰富，一种产品或品牌要同时满足所有消费者的全部需要已属不可能，因而现代企业普遍采用差异性营销策略，然而我们也要防止因市场划分过细而导致销售额与成本同时上扬，应适时采取"反细分"的营销策略。图 5-7

直观展示了无差异市场营销策略、差异性市场营销策略和单一市场集中策略三者之间的区别。

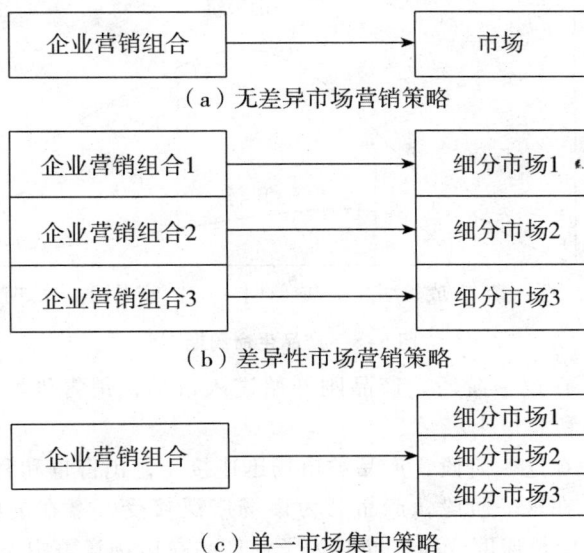

```
┌──────────────┐        ┌──────────────┐
│  企业营销组合  │───────▶│     市场      │
└──────────────┘        └──────────────┘
```
（a）无差异市场营销策略

```
┌──────────────┐        ┌──────────────┐
│ 企业营销组合1  │───────▶│  细分市场1    │
├──────────────┤        ├──────────────┤
│ 企业营销组合2  │───────▶│  细分市场2    │
├──────────────┤        ├──────────────┤
│ 企业营销组合3  │───────▶│  细分市场3    │
└──────────────┘        └──────────────┘
```
（b）差异性市场营销策略

```
┌──────────────┐        ┌──────────────┐
│              │        │  细分市场1    │
│  企业营销组合  │───────▶├──────────────┤
│              │        │  细分市场2    │
│              │        ├──────────────┤
│              │        │  细分市场3    │
└──────────────┘        └──────────────┘
```
（c）单一市场集中策略

图 5-7　三种目标市场选择策略之间的区别

# 5.3　市场周期心理

企业开发出来的任何产品，从投入市场开始到这种产品退出市场，要经历一系列阶段，在每一阶段应该采取的营销战略也是不同的。企业虽然知道并不能期望某个产品能永远地销售，但是却想在产品退出市场之前赚取足够的利润，以补偿其在推出该产品时所作的努力以及所经受的风险，这就需要企业在产品生命周期的不同阶段制定正确的营销战略。

### 5.3.1　产品生命周期的概念

所谓产品生命周期，是指产品从开始进入市场直到退出市场所经历的时间过程，在该过程中，产品的销售量与利润都会发生一定的规律性变化，根据其变化情况，可将产品生命周期分成四个阶段（如图 5-8 所示）。

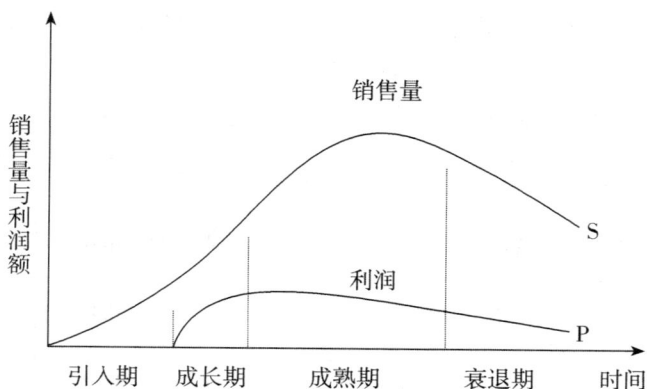

**图 5-8 产品生命周期**

（1）引入期：在这一阶段，产品刚开始进入市场，销售量增长很慢，需支付巨额的促销费用，利润很小。

（2）成长期：在这一阶段，产品被市场迅速接受，销售量和利润增长很快。

（3）成熟期：在这一阶段，产品已为市场广泛接受，潜在的购买者也被开发殆尽，产品销售量增长速度变缓，同时为了使产品在市场竞争中不被击败，还需要增加营销费用，利润因此持平或开始下降。

（4）衰退期：在这一阶段，产品销售量急剧减少，利润不断下降直到为负值。

图 5-8 表示了产品生命周期中不同阶段的销售量和利润额的变化规律，S 代表销售量变化曲线，P 代表利润变化曲线。在产品的开发期，销售量为零，又需要大量投入，故而其利润额为负值。产品的销售量与利润额都有一个从小到大，再由大到小的过程。大多数产品都具有图 5-8 所示的 S 形曲线的生命周期模式。

### 5.3.2 非 S 形曲线的产品生命周期模式

并非所有的产品生命周期都具有 S 形曲线，研究表明有近 16 种形式的产品生命周期。在图 5-9 中，我们列出了多种产品生命周期模式中的三种。在此，我们将对风格、时尚和热潮模式的曲线逐一进行解释。

（1）风格：指产品的一种基本的、独特的表现形式。例如，风格表现在建筑上，有巴洛克式与哥特式；服装中的西服与中山装表现出不同风格；至于在绘画、艺术上的风格更是种类繁多，如现实主义、超现实主义、抽象主义等。一种风格一

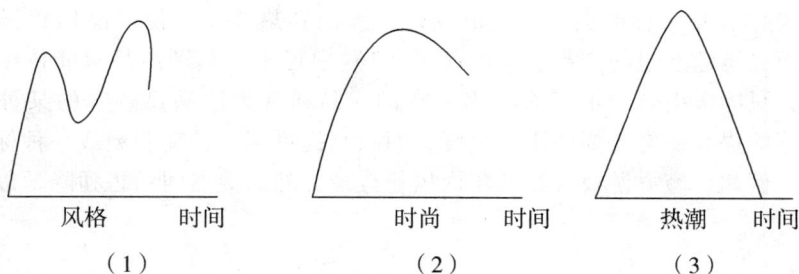

| 风格　　　时间 | 时尚　　　时间 | 热潮　　　时间 |
|---|---|---|
| （1） | （2） | （3） |

**图 5-9　产品生命周期的不同模式**

旦形成，其持续时间会很长，并且在某一时期会比较时兴，在另一时期又不时兴，故而其产品生命周期呈现出一种循环状态，如图 5-9（1）所示。

企业如果生产体现某种风格的产品，那么该产品就具有了循环状态的生命周期，对这种产品的营销决策是有异于一般产品的。体现某种风格的产品步入衰退期后，企业并不需要做出立即退出市场的决策，而应等待观望，直至这种风格的产品再次受到欢迎。

（2）时尚：指一种产品当前流行的样式或当前占主导地位的风格。在服装业中时尚是最为常见的现象。一种布料、一种颜色、一种搭配都可变为时尚，引发人们的购买欲望。

从图 5-9（2）中时尚产品的生命周期曲线可以看出，其生命周期可分为四个阶段。第一阶段是导入阶段，此时只有少数的消费领先者为追求个性、标新立异采用自制或定制的方式，引入了某种风格的产品，因此该阶段时尚产品消费者数量很少；第二阶段是仿效阶段，若这种风格的产品具有符合大多数消费者能接受的特性，或者能更好地满足消费者的心理需要，则接受这种产品的会越来越多，消费者的增长速度很快，同时，市场上也出现了生产与营销这种产品的企业；第三阶段是流行阶段，此时这种风格的产品已占据同类产品的主导地位，而消费者有获取这种产品的欲望，产品在市场上被大量销售，更多的企业开始积极生产与营销这种产品；第四阶段是衰退阶段，消费者已开始对这种风格的产品感到厌倦，求新立异的心理越来越强烈，因此，这种产品的消费开始缓慢下降，产品步入衰退时期。可见，时尚产品具有需求增长缓慢、保持时间长、衰退也较慢的特点，因而最适于实施市场跟进战略。

（3）热潮：指一种能很快进入市场，被人们狂热接受，使产品销售很快就达到顶峰，而又迅速衰退的产品。从图5-9（3）中可见，热潮产品只能持续很短的一段时间，只能吸引有限的顾客。因为热潮产品通常无法满足顾客的某种强烈需要，或者不能提高顾客需要的满足程度，而只是提供了一种新刺激或一种标新立异的新鲜感。例如，魔方游戏曾在几年内风行全球，然后突然间销售猛降，以后再也无人问津。

### 5.3.3 产品生命周期战略

针对产品生命周期的不同阶段，企业可以相应制定不同的营销战略。

#### 1）引入期的营销战略

在产品引入期，目标市场的绝大部分消费者不熟悉该产品，或者对产品缺乏信任，因此购买者很少，销售量增长非常缓慢，而企业为了扩大产品知名度，要花费更多的促销费用。总体而言，在这个阶段由于销售量低、促销费用高，生产还没有形成规模，因此利润很低甚至亏本。企业在这个阶段主要考虑的是：①以什么价格向市场推出产品；②对产品应采取何种水平的促销。基于上述考虑，企业可以有以下四种营销战略。

（1）快速掠取战略。这种战略就是对产品定一个高价，然后用高水平的促销手段来快速占据市场。采用高价，可以使企业从销售收入中获取较高利润；采用高水平促销，是尽快让目标顾客认识和熟悉产品。实施该战略，必须具备以下的市场条件：①该产品的购买者愿意支付高价来购买；②目标市场上的顾客大部分都不熟悉这种产品；③企业有很多的潜在竞争对手，因此企业只有通过高水平促销活动，以培养顾客的品牌偏好。

（2）慢速掠取战略。这种方式是对产品定高价，但却采用低水平的促销方式向市场推出产品。采用这种战略，一方面使企业能获得高利润率，另一方面能有效降低促销费用。采用这种战略须具备的市场条件为：①目标市场的顾客大部分已对该产品比较了解；②总体市场规模较小，采用较低水平的促销方式，就足以传播信息；③产品的生产，有较高的进入壁垒，潜在竞争对手的进入有困难；④购买者愿意出高价购买该产品。例如，我国计算机行业在初始阶段，正是采用了这种战略。

（3）快速渗透战略。这种战略采取低价格与高水平促销相结合的方式，以求迅速占据市场。显然，低价格与高水平的促销能给企业带来最快速的市场渗透和最大的市场份额。采用这种战略须具备的市场条件为：①市场规模大；②目标市场的大部分顾客对产品不熟悉；③产品需求富有价格弹性；④市场竞争者较多；⑤生产经营这种产品时，随着生产规模的扩大和制造经验的积累，单位制造成本会降低。

（4）慢速渗透战略。这种战略就是采取低价格与低水平促销相结合的方式向市场推出产品。采用该战略，一方面低价能使产品更易为顾客接受，另一方面低水平促销为企业节省了大笔费用，从而增加了净利润。采用该战略的市场条件为：①市场规模大；②目标市场上的顾客对这种产品已很熟悉；③目标市场上需求富于价格弹性；④有潜在的竞争者。

企业应该选择一种与其产品定位相一致的新产品导入战略。如果企业在一开始就采取了正确战略，那么就有极大可能建立和保持其在市场中的领导地位。

2）成长期的营销战略

处于产品成长期的市场有自身的特点。这一阶段目标市场上的消费者对产品已很熟悉，购买人数越来越多，因此销售额增长很快，企业获得的利润也在稳步增长，产品表现出较大的市场吸引力。与此同时，已不断有新的竞争者开始加入。此时，企业主要考虑的是要如何维持其较高的市场增长率。基于这种考虑，企业可以采取以下五种营销战略：

（1）对产品进行改进，提高产品质量，以保持对目标顾客的吸引力；

（2）企业应积极开拓新的细分市场；

（3）建立新的分销渠道，加大促销力度；

（4）适当改变企业的广告目标，由介绍与传递产品信息转为说明与诱导消费者接受和购买产品；

（5）采取适时降价战略，以吸引一部分对价格敏感的目标顾客。

在这一时期，企业需要在追求高市场份额与追求高额利润之间，做出权衡与抉择。

3）成熟期的营销战略

企业的产品步入成熟期后，其目标市场上的潜在顾客已经开始减少，即有购买欲望的消费者已经购买了该产品，因而销售与利润增长日益趋缓，市场竞争处于白热化状态。此时，企业的战略重点应是巩固其已取得的市场份额，并在可能时尽量扩大其市场份额。因此，成熟期的营销战略可以有以下三种：

（1）市场改进战略。运用市场改进战略的目的是力争充分挖掘现有细分市场的潜力，以求进一步扩大销售量。由于产品的销售量等于该品牌产品的使用人数与每个用户的使用频率之积。因而，企业为了扩大销售量，可以从以下两个方面努力，即增加使用人数和提高用户的使用频率。

企业为增加产品使用人数，可以寻找新的使用者，也可以进入新的细分市场，如对产品重新定位，以吸引更多或增长更快的细分市场，还可以争夺竞争对手的顾客。为了提高用户的使用频率，企业可运用增加现有顾客产品使用量的方法，如劝说顾客增加每次的使用量。

（2）产品调整战略。为了保持并扩大现有市场份额，企业还可以通过调整产品的质量、风格、特点和服务来实现。调整产品质量具体可以通过增加产品功能、提高耐用性与可靠性等方面的努力来实现，但这种调整通常需要通过宣传使得顾客确信，这能给他带来益处。

同时，企业还可以通过给产品增加某些新的特色，或改进产品的款式以吸引顾客。例如，索尼公司总是不断地将新款式和新特色增加到它的随身听产品中，而富豪公司则把新的安全特色增加到它的汽车上。企业也可以改变产品的风格以增加吸引力，比如一些生产包装食品和日用品的制造商，会经常改变产品的风味、颜色、配料和包装以激发消费者的购买欲。

（3）营销组合战略。企业还可以通过改进营销组合中的一个或多个要素以促进销售，具体如下：

①调整价格。企业可以通过减价，或是加大价格的数量折扣、提供更多的免费服务等办法，以达到保持顾客或增加顾客的目的。

②调整分销。企业可以通过建立新的分销网络或渗透到更多的分销网络中，以增大产品的市场覆盖面，达到获得新顾客的目的。

③调整广告。企业可以重新设计广告，或改变广告原先的创意，借以激起目标顾客的注意。

④调整促销。企业可以采取更为灵活或不断创新的促销方式，以吸引与保持顾客。

在产品的成熟期，对于如何选择一个正确的营销战略以维持和扩大市场份额，既有很多公司倾向于运用大量广告作为促销手段，也有不少公司认为应该采用品牌管理的方略以维系顾客。

4) 衰退期的营销战略

产品进入衰退期后，顾客人数不断减少，产品的销量下降很快，企业的利润迅速下降，很多竞争者相继退出市场。在这种情况下，企业要考虑的问题是坚守还是放弃这一产品，显然，简单地放弃与不顾实际地坚守，都是不明智的，而适宜的营销战略是：

（1）增加对现有产品的投入，进一步扩大经营规模，以抢占竞争对手所放弃的市场；

（2）保持原有的投资水平，既不扩大也不缩小经营规模，这种方式适合于行业前景尚未明朗的状况；

（3）有选择地降低投资水平，放弃无希望的顾客群体，同时向有利可图的新领域增加投资；

（4）放弃经营该项业务或产品，迅速清理该项目所占用的资产。

表 5-3、表 5-4 中列举了产品生命周期四个阶段的主要特征及营销战略：

表 5-3　　　　　　　　　　**产品生命周期四个阶段的主要特征**

| 主要特征 | 引入期 | 成长期 | 成熟期 | 衰退期 |
| --- | --- | --- | --- | --- |
| 销售量 | 低 | 剧增 | 最大 | 衰退 |
| 人均顾客成本 | 高 | 一般 | 低 | 低 |
| 利润 | 亏本 | 增长 | 高 | 下降 |
| 顾客 | 革新者 | 早期接受者 | 消费大众 | 守旧者 |
| 竞争者 | 很少 | 增多 | 数量稳定、开始下降 | 数量下降 |
| 营销目标 | 创建产品知名度和试用 | 市场份额达到最大 | 保护市场份额的同时争取最大利润 | 减少开支，挤出品牌剩余价值 |

表5-4 产品生命周期四个阶段的营销战略

| 营销战略 | 引入期 | 成长期 | 成熟期 | 衰退期 |
|---|---|---|---|---|
| 产品 | 提供基本产品 | 提供产品扩展（如服务、担保等） | 品牌和型号多样化 | 逐渐减少衰退产品 |
| 价格 | 用成本加成法 | 制定能渗透市场的价格 | 制定能抗衡或战胜竞争者的价格 | 降价 |
| 销售 | 选择性销售 | 密集性销售 | 覆盖性销售 | 有选择地减少无利润销售点 |
| 广告 | 在早期接受者和经销商中建立产品知名度 | 在大量市场中建立产品知名度和激发消费兴趣 | 强调品牌差异性 | 降低到维持品牌忠诚者所需要的程度 |
| 促销 | 加强促销引诱试用 | 维持促销强度 | 为鼓励转换品牌加强促销 | 降低到最低水平 |

# 5.4 市场价格心理

## 5.4.1 价格简介

### 1）价格的定义

经济学家认为，价格是商品价值的货币表现。价格由以下两个因素决定：

（1）自身价值。任何商品都是消耗了一定的社会劳动即物化劳动才被生产出来的。生产商品所消耗的物化劳动量就是商品的价值，它以价格（通常是货币形式）表现出来。

（2）市场供求关系。当某种商品供不应求时，其价格便会上涨，超过其价值；当某种商品供大于求时，商品价格便会下跌，小于其价值。所以经济学中有句名言：价格围绕价值上下波动。

### 2）价格的作用

商品价格是社会经济循环中的一个先行指标，它的高低会直接影响市场的需求变化，而市场的需求变化又会反过来影响企业的生存发展。对于企业来说，适宜的产品价格，一方面，可以赢得顾客的欢迎和信任，产品容易被顾客接受，能为满足市场和人民需要服务；另一方面，有助于提高企业的市场竞争能力，使企业得以生存、发展、兴旺。

### 3）价格的分类

不同的分类标准可以产生不同的价格类型。

（1）批发价格与零售价格。批发价格是指以一定数量为起点，成批地发售商品的价格，例如，电视机的批发价低于零售价 10% ~ 15%，书刊的批发价则低于零售价 20% ~ 30%。零售价格是指零售商批发来一定数量的商品后，再零散地销售给消费者时所定的价格。

（2）一般价格与特殊价格。一般价格是指那些消费品市场上常见的一般商品（如牛奶、水果等）的价格。特殊价格是指那些与一般商品根本不同的，极为稀少、名贵、罕见的特殊商品的价格，如工艺品、古董等。特殊商品的价格高低不决定于社会必要劳动消耗，而是取决于购买者的购买欲望和支付能力。

（3）计划价格与市场价格。计划价格是指国家根据商品的劳动耗费以及对供求关系和在政治上的需要等因素而有计划地确定的一种统一价格。市场价格是指根据商品中所含物化劳动以及消费市场上的供求关系而制定的国家不加干预的价格。

### 4）价格的心理功能

（1）品质标准。消费者每天要面对成百上千种商品，他们可能对某些商品的制造过程、质量等有较为深入的了解，但对于绝大多数商品，他们是外行。因此，在这种情况下，他们往往把价格看做衡量商品质量的标准，以为价格高的商品必定比低价同类商品质量好，虽然有时事实并非如此。

（2）社会地位的象征，文化修养、生活情操的标志。例如，有些消费者为了方便，买块电子手表就足够了，但对于某些有经济能力的人来说，戴电子表太"掉价"了，他们更愿意去买名牌机械表，虽然他们明知电子表走时准确程度不亚于名牌机械表。他们在乎的是显示其身份。又如，一些音乐爱好者宁愿省吃俭用，也要买一架名牌钢琴，不要低价杂牌货，这是他们文化修养、生活情操的标志。

（3）调节消费需求功能。当某些商品滞销时，可能是由于质量、款式问题，也极有可能是价格过高之故，此时若适当降价便会促进销售，这就是为什么现在空调小幅降价后，购买者趋之若鹜的原因。同样道理，一些生产世界级名牌高档商品的企业，为了使商品成为身份、地位的象征，故意把商品价格定得很高，以抑制消费者的消费需求，从而达到树立产品形象的目的。

### 5.4.2 价格策略与市场营销心理

1）撇油定价策略

这是一种适合于高档产品定价的策略。高档产品由于技术要求复杂、成本高，一般厂家无法生产，所以当新的高档产品进入市场时，可以把价格定得高一些，物以稀为贵。随着产品逐渐为消费者接受，一些厂家看到有利可图便也会生产这种产品，这样便有了竞争，此时可以把价格定得低一些，以适应市场竞争。先高后低是这种策略的特点。

2）渗透价格策略

这是一种适合被广泛使用的商品（如日常生活必需品）的定价策略。为了打进市场，企业首先采取优质低价的手段进行渗透，逐渐扩大市场占有率，以期压垮竞争对手。过了一段时间，当消费者已经喜欢用该商品时，企业可利用消费者对商品的感情和不可缺少性慢慢提高价格，这样既不会失去消费者，又使企业增加了效益，在市场上站稳了脚跟。先低后高是这种策略的特点。

3）反向定价策略

企业先通过市场调查，获得消费者对某类商品的期望零售价格，然后根据期望价格规定产品的质量、功能，这种"量出为入"的策略，便是反向定价策略。

4）习惯价格策略

企业在一段较长的时间内，固定某种商品的价格，即使同类的其他品牌商品涨价也无动于衷。这样做的目的是为了使消费者感到商品价格稳定，进而感到质量稳定，因而产生一种信任感，这样该商品便可保持稳定的消费市场。当其他品牌商品涨价时，消费者更会倾向购买该商品，这样该商品的市场占有率会上升，薄利多销，总利润并不会减少。

5）威信价格策略

一些世界著名的商品往往在全世界都采用同一种价格，而且价格是比较高的。这样做的目的是向消费者说明该商品是世界名牌，名牌的质量是无与伦比的，价格自然要高，而且拥有该商品是件足以令人自豪的事情，是地位的象征。这些企业常常是控制商品的供应量的，给消费者一种该商品不易购得的感觉，促其购买。

6）折扣价格策略

有时为了增强商品的竞争能力，常将商品价格打折扣。折扣程度往往是既能引起消费者注意又避免造成消费者的疑虑，因为折扣太大会使消费者以为质量出了问题，影响其购买信心。因此，打折扣通常以降价 10%～30% 为宜。

7）非整数定价策略

这种策略是利用消费者对商品价格感知差异所造成的错觉来刺激其购买行为，具体做法有以下几种：

（1）带零头的价格，最后一位以奇数为佳，因为研究表明，消费者在感觉上觉得奇数比偶数便宜。

（2）整数价格的商品最好降低几分钱，如 100 元的商品，降为 99.87 元能促进销售，因为消费者会因此形成价格偏低（低于 100 元好多）的感觉，倾向购买。研究表明，99.87 元与 100.18 元在消费者心理上的差距相当悬殊。

（3）最好不要出现整数价格，以带零头的价格为妥。因为带零头的价格，给消费者留下定价准确的印象（定价认真、精细，连几角几分都算清楚了，价格准确合理、可信赖），使消费者有购买倾向。

（4）价格的小数点数字以趋小为宜，这首先给消费者降价的感觉，其次数字趋小，感觉更便宜。

（5）在价格上出现大众喜爱的数字。例如，现在很多商品尾数是"8（发）"就是这个道理，但过度使用这个办法也有不利之处，因为如果用得多了，消费者警惕性高了，就不易产生错觉了。

## 基本概念

市场细分　目标市场　产品生命周期　差异性营销策略　市场价格心理

## 思考题

1. 解释市场细分的基本含义及八个变量的内容。
2. 分析我国按年龄、性别、家庭细分的消费市场的特点。
3. 试述产品生命周期的概念内涵及其营销战略。
4. 解释价格策略的种类及其意义。

# 第6章

# 市场调查

## 重点内容

- 比较不同学者对市场调查含义的解释
- 说明市场调查的一般方法及心理学方法
- 指出市场营销心理学的常用研究方法与工具
- 列举市场调查的实验设计的种类
- 解释市场营销预测的几种方法

## 6.1 市场调查的含义与范围

### 6.1.1 为什么要进行市场调查

自从我国实行"改革开放"的政策以来，社会生产力得到较大的发展，人民生活水平得到很大的提高，社会主义市场经济也逐步发展与完善起来。人们欣喜地发现：商品种类日益丰富，商品数量日益充足，人们有了更大的选择商品的余地，社会主义经济已不再是"短缺经济"了。但是，在另一方面，市场经济的不断繁荣，也使各企业面临前所未有的严峻考验。由于同一类产品或相关、相近产品之间的竞争越来越激烈，企业领导者不能也不可能仅凭一己的经验，想当然地计划、组织和指挥企业的生产与销售工作。那么，在纷繁复杂的市场变化中，企业应如何谋求生存与发展的机会呢？市场调查为我们提供了一个可行而可靠的解决办法。

在现代西方发达的资本主义国家中，很多大企业都拥有"市场调研部"，它为最高决策层的决策提供咨询与建议。在我国，越来越多的企业认识到市场调查的重要性，相继成立专门的市场调查部门，如上海庄臣公司、施贵宝公司、西安杨森公司等。此外，专业的市场调研公司如雨后春笋般出现，也从另一个侧面说明了企业对市场调查的重视。

### 6.1.2　市场调查的含义

1）不同学者对市场调查含义的解释

首先，让我们来看看"市场调查"究竟指的是什么。各国的学者对此的看法，虽大致相同，但仍存在差异。下面所列的即为几种有代表性的见解：

（1）德国学者认为：市场调查是指企业对于经营各方面的影响因素，运用系统的原理和方法，去获取情报的一项活动，即市场调查是获取各方面情报的一项活动。

（2）美国市场调查协会认为：市场调查是搜集、记录和分析有关生产者将货物或劳务转移、销售给消费者的各种问题的全盘事实，即市场调查具有搜集事实（或信息）的职能，并指出应当搜集哪方面的情报。

（3）美国经营管理协会认为：市场调查是对现在市场和潜在市场各方面情况的研究和评价，其目的在于了解市场信息，寻找结论，以作为决策的依据。这一看法强调了市场调查的目的在于了解市场信息，以便为决策提供依据。

（4）我国台湾学者认为：市场调查是指为了解决市场流通的有关问题，运用科学方法去掌握情报的一项活动。

（5）我国学者则认为：市场调查就是采用调查的方法，去搜集、记录、分析产品和市场的现状及发展趋势的信息。

（6）从市场营销心理学的角度来看，市场调查是指企业对顾客的购买力、购买习惯、未来购买动向及同行业情况等进行了解的一种企业经营活动。

2）狭义的市场调查与广义的市场调查含义

综上所述，存在着"狭义的市场调查（market survey）"和"广义的市场调查（market research）"两种含义：

（1）狭义的市场调查是以商品本身的消费者为对象，以科学方法，搜集消费者购买以及使用商品的事实、意见、动机等有关资料，并予以分析研究。简单地讲，就是企业对现有产品进行调查研究，其研究重点是"消费者的心理状态"。比如，"消费者为什么要买这个商品，而不去买其他商品?""消费者对这个商品还有什么意见呢?"等。

狭义的市场调查有助于企业了解现有市场的状况，也有助于企业根据消费者需求，改进现有产品。

（2）广义的市场调查则是以科学方法，搜集商品从生产者转移到消费者手中的一切与市场推销有关的资料，并予以分析研究。其研究重点是市场行销调查，主要包括消费者及市场行销活动、商品计划、定价策略、销售路线的选择及销售推广（即广告）等方面的调查。

广义的市场调查侧重于预测研究，为企业制订正确的营销计划提供重要依据。

### 6.1.3　市场调查的范围

市场调查的范围十分广泛，涉及企业有关市场经营活动的各个方面，其中最主要的是以下两个方面：产品分析和市场分析。

*1）产品分析*

产品对于企业的重要性，是众所周知的。产品是否符合消费者的需求，是否为消费者接受，产品的竞争能力如何等问题，都是企业必须了解与掌握的，这是企业能否在激烈的市场竞争中生存下去的关键。我们可从下列六点来进行企业的产品分析。

（1）消费者对产品采用程度的分析。这一分析，有助于企业了解自身的产品是否受欢迎。如果消费者对产品是经常使用的，则说明该产品符合消费者需求；反之，如果分析结果表明，消费者对产品不常使用或几乎不用，这就给企业领导者敲响了"警钟"，应尽快找出产品不受欢迎的原因，并及时进行改进。

（2）消费者对产品不满意原因的分析。随着科技的进步、生产力的发展，人们的生活水平不断提高，人们的需求也将不断变化，心理学有关人的需要的研究和理论，早已论证了这一必然的趋势。因此，我们可以说，没有一种产品是完完全全符合人的需要的，任何产品都或多或少地存在着不足。对企业来说，不能因为产品受欢迎而停步不前，忽视这一方面的分析。如果产品不受欢迎，企业更应重视这一研究分析，及时找到差距与不足，加以改进。无论是企业的领导者，还是营销人员，都应牢记这样一句古话：生于忧患，死于安乐。

（3）产品竞争能力分析。产品是否具有市场竞争能力，可用三个指标来衡量，即产品的品质、效用与价格。显而易见，产品的品质越好，效用越大，价格越便宜，其竞争能力就越强。

（4）产品新用途分析。这一分析往往利于企业发现新的市场，使产品更具生命力和竞争力，从而获得意想不到的效益。例如，美国著名的杜邦公司，对飞机用的尼龙纤维进行用途分析后发现，若将它用作衣料，它将具备普通衣料无法比拟的优点与特点。果然，这种特殊衣料推出后很受消费者欢迎，公司也取得了良好的效益。

（5）取代产品分析。由于科学技术迅速发展，越来越多的仿真材料，达到了以假乱真的程度，而且仿真材料的价格、成本往往低于天然材料，因而更具竞争能力。人造丝代替真丝就是很好的一例。

（6）消费者对产品兴趣改变分析。消费者对产品的兴趣是与消费者的需要密切相关的。随着需要的改变，对产品的兴趣也相应发生变化。以食品为例，随着生活水平的逐步提高，人们对食物的要求不断变化，从"吃得饱"发展为"吃得好"，并进一步发展为要求食物具有保健作用。具体表现为，人们越来越倾向于选购制作精美的食品及保健食品。企业应当根据消费者对产品兴趣的改变，相应地调整生产与销售，以适应市场的变化。广东太阳神集团、上海莱福集团的成功，为我们提供了有力的证明。

2）市场分析

市场经济的不断发展与完善，使人们日益重视市场的作用。市场是千变万化的，但市场的变化又是有规律可循的，企业领导者与营销人员对市场规律的把握，不仅依赖于个人的经验，同样也依赖于科学的分析。只有掌握市场变化发展的规律，对企业所处的市场环境作深入、细致、准确的分析，企业才能在市场竞争中立于不败之地。市场分析主要包括下述四个方面：

（1）产品现有最大市场需要之分析。

（2）产品可能占领市场之分析。

（3）将来可能扩大市场之分析。

（4）市场特性之分析。

由于我国幅员广阔，地理环境、气候环境差异明显；东部沿海地区、内陆省区及边远地区的经济发展极不平衡；而且，我国还是一个多民族国家，各地区、各民族人民的生活习惯和宗教信仰等方面均存在差异。上述种种原因，都决定了企业应当格外重视市场分析，这对于企业生产适销对路的产品，以及采用适当的生产规模等问题而言，是极为重要的。

此外，市场调查还包括对企业外部环境的调查。所谓外部环境是外部因素和外部条件的总和，具体来说是包括政治、经济、技术、自然因素等在内的动态综合体。这些因素都不同程度地影响到企业的经营决策、经营内容与方式，以及企业经营的效益。现代企业已不再是一个封闭的系统或组织，它总是处于一定的市场环境中，并与环境不断相互作用、相互影响。所以，对企业所处的外部环境的了解，已成为当代企业领导者不容忽视的一个问题。

### 6.1.4 市场调查的作用

市场调查的范围如此广大，由此得出的结果与结论对企业来说，是极有价值的。概括地讲，市场调查的作用表现在以下五个方面：

（1）市场调查有助于企业了解市场的供求关系。

（2）市场调查有利于企业按消费者需要来组织商品生产。

（3）市场调查有利于企业进行新产品开发。

（4）市场调查有利于发挥广告的作用、促进商品的销售。

（5）市场调查有利于企业取长补短，提高经营管理水平。

## 6.2 市场调查的一般方法

营销者必须明确他们希望从市场中获得什么。为了便于营销者更准确地谈论市场需求，我们将讲解一些基本概念。

1）市场需求的调查

需求可通过六种不同的生产方式（生产项目、生产组织、工艺流程、公司销售、工业销售、国家销售），五种不同的空间方式（顾客、地域、地区、全国、全球）以及三种不同的时间方式（短期、中期、长期）来衡量。图 6-1 显示了一家公司所做的 90 种不同的需求估测。

2）调查市场的确定

市场包括潜在市场、现实市场、服务市场与渗透市场。为了区分这些术语，我们首先从市场的概念讲起。市场是产品的所有现实与潜在的购买者的集合。市场的

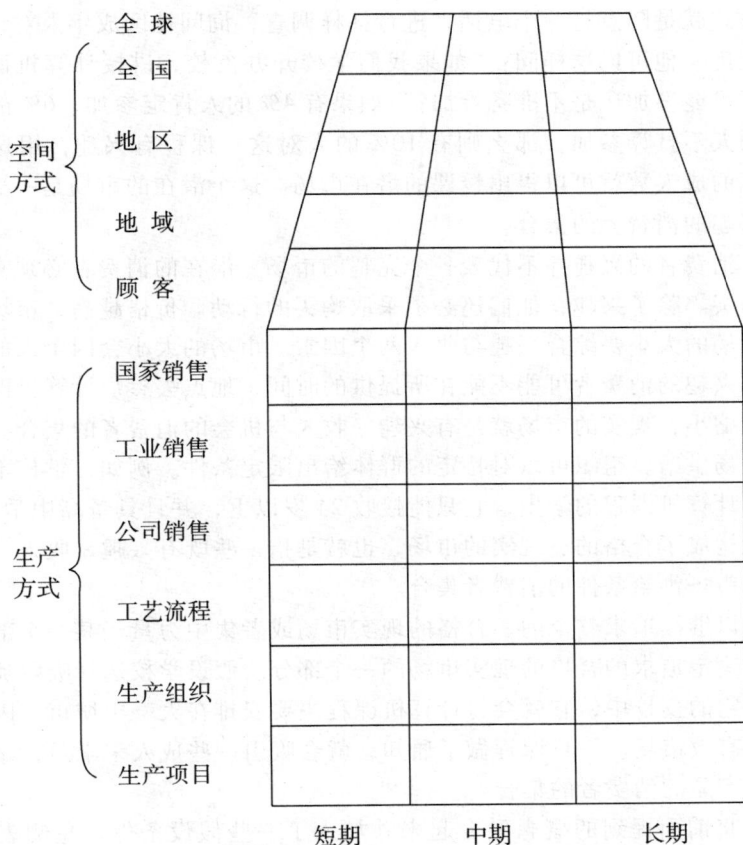

**图 6-1 需求调查的 90 种类型 (6×5×3)**

大小取决于购买者的数量。市场的购买者具有三个特征：兴趣、收入与机会。下面的例子就反映了这种情况：一所中专学校选修计算机课程的全日制学生不断减少，计算机系主任正在考虑向社区的成人提供夜校服务——讲授计算机课程。他最关心的就是是否会有足够的人来听课。这样，社区的成人就构成了计算机系主任所期待估测的一个市场。

　　首先要估测本社区对计算机课程会感兴趣的成人数量，有许多办法可以进行这种估测。系主任可以联系其他提供计算机课程的学校，调查一下它们的入学情况。

更直接的方式就是随意打一个电话，进行抽样调查，询问社区成年人对计算机课程感兴趣的程度。他可以这样问："如果我们学校开办夜校，讲授计算机课程，你将肯定参加、可能参加还是不准备参加？"如果有 4% 的人肯定参加，6% 的人可能参加，90% 的人不打算参加，那么则有 10% 的人对这一课程有兴趣，用这一百分率再乘以社区的成人数就可以得出授课的潜在市场。这个潜在的市场是一群对市场供给有一定兴趣的消费者的集合。

但是，消费者的兴趣并不代表一个完整的市场。潜在的消费者必须有足够的资金来支付购买。除了兴趣，他们还必须采取购买的行动。价格越高，市场的消费者会越少，市场的大小要综合兴趣与收入两个因素。市场的大小会因个人的机会障碍而减少，有兴趣的消费者可能不能在所提供的时间、地点去参加计算机课。机会因素会使市场缩小，现实的市场就是有兴趣、收入与机会的消费者的集合。

关于市场供给，组织可以对特定的群体给出限定条件。例如，学校不可能接收每一个想学计算机课程的学生，它只能接收 24 岁以上，并且具备高中学历的成人，这些成人就构成了合格的、现实的市场，也就是指一些既有兴趣、收入、机会，又符合特殊的市场供给条件的消费者集合。

学校可以继续追求整个的、合格的现实市场或者集中力量于某一个部分。服务市场是组织决定追求的合格的现实市场的一个部分。假设学校选择吸收那些中上阶层的成人到它的夜校中，它就会将计算机课程主要安排在大、中城市。因此，服务市场要小于有效市场。一旦课程做了通知，就会吸引一些成人来学习，渗透市场就是真正购买产品的消费者的集合。

图 6-2 将前面提到的概念融合起来并加入了一些假设条件。左侧表示整个人数中的潜在市场率，为 10%。右侧显示了潜在市场的几个划分。现实市场，指那些有兴趣、收入和机会的人，占潜在人数的 40%。有效市场，指那些符合入学条件的人，占潜在市场的 20%（或说现实市场的 50%）。服务市场则是学校积极争取有效市场中的半数，或说 10% 的潜在市场。最终，学校实际入学的学生占潜在市场的 5%。

如果一个组织对目前的销售不满意，它可能考虑采取一系列行动，可以从它的服务市场上吸引更多的人。如果学校发现其服务市场上没有参加的人选择在其他学校学习计算机课程，那么该学校就要通过增加授课地点来增加人数。它还可以放低入学要求以扩大其有效市场，或者通过降低学费扩大现实市场，即增加授课时间、

|  |  |
|---|---|
| 总人数　100% | 潜在市场　100% |
|  | 现实市场——40% |
| 潜在市场——10% | 有效市场——20% |
|  | 服务市场——10% |
|  | 渗透市场——5% |
| （a）总市场 | （b）潜在市场 |

**图 6-2　市场定界**

地点、入学机会，减少学费。最后，学校可以采取广告宣传转变人们的观念，使他们由无兴趣到有兴趣，从而扩大潜在市场。

# 6.3　市场调查的心理学方法

### 6.3.1　市场调查的心理学方法概述

从前面的介绍中，我们不难发现，市场调查的内容、范围，在很大程度上与人们的心理状况、心理特征，如消费者需要、兴趣、态度等有关。那么，我们是否可以将心理学的研究方法加以推广，应用于市场调查呢？回答是肯定的。在实际进行市场调查时，我们也确实是这样做的，并取得了良好的效果。

简单地讲，心理学的方法主要包括以下几种：

（1）观察法。

（2）实验法。

（3）内省法。

（4）电话法。

（5）通信法。

（6）交谈法，包括交心深谈（depth interviewing）和小组交谈（group interviewing）。

（7）问卷法（questionnaire-method），这是市场调查最常用的方法。

在市场调查时，我们应灵活运用上述这些基本方法。根据实际需要，将若干种方法结合起来使用，这样往往会取得较好的效果。

### 6.3.2　问卷法

问卷法是市场调查最常用的方法之一。它是指将所要调查的内容、问题编排成统一的表格形式，以此来搜集所要调查对象的信息。这就是以文字为媒介，取得有关的资料。问卷法调查有很多优点，如易于实施、资料易于保存、易于标准化（因为问卷主要由封闭性问题构成）、易于分析比较等。

根据不同的标准，我们可以将问卷法调查分为很多种：

（1）按照实施调查的方法不同，问卷法调查可分为通信调查、个别访问调查（包括采访法、电话调查、请来调查）、集体调查（使用集体反应分析装置调查）。

（2）按照调查内容不同，问卷法可分为：意识调查、行为调查、事实调查。

（3）按照问题回答形式不同，问卷法可分为封闭式（closed form）问题、开放式（open form）问题。

无论调查采用何种实施方式，调查内容有什么不同，调查所采用的问卷通常是由开放式问题和封闭式问题共同组成的。由于问卷设计的质量直接影响到问卷的效度①，并最终影响到市场调查的结果，因此，下面我们将着重介绍与问卷设计有关的问题。

#### 1）封闭式问题

封闭式问题，又称"限定回答方式"，是指被调查者从研究者提供的两个或两个以上的具体答案中做出选择作为回答。

封闭式问题又可分为以下形式：①是非法；②多方选择法；③分类法；④对照法；⑤检验或核对法；⑥等级法；⑦对偶比较法；⑧等第评定量表法；⑨语义分化法；⑩常定刺激数值分配法。

我们将举例予以说明。

（1）是非法（yes-no question）

又名正误法（true-false question）。

例：我天天喝咖啡。是□　否□

（2）多方选择法（multiple-choice question）

对一个提问项目准备几个相互独立、可供选择的答案。被调查者回答时，可以从中选择一个或一个以上答案。

---

① 效度：一个问卷对于它所要调查的东西达到怎样的程度，或问卷所得结果是否符合该调查的目的。

例：我不喝咖啡，理由是_____

A. 有强烈的感受　　　　　　B. 感觉味道不好

C. 有害　　　　　　　　　　D. 花钱太多

E. 不习惯

（3）分类法（classification question）

对一组调查表的所有项目按 A、B、C 等类型分类。

例：你上下班时穿的衣物，主要是由谁购买的？请在各种衣服后的括号中给出所列答案。

A. 自己购买的　　　　　　　B. 妻子给买的

C. 和妻子一起购买的　　　　D. 亲友赠送的礼物

①西服(　　) 　　②衬衫(　　) 　　③领带(　　)

④内衣(　　) 　　⑤袜子(　　) 　　⑥手帕(　　)

⑦鞋子(　　) 　　⑧手表(　　) 　　⑨皮带(　　)

（4）对照法（matching method）

对一组提问项目，准备一组可供选择的答案，从答案中选择与各项目有关的答案的方法。

例：可口可乐　　　　　　　A. 清凉

　　雪碧　　　　　　　　　B. 爽口

　　莱蒙　　　　　　　　　C. 天然

（5）检验或核对法（checking question）

检验表（check list）是将一连串提问项目，随机罗列起来，查验一下是否符合一定的标准。

例：在下列各项中，将符合最近生活情况的项目号数划一个记号"○"（"○"号数多少不限）。

①最好不乘出租汽车

②不要在高级旅馆进餐

③经常利用百货店大减价的机会

④从朋友那里要来旧童装

⑤把自己孩子穿过的旧衣服送给朋友的孩子

⑥自己做面包

⑦自己给孩子做简单衣服

⑧电器维持原样不变

⑨不安装冷却器

⑩自己不买书，利用图书馆的书

（6）等级法（ranking method）

对于一组提问项目，按一定的标准（如重要性、喜好、赞成等）从第一位到最末位排列等级。也可以不全部排列，只排出前几个等级。

例：我最常饮用的饮料依次是：＿＿＿＿＿＿

（请排出前三位）

A. 可口可乐          B. 芬达

C. 椰奶          D. 啤酒

E. 雪碧          F. 百事可乐

G. 莱蒙          H. 粒粒橙

I. 果茶          J. 芒果汁

（7）对偶比较法（method of paired comparisons）

从一组项目中，每次取出两个项目，根据一定的价值标准比较判断大小关系的方法，即在几个项目中，将所有的组合 $C_n^2$ 次进行比较判断，按随机排列确定项目的等级。

例：下面列出的几组酒，在每一组的两种酒中，你喜欢哪一种，请在喜好的号码上划上记号"○"：

A. ①威士忌          ②日本酒

B. ①日本酒          ②葡萄酒

C. ①白兰地          ②威士忌

D. ①威士忌          ②葡萄酒

E. ①啤酒          ②威士忌

F. ①日本酒          ②白兰地

G. ①日本酒          ②啤酒

H. ①白兰地          ②葡萄酒

I. ①啤酒          ②白兰地

J. ①葡萄酒          ②啤酒

（8）等第评定量表法（rating scale method）

对一组提问项目做出符合一定间距量表上的任一项目的判断。通常是五级和七级评定法两种。

例：

| | 完全是那样 | 说起来是那样 | 未置可否 | 说起来是那样 | 完全是那样 | |
|---|---|---|---|---|---|---|
| A. 消费是美德 | ├—— | —— | —— | ——┤ | | 消费不是美德 |
| B. 因为商品残缺，很多消费者受损 | ├—— | —— | —— | ——┤ | | 因商品残缺，很多消费者未受损 |
| C. 对健康或自然食品关注加强 | ├—— | —— | —— | ——┤ | | 对健康或自然食品关注不强 |
| D. 自动售货机非常普及 | ├—— | —— | —— | ——┤ | | 自动售货机不普及 |
| E. 使用计数钟表增多 | ├—— | —— | —— | ——┤ | | 使用计数钟表没增多 |
| F. 葡萄酒得到广泛称赞 | ├—— | —— | —— | ——┤ | | 葡萄酒未得到广泛称赞 |

（9）语义分化法（semantic differential method）

这是指七点等距序数量表上的一系列描述两极的形容词量表，要求被调查者进行概念判断。

例：你觉得这种罐装咖啡的味道如何？

| | 非常 | 相当 | 稍微 | 正合适 | 稍微 | 相当 | 非常 | |
|---|---|---|---|---|---|---|---|---|
| 香味浓郁<br>苦味重 | | | | | | | | 香味清淡<br>甜味重 |
| | | | | | | | | |

（10）常定刺激值分配法（constant sun method）

按照某种刺激具有各个特点的程度，将 100 分适宜地分配。

例：对你来说，较喜欢的速溶咖啡应该具有哪些特点？将你认为重要的特点选择五个，在相应号码上划上"○"，划"○"的共计 100 分，你认为对各个特点给多少分合适？

①香味好　　　　　　　　　　（　　　）
②颜色好　　　　　　　　　　（　　　）
③味美　　　　　　　　　　　（　　　）
④价钱便宜　　　　　　　　　（　　　）
⑤对健康有利　　　　　　　　（　　　）
⑥咖啡因少　　　　　　　　　（　　　）
⑦咖啡因多　　　　　　　　　（　　　）
⑧热量高　　　　　　　　　　（　　　）
⑨无热量　　　　　　　　　　（　　　）
⑩其他　　　　　　　　　　　（　　　）

2）开放式问题

开放式问题是指回答有较大自由的方式。它可分为下列形式：

（1）自由回答法。

（2）言语联想法。

（3）造句测验法。

（4）主题统觉测验法。

其中，自由回答法（free answer）又称为"自由询问法（open ended question）"。它是仅填写调查项目内容，请被调查者自由叙述的方法。

例 1：请说明你认为理想的消费者形象是：_____。

例 2：关于快餐和方便食品的优缺点，请各写三点。

认为是优点：_____，_____，_____。

认为是缺点：_____，_____，_____。

3）封闭式问题与开放式问题之比较

比较封闭式问题与开放式问题，我们很难讲哪种方式更好些。它们有各自的优点，但同时也存在不足。

封闭式问题的优点在于：①回答是标准化的，结果有可比性；②回答较完整，回收率较高；③易于分析与编码，省时省钱。

另一方面，封闭式问题的缺点也是显而易见的：①易于使没有看法的人猜测回答；②在有些答案中，无法包括回答者的所有回答与看法；③对问题的不正确理解很难觉察出来；④不能区别不同的回答者在回答上的差异。

开放式问题的优点在于：①允许被调查者充分地回答；②可以得到意想不到的回答；③给被调查者较多的创造性和表述机会。

开放式问题的不足则是：①导致搜集不相干、无价值的信息；②搜集的资料不标准，较难进行统计分析；③对回答者要求较高，要有较强的书面表达能力。

在实际调查中，往往将两种形式结合起来使用，以开放式问题来弥补封闭式问题的不足，或者以开放式问题为封闭式问题作准备。一般地，封闭式问题应用于无联系的、性质截然不同的以及数量较少的回答种类，而开放式问题则应用于调查较深层次的问题。

4）问卷设计中应注意的问题

上面，我们已经对问题的各种形式作了一些介绍，那么，问卷到底应该如何设计呢？难道只需将若干问题简单地罗列起来就行了吗？其实，问卷设计中有很多问题需引起注意。下面将要提及的是较为常见的一些事项，可作为您在设计问卷时的参考，也可以作为评价问卷质量的标准。

第一，问卷的长度。一般来讲，一个问卷应包括 30 个左右的问题（不少于 25 个问题，也不多于 35 个问题）。

第二，问卷的适切性。主要包括三方面含义：①研究目的的适切；②问题切合研究目的；③问题切合回答者。

第三，相倚问题。所谓相倚问题，是指一些相互关联的问题。它是对问卷可信度检验的唯一方法，可检验被调查者对问卷回答是否是认真的。通常，一个问卷应有两对以上的相倚问题。

第四，对封闭式问题而言，回答的种类应具有区分性与包容性。也就是说，问题的答案之间不能出现交叉关系；而且，问题的答案应该尽量包括所有可能的回答种类。

第五，问题的排列次序应遵循下列标准：①敏感性问题和开放式问题一般排在最后；②先易后难；③为后面问题提供信息的问题必须放在前面；④可信度检验的问题成对地放于不明显的位置。

第六，问卷设计中易发生的错误：①一问二答的问题，会使被调查者觉得左右为难，难以做出确切的回答；②含糊不清的问题，易使被调查者产生误解，影响调查结果的准确性；③问题的措辞水平，由于被调查者的文化水平存在差异，在表述问题时，应尽量采用通俗易懂的语言，避免使用专业性强的名词；④问卷中尽量不出现抽象问题，比如关于幸福、正义等没有统一衡量标准的概念；⑤诱导性问题，易使被调查者的回答产生偏见，使结果误差较大，甚至做出错误的结论；⑥敏感性和威胁性问题，如果不是十分必要，就一定要去除。

第七，还有一点需要注意：问卷全部设计好后，要进行预先试验，即首先应进行小样本试用（通常为 50～100 人），这样做，有助于修改、整理问卷。根据小样本调查结果，去除或修改设计者认为有用、被调查者认为无用的问题，去除或修改大部分被调查者都不回答的问题，去除或修改大部分被调查者都选择同一答案的问题。经过修订的问卷才能作为正式的问卷，应用于市场调查。

### 6.3.3 交谈法

交谈法也是市场调查较为常用的方法，可分为交心深谈和小组交谈两种。

交心深谈的时间应保持在 1 小时左右。有学者（L. O. Brown）认为，通过交心深谈可发现消费者新的购买动机，可以了解动机作用的模式，还可以刺激交谈者的洞察力。

小组交谈通常是指由 6～12 人组成小组，非正式地集体讨论考察中的问题。主持人可展示商品、包装、图画、广告或录音等。小组交谈的优点在于：①成员间相互影响，扩展了交流信息的范围；②避免被调查者不负责任的反应；③有连锁反应；④诱发动机；⑤比个人交谈节省费用。

同时，我们也应注意到，小组成员的实际发言是不均等的，而且，小组交谈时可能产生从众现象，出现众口一词、人云亦云的场面。

### 6.3.4 投射法

投射法是一种纯粹的、真正的心理学研究方法，起源于临床心理学和精神病学。它是指根据无意识的动机作用探询个性深蕴的方法。投射法超越了表面的防御，往往可以获取较为真实的资料，这一点是其他方法所无法比拟的。但投射法得到的结果难以标准化，对结果的分析与评价带有很大的主观性，信度与效度均存在较大的不足。

投射法主要包括下述三种形式：

1）词联想（word association）

例如，由"面包"联想到"奶油"，即"面包"——"奶油"。

这种方法应用于市场调查，就是，每阅读一次商品目录，就要求被调查者联想商品商标名称，即新产品、样品目录——联想；另外，还有一种连续的词联想，如"肉"——"牛排"、"面包"……

2）造句测验（sentence completion test，SCT）

它要求被调查者在一些不完整的句子中，填上词，使之完整。如"假如头痛，可买_____。"

另一种方式是故事填充（story completion）。

3）主题统觉测验（thematic apperception test，TAT）

它要求被试者将所看到的图画，编成一段故事，故又称为"绘画解释法"。这种方法用于市场调查，即让消费者看一些内容含糊的图画，然后，要求他编出一段故事，来说明所看到的图画。通过解释，可掌握消费者的潜在需求。

# 6.4　市场营销心理学的研究方法

### 6.4.1　市场营销心理学常用研究方法

在市场营销心理学的研究中，随着研究对象的不同，所用的方法也有差异（见表6-1）。

表 6-1　　　　　　　　　**市场营销心理学常用研究方法一览表**

| 研究方法 | 实验法 | 观察与推理法 | 自我报告法 | 投射测验法 | 决策研究法 | 社会研究法 | 深度汇谈法 |
|---|---|---|---|---|---|---|---|
| 需求与动机 |  | √ | √ | √ | √ | √ | √ |
| 消费者人格 |  | √ | √ |  |  | √ | √ |
| 市场细分 |  |  | √ | √ | √ | √ | √ |
| 感知觉 | √ |  | √ | √ |  |  | √ |
| 消费态度 |  | √ | √ | √ |  | √ | √ |
| 营销沟通 | √ | √ | √ |  |  | √ | √ |
| 家庭消费行为 |  | √ | √ |  |  |  | √ |
| 社会阶层 |  |  | √ |  | √ | √ | √ |
| 其他文化因素 |  | √ | √ |  | √ | √ | √ |
| 购买决策 | √ | √ | √ |  | √ | √ | √ |

此外，在市场营销心理学的研究中，人们一般在不同的研究方法中使用各种不同的研究工具以达到自己的目的。除决策研究法和社会研究法一般使用理论分析和文献统计以外，其他的研究方法大都使用较具有实证性的研究工具。这些研究工具既包括一些硬件设备（如摄像机），也包括一些心理学研究中被人们公认的心理量表（如利克特态度量表）。因此，我们可以说，市场营销心理学的研究工具是随着科学技术的发展和心理学本身的发展而逐渐发展变化的。这种对其他学科的依赖倾向将越来越明显，尤其是对科学技术发展水平的依赖将更为强烈。下面我们把各种研究方法中所常用的研究工具列表加以说明（见表6-2）。

表6-2　　　　　　　　　市场营销心理学研究中常用的研究工具

| 研究方法 | 实验法 | 观察与推理法 | 自我报告法 | 投射测验法 | 深度汇谈法 |
|---|---|---|---|---|---|
| 研究工具 | ● 样本预测<br>● 速示器 | ● 摄像机<br>● 记录仪<br>● 产品扫描仪<br>● 人员量表<br>● 内容分析<br>● 人种史材料 | ● 问卷<br>● 记录表<br>● 态度量表<br>● 利克特量表<br>● 语义差别量表<br>● 等级次序量表<br>● 价值工具 | ● 词语联想<br>● 造句测验<br>● 画图测验<br>● 图片分类<br>● 墨迹测验<br>● 卡通画（TAT）<br>● 其他人格测量工具 | ● 屏蔽问卷<br>● 讨论指南 |

### 6.4.2　市场营销心理学研究步骤

一般而言，人们对市场营销心理学问题进行研究时还要遵循如下六个步骤：

（1）确定研究的对象，即到底要研究什么问题，是研究人们对微型汽车的态度，还是研究使用移动电话的人数。合理地确定研究的对象有助于人们决定所要搜集的信息的类型及其所要达到的水平。对于不同类型的问题，人们所使用的研究策略也不相同。有些类型的问题，如研究的目的在于提出产品促销的新设想，那么一般可以采用"定性的"研究策略；而对于另外一些问题来说，如研究的目的在于确定使用某种产品的人数或者其使用频率，那么一般采用的是"定量的"研究策略。

（2）收集和评价二手资料，即收集和整理他人或者自己原来早已做出的研究成果，如政府机关、市场研究公司、广告公司等都是一些重要的二手资料来源地。这种二手资料不仅能够给我们提供进一步研究的线索和方向，而且有时候甚至就能够直接给我们提供问题的答案。

（3）设计研究方案。一般而言，人们所需要的资料类型不同，那么将要进行的研究其收集资料的方法和模式也就会产生很大的差异。收集定性资料主要用深度汇谈法、聚焦组法和投射测验法，而收集定量资料则主要用观察与推理法、实验法来进行。当然，使用观察与推理法、实验法还必须进一步考虑样本的设计、研究工具的选择等问题。

（4）收集原始资料，也就是到现场去进行实际的研究工作。收集定性资料通常必须由受过良好专业训练的市场营销心理学家亲自来进行，而收集定量资料则可以由研究人员直接进行，或者是由受过一定专业训练的一线营销人员代为进行。

（5）分析收集的研究资料。在定性研究中，市场营销心理学家通常必须亲自分析收集到的资料；而在定量研究中，市场营销心理学家则指导他人分析，当然也可以亲自去进行分析。在目前进行的市场营销心理学研究中，人们一般在计算机上借助于已有的分析软件进行资料分析工作，而早期的许多研究工作则是以手工的方法分析收集到的资料。

（6）撰写研究报告。不论进行的是定性的研究，还是定量的研究，在研究报告中都必须撰写一个简短的摘要，以概要说明研究过程及其主要研究结果。接下来必须有本研究所涉及的关键词，以利他人检索和查阅。研究报告正文是很重要的，它必须详细说明研究的过程、所使用的方法及其研究结果。如果是定性研究，还必须用一定的图表来表现数据。此外，正文后边还必须附上所用问卷清样，以利他人检验你所做研究的客观性。

# 6.5　市场调查的统计方法

## 6.5.1　市场调查中的样本

通过前面的介绍，我们知道，市场调查的方法总体上可以分为四大类：①询问调查（questioning survey）；②观察调查（observational survey）；③实验调查（experimental survey）；④统计分析（statistical analysis）。

这些调查方法都涉及一个"抽样（sampling）"的问题。任何一次市场调查，由于受到时间、经费、人力等条件的限制，不可能对每一个消费者进行调查，而总是在消费者总体中，按照一定的原则和程序，抽取出一部分对象，作为代表加以调查和分析，并由此推及总体而得出结论的。我们把从总体中抽选出来的那部分代表，称为"样本"，他们是市场调查的直接调查对象。样本的质量，直接影响到市场调查的结果。市场调查是一种样本调查。

样本的构成由我们所研究问题的性质决定。不必要求样本的所有性质都与总体相似，只要求样本的某一特征与总体的这一特征相似，而这一特征也就是所要研究的性质。样本抽取的一般原则是：①样本应尽量成为总体的复本，即样本应在所要求的范围内，与总体一致；②样本在某些特征方面，相信是总体的近似值。

样本有两大基本要素：样本大小和样本的代表性。

1）样本大小

首先，样本大小与总体某一性质的差异程度密切相关，对相同性质（即差异程度相同）的总体来说，总体越大，所要抽取的样本数量越多，但并不成简单的正比关系。其次，对相同数量的总体而言，总体某一特征的一致性程度越小，差异越显著，抽取样本也越大，但也不是简单的正比关系。最后，总体的某一特征若无差异，则样本可以为任意大小，也就是说，特征相同时，总体大小不决定样本数量。

2）样本的代表性

代表性是指总体特征在样本中的再现情况，或样本接近总体的程度。它是市场调查中最主要的问题。抽样误差越小，样本代表性越高。

样本数量与代表性是相辅相成的。样本数量是指有一定代表性的数量；而代表性则是指有一定数量的代表性。一方面，数量虽多，但代表性差，调查结果毫无疑问是没有价值的；另一方面，代表性虽好，若数量过少，也会引起代表性误差增大。所以说，代表性对调查结果起主要决定作用，样本数量则对结果起保证作用，而且，这种保证作用受代表性制约。

### 6.5.2 市场调查中的抽样方法

抽样方法有很多种，总的来说，可分为两大类：非概率抽样和概率抽样。

1）非概率抽样（non-probability sampling）

这是一种凭借直观感觉、经验、假设来抽取样本的方式，而不是按照随机抽样原则进行的，又称"不等概率抽样"或"不随机抽样"。

采用这种抽样方法，虽可以从样本对总体做出推测，但理论上无法证明其可靠性；另外，无法估计误差，可信度很难保证。不过，在实际应用中，这种方法得到的结果可以是准确的。这一方法具体划分为以下几种：

（1）任意抽样法（convenience sampling）

例如，在展览会现场，随便遇到谁，就对其进行调查。

（2）判断抽样法（judgement sampling）

这是根据研究者的主观判断抽取样本的方式。样本的代表性取决于研究者对总体的了解程度，其结果能较好地反映总体。总体个案数目较小时，判断抽样方法可取得较好的代表性；但随着总体数目增加，或所要调查范围扩大，判断抽样的准确性、代表性将显著降低。

例如，对跑车进行市场调查时，以年轻男性作为标准抽取样本。

（3）配额抽样法（quota sampling）

这是最重要的一种抽样方式，亦称"定额抽样"。先要规定一定的样本数量，并规定一些与研究问题有关的标准，将样本数量按不同的标准加以分配，再从符合标准的抽样中主观地抽取样本。

例如，可以将地区、职业、性别、年龄、收入等作为抽样标准，研究消费者对某产品采用的程度。

配额抽样法简单易行、快速灵活，所需费用低，调查准确性高，是市场调查常用方法之一。

2）概率抽样（probability sampling）

这是指从全体调查对象中，按一定的程序和方法，随机地提取一部分对象，作为代表加以测验与分析，由样本推及总体的技术，又称"随机抽样（random sampling method）"。这种抽样方式保证了总体中的每一个对象都有相同的可能性被选为样本。这一方法还可以具体划分为以下几种：

（1）简单随机抽样（simple random sampling）

这是最随机的抽样方法。如果总体中每个元素被抽到的机会相等，且每一个同样大小的元素样本都有成为实际样本的同等概率；同时，在抽取一个元素之后，总体内成分不变，这种抽样方法就是简单随机抽样。实际操作程序为：将总体中的各元素编号，再按随机数表进行抽取。

简单随机抽样直观而又简单，最符合抽样的随机性原则，是其他抽样方法的基础。但这种方法费时费力，而且样本单位分散，实际调查时，很少采用这种抽样法。

（2）等距随机抽样（isometric random sampling）

把按某一顺序排列的总体，按一定的间隔随机抽取样本，又称"系统抽样"。操作程序是：先编号，根据间隔，在最先的几个元素中随机抽取一个，以这个元素的编号为基础，逐个累加间隔数，取出相应元素，组成样本。

这种方法省时、省力，实施较方便，样本代表性也较好。但如果等距抽样的间隔接近总体个案类别数目时，会出现周期性误差。这种方法多用于个案数目不大的总体，而且总体中不能有周期性现象的发生。

（3）分层随机抽样（stratified random sampling）

将总体中所有单位，按其属性、特征分成若干类型（或组、层），在各类型中，再按随机抽样方式抽取样本。操作程序为：先了解总体的大致情况，根据一定特征进行分层，在各层内随机抽取样本。

分层随机抽样法得到的抽样效果好，误差也较小。但分层较为困难，若分层特征选择不当，样本的代表性会大大降低。这种方法适用于总体中个案类别之间差异较大，而个案类别内部差异较小的总体。

例如，调查城镇家庭对 20 英寸彩电的需要量，以工资收入、职业、性别、年龄等作为分层依据。

（4）分群随机抽样（cluster random sampling）

将总体划分为若干群，以群为单位，从总体中，随机抽取若干群，对抽中的群内的各个元素进行全面的调查。划分群的原则是使群内各元素之间的差异尽量扩大，而群与群之间的差异尽量缩小。

分群抽样法便于组织调查，可节省人力和财力，但样本的代表性不够好。通常用于已经形成的自然群，比如，根据不同地区、街道等，进行群内普查。

在实际市场调查工作中，应该根据实际条件（如时间、经费、人力等），灵活运用上述方法，也可以将若干种方法结合起来使用，达到"以最少的经费、最快的速度，获得最准确资料"的目标。

### 6.5.3　市场调查结果分析

对市场调查所得资料进行整理，通常会得到下述三种结果分析。

1）常态分析

对消费者偏好分析，往往就是一种常态分析，如食品甜度分析（如图 6-3 所示）。结果表明，绝大部分消费者喜爱中等甜度食品。

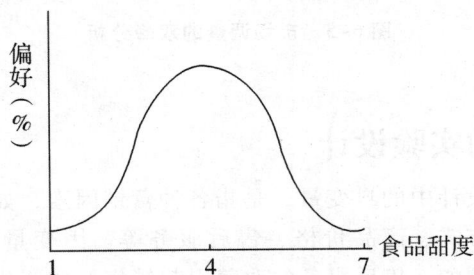

**图 6-3　市场调查的常态分析**

2）偏倚分析

例如，对"清洁剂容器重量多少为宜"的调查结果，就是偏倚分布：绝大多数的消费者觉得不宜过重（如图 6-4 所示）。

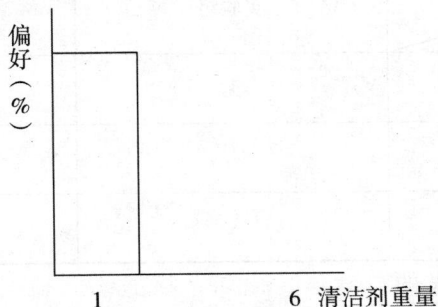

**图 6-4　市场调查的偏倚分析**

3）双峰分析

例如，对"清洁洗涤剂的泡沫多少"的调查结果显示：大多数消费者认为，洗碗时泡沫越多越好，而洗衣服时则越少越好，呈双峰分布（如图 6-5 所示）。

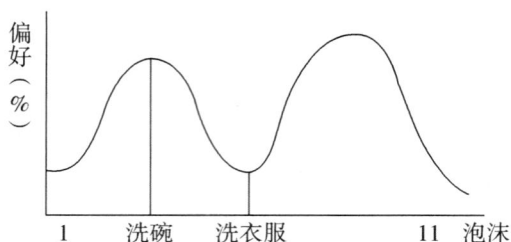

图 6-5　市场调查的双峰分析

## 6.6　市场调查的实验设计

市场调查的实验设计中的自变量，是指各种营销因素，如新产品设计、包装设计、广告媒介、销售方式、商品价格、售后服务等。因变量则是销售量、费用成本、利润等的变化。例如，售后服务的改善引起销售量的变化。

市场调查的实验设计，主要有四种，下面对这四种实验设计，举例加以说明。

（1）无控制组的事后设计（见表 6-3）

表 6-3　　　　　　　　　　　无控制组的事后设计

| 组别 项目 | 实验组 | 控制组 |
|---|---|---|
| 事前测量的因变量 | 无 | 无 |
| 实验自变量 | 有 | 无 |
| 事后测量的因变量 | x | 无 |

实验自变量的效果 = x−k

式中：x 为实验因变量的事后实际值；k 为实验因变量的事前估计值。

例如，某机床厂生产机床，销量不大。通过增设技术服务站（为用户安装调试、提供技术咨询等），一个季度后，增加销售量 20 台。这说明，改进售后服务，能增加销售量。但判断售后服务的效果究竟有多大，还有赖于正常情况下，对销售量的估计值（k）。

（2）无控制组的事前事后设计（见表 6-4）

表 6-4　　　　　　　　　　无控制组的事前事后设计

| 项目 ＼ 组别 | 实验组 | 控制组 |
|---|---|---|
| 事前测量因变量 | $x_0$ | 无 |
| 实验自变量 | 有 | 无 |
| 事后测量因变量 | $x_1$ | 无 |

实验自变量的效果 $= \dfrac{x_1 - x_0}{x_0} \times 100\%$

仍以前例来说明。若设立技术服务站前一个季度的销售量为 80 台，设立后一个季度的销售量为 100 台，即 $x_0 = 80$ 台，$x_1 = 100$ 台，那么，设立技术服务站的效果为：

$x_1 - x_0 = 100 - 80 = 20$（台）

增长率 $= \dfrac{20}{80} \times 100\% = 25\%$

（3）有控制组的事后设计（见表 6-5）

表 6-5　　　　　　　　　　有控制组的事后设计

| 项目 ＼ 组别 | 实验组 | 控制组 |
|---|---|---|
| 事前测量因变量 | 无 | 无 |
| 实验自变量 | 有 | 无 |
| 事后测量因变量 | x | y |

实验自变量的效果 $= x - y$

这种实验设计，先选定一个实验组，再选择一个条件（主要是指规模、性质、购买力等）与实验组基本相同的控制组，作为与实验组进行比较的基础。这样，就排除了外来因素的影响，使结果更准确、可靠。

仍以该机床厂为例。该厂选择甲、乙两个相邻地区，在甲地区设立技术服务站（此为实验组），而在乙地区则不设立技术服务站（此为控制组）。一个季度后，甲地区销量增加 20 台，乙地区增加 5 台，那么，自变量效果为：

x−y = 20−5 = 15（台）

即设立技术服务站可使销量增长 15 台。

（4）有控制组的事前事后设计（见表 6-6）

表 6-6 　　　　　　　　　　有控制组的事前事后设计

| 项目 ＼ 组别 | 实验组 | 控制组 |
|---|---|---|
| 事前测量因变量 | $x_0$ | $y_0$ |
| 实验自变量 | 有 | 无 |
| 事后测量因变量 | $x_1$ | $y_1$ |

实验自变量的效果 $=\left(\dfrac{x_1-x_0}{x_0}-\dfrac{y_1-y_0}{y_0}\right)\times 100\%$

这种实验设计，在实验前后，对实验组和控制组的因变量都进行测量（如表 6-7 所示）：

表 6-7 　　　　　　　对实验组和控制组因变量的测量 　　　　　　　单位：台

| 组别 | 实验前 | 实验后 | 变动 | 实验效果 |
|---|---|---|---|---|
| 实验组 | 80 | 100 | 20 | |
| 控制组 | 80 | 85 | 5 | 15 |

那么，实验效果 $=\left(\dfrac{x_1-x_0}{x_0}-\dfrac{y_1-y_0}{y_0}\right)\times 100\% =\left(\dfrac{100-80}{80}-\dfrac{85-80}{80}\right)\times 100\%$

$\qquad\qquad\qquad = （0.25-0.06）\times 100\%$

$\qquad\qquad\qquad = 19\%$

结论：设立技术服务站可使销售量增长 19%。

# 6.7　市场营销预测

### 6.7.1　市场营销预测的产生与发展

市场调查的目的是为企业做出正确营销决策提供可靠的依据，从而使企业在激烈的市场竞争中占据优势地位。事实上，企业所作的各项决策（如生产决策、行销决策等），体现了企业对市场未来发展趋势的预测。在当代，市场预测已越来越显示出它的重要性。

人类社会，自从有了"商人"这一特殊的社会阶层，也就相应有了"市场营销预测"。所谓商人，指的是专门从事商品交换，而不从事生产的阶层。商人所得利润的一部分，就是通过市场预测、掌握了贱买贵卖的时机而获得的。

例如，公元前 6—7 世纪，古希腊七贤之一的泰勒斯（Thales），作了市场预测，掌握商品活动时机，最终取得巨大财富。我国古代的计然、子贡、白圭也流传下来有关市场预测的理论及由此盈利的事例。

在资本主义初期，产品供不应求，市场预测也就显得无足轻重了。但时至今日，社会生产力得到迅猛发展，市场竞争极为激烈，市场预测也日益受到重视。在发达资本主义国家，大公司纷纷成立市场调研机构，就有力地证明了这一点。

### 6.7.2　定性与定量预测

企业在通过市场营销调查获得一定资料的基础上，针对企业的实际状况，运用已有的知识、经验及科学方法，对企业和市场的未来发展趋势，做出分析和判断，为营销决策提供可靠依据，企业的这一系列市场经营活动，就是我们所说的"市场营销预测"。它包括定性预测和定量预测。

（1）定性预测，是质的分析。它以人们的直觉或经验做出主观判断，粗略地预见事物的发展趋势，或估计出一个概数。定性预测适用于下列情况：

①市场总体形式的演变（由卖方市场演变为买方市场）；

②科技成果的推广与应用；

③新产品的开发，企业未来的发展方向；

④企业经营环境分析和战略决策；

⑤企业市场经营组合策略的改变等。

定性预测重视从性质方面，对事物变化的总体趋势和方向进行分析，具有较大的灵活性，易发挥人的主观能动作用，并具有简单、迅速、省时、经济等优点。但定性预测偏重于人的经验和主观判断能力，易受人的知识、经验、能力的限制和主观因素的影响，难以对事物变化做出准确描述。

（2）定量预测，是指根据调查得到的数据资料，运用数学方法对未来市场营销变化做出量的估计。定量预测适用于下列情况：

①历史统计资料较详尽。

②事物发展变化的客观规律比较稳定，事物在发展变化过程中有质的突变。

③对处于成长期、成熟期的产品，市场需求预测、销售预测、广告效果测定等，适用性更强，效率更高。

定量预测重视根据数量对事物变化程度做出量化判断，应用历史统计资料、客观材料，受主观因素影响小。可利用计算机运用数学方法进行客观测量。但定量预测不易处理数据外的市场波动信息，难以预测事物质的变化。

在实践中，要求企业领导者和市场营销人员做到将宏观定性预测与微观定量预测结合起来。只有这样，才能取得科学、准确的预测结论。

### 6.7.3  市场营销预测的方法

企业通常经过三个阶段以实施一项营销预测。他们首先进行环境预测，其次为行业销售量预测，最后是企业销售量预测。环境预测要求对通货膨胀、失业、利率、储蓄、企业投资、政府消费、净出口和与企业有关的其他环境重要因素和事件进行预测。最终的结论是对全国总产品的预测，它与其他环境指标结合运用于预测行业的销售量。企业销售量的预测建立在获得一定行业销售份额基础之上，该营销预测以三个信息来源为基础，即人们在谈论什么、人们在做什么和人们已经做了什么。

人们在谈论什么——包括对购买者或接近购买者的人，诸如营销员或外部专家的意见调查。它有三种方法：购买者意向调查法、销售员意见综合法以及专家意见法。人们在做什么——预测则涉及其他方法，即将产品投放市场，调查消费者对此做出的反应。人们已经做了什么——运用过去购买者的行为分析记录或时间系列分析法、统计需求分析法。

1）购买者意向调查法

营销预测是一门艺术，在一系列给定的条件下要预见购买者的消费意向，这就需要对购买者进行调查。如果购买者已形成了明确的意向将要付诸实施，并愿向来访者描述，调查就会特别有价值。在主要耐用消费品中，几家调研机构组织了定期的购买者意向调查。这些机构询问了如表 6-8 的问题，并按购买力概率大小加以区分。

表 6-8　　　　　　　　　　　　　　　　**购买力概率尺度**

| 你是否打算在未来半年内购买一部汽车 | | | | | | | | | | |
|---|---|---|---|---|---|---|---|---|---|---|
| 0.00 | 0.10 | 0.20 | 0.30 | 0.40 | 0.50 | 0.60 | 0.70 | 0.80 | 0.90 | 1.00 |
| 不会 | 概率极少 | 概率较小 | 有一定可能 | 较有可能 | 有较大可能 | 有很大可能 | 有可能 | 非常可能 | 几乎肯定 | 当然 |

这被称为购买力概率尺度。另外，各种调查要求包括消费者目前与未来的个人财政状况与经济前景。各种信息组合为一个消费者情感测量或是消费者自信测量。耐用消费品生产企业则订阅这些指标，希望预见消费者购买意向的主要转移方向，从而能调整它们的生产与营销计划。而在产业领域内，各个机构着手进行关于厂房、设备和原材料的购买者意向调查。

总之，购买者意向调查由于购买者人数不多，有效接触他们的成本不高，他们有明确的意向并遵循他们最初的意向，同时愿意讲出他们的意向，所以这种调查的价值不断增加。因此，对于工业品、耐用品消费者、要求有预定计划的产品购买与不存在过去资料的新产品，这种调查方法都具有价值。

2）销售人员意见综合法

在对消费者的访问无法实施的情况下，公司也可以要求其销售代表进行预测。但很少有公司使用它们销售人员未加修订的预测，因为销售人员是带有偏见的调查者。他们可能天生乐观或悲观，也可能因近期销售的成功或失败而从一个极端走向另一个极端。况且，他们经常意识不到宏观经济的发展趋势，不了解公司的营销计划是否会影响远期的销售。他们可能瞒报需求，以致使公司制定低的销售定额，也可能没有时间进行认真的估计或者认为这么做不值得。

公司可以向销售人员提供某些帮助或激励，鼓励他们作更好的预测。销售人员会收到一张他们过去预测与实际销售的记录，以及一份关于公司未来发展前景的展望设想，一些公司还会收集每个人的预测记录，并分发给销售人员。销售人员为降低销售定额而作的比较保守的估计，可以通过每个销售人员对于广告和促销费用的估计而抵消。同时，销售人员可以有比其他单个组织更好的对发展趋势的洞察力。通过参与预测过程，销售人员对于他们的销售定额会更有信心，从而激励他们去实现这一目标。

3）专家意见法

公司还可以向专家咨询预测意见。专家具体包括经销商、分销商、供应商、营销顾问和贸易委员会。汽车公司可以定期调查它们的经销商以获取它们对于短期需求的预测。但是经销商预测具有与销售人员预测同样的优点和缺点。

许多公司从著名的经济预测公司购买经济和行业预测。这些预测公司的专家拥有大量的资料和丰富的预测经验，所以他们的预测要优于本企业的预测。

公司偶尔也会召集特定的专家，进行某种特殊的营销预测。专家们互相交换意见从而形成一个总的预测（分组讨论办法），或者他们被要求单独提供自己的预测，然后分析人员将其综合为一个预测（个人估计汇总），或者他们提供各自的预测与假设，再由公司的分析专家进行审查、修订，多次重复以获得一个更深化的预测（德尔菲法）。

专家意见法的一个有趣变种为洛克希德航空公司所首创。洛克希德公司的一组主要行政人员模仿不同的主要顾客，他们评价了洛克希德公司的报价与其竞争者的报价，每个人要做出买什么和在什么地方购买的决策。通过将洛克希德公司的购买加以汇总，并与一组独立的统计预测相协调，就获得了洛克希德公司的营销预测。

4）市场检测法

在顾客不能认真制订他们的购买计划，或在实施他们的意图时反复无常，或专家并不可靠的情况下，直接的市场检测是可取的。直接的市场检测在预测某一新产品的销售或原有的产品在新分销渠道或地区的销售方面尤其可取。

5）时间序列分析法

许多公司将其预测建立在过去销量的基础之上。这样做是根据统计分析原理，认为从过去的数据中可以找到因果关系，这种因果关系可用于预测未来的销售。一般地，某一产品过去销量的时间序列（Y）可被分为四个主要部分进行分析：

第一部分，趋势（T）是人口、资本构成与技术的基本发展的结果。通过对过去销售的分析它可以用一条直线或曲线来表示。

第二部分，循环（C）抓住了销售的波状运动规律。由于销售受宏观经济运行波动的影响，因而呈现出一定的阶段性。

第三部分，季节（S）是指一年内销售活动的连续类型。季节一词描述了任何重复出现的每小时、每周、每月或每一季度的销售类型。季节因素与气候、节假日、消费习俗相关。

第四部分，突发事件（E），包括罢工、风暴、暴乱、火灾、战争等。这种突发事件是无法预测的，为了便于预测一个正常的销售行为，应该把它们从过去的资料中排除出去。

时间序列分析的内容，是把最初的销售序列进行分解，将 Y 划分为 T、C、S 和 E 四个部分。然后再将其汇总成销售预测。例如，一家保险公司今年卖出了 12 000 张新的人寿保险单，它想要预测明年 12 月的销售额。长期趋势表明了 5% 的年销售增长率，那么，明年的销量就是 12 600 张（12 000×1.05）。但是估计明年这个营业活动会衰退，所以总销量只能达到预期的 90%，那就是 11 340 张（12 600×0.90）。如果每个月的销量相同，月销售量为 945 张（11 340÷12）。但是 12 月的销量是平均月保险单数量乘以 1.30 的季节指数，因此 12 月的销量就是 1 228.5 张（945×1.30）。如果没有突发事件，如罢工或新保险条例的制定，明年 12 月的新保单销量的最合适估计数便是 1 228.5 张。

对于一个生产线上拥有几百个项目的公司想要进行有效而经济的短期预测，需要采用一种新的时间序列方法，称为指数平滑法。它最简单的形式只需要以下三项资料：这一时期内的实际销售量 $Q_t$；这一期的平滑销售量 $Q_a$；平滑常数 a。下一期的销售预测公式：

$$Q_{t+1} = aQ_t + (1-a) \bar{Q}_a$$

式中：$Q_{t+1}$ 为下一期的销售预测；a 为平滑常数，$0 \leqslant a \leqslant 1$；$Q_t$ 为 t 时期的当前销售量；$\bar{Q}_a$ 为 t 时期的平滑销售量。

假定平滑常数是 0.4，当前的销售量是 50 000 元，平滑销售量是 40 000 元，那么销售预测为：

$$Q_{t+1} = 0.4 \times 50\ 000 + 0.6 \times 40\ 000 = 44\ 000 \text{（元）}$$

可见，销售预测总是在当前销售与平滑销售之间（或在两者的一端），而当前销售与平滑销售的相对影响依赖于平滑常数，这就是 0.4，表示销售预测接近实际销售额。对公司的每一类产品，公司可以决定平滑销售与平滑常数的初始水平。平滑销售的初始水平可以是前几期的简单平均销售。平滑常数可用 0~1 间的数代入反复试算，从而找出最适合于过去销售的常数。

6）统计需求分析法

时间序列分析法将过去和未来的销售看做时间的函数，而不是与任何实际需求因素相关。事实上，大量的实际因素影响着任何一种产品的销售。而统计需求分析法是一系列统计程序，用于发现影响销售的最重要的实际因素及其相互间的影响，这些因素通常分为价格、收入、人口与促销。

统计需求分析法通过将销售量 Q 作为因变量，从而将其作为一系列自变量 $X_1$，$X_2$，…，$X_n$ 的函数，即 $Q = f (X_1，X_2，…，X_n)$。通过应用多元回归分析技术，可将各种等式统计为合适的数据，从而成为最佳的预测因素和方程式。

计算机的应用使得统计需求分析法在预测方面更为普及。但使用者应注意五个方面的问题，以增强统计需求方程的有效性与实用性，它们分别为：观察值太少；自变量间的关系太繁杂；违反正态分布的假设；双向的因果关系；未考虑到新变量的出现。

总之，为了履行自己的职责，营销人员应对现在和将来的销售需求做出各种不同的预测。上述多种预测方法对于市场机会的分析、营销计划的制订、营销努力的调控是必需的。公司可以预备多套营销预测方案，并随着产品集中程度、时间长度、空间范围的不同而变化。

## 基本概念

市场调查　市场调查中的问卷法　市场调查的统计方法　市场调查的实验设计　市场营销预测

## 思考题

1. 试述市场调查的范围与作用。
2. 阐述市场调查心理学方法的种类，并选择其中一种方法深入描述。
3. 解释如何对市场调查结果进行分析。
4. 说明市场营销预测的具体方法有几种，如何具体操作。

# 第7章

## 消费心理与神经营销

### 重点内容

- 阐述神经营销的研究目的
- 解释神经营销的基本内涵
- 描述神经营销的研究方法
- 说明神经营销的技术工具

## 7.1 神经营销的学科内涵

你有没有想过：广告商掐住你的脖子，对你的潜意识进行催眠，让你对产品深信不疑或使你冲动行事去买这个产品呢？你可能不以为然，认为这简直是天方夜谭。然而，目前一种称为"神经营销"的新兴技术正在欧美兴起，这种技术运用脑部扫描来测算人对于促销信息的反应。

你也许会惊叫起来：天哪！这简直是控制消费者啊！事实上，神经营销运用功能性磁共振成像（fMRI）、磁性脑照相等先进技术以及较为传统的脑电图技术（EEGs）来观察当测试对象看见、听见某个产品促销时的"大脑兴奋区域"。例如，福克斯公司做了一项调研：他们运用脑电图和眼部活动跟踪记录下被测试人对嵌入到视频游戏当中广告的反应，结果发现吃冰激凌相比吃巧克力或酸奶会产生更大的愉悦感；又如，英国最大的早餐时间电视台 GMTV 对一天当中不同时段广告的观众反应做了一个评估，在六周时间里扫描了 200 位电视观众的大脑反应，包括他们的注意力、专注程度、短时和长时记忆以及积极情绪的参与度等，研究发现：早上的广告在所有选项上都比晚间的播放情况要好，可见，黄金时段并非那么"黄金"。

由于神经营销提供了一个通过测试广告、商标对于个体的潜意识影响做出量化预测的诱人前景，因此，神经营销对于营销者而言真是天赐之物。如果过去是"得人心者得天下"，那么现在则是"得人脑者得天下"！

事实上，在 20 世纪后半期，经济学科所获得的进步在很大程度上要归功于自然科学在经济领域中的运用，这些学科包括数学、统计学、物理学等。市场营销作为经济学的一个重要分支也经历了与其他经济学科类似的发展，伴随着学科发展的深入，许多学者希望能够进一步探索个体行为决策背后的心理机制，而神经科学（neuroscience）研究手段的迅猛发展则使得这类更深层次的探索成为了可能。

21 世纪以来，神经科学家和消费行为学家开始相互涉足对方所熟知的领域，研究个体消费行为决策背后的神经机制（neural mechanism），并提出新的营销决策模型，这一跨领域的学科也被正式命名为"神经营销"（neuromarketing）。神经营销的研究目的是通过神经科学的研究手段（诸如造影、脑成像等）研究消费者行为背后的神经机制，主要集中在对于消费者脑部兴奋（brain activation）的研究，也包含对于消费者生理学特征（如心率、汗液分泌、血压、眼球转动）等的研究。通过分析这些生理变量和行为变量之间的内在规律，从而找出影响和决定消费者行为的生理学乃至生物学因素，据此提出相关的理论，以帮助学界和实务界更好地理解营销决策的运作机理。本章对于神经科学在消费行为领域的研究思路、方法及成果进行梳理、归纳与介绍。

# 7.2 神经营销的生物基础

## 7.2.1 人脑结构简介

### 1）人类大脑的基本组成

人类神经系统的一个重要和基本的组成部分被称为神经元细胞（neuron），如图 7-1 所示，而一个成年人的大脑中含有约 1 000 亿个神经元，而每个神经元会与 1 000～10 000 个其他的神经元直接连接，通过神经放电（firing）和其他神经元产生交流。人类大脑细胞的组成可以被分为两类：

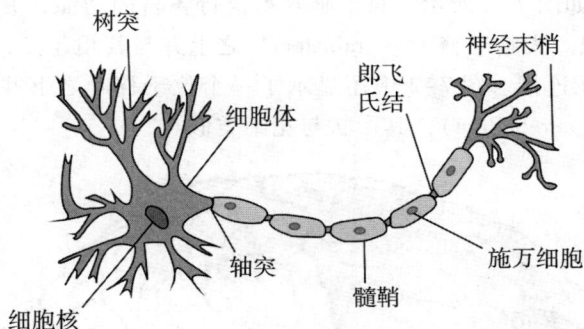

图 7-1 神经元细胞图

（1）灰质（grey matter）

大部分灰质由神经元组成。灰质大约占整个人类大脑体积的 40%，不过却要消耗大脑供氧量的 94%，这是因为神经元之间的交流需要通过神经冲动（action potential）时的神经放电来实施，而这个放电过程需要消耗氧气。

（2）白质（white matter）

白质主要包含起到连接神经元作用的组织，如轴突（axons）和树突（dendrites）。白质由大量的髓磷质（myelin）组成，肉眼看上去呈白色。

神经经济学和神经金融学的研究领域主要集中在大脑皮层（cortex）兴奋和人类决策行为的关系（关于皮层兴奋的特征我们将在之后予以介绍）上。皮层像是包裹在大脑最外层的"表皮"，事实上，"cortex"也来自于拉丁文，意义为"树的皮"（bark）。大脑皮层主要负责人类大脑的信息处理和执行较为高等的思维功能。或许是由于进化，人类的大脑已经发展为一个极其复杂的系统，大脑似乎为了能够被有限的头颅空间所容纳，进化为层层重叠的组织，这也就是为什么人类（以及其他一些近邻或者进化时间久远的种族）大脑会呈现出"沟回"的视觉特征。所有大脑组织则处于突起的脑回（gyrus）或者凹陷的脑沟（sulcus）上。

2）大脑的解剖学分割

解剖学按照区域位置特征大致将大脑分为四个部分，称为四个脑叶（lobes）：

额叶（frontal lobe）、颞叶（temporal lobe）、顶叶（parietal lobe）以及枕叶（occipital lobe），如图 7-2 所示。每个脑叶都执行各自的功能，并各自包含负责具体任务的下级组织。大脑于脑干（brainstem）之上并与其相连接，而脑干又与脊髓（spinal column）相连接。图 7-2 中还显示了一个位于枕叶之下并与脑干相连接的脑组织，即小脑（cerebellum），其形状与花菜类似。

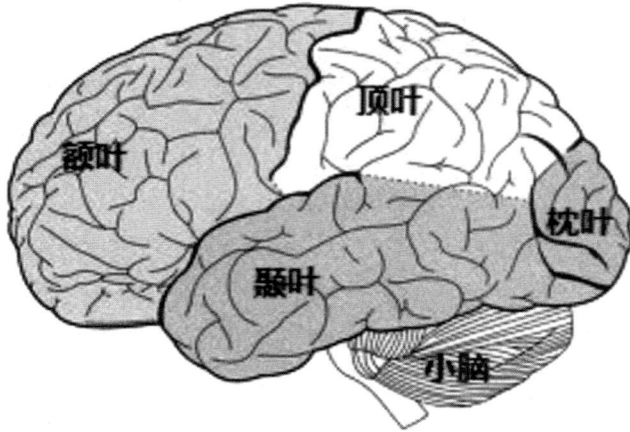

图 7-2　人脑脑叶分割

人脑结构复杂难辨，学界通常使用一种被称为"Brodmann's Area"的方法来较为清晰地指明大脑区域，这种方法由一位叫做科尔毕尼恩·布罗德曼（Korbinian Brodmann，1868—1918）的德国解剖学家发明。这种方法是将人脑分作 47 个基本区域，并用"BA1～BA47"来分别指代所指区域（如图 7-3 所示）。

3）人脑区域命名中常用的词缀及其含义

英文中的人脑区域的命名大都引用拉丁文形式，当要命名一个脑部区域时，通常按照该组织所处的绝对或者相对位置来进行定名。我们将在之后的讨论中看到许多形如"orbital frontal cortex"、"basal ganglia"等术语，为了便于理解，我们在表 7-1 中列举人脑区域术语常用的英文词缀及含义。

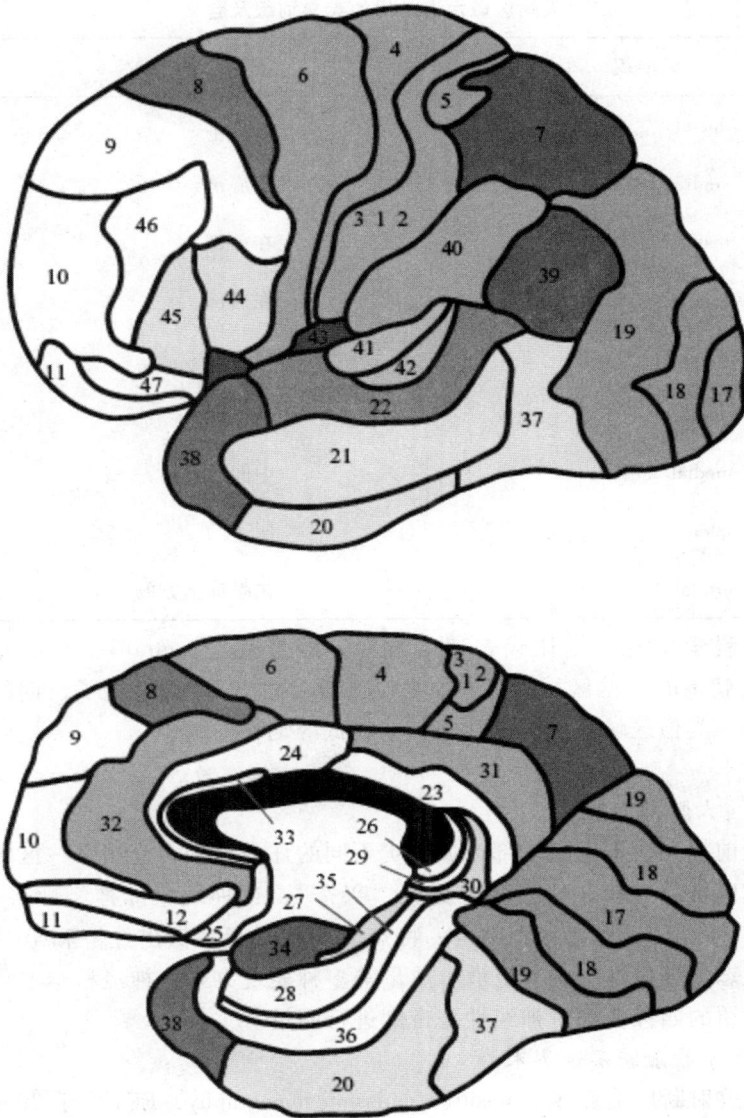

图 7-3　布罗德曼区域（Brodmann's Area）脑区域指代图

表 7-1 人脑区域术语常用的英文词缀及含义

| 词前缀 | 含义 |
| --- | --- |
| dorsal | 在顶部 |
| ventral/basal | 在底部 |
| rostral/anterior | 在前部 |
| caudal/posterior | 在后部 |
| superior | 朝上的 |
| inferior | 朝下的 |
| medial/mesial | 中间的 |
| lateral | 侧边的 |
| orbital | 在眼球上方的 |

在神经科学中有一则比较普遍的规律，即带有"ventral"（在底部的）和"inferior"（朝下的）脑区域相对其他来说比较"古老"，即经过了长期的进化依然存在于脑中。类似区域往往也存在于其他较低等动物的脑中。

### 7.2.2 人脑神经生物技术

我们之前提到，不同的脑部区域负责不同的任务处理，而当某一区域开始执行任务时，该区域就会较其他脑区域更加"兴奋"，这种现象即神经性兴奋（neural activation）。神经科学研究则利用这一特点研究被试者在做出经济和金融决策时的脑部兴奋状态。神经性兴奋有电波、热量等多种表现方式，神经科学家普遍采用接下来将要介绍的四种技术对神经性兴奋度进行测量。

1）正电子放射断层造影术

正电子放射断层造影术（positron emission tomography，PET）于 20 世纪 70 年代首次被应用于人体。在 PET 试验中，被试者首先接受放射性同位素追踪剂注射，接下来躺下并被送入环形的造影设备中（如图 7-4 所示）。

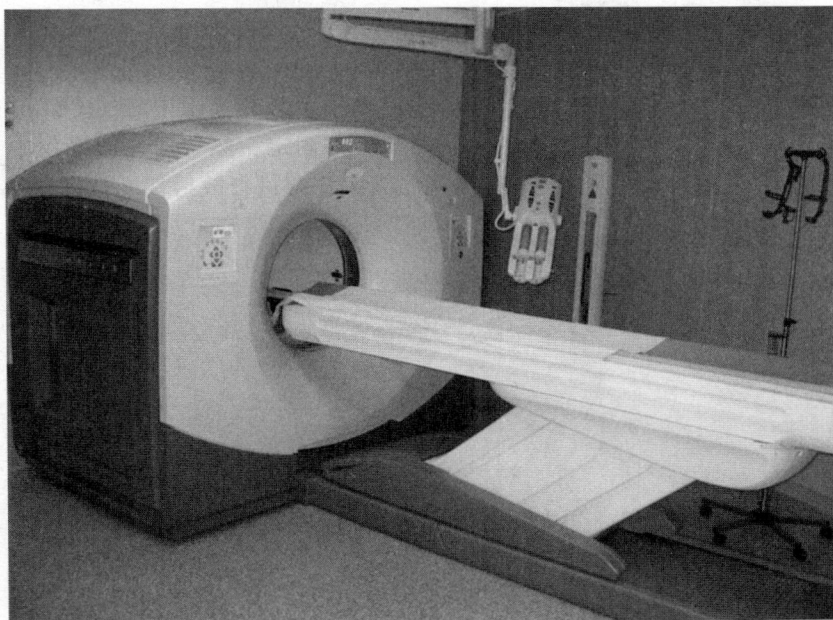

**图 7-4　正电子放射断层造影术设备**

当放射性同位素经历 β 衰变时，会释放出一个正电子。正电子运动若干毫米后，将遭遇体内的一个电子并湮灭，同时产生一对光子射向几乎背对背的两个相反方向。当它们遇见造影设备中的晶体物质的时候，便会产生一点光亮，这种光亮会被设备中敏锐的光电倍增管（photomultiplier）所察觉并记录。当人脑的某一部分处于兴奋的状态时，该区域会发生更多的神经元放电，这个过程中需要消耗大量的葡萄糖和氧气，于是需要更多的血液向该脑部区域流动。神经科学进而发现，脑部区域的血流量和其神经放电率成正比例关系。PET 也正是利用了脑兴奋过程中的这个特点，即当脑部某一区域需要更快代谢葡萄糖时，便会经历更强的血流量，这个过程中便会引起注射入体内的放射性追踪剂放射更多光子。

PET 不具有侵入性，但是却要使被试者暴露在放射性同位素下，于是放射性追踪剂的注射量就要受到限制。在试验中，注射入的同位素只能支持 1 个小时的实验，每个被试者一年中至多接受两次 PET 实验。

### 2）功能性磁共振成像

功能性磁共振成像（functional magnetic resonance imaging，fMRI）可以产生立体的神经性兴奋图示，这种技术自1992年起被用于人类实验中。和 PET 扫描仪类似，fMRI 扫描仪也呈环形，被试者平躺并将头部固定，然后送入扫描仪中（如图7-5所示）。不同于 PET，接受 fMRI 的被试者不需要进行放射性同位素注射。

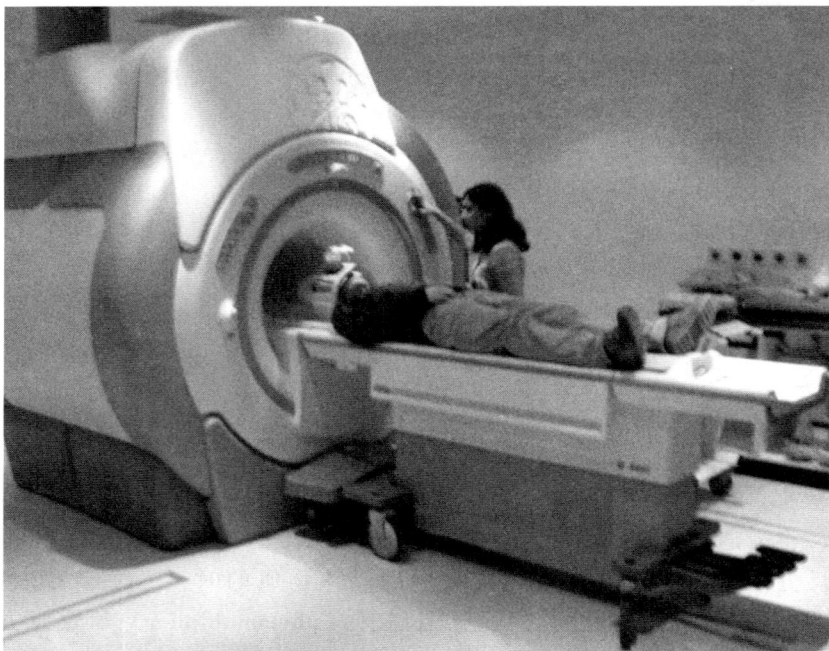

**图7-5　功能性磁共振成像扫描仪**

fMRI 所获得的数据称为 BOLD 信号（blood oxygen-level dependent），它是通过测量带氧和缺氧血量比率来间接测量神经性兴奋程度。大脑的活动需要葡萄糖和氧气作为能量来源，可是大脑本身却不储存这些物质，所以当神经元兴奋过后，其所消耗的能量就需要从通过血液流动带来的带氧血红蛋白（oxyhaemoglobin，即带氧状态下的血红蛋白）快速补充。血红蛋白在带氧时呈抗磁性，而在缺氧状态下呈顺磁性，在短电波脉冲干预下，缺氧血红蛋白较带氧血红蛋白产生略高的磁共振信号，这种细微的差别会被成像设备中的强力磁石所观测到，进而表现为 BOLD 信号随着血液中带氧血红蛋白浓度上升而增强。

根据康格尔卢（Kangarlu 等人，1999）[1] 的报告，人体暴露于磁力场中不会产生任何危害健康的副作用。一般来说，作用于人体的磁共振成像（MRI）使用 1～8T（tesla）磁通量密度的磁石进行实验[2]，而只有 4T 以上的极强的强度才会使被试者产生暂时性的眩晕以及感受到口腔内泛出金属味。fMRI 可以在同一个被试者身上不断进行。

3）脑电图

脑电图（electroencephalography，EEG）是通过脑电图描记仪将人体内微弱的生物电进行放大从而侦测神经元群（一般大于 100 万个神经元）兴奋的曲线图。这些电信号通过贴在被试者头皮上的 16～256 个电极（electrode）所侦测（见图 7-6）。在临床上，EEG 主要被用于侦测癫痫等神经疾病，患者正坐或者平躺，由 EEG 纪录一段时间内患者脑波的振幅、频率及同步性（synchronicity），以此来进行疾病诊断。

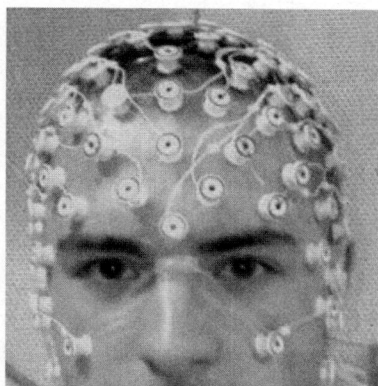

图 7-6　脑电图被试者

4）细胞内／细胞外单神经元电兴奋记录

单神经元电兴奋记录（single neuron electrical activity recording）是指对单个或若干个神经元的放电率进行测量的研究方法。这种技术需要将微型电极附着在

---

① Kangarlu A，Burgess R E，Zhu H. Cognitive，Cardiac，and Physiological Safety Studies in Ultra High Field Magnetic Resonance Imaging ［J］. Magnetic Resonance Imaging . 1999（17）：1407-1416.

② 1T 相当于地球表面磁场的约 20 000 倍。

（细胞外）或者嵌入到（细胞内）神经元细胞体。相对其他的扫描技术而言，单神经元电兴奋记录所得出的脑兴奋区域结果最精确，但是神经元细胞体的大小大约只有 4～100 微米，而附着或者嵌入微型电极往往会使神经元受伤或者损毁，所以单神经元电兴奋记录极少被用于人类试验，而大多被用于进行动物试验。

目前神经科学在经济学领域的应用中，大多数的实验采用 fMRI 和 PET 扫描方法。这两种技术主要回答的问题是，在被试者执行某项经济和金融决策时，其脑部的哪些区域正在经历兴奋，是"空间"（space）上的研究方法。根据巴克纳（Buckner，2003）① 的试验结果，fMRI 和 PET 所提供的"时间"（time）上的信息十分微弱，即几乎不能产生序列数据，其中 PET 提供 30 秒左右的数据追踪，而fMRI 只能提供 100 毫秒至 2 秒内的数据追踪。而相对来说 EEG 提供的脑电图是序列数据，可以用来研究脑部兴奋在一段时间内所经历的变化。

fMRI 和 PET 的数据分析方法采用一种类似"减法"（subtraction）的形式。粗略地说，为了判别某一脑部区域在一项决策中的兴奋程度，实验者首先获得处于决策中的被试者的该脑部区域兴奋信号（voxel，或称为体素单位），并减去对照组（一般是没有进行任何决策时的被试者）的该区域兴奋信号，得出的差别便是被试者由于决策事件引起的脑兴奋。

## 7.3 神经营销的发展现状

### 7.3.1 神经营销的基本内涵

当前，神经营销在神经科学特别是认知神经科学的飞速发展之上，正由概念演变为现实。所谓的神经营销，是指运用神经科学方法来研究消费行为，探求消费决策的神经层面活动机理，找到消费行为背后真正的推动力，从而产生恰当的营销策略。事实上，神经营销是伴随着近年来支撑营销理论的几大基础学科的发展而产生。其中，起主要作用的是认知科学和神经科学的重大突破。

随着行为决策和认知科学的发展，营销理论可以借用很多心理学上的概念来解释消费者行为，像内隐记忆、信息自动加工、潜意识等。由于人脑控制了人类行为

---

① Buckner R. The Hemodynamic Inverse Problem: Making Inferences About Neural Activity from MRI Signals [C]. Proceedings of Natural Academic Science. USA 100: 2177–2179, 2003.

的所有方面，理解人脑的工作原理不仅能够帮助解释人类行为，更能够帮助营销人员掌控消费者的行为规律。

　　人脑中的潜意识只有运用神经层面的方法才能最终得以破解，既然临床神经科学可以窥探脑损伤和精神疾病患者的病灶，那么神经营销也同样可以变成窥探消费者大脑隐私，了解大脑处理和决策机理，进而最终控制"购买按钮"的有效工具。"购买按钮"并非是天方夜谭。实际上，过去借助心理学和行为学的研究成果，大量的促销、包装、定价策略都在开启消费者大脑中潜意识的"购买按钮"。例如，心理学研究发现人们对损失的关注程度远比收益来得大，由此产生先试用后付款的销售策略；体验式销售策略的产生源自科学家发现人们感受到所接触的外在世界和自己有高度相关性或有比较熟悉、亲切的感觉时，人会比较兴奋；催眠销售方法则强调当客户刚从洗手间出来的时候，是最放松和最容易接受促销劝说的；条件反射则让洋快餐厅找到如何让消费者一闻到餐厅独特的香味或一看到刺眼的单色标志时就产生饥饿感的方法。

### 7.3.2　神经营销的生理基础

　　现有的神经营销研究涉及许多人体大脑结构，这些结构及其功能构成了神经营销研究的生理基础，在此做一简述。

1）前额叶皮质

　　前额叶皮质是高级认知活动的总管，也是人脑与动物脑区别最大的区域，人脑的这一部分特别发达。消费者的决策大致涉及对刺激的评估、理性的思考，以及情感的融入三个关键方面（Bechara 和 Damasio，2005）。与之相应，前额叶皮质也可以按其功能分成眶额叶皮质、背外侧前额叶皮质以及腹内侧前额叶皮质三个部分。

　　眶额叶皮质与"奖赏系统"相关，对刺激所包含的奖赏和惩罚因素进行评估。背外侧前额叶皮质主要与认知活动、理性思考相关，比如计算"愿付价格"。有趣的是，当消费者的选择对象包含他们最喜爱的品牌时，大脑这个区域的活动会减弱，出现"皮层放松"现象。腹内侧前额叶皮质是将情感融入决策的重要区域，因为它与杏仁核、海马体联系紧密（Wood 和 Grafman，2003）。研究表明，腹内侧前额叶皮质与处理有吸引力的和情感性广告相关，还与产品偏好和品牌忠诚的形成有关。此外，腹内侧前额叶皮质的活动强度能够显示消费者容易受品牌信息影响的程度。研究证明，这部分的损伤会导致消费者对品牌敏感度的降低。

2）奖赏系统

对奖赏刺激进行加工的大脑结构统称为"奖赏系统"（reward system）。这个由不同脑区组成的复杂网络对于消费者行为有重要影响。奖赏系统通过衡量刺激大小，预测刺激何时发生，来寻求奖励和避免惩罚。奖赏系统涉及的大脑区域包括腹侧纹状体/伏隔核、眶额叶皮质，以及杏仁核。

上述研究表明，奖赏系统不仅会被食物、水、性刺激等低级奖赏刺激激活，也会被有吸引力的广告、价格的下降、积极的面部表情以及一些社会地位象征物（如跑车）所激活。此外，奖赏系统还与产品偏好的形成，以及品牌忠诚的建立有关。

伏隔核是腹侧纹状体的一部分，属于中脑边缘多巴胺系统（mesolimbic dopamine system），它与寻求快乐有关。Erk 等（2002）和 Knutson 等（2007）研究指出，伏隔核与产品偏好的形成有关，它的活跃程度与消费者对产品的喜好程度成正比。

对刺激所包含奖赏因素的评估，主要由眶额叶皮质完成。Erk 等（2002）和 Ambler 等（2000）的研究显示，眶额叶皮质在评估诸如有吸引力的汽车、情感性广告之类的刺激时有重要作用。

奖赏系统包含的另一个重要区域可能是杏仁核，它可能能够对刺激的大小进行编码，其活跃程度可以体现所感知刺激的唤起强度。

3）惩罚加工

另一个有趣的问题是人脑对惩罚刺激的编码。惩罚刺激会引发逃避行为，使人耗费能量来远离刺激源。低级的惩罚刺激包括身体疼痛、恶心的气味等。

现有的神经营销和神经经济学研究表明，逃避惩罚的神经机制也可以被相关的经济刺激所激活，比如感知到的不公正待遇、货币损失、过高的价格等。

与惩罚加工相关的大脑区域包括眶额叶皮质、杏仁核，以及岛叶皮质。尽管我们还没有完全了解这些区域的功能，但它们看上去大部分与奖赏系统是重合的。比如，眶额叶皮质不仅会对有奖赏价值的刺激进行编码，而且会对刺激所包含的负面价值进行编码。

另一个与两个系统都相关的区域是杏仁核，因为厌恶刺激也能引起这一区域的活动。事实上，以前的研究主要就是将杏仁核与恐惧等负面情绪相联系的。现在的结论是，奖赏与惩罚刺激都能激活杏仁核。

主要与厌恶刺激的加工相关的脑区是脑岛（insular），它与人们对损失的感知相关，比如高价和不公正待遇。

### 7.3.3　神经营销的研究进展

1）品牌与神经营销

Plassmann 等（2005）考察了与风险压力下的决策相关的大脑活动，为情感在品牌选择中的作用提供了实验支持。他们将被试分为两组，一组将前往一个安全的旅游目的地，另一组将前往一个有危险的旅游目的地，然后让被试在 16 种旅游品牌中进行选择。除观察到前述研究所显示的品牌选择时的脑机制外，他们还发现，被试在面临压力的情况下进行决策时，内侧前额叶皮质（medial prefrontal cortex）的活动较强烈。对此，Plassmann 等认为，对于存在压力的决策来说，情感的融入可能更为重要。一个可能的解释是，情感能够提供额外的有意识或无意识信息。

相关的研究还包括 Schaefer 等（2006）以汽车品牌为对象的研究，以及 Deppe 等（2007）以报纸品牌为对象的研究。研究结果均表明，品牌信息是通过已有知识和情感过程来对消费者的选择造成影响的。

品牌效应的另一种表现是品牌忠诚。Plassmann 等（2007）考察了品牌忠诚背后的神经机制，实验对象是零售店品牌。他们在实验之前搜集了被试平时的购买信息，并根据平均购买量，将被试分为"忠诚消费者"和"非忠诚消费者"两组，前一组消费者每月有 5 天以上在同一个零售店购物，并且消费额在 250 欧元以上，而后一组消费者每月最多有一天在同一个零售店购物，且消费不超过 50 欧元。在实验中，他们让被试选择从哪个牌子的零售店来购买同样一件衣服，同时运用 fMRI 技术观察被试的大脑活动。结果表明，"忠诚消费者"更多地将情感融入决策过程（腹内侧前额叶皮质活跃），他们喜欢的品牌就像奖赏刺激一样作用于他们的大脑。相比起来，"非忠诚消费者"则没有这种神经活动。Plassmann 等由此得出结论：在营销活动中进行情感强化是长期维系顾客的基础。消费者通过学习过程将积极体验与零售店品牌联系在一起，存储在记忆中，并在以后进行购买决策时再提取这些信息。

另一个与品牌相关的概念是"品牌人格化"。广告经常对这一概念加以应用，即用人的特质来描述产品，比如用经常用来描述朋友的"可靠"来描述轿车。Yoon 等（2006）的一项实验对"品牌人格化"的效果进行了考察。该实验将 450

个形容词作为实验材料，来考察将同一个词分别用于描述人和物时，大脑的加工方式是否相同。结果显示，在描述人时，内侧前额叶皮质的活动要更强烈，而在描述物时，左下前额叶皮质（left inferior prefrontal cortex）等与物体相关的脑区更活跃。从这个结果可以推断，人的特质很难完全移植到品牌上。

2）价格与神经营销

定价对销售额和利润有着至关重要的影响。关于价格与消费者购买行为，有一个很有意思的现象，即同样的价格水平可能会引起消费者完全不同的反应。一方面，高价会被感知为一种损失，从而阻碍消费者的购买行为；另一方面，高价又会被看成是高质量的表现，能够提升消费者感知的产品价值，从而提升消费者的购买意愿。

Knutson 等（2007）和 Plassmann 等（2008）分别考察了这两种价格效应背后的神经机制。Knutson 等的 fMRI 实验首先向被试呈现一件产品，然后呈现该产品的价格，最后让被试决定是否购买该产品。结果表明，对获得与损失的感知分别对应不同的神经回路。对产品的喜好使伏隔核（nucleus accum-bens）活跃；而过高的价格则激活脑岛，同时使内侧前额叶皮质不活跃。伏隔核的活跃代表对奖赏的感知，脑岛活跃通常表示感知到了损失，内侧前额叶皮质的活跃则表明情感的融入。研究还显示，这些脑神经活动对购买行为的预测程度甚至高于来自自我报告的信息。

Plassmann 等（2008）考察了价格对体验效用所产生的"正面"影响，及其背后的神经机制。他们的 fMRI 实验让被试品尝标价不同的同一种葡萄酒，结果不仅被试认为贵的酒味道更好，而且被试的神经活动——内侧眶额叶皮质（medial orbital frontal cortex）的活动在标价高时更强烈，而一般认为该脑区的功能是对体验到的愉快进行编码。传统经济学认为，体验效用仅与商品的固有特性（如酒的成分）和消费者的状态（如饥渴程度）相关，而 Plassmann 等的实验结果表明，体验效用还会受到一些外在因素的影响，如商品的价格。那么，其他因素，诸如商标、原产地等，是否也会影响消费者的体验效用呢？如果是的话，那么影响程度究竟会有多大？这些问题仍有待于探究。

另一个关于价格的问题是消费者如何计算他们的"愿付价格"，即对于某一产品愿意支付的最高价格。"愿付价格"这个概念很难用传统的研究方法进行测量，因为很多消费者不懂这个概念，或者不愿诚实地回答。

Plassmann 等在 2007 年通过一项实验研究了人们如何计算愿付价格的问题。他们在实验中向饥饿的被试者提供食物，并给被试竞价购买的机会，让被试评估他们"愿付价格"的确切数目，同时利用 fMRI 技术对被试的大脑进行扫描。结果显示，在计算可以接受的最高价时，内侧眶额叶皮质和背外侧前额叶皮质被激活。Plassmann 等认为，内侧眶额叶皮质对商品的价值进行评估，背外侧前额叶皮质计算具体数字并下达行动命令（例如购买）。尽管还无法用仪器测量愿付价格的具体数目，但对相应脑机制的了解已经是一个很大的进步。

3）广告与神经营销

广告的效果是广告投放者最为关心的问题，那么什么样的广告最吸引人，容易被消费者记住，并能够激发消费者的购买欲呢？神经营销通过考察大脑如何加工和存储广告信息来回答这些问题。

Kenning 等（2007）考察了有吸引力的广告所引起的神经活动方式。他们让被试对不同广告的吸引力进行评分，同时利用 fMRI 技术对他们的大脑进行观测。结果显示，当一则广告被评为有吸引力时，大脑中把情感融入决策过程的脑区（腹内侧前额叶皮质）和感知奖赏的脑区（腹侧纹状体／伏隔核）被激活。Kenning 等由此得出结论：有吸引力的广告所引起的大脑神经活动机制与奖赏刺激的作用方式类似，情感的融入在其中起着重要作用。此外该研究还表明积极的面部表情是有吸引力广告的一个关键组成部分。

Ambler 和 Burne（1999）探索了情感过程对于广告记忆的作用。他们的实验将被试随机分为三组，发给第一组 β-受体阻滞剂，发给第二组没有任何作用的安慰剂，第三组什么也不发，然后让被试观看广告。β-受体阻滞剂能阻断某些压力激素的作用，减少刺激所引起的情绪反应。实验结果表明，服用药物导致的情感抑制确实对服用者的广告回忆和再认率产生了影响——服用安慰剂组和未发放组的被试对情感类广告的回忆和再认率优于认知类广告；而服用 β-受体阻滞剂组的被试对认知类广告的记忆要优于情感类广告。

在另一项实验中，Ambler 等用脑磁图（MEG）考察了处理认知性广告和情感性广告的不同大脑区域。结果发现，认知性广告片导致后顶叶区（post erior parietal areas）和上部前额叶皮质（sup erior prefrontal cortex）更强的活动，这意味着观看者更多地使用工作记忆。而播放了情感性广告片后，观看者腹内侧前额叶皮质和眶额叶皮质，以及杏仁核（amygdala）和脑干（brain stem）有显著的活动。

### 4）产品与神经营销

企业的一切生产经营活动都是围绕着产品来进行的，企业通过向消费者提供令人满意的产品来实现企业的目标，所以消费者对产品的评价一直是企业非常关心的问题。神经营销研究方法能克服认知过滤所造成的偏差，从而比传统研究方法更客观地显示消费者对产品的评价。

Erk 等在 2002 年的一项研究中考察了不同吸引力的产品所引起的大脑活动差异。他们让被试评价高级跑车、豪华轿车和一般轿车的吸引力，同时利用 fMRI 技术对被试进行观测。结果显示，象征财富和地位的产品能引起与奖赏有关的脑区的强烈活动，相关脑区包括左侧前扣带回（left anterior cin-gulate）、左侧眶额叶皮质、双侧前额叶皮质（bilateral prefrontal cortex），以及右腹侧纹状体（right ventral striatum）。另一个发现是，被试越认为汽车有吸引力，其腹侧纹状体（ventral striatum）内的伏隔核的活动就越强烈。Erk 等认为，腹侧纹状体的活动强度可以体现被试对视觉刺激（比如产品的外形）吸引力的评价水平。

假定有吸引力的产品更可能被购买，那么可以推断，大脑奖赏系统活动强度的提高能够预测消费者的购买行为。Knutson 等的研究支持了这个结论，他们的研究结果表明，伏隔核的活动与消费者对产品的喜好有关，在产品展示时这个脑区的活跃至少能部分地预测消费者接下来的购买行为。

### 7.3.4　神经营销的市场实践

加利福尼亚技术学院的神经科学家斯蒂文·库沃茨认为，问卷式的市场调查是建立在人对自己的需求都是自知的假设之上的，然而事实并不尽然，神经营销的威力就在于它能揭示大脑潜意识当中的真实需求。例如，库沃茨为电影制片商设计一套预测影片市场反应的脑成像测试方案，根据传统方法的调查结果显示，许多女性都表示不喜欢某位原来是摔跤手的动作明星，但当他在屏幕上出现时，脑成像却明白地显示，女观众的大脑中与容貌吸引力有关的区域频频"放电"。库沃茨说，制片商可以根据这一结果调整对女性观众的推广策略。

香港科技大学商学院副院长 Rami Zwick 教授指出，通常情况下，消费者的购买动机分成两种：一种是消费者想接近这个东西；另一种是消费者尽量想避免这个东西。我们也可以把它们称为积极动机和消极动机。比如，消费者购买可乐，是希望实现某种口味上的好的感觉。在这一类产品的广告中，更适合出现欢喜、积极的情绪和场面。相反，在病人购买头疼药时，动机就是希望能够摆脱、避免出现不好的感觉。这类产品广告中，悲哀、痛苦的情绪和场面往往更能够激发消费者购买的欲望，消费者潜意识里也认同这类产品会帮他摆脱这些痛苦的事情。在进行市场营销的过程中，商家需要分析消费者购买的过程中背后的动机是正面的动机还是负面的动机，然后判断用什么样的情绪、画面影响消费者。传统的问卷调查和访谈往往并不能反映出消费者真实的心理状态，所以不够准确。

此外，神经成像研究成果表明，预期价格或产品偏好的高低会影响脑区的激活程度，神经的活跃程度就可以用来预测随后的购买决策。这项研究给予 26 位消费者每人 20 美元购买一系列产品。研究发现，消费者面对产品时，与预期愉悦相关的脑区被激活；当产品的价格过高时，脑岛区被激活，同时"平衡得失"的中前额皮层不被激活。像这样通过研究不同脑区的激活情况，可以成功预测消费者是否决定购买产品。当衡量产品偏好相关的脑区和评价得失的脑区被激活了，表明消费者会购买这个产品。相反，当价格过高的脑区被激活时，消费者会选择不购买该产品。这为企业测试产品和价格的市场接受程度提供了方法。

2006 年年底，德国慕尼黑大学等机构进行的一项研究显示，著名品牌会刺激脑部某些与正面情感、自我认知和奖励有关的区域，不知名的产品则使脑部与记忆和负面情感有关的区域更活跃，这与产品的类型无关。这项研究的结果表明：神经营销的研究成果能够提供一个前所未有的直接激发顾客深层次愿望的"营销行为捷径"。对于大脑的研究也许能够更好地反映人们内心的真实想法，帮助企业在产品设计、企业形象和广告宣传上达到更好的效果，进而证明了神经营销作为一种新兴的营销手段存在着深入发展和运用的前景价值。

在亚特兰大的埃默里大学，为了更好地把神经营销用于商业实践，有人成立了一家叫做"聪明屋（Brighthouse）思维科学研究院"的营销咨询机构。一些大公司正准备拿出一部分市场推广的经费，来尝试这个新家伙。"聪明屋"将为公司选择潜在的消费者进行大脑扫描，评估其对公司产品及广告的反应。公司将会根据测试结果调整宣传策略，力求使产品形象达到最佳的推广效果。蒙塔古预言，功能性磁共振将成为跨国公司对产品包装、广告和其他推广活动的效果进行检测的有效工具之一。

然而，与此同时，反对之声也此起彼伏、不绝于耳。有人将神经营销斥为骗术，认为这些人无非是打着科学的幌子，想从那些急于窥视消费者心理的厂商手里捞一笔钱，根本没有什么实际作用。更有甚者，美国的消费者组织"商业警报"则抗议使用神经科学的手段来解决营销问题，认为这是把商业引向病态，因为跨国公司企图搜索到人脑中的"购买按钮"（buy button），并进而控制人的购买行为。对此，"聪明屋"的CEO乔伊·雷曼（Joey Reiman）解释说："商家并不认为大脑里有所谓的'购买按钮'，人对大脑的认识还非常有限。我们所做的只不过是用先进的技术来更准确地了解和分析消费者的偏好，以此帮助厂商提供更符合顾客需求的产品和服务，以及进行更有效的广告宣传。"至于控制消费者的购买行为，雷曼说："这一点，一辈子也做不到，况且，目标是改变厂商，而不是消费者。"美国营销服务综合企业奥姆尼康（Omnicom）旗下媒体采购集团PHD，利用名为"神经计划"（neuroplanning）的方法，根据某个品牌希望实现的目标以及各种媒体影响大脑的方式，在营销活动中有侧重地使用各种媒体。媒体影响大脑的方式各有不同，有的仅凭视觉，有的仅凭听觉，有的是动态图像加声音，不一而足。

## 7.4　神经营销的学科思维

事实上，神经营销从根本上颠覆了传统营销学的研究思维与方法。传统营销学是以问卷、访谈、行为实验等方法获取消费者的主观判断数据，而神经营销则是通过神经科学的工具获取消费者的客观数据，使得研究结果更加科学、真实、可信。下面我们就以当前神经营销的研究热点来分析一下神经营销与传统营销两者学科思维的差异性。

### 7.4.1　广告设计与策略

广告设计与策略是否有效的关键问题是哪种传播媒介效果最佳，广告所含的信息量是否过载，哪种陈述方式的广告最能吸引消费者。传统营销学主要通过行为实验或广告小范围试验来检验广告是否都能达到预期效果。这些方法都存在消费者判断的主观偏差，或市场分析数据的主观性等问题，且广告小范围试验成本高。而神经营销在广告设计阶段就能对上述问题给出答案，找到最佳传输媒介、适量的信息载荷、具有诱导性的陈述方式，不仅科学而且成本低，见效快。

美国加州大学通过脑扫描，研究美国橄榄球超级联赛的广告发现，差的广告只能对听觉区域和视觉区域有激活，而好的广告在激活这两个区域的同时，还激活了奖赏区域和移情区域（empathy centre）。美国学者 Martino 等人的研究表明情绪在决策过程中扮演重要角色，同一问题不同的陈述方式可以改变问题的答案。大部分的营销公司都在试图找到一种最好的广告陈述方式，从而使得广告的产品或服务更加吸引人。通过神经营销可以高效准确地找到这种 "情绪按钮"。美国媒体采购集团 PHP Media 广告公司通过消费者对声音广告、视频广告和声音-视频广告反应的脑区活动扫描，得出声音-视频广告对已有感知的冲击最强。既然不同媒体对脑的激活强度存在差异，在营销活动中应有侧重地使用各种媒体以达到广告的最佳效应。基于这个研究成果，PHP Media 一个客户将其印刷业务广告通过电视广告的形式播出并取得良好成效。

美国学者 Raymond 认为，消费者看或收听广告是一个任务相关的注意选择过程，消费者对任务不相关的信息具有负反应。如果在广告中加载了太多的信息，消费者会排斥广告。英国营销机构 Weapon 7 正就如何在广告中添加可视图像的问题为客户提供咨询。通过在广告中添加可视图像，促使大脑下意识地储存信息，这样，广告信息就可以在 "快进" 过程中存入客户大脑。

### 7.4.2　购买行为预测

经典的微观经济理论认为，购买行为是由产品价格和偏好决定的。但是传统的经济理论在衡量消费者愿意购买的产品价格，特别是消费者偏好方面，没有可行的方法，更无法获取消费者的真实想法。

神经成像研究表明，预期价格或产品偏好的高低会影响脑区的激活程度，神经的活跃程度可以预测随后的购买决策。26 位消费者参加了这项研究，每位消费者给予 20 美元购买一系列产品。如果他们不购买产品，这 20 美元将归他们所有。产品及产品价格会显示在电脑屏幕上，消费者在看电脑屏幕的同时接受脑扫描。研究发现，呈现产品时，与预期愉悦相关的脑区被激活。当呈现产品的价格过高时，脑岛区被激活，同时 "平衡得失" 的中前额皮层不被激活。

像这样通过研究不同脑区的激活情况，可以成功预测消费者是否决定购买产品。当衡量产品偏好相关的脑区和评价得失的脑区被激活了，表明消费者会购买这个产品。相反，当价格过高的脑区被激活时，消费者会选择不购买该产品。

2004 年 3 月，美国新闻周刊（News Week）报道了福特欧洲公司和戴姆勒-克莱斯勒公司支持神经营销的研究。它们在研究中发现，模特可以激活汽车购买者大脑的奖赏中心（类似酒精和毒品的激活方式），同时有关面部识别的区域也被激活。这一结果为公司采取汽车人格化策略和采取模特促销的销售策略提供了支持。

# 7.5　神经营销的研究工具与方法

### 7.5.1　神经营销的研究工具

1）功能性磁共振成像（fMRI）

功能性磁共振成像是一种安全无害的脑扫描技术，通过测量脑神经活动导致的血液流动的变化来定位脑的活动区域，并且推算这些大脑的活动是否跟注意、情感、记忆过程、认同感、决策等相关。该技术良好的空间分辨率可以检测出消费者在与广告、产品、包装互动时，大脑的快乐中枢是否被激活。

2）事件相关电位（EEG/ERP）

ERP是一种安全无害的脑扫描技术，可以直接测量神经活动发出的脑电波，与fMRI相比有非常高的时间分辨率。通过分析特定脑区的脑电波，能得到在与广告或其他媒体互动过程中注意力、情感、记忆过程、认同感等大脑活动的实时变化。

3）眼动追踪（eye tracking）

眼动追踪是一种追踪目光的技术，在实验过程中，眼动仪器将放射无形的红外线，通过记录眼球表面反射情况对眼球活动进行分析及准确的定位，可对人脑思维活动情况进行推测，目光的所在位置能准确地反映人们注意力集中的位置，通过眼动追踪，可以分析出广告、产品、商标或包装中最能吸引消费者的眼球的地方。

4）皮肤电反应（GSR，galvanic skin response）

GSR是一种测量皮肤导电程度的技术（常用作测谎），对同情激活和情绪兴奋非常敏感，此项技术配合EEG同时使用来测量消费者的兴奋程度。

5）肌电图（EMG，electromyography）

EMG与EEG原理相似，可以测量出消费者观看广告时面部肌肉活动是否出于本能。因为本能的笑容才能证明广告有良好的娱乐性。此项技术配合EEG同时使用。

### 7.5.2　神经营销的研究方法

1）广告测评法

运用 EEG、fMRI、Eye-Tracking 以及其他生理反应测试技术，客观精准地测量顾客在观看广告时的注意力、情感、认同感、记忆转化这四项指标，并通过这些指标来了解广告对客户购买意向是否有刺激，以及通过其他生理反应测试技术，客观精准地测量顾客在观看广告时的注意力、情感、认同感、记忆转化这四项指标，并通过这些指标来了解广告对客户购买意向的刺激是否有效。

广告测评的商业价值在于：①通过测试，商家可以最大化广告活动效率；②准确地推测广告与产品卖点的关联；③预知消费者的反映，节约重新设计或返工的费用；④发现最能引起消费者共鸣的广告元素，增加其利用率；⑤准确地测量习惯化反应，优化广告投入；⑥整体优化广告活动及顺序。

2）用户体验法

眼动追踪可以洞察消费者在使用网站时的习惯，深入了解他们在浏览过程中会注意哪些，忽略些什么。配合仅有结合眼动轨迹才可进行的出声思考访谈（retrospective think aloud，RTA）。眼动追踪能够挖掘现有的可用性，由此可以帮助企业优化网站可用性，提升消费者的用户体验，提高电子商务网站的订单转化率。

3）购物体验法

眼动购物者研究可以在真实购物环境中实行，在希望回答的问题简单或时间、资源有限的情况下，也可在模拟环境下进行。购物研究能够揭示：①购物者会看些什么，而哪些是他们根本就没注意到的；②哪些店内元素是引导购买决策的主要因素；③他们如何最终决定购买哪个产品。厂商利用以上结果可以优化产品分类、包装、货架摆放位置、店内布局以及促销材料等，促进品牌影响及提高产品销量。

4）产品研究法

眼动研究可以准确定位人们看到或使用新产品、新包装时究竟关注什么。这样的洞察能为产品发展的整个过程提供支持——从最初的概念形成到最后的产品上市。应用眼动追踪的结果，能够有效地完善产品设计从而提高产品可用性，令产品从货架上脱颖而出，并且有效传达产品信息。

## 7.6　神经营销的前景展望

当前，由于神经营销研究成果的实用性，企业界的积极性甚至大大超过学术界。目前，全美从事神经营销相关研究和业务的商业机构就有 90 多家，主要为宝洁、通用汽车、可口可乐、摩托罗拉等一类大型公司提供服务。同时，神经营销的研究成果在其他国家也已被众多知名企业所应用，诸如奔驰、佳能、微软、联合利华等全球知名企业。

可见，伴随着市场的日益成熟，广大企业逐步向消费者导向方向发展，消费者的真实意愿正越来越受到重视。因为大多数消费者的消费行为都是在潜意识里完成的，一个品牌或产品要想成功赢得市场，就必须准确洞察消费者的潜意识，而神经营销则为企业开启了一扇通向消费者潜意识的大门。

因此，"寻找消费者的购买按钮"便成了企业、商家以及为商家服务的咨询机构开展神经营销研究的奋斗目标。当然，这也使得神经营销在消费伦理和企业道德的边缘徘徊，以至于美国的民间消费者组织在 2004 年致信美国参议院商业委员会，警告跨国公司企图搜索人脑中的"购买按钮"，并进而控制人的购买行为，要求对神经营销的相关技术进行调查（尽管从目前来看这还是杞人忧天）。

此外，在神经营销成为热门话题的同时，在学术界中也出现了争议之声。比如，德国图宾根市马克斯·普朗克研究所的研究发现，虽然磁共振成像扫描能准确地提供进入某个大脑区域的信息数量的资料，但是它不能指出大脑的其余部分得到了哪些信息。

当然，尽管由于商业机构对于神经营销研究成果的过度炒作引来一些质疑之声，但是绝大多数神经科学家则依然对神经营销抱有极大的希望，认为企业对于神经营销研究成果的现实需求，将有力地推动神经科学的发展。尽管存在着种种疑问或困惑，神经营销的发展前景仍然是诱人的，因为将神经科学的研究方法运用于广告测评、产品研究、购物体验等各个领域，目前都取得了可喜的成果。

此外，神经营销也已开始对互联网领域产生影响，因为它能够有效改善互联网用户体验。我们可以大胆设想，下一步，也许是手机，也许是游戏，最终乃至于传统制造行业，都有可能接受神经营销的理念，并对其产品和服务做出改变。因为在这样一个变革的时代，一切都有可能发生！谁能知道明天将会发生什么呢？

　　总之，利用如功能核磁、脑电图等现代脑扫描工具，结合神经科学以及心理学的理论，终将开创出一个全新的神经营销时代。尤其是通过衡量品牌、广告、产品、价格等对人脑活动的影响，相比传统的营销研究能更加有效地分析和预测消费者的品牌认知、广告接受，乃至最终的消费决策。

## 基本概念

神经科学　神经营销　功能性磁共振成像　脑电图　广告测评法

## 思考题

1. 说明神经营销的研究目的。
2. 阐述神经科学家普遍采用哪几种技术对神经性兴奋度进行测量。
3. 举例试述神经营销的基本内涵是什么。
4. 举例试述神经营销的研究方法主要有哪些。
5. 解释神经营销的技术工具有哪几种。

# 第 8 章　市场营销中消费者的购买行为与推销模式

## 重点内容

- 阐述消费者购买行为理论、消费者购买行为的几种主要模式及其核心理念
- 说明消费者购买行为的主要过程和程序，区分消费者购买决策类型
- 列举市场营销中的推销模式，分析动态营销管理

## 8.1　消费者购买行为理论

　　市场营销研究人员和营销实践工作者最感兴趣的是，消费者的购买行为是否有规律可循。在探索购买行为规律的过程中，学者们从各种角度提出了一些解释消费者购买行为的理论框架。这些理论框架的主要目的就在于说明消费者为什么要购买某种商品，他们为什么在此时此地购买，而不在彼时彼地购买，消费者的购买行为能否预测和控制，诸如此类的问题。下面我们主要介绍行为学派的习惯养成理论、认知学派的信息加工理论、社会学派的风险控制理论、经济学派的效用理论等四种理论模型。

### 8.1.1　习惯养成理论

　　习惯养成理论是由行为主义学派率先提出的。该理论认为，不论消费者是否了解某产品的有关信息，一旦他在某些内外界刺激物（如需要、动机、广告、产品款式等）的刺激下，对该产品进行了尝试性购买并多次使用，如果消费者在购买

和使用的过程中产生满意感（强化），那么这种满意感必将促使消费者对该产品产生偏好与兴趣，当他再次见到该产品或产生了重新购买的消费需求时，就会自然而然地再去购买它，从而形成了一种牢固的反复购买该产品的习惯。因此，消费者的购买决策实际上是重复购买并形成习惯的过程，是通过学习逐步建立起稳固的条件反射的过程。例如，人们在日常生活中使用的生活必需品，诸如调味品、洗涤用品等都是经尝试购买后发现使用效果满意，而后反复购买，每次都获得满意或者肯定的体验，最终形成了牢固的"产品→购买"的条件反射。只要有相应的需要，就会毫不犹豫地掏钱购买自己认定的产品。

可见，习惯养成理论的主要观点为：第一，尝试购买并多次使用，有助于消费者形成对某产品的偏好和兴趣；第二，消费者对某产品的购买决策直接取决于"产品→购买"这一条件反射的稳固程度；第三，强化是形成习惯性购买决策的必要条件。

习惯养成理论可以解释现实生活中的诸多购买决策，尤其是习惯性购买。例如，消费者对日用消费品的购买决策就是一种购买习惯的形成过程。然而，习惯养成理论不能解释复杂的购买决策，如冲动性购买等。换言之，习惯养成理论只能解释产品品牌之间差异很小的低卷入购买决策，而无法解释产品品牌之间差异很大的高卷入购买决策。此外，习惯养成理论也易于解释那些高风险知觉消费者的购买决策，因为这类高风险知觉的消费者通常重复购买自己经常使用过的产品。

### 8.1.2　信息加工理论

信息加工理论是近年来新兴的一种理论，其核心思想是把消费决策看成是一个信息处理过程，即把购买决策看做是信息的输入、编码、加工、储存、提取和使用的过程。该理论认为从消费者自各种渠道不定期接受的产品信息开始，其间经过了消费者对产品信息的选择性注意、选择性加工与选择性记忆，直至最后做出购买决策并付诸实施，这一过程始终与信息的加工和处理直接相关。整个信息加工过程的刺激引起了消费者的注意，经大脑对刺激信息的加工处理，逐渐使消费者形成了有关产品的知觉、表象、记忆和态度，进而影响其购买决策的做出。消费者做出购买决策的过程也就是一个选择产品品牌的过程，即比较哪一种品牌更符合消费者的购买准则和评价标准。

可见，信息加工理论把消费者看做是一个自动化的信息处理器，认为他们总是理智地评估一切有关信息，并做出理智的、最令其满意的购买决策。然而事实上，每个消费者都是带有随机性、偶然性、情绪性与冲动性特征的社会性动物，并非是精确和客观的计算机。既然消费者具有诸多非理性特征，是一种社会性动物，那么信息加工理论就无法解释冲动性、情绪性或随机性的购买决策，因而该理论只能用来解释高卷入的购买决策，而无法解释低卷入的购买决策。对于技术复杂且又是第一次购买的产品或者消费者觉察到的购买风险较大的产品，一般适合于运用信息加工理论进行分析；而对于日常生活用品或者消费者特别信赖的产品品牌，就无法用信息加工理论进行有效说明。

### 8.1.3 风险控制理论

风险控制理论认为，消费者购买产品时会面临各种风险，而这种风险是影响消费者购买决策的一个重要因素。所谓风险是指消费者在购物时，由于无法预测购买后的结果是否会令自己满意而体验到的不确定性。但须强调的是，不论现实生活中是否存在购买风险，只有被消费者觉察到时才会影响其购买决策；反之，即使现实生活中确实存在购买风险，但只要消费者没有觉察到，那么这种购买风险也不会影响消费决策。

风险控制理论认为，消费者在购物时面临的风险主要有以下五种类型：第一，功能风险，即产品运行或使用时没有达到消费者的预期；第二，健康风险，即产品使用时是否会影响自己和他人的身体健康；第三，成本风险，即花费金钱、时间、精力购买该产品是否物有所值；第四，社会风险，即购买该产品是否会引起他人的非议和责难；第五，心理风险，即购买该产品是否会有损于自我形象。

风险控制理论认为，消费者所体验到的购买风险水平受到下列因素的影响：

（1）因产品不同，购买风险水平也就不同。例如，彩电的购买风险就大于收音机。

（2）实体产品与服务产品之间存在着不同的购买风险，一般而言，服务产品的购买风险要大于实体产品。

（3）消费者所体验到的风险水平因人而异，并且每个消费者的风险承受能力也存在着个体差异。

（4）购买风险与购买场所具有一定的相关性。例如，有店铺销售的购买风险要小于无店铺销售的。

风险控制理论认为，消费者为了控制由于购买决策所带来的购买风险，在做出购买决策时总是试图利用某些风险控制方法，以控制风险，从而增强自己的决策信心。消费者常用的风险控制方法主要有以下六种：

（1）尽可能多地搜寻产品的相关信息。消费者搜寻信息的途径一般有三种：①来自亲朋好友的言传信息；②来自营销渠道的宣传信息；③来自大众媒体的公开报道。通过上述信息渠道，消费者只要掌握了足够的与拟购买产品相关的信息，那么就可以更好地预测购买决策所带来的后果，从而达到控制购买风险的目的。

（2）尽量购买自己熟悉的或者使用效果满意的产品，即通过重复购买某产品以减少购买风险。例如，当消费者面对自己不熟悉的产品或者未能获得足够的产品信息而体验到较高风险时，一般总是喜欢重复购买某种熟悉的产品或者品牌，从而达到控制风险的目的。

（3）通过购买名牌产品以控制风险。由于名牌产品所蕴含的质量功能、社会地位、产品形象、售后服务等价值标准较高，相应的购买风险则较低，因而购买名牌产品是规避和控制风险的一种有效方法。

（4）通过知名的营销渠道或购物场所购物以控制购买风险。因为名店、大店在产品质量、售后服务等方面都具有较高的信誉，因而这种信誉就成为消费者控制购买风险的有效方法。

（5）通过购买价格昂贵的产品以控制购买风险。因为在不了解各种产品品牌之间区别的情况下，消费者一般认为"一分价钱，一分货"，价格最贵的品牌应是市场上出售的同类产品中最优的产品。

（6）通过寻求安全保证以控制购买风险。例如，消费者可以借助于企业所提供的维修、调换、退货制度，或者通过权威机构的检验、向保险公司投保、免费试用等方法以减少购买风险。

### 8.1.4　边际效用理论

边际效用理论是解释消费者购买决策的一个重要的经济学理论。边际效用理论着重从人的消费需求及满足这个角度对消费决策做出解释，因而具有较强的理论说服力。该理论认为，消费者购买产品的目的在于用既定的经济收入实现最大限度的需求满足，即在经济收入一定的情况下尽可能多地购买所需要的产品，以满足自己各方面的需要，从而实现总效用和边际效用两者的最大化。

（1）效用。效用就是人们通过消费某种产品或服务所产生的满足程度。效用的大小取决于产品或服务在多大程度上满足人们的欲望或需要。例如，服装能够御寒，也能够修饰人体，人们购买服装的目的就在于满足自己的御寒和修饰的需要，使自己在生理上感到舒适，在心理上感到充实和愉快，因而服装对消费者是有效用的。我们认为效用是消费者对产品和服务的主观评价，是一种主观的心理感觉。在现实生活中，每个消费者不仅需要用服装御寒和美化自己，而且也需要面包、住房等其他各种产品以满足自己的不同需要。这些产品本身都有各自的效用，如果我们把一定数量的各种产品的所有效用都相加，那么就会获得一个总效用。总效用就是通过对产品或服务的消费所产生的总体满足程度。一般而言，在资源有限的情况下，如果消费者所占有的产品与服务越多，那么他体验到的总体满足程度就越大，总效用也就越大。

（2）边际效用。边际效用是指通过消费一定增量的产品和服务所产生的满足程度的增量。当消费者增加产品购买量时，无论是增加同一种产品的购买量还是增加不同产品的购买量，消费者所能体验到的总效用始终是在增加。然而，人们手中的货币量是有限的，消费者不可能把有限的收入都用于大量购买同一种产品，或者大量购买少数几种产品。因为不仅人们的需要是多种多样的，而且人们的需要还在持续不断地发展，所以消费者会用手中有限的资金尽可能多地满足自己的多种需要，消费者既没有必要也不可能用有限的货币去无限制地购买某种产品而牺牲其他需要的满足。如果消费者用有限的货币去无限制地增加某种产品或服务的购买量，到了一定程度消费者就会感到，随着该产品或服务的购买量的不断增加，购买者从中体验到的满足程度会越来越小，并且最终产生厌恶情绪。像这种消费者每增加一个单位的产品或服务购买量所能增加的需要满足程度就称为"边际效用"。而这种随着某种产品或服务购买量的逐步增加，消费者对该产品的需要强度及从中所能体验到的满足程度越来越小的现象就称为"边际效用递减规律"，即在其他条件不变的情况下，在一定时间内，消费者消费某特定产品或服务，随着产品或服务购买量的增加，消费者产生的满足程度不断减少。相反，随着某种产品或服务购买量的增加，消费者所能体验到的总体满足程度越来越大的现象就叫做"总效用递增规律"（如图8-1、图8-2所示）。

（3）无差异曲线。无差异曲线直观形象地说明了消费者在有限收入的条件下，

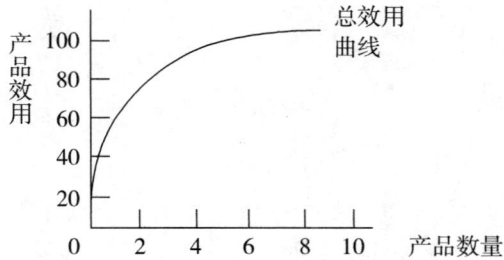

图 8-1　总效用曲线图

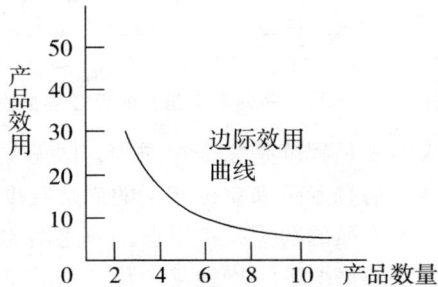

图 8-2　边际效用曲线图

力求最大限度地满足自己各种需要的购买决策。假定消费者的货币收入有限且固定，产品价格也固定，如果现有两组产品，而每个消费者都想最大限度地满足自己的各种需要，那么消费者对即将准备购买的两组产品数量就可做出不同的组合，其中一组多买了，则另一组必然少买。虽然消费者可以对这两组产品的购买数量进行各种组合，但只要消费者是理性的，则无论消费者对这两组产品的数量如何组合，消费者所获得的满足程度都是相同的，即两组产品购买数量的各种组合所产生的总效用之间没有任何差异。如果把这两组产品购买数量的各种组合状况绘制成图，就构成了"无差异曲线"，无差异曲线表示消费者在一定的偏好、一定的技术条件和一定的资源条件下，选择产品时对不同组合的产品的满足程度是没有差别的，即曲线上任何一点的组合对消费者产生的总效用（总满足程度）都一样，如图 8-3所示。

从图 8-3 可见：第一，在无差异曲线的任何一点上，两组产品不同购买数量

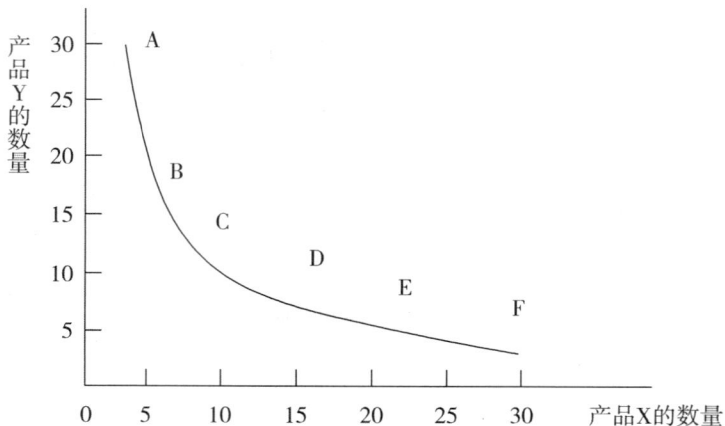

图 8-3  两组产品购买量组合的无差异曲线

的各种组合给消费者带来的满足程度是完全相同的，即无差异曲线上的任何一点所表示的各种购买方案都会给消费者带来完全相同的满足程度，而其中任何一种产品的购买增加量必须与另一种产品的购买减少量保持一定的比例。该比例就称为边际替代率，即在维持效用不变的情况下，增加某一种产品数量而需要减少另一种产品数量的比例。它可用公式表示为：

$$MRS_{XY} = \frac{\Delta Y}{\Delta X}$$

式中：$\Delta Y$ 为产品 Y 的减少量；$\Delta X$ 为产品 X 的增加量；$MRS_{XY}$ 为边际替代率。

边际替代率实际上就是无差异曲线的斜率，其基本趋势是递减的，这表明消费者在不断增加某种产品购买量的同时，另一种产品购买量是逐步递减的。因此，如果一种产品的购买量在不断地增加而其边际效用却在逐步递减，那么消费者会越来越不愿意减少另一种产品的购买量，因为其边际效用正在逐步增大。

总之，在消费者追求最大限度地满足自己的各种需要，而其经济收入又是有限和既定的条件下，必然希望所购买的两组产品数量给其本人提供的总效用是相同的。这种由各和产品购买组合所构成的效用曲线就称为"无差异曲线"。

### 8.1.5  消费者均衡理论

在现实生活中，由于每个人的经济收入都是有限的，而且商品价格也是既定的，因此消费者不仅希望自己的每种购买搭配方案从整体上都能够给自己提供最大限度的需求满足（总效用最大化），而且也希望从所有这些购买搭配方案中能够找到一种使两组商品在购买数量上成为最优组合或最优搭配的购买方案来，以实现边际效用最大化。用经济学术语来说，这就是"消费者均衡"的实现问题，那么"消费者均衡点"到底在什么地方呢？

　　假定某消费者的月收入为 1 500 元，商品 X 组（或一种商品 X）的平均价格 $P_X$ 为 100 元，商品 Y 组（或一种商品 Y）的平均价格 $P_Y$ 为 70 元。假定消费者为了追求效用最大化，他不仅需要购买商品，而且还希望将其中的一部分收入分别用于储蓄和投资。假定他把月收入中的 300 元用来储蓄，500 元用来投资邮市，那么他用于消费的货币量将是 700 元。消费者对这 700 元商品购置费将会如何安排才能最大限度地满足自己的各种需要呢？一种方案是 700 元钱全部用来购买商品 X（共 7 个单位），或者全部用来购买商品 Y（共 10 个单位）；另一种方案是将 700 元钱合理分配，分别用来购买一定数量的商品 X 和一定数量的商品 Y，这中间又包括若干种搭配组合形式。在实际生活中，除非存在某种特殊情况，否则第一种方案显然是不可取的。所以，我们只能从第二种方案中去寻求最优搭配或最优组合形式。第一种方案虽然不切实际，但我们却可以在"全部买商品 X"与"全部买商品 Y"两者之间画出一条连线。这条连线就叫做消费可能线，又称为预算线（如图 8-4 中的 AB 线），从这条线上我们就可以找到第二种方案中的最佳组合形式。消费可能线 AB 以外的任何一点都是无法实现的，因为已经超出了消费者的可供支配的消费总预算；而 AB 线以内的任何一点虽然可以实现，但却不是两组商品购买量的最优搭配组合形式，因而也无法实现总效用的最大化。只有 AB 线上的任何一点才可以成为最大购买量组合，也就是说消费者对两组商品购买量的搭配组合形式，只有落在这条线的任何一点上才能实现总效用的最大化。但这条线上只有那么一点，是消费者希望的购买量的最优或最佳搭配组合形式。下面我们就来寻找最优搭配组合形式，或者说寻找"消费者均衡点"。

　　倘若在有 AB 线的图 8-4 上再绘上几条无差异曲线（如图 8-5 所示），那么在这众多的无差异曲线上，必定有一条要与 AB 线相切于某一点，该切点就是消费者均衡点（如 C 点）。只有在此点上（商品 X 组购买 H 个单位，商品 Y 组购买 G 个单位）才能实现不同商品购买量的最优或最佳搭配组合，从而最大限度地满足消费者的各种需要，实现总效用和边际效用两者的最大化。

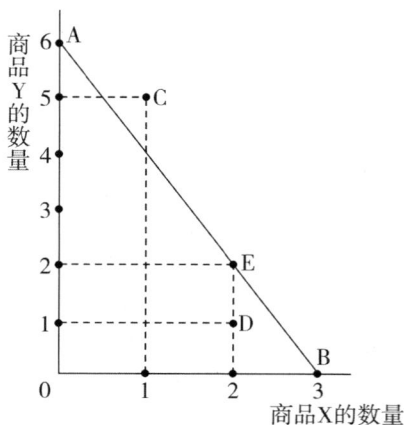

图 8-4　消费者的消费可能线

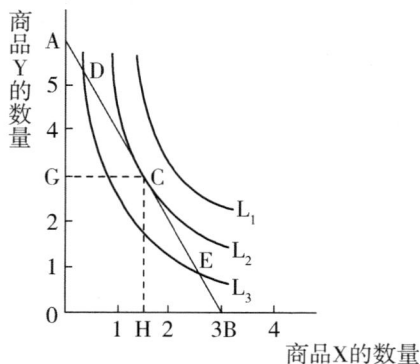

图 8-5　消费者均衡的实现

　　两者最大化的愿望和行动,比较深刻地说明和解释了消费者的购买行为规律。但是,我们也应该看到,边际效用理论的思想基础是享乐主义哲学和传统的理性人假设。在边际效用理论家们眼里,消费者实质上是一个最大限度地追求享乐和舒适的有理性的"机器人",他们随时随地都在绞尽脑汁地算计如何才能合理科学地消费,好像每个消费者都已被简化成了一个单纯具有理性的"计算机",而消费者的其他特性以及别的购买动机都是不复存在的。因此,该理论只能用来解释和说明那些复杂的购买行为,而无法解释习惯性的和简单的购买行为。

# 8.2　消费者购买行为模式

　　如果说我们前面讨论的消费者行为理论是从宏观上、整体上解释消费者为什么要购买商品,那么,我们现在将要讨论的"消费者购买行为模式",则是从中观的角度对消费者实际进行商品的购买过程进行形象地说明。下面我们介绍几种最有代表性的购买行为模式。

## 8.2.1　尼考西亚模式

　　尼考西亚模式是由营销学者 F. 尼考西亚于 1966 年在《消费者决策过程》一书中率先提出的。该模式由四个领域构成。领域 I 为广告信息,也称之为"从信息发布到消费者态度"，该领域表示企业通过广告宣传等手段把有关产品信息传递给消费者，这些信息经消费者处理后转变成对产品的某种态度。领域Ⅱ为调查评价，表示消费者怀着对产品的某种态度开始寻找有关信息，并对广告及其所宣传的产品做出一定的评价，形成相应的购买动机。领域Ⅲ为购买决策，表示消费者在某种购买动机的驱使下做出购买决策并采取相应的购买行动。领域Ⅳ为反馈，表示消费者在使用产品的过程中将消费经验反馈给大脑保存记忆，以指导今后的购买决策，或者直接反馈给企业营销部门（如图 8-6 所示）。尼考西亚模式的优点是简明扼要，但其局限性在于缺乏对外界环境变量的有效评估，把消费者看成是仅与企业进行信息交流的封闭系统，因而容易使营销人员产生片面的认识。

领域Ⅰ：广告信息（从信息发布到消费者态度）

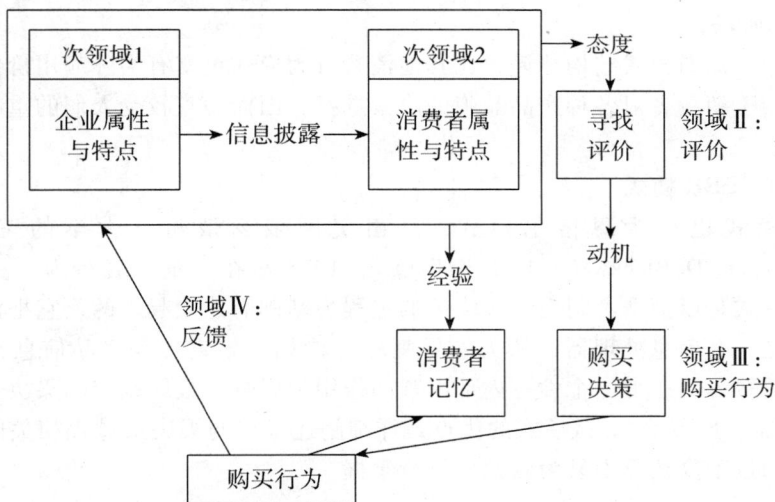

图 8-6　尼考西亚模式

### 8.2.2　霍华德—谢斯模式

该模式是由 J. A. 霍华德于 1963 年提出，经修改后于 1969 年在 J. A. 霍华德与J. N. 谢斯合著的《购买行为理论》一书中正式提出，因而称为霍华德—谢斯模式。该模式主要阐述产品的品牌选择过程是由四大变量构成的。变量一是刺激或投入因素，也称为输入变量。该变量又包含三个子变量：产品的价格、质量、功能、服务等传递信息构成了产品的实质刺激；广告宣传、营销人员、大众传媒等传递信息构成了产品的符号刺激；而家庭、参照群体、社会阶层等传递信息构成了产品的经验信息。变量二是外在因素，也称为外在变量。该变量主要包括影响购买决策过程的外部因素，诸如社会阶层、文化、个性、购买的必要程度、组织、时间紧迫性、支付能力等。变量三是内在因素，也称为内在变量。该变量是指介于刺激与反应之间的心理活动过程，其目的在于说明外界刺激在消费者的大脑中是如何进行加工活动的，从而形成对某种产品的态度和购买意向。变量四是反应或产出因素，也称为结果变量。该变量是指消费者最终所形成的对产品的外部行为。该变量包括三个子变量：一是与消费者对产品的注意和了解相联系的认识反应；二是与消费者评价动机的满足水平相联系的情感反应；三是与消费者是否实施购买相联系的行为反应（如图 8-7 所示）。

霍华德—谢斯模式结构严谨，比其他消费行为模式更富有实际应用价值。该模式尤其适用于消费者对各种产品品牌的决策选择，因而一直较受人们的重视。

### 8.2.3　EBK 模式

EBK 模式也称为恩格尔模式，是由美国俄亥俄州立大学的三位教授（J. F. Engel，R. D. Blackwell，D. T. Kollat）于 1978 年在《消费者行为》一书中提出的。该模式是以消费者制定购买决策的过程为基础而建立起来的，它把消费者的大脑看成是一个信息处理器，认为外界刺激（诸如广告宣传等产品信息）输入大脑后，经消费者的态度、个性等内部因素的作用和影响，最终制定购买决策并付诸实施（如图 8-8 所示）。该模式的优点是详细阐述了与购买决策过程相关的一系列变量，但因过于复杂而不易为营销人员所掌握。

### 8.2.4　科特勒模式

美国营销学者菲利普·科特勒教授认为，消费者购买决策模式是由前后相继的三个部分构成的（如图 8-9 所示）。第一部分主要包括企业内部的营销刺激（如产品、价格等）与企业外部的环境刺激（如经济、政治等），这两者共同作用于消费者以期能够引起他（她）的注意。第二部分主要包括购买者特征（如文化、心理等）和购买决策过程（如问题认识、信息搜集等）两个中介环节，购买者本人所具有的一系列特征对其购买决策起着很大的影响作用，即消费者的购买决策是文

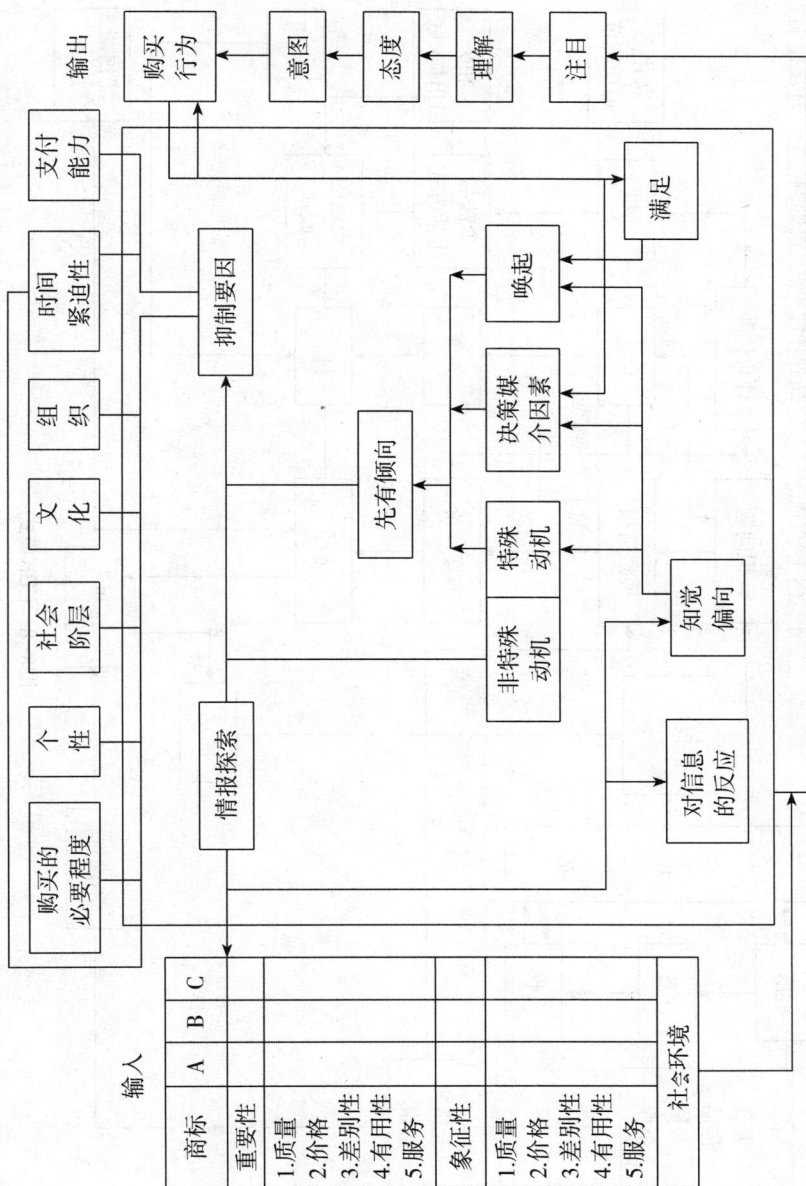

图8-7　霍华德—谢斯模式

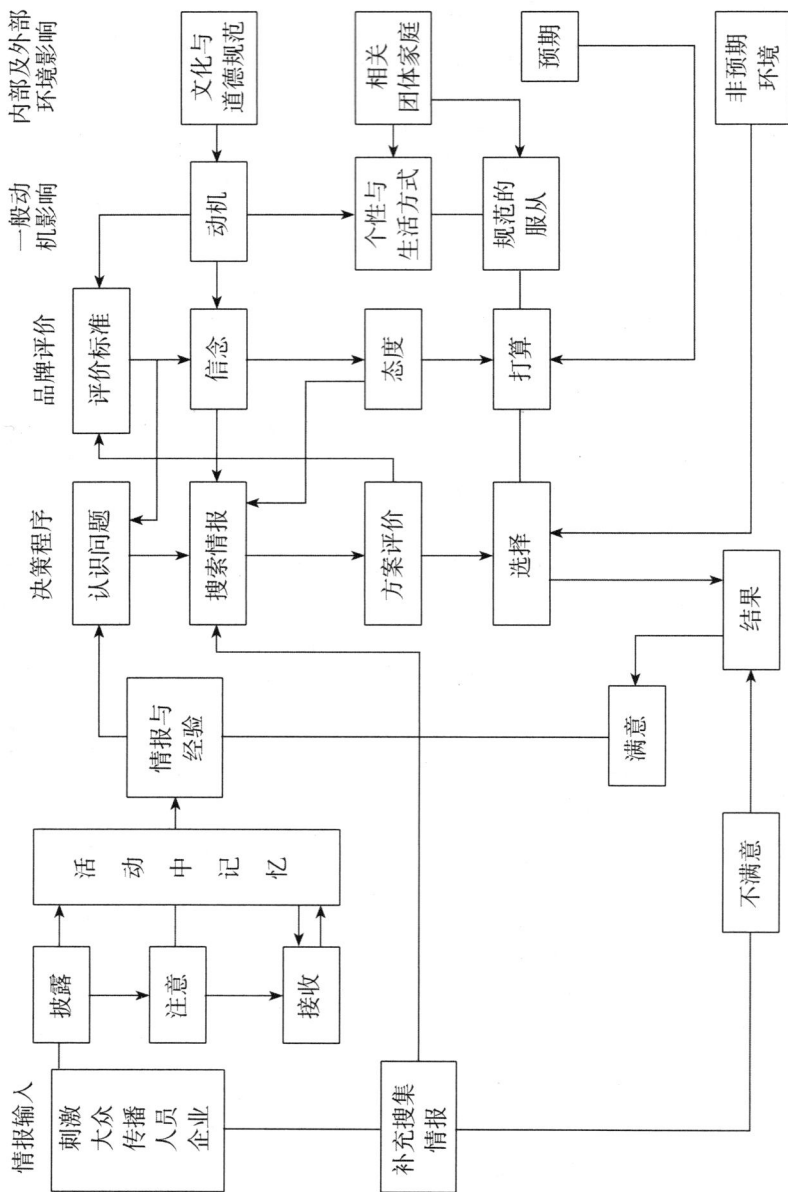

图8-8 EBK模式

化、社会、个人和心理四大因素之间相互影响和交互作用的结果（如图 8-10 所示）。消费者的购买决策过程是通过其大脑内部进行复杂的信息加工活动，以选择所要购买产品的过程。消费者的决策过程既受到第一部分中内外刺激的影响，也受到消费者本人所具有的各种特征的影响。第三部分是购买者的行为反应，即消费者购买决策的外在表现，诸如产品决策和品牌决策等，营销人员能够在实际工作中识别出来。从图 8-9 和图 8-10 中可见，科特勒的消费决策模式简明扼要地说明了消费决策的一般过程：刺激作用于消费者，经消费者本人的信息加工，最终使消费者产生各种外在的与产品购买相关的消费行为。该决策模式的优点在于易于掌握和应用，但同时也存在着明显的缺陷，诸如关键环节过于简单化、没有对消费者大脑内部所进行的信息加工过程给予必要地说明等。

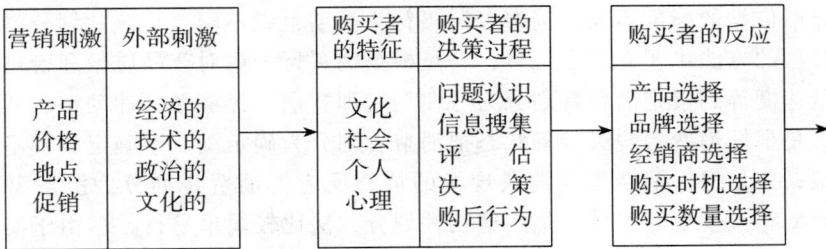

图 8-9　科特勒的消费决策模式

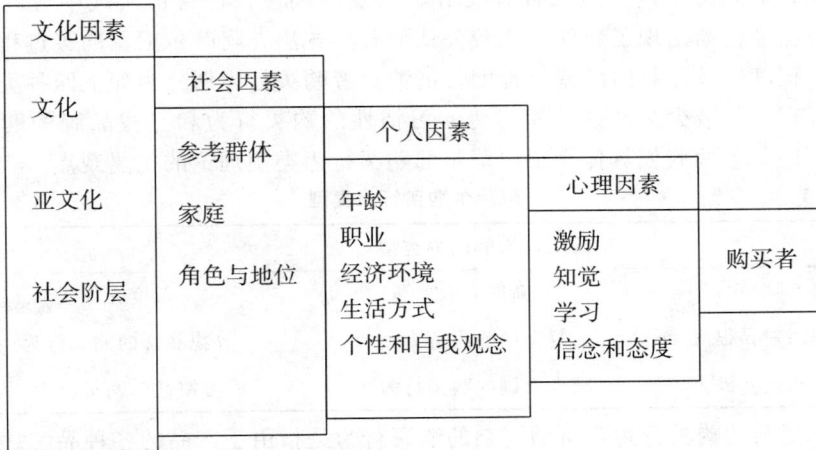

图 8-10　影响消费者购买决策诸因素模式

就以上四种最具代表性的消费决策模式而言，它们之间存在着许多相似之处，尤其是购买决策模式的一般结构。如果从上述四种消费决策模式中抽象出基本架构，那么它们在主体上都是一致的。例如，它们的主体结构一般都如图8-11所示。

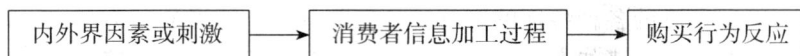

| 内外界因素或刺激 | → | 消费者信息加工过程 | → | 购买行为反应 |

**图 8-11　消费者购买行为的一般模式**

## 8.3　消费者购买行为类型

把消费者划分为不同的类型是研究消费者购买行为的一种主要方法。一般来说，划分所依据的标准不同，消费者购买行为类型也就不同。传统的划分消费者购买行为类型的方法主要有如下三种：一是根据购买行为中对产品质量和价格的态度以及决策速度等因素把消费者划分为习惯型、理智型、经济型、冲动型、从众型等类型；二是根据消费者购买准备状态把消费者划分为确定型、半确定型和不确定型三种类型；三是根据消费者在购买现场的情感反应把消费者划分为沉静型、活泼型、温顺型和傲慢型等类型。虽然这三种划分方法比较简单易行，但由于实际购买现场消费者的反应比较复杂，许多购买行为不易区分和辨别，因此，现在有越来越多的研究人员倾向于认为这三种分类方法缺乏准确性，在营销实践中容易出现偏差。目前已经逐渐出现了新的、比较公认的分类方法。阿萨尔根据购买过程中消费者的介入程度以及品牌间的差异程度，把消费者购买行为划分为如下四种类型：复杂的购买行为、减少失调的购买行为、习惯性的购买行为和寻找品牌的购买行为（见表8-1）。下面我们具体介绍阿萨尔的购买行为类型理论的主要观点。

表 8-1　　　　　　　　　　　　阿萨尔购买行为类型

| 购买行为的四种类型 | | |
|---|---|---|
| | 高度介入 | 低度介入 |
| 品牌间差异很大 | 复杂的购买行为 | 寻找品牌的购买行为 |
| 品牌间差异极小 | 减少失调的购买行为 | 习惯性的购买行为 |

（1）复杂的购买行为。所谓复杂的购买行为是指由于产品的各种品牌之间存在着很大的差异，且消费者并不太了解各种品牌的属性、特点及其相互间的差异，需

要消费者认真细致地了解、仔细挑选并慎重决策的购买行为。一般来说，购买贵重物品、大型耐用消费品、觉察到的购买风险较大的产品、特别容易引起他人注目的产品以及其他需要消费者高度介入的产品，消费者的购买行为往往是复杂的购买行为。这种购买行为就其实质而言不外乎是一种典型的学习过程。消费者在逐步了解产品信息的过程中形成了对产品的信念，然后是对产品的态度并产生偏好，最后才做出慎重的购买决策。

（2）减少失调的购买行为。所谓减少失调的购买行为是指这样一种购买行为：由于产品的各种品牌之间并没有多大差别，且由于产品具有很大的购买风险或者需花钱很多，所以极需要消费者高度介入才能慎重决定；但购买商品之后，有时往往又会使消费者产生一种购后不协调的感觉，觉得自己选择的品牌还不如其他未选上的品牌，于是开始通过各种方法试图做出对自己的选择有利的评价，并采取种种措施试图证明自己当初的购买决策是完全正确的，以减少购后不协调感。上述这种购买行为就属于减少失调的购买行为。

（3）寻找品牌的购买行为。尽管产品的各种品牌之间存在着极为悬殊的差异，但由于产品本身并没有多大的购买风险或者就是一种价格并不贵的日用消费品，所以只需要消费者低度介入并不断变换品牌的购买行为。这种购买行为的产生往往并不是起因于对某种品牌不满意，而是起因于同类产品拥有很多不同的可供选择的品牌，消费者可能是存有求新或求异的消费动机才不断地在各种品牌之间进行变换尝试，以寻求自己心目中"永远是最好的"品牌。

（4）习惯性的购买行为。所谓习惯性的购买行为是指这样一种购买行为：消费者对那些品牌间没有多大差异、价格低廉、经常购买的日用消费品常常采取低度介入的购买方式，其购买行为并没有经过一般的形成信念和态度，然后再采取一定的购买决策并付诸实践等一系列行为过程，而是以一种不假思索的方式直接采取购买行动，而且消费者购买这类产品往往并非出于品牌忠诚，而是出于习惯。像这样的购买行为就叫做"习惯性购买行为"。这种购买行为一般是由于广告的不断重复或者反复购买而形成的，而且消费者绝不会真正形成对某种品牌的信任和忠诚的态度，只是出于消费者熟悉它的缘故才去购买。另外，这种购买行为由于是被动学习的结果，再加上消费者对购买何种品牌持无所谓的态度，所以消费者在购买之后几乎不产生购后评价。

# 8.4 消费者购买行为过程

我们前面从宏观和中观两个角度分别讨论了消费者的购买行为规律,下面我们再从微观角度更具体地分析消费者的购买行为过程。我们的侧重点将主要放在讨论消费者的购买决策上。

### 8.4.1 消费者购买行为程序

除了那些日用消费品或者低度介入的产品以外,消费者在购买大部分商品尤其是高度介入的产品时,其行为过程一般将会经历下列五个按顺序递进的阶段或程序:认识需要、搜集信息、评估可供选择的方案、购买决策和购后行为(如图8-12所示)。下面我们详细予以说明。

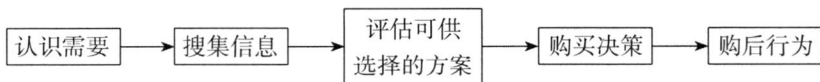

认识需要 → 搜集信息 → 评估可供选择的方案 → 购买决策 → 购后行为

**图 8-12    消费者购买行为程序示意图**

(1)认识需要。认识需要是购买行为过程的开端。认识需要就其实质而言也就是唤起消费需求。一般来说,当消费者面临某个问题,或者说意识到自己的实际情况与所希望的状态之间存在着某种差异,或者内外部刺激与消费者本人的某种需要之间有一定的差距时,消费者已经开始认识到了自己的消费需要。我们都知道,消费者每时每刻都拥有许许多多的需要,但这些需要大部分都处在潜意识状态,消费者本人未必就已明确地意识到了它们的存在。只有当外界环境中的某些刺激,或者消费者自身内部的某些刺激强大到足以引起自己的意识时,这些潜在的需要才能够被消费者认识并转化成一种内驱力,促使或激励人们通过购买产品加以满足。例如,某公司职员 A 经常出差联系业务,他在外地要经常向公司老板汇报工作情况,同时还要不断地同各类客户保持联系,时不时还要向自己的亲属报个平安。虽然他手头也有一部移动电话,但由于看不见对方,也不能发传真,所以总觉得不太方便和满意。每当此时,他就希望自己手头能够有个更方便的通讯工具(需要更好的通讯工具)。后来有一天,他在报纸上读到了这样一则消息(外界刺激):某公司生产出了一种可视移动电话,这种电话不仅能够当传真机用,而且还能够看见通话的对方，价格也比较适中。像这样的广告（刺激因素）就引导这位公司职员认识自己的需要，明确地意识到自己极需要一个方便、先进的通讯工具（消费需求）。据近年来的一些研究，消费者在"认识需要"的风格上存在着明显的差异。有些消费者属于"实际状态型"，他们之所以认识到自己对新产品的需要，是因为自己原有的产品无法使用或主要功能坏了；也有些消费者属于"渴望状态型"，他们之所以认识到自己对新产品的需要，并不是因为原有的产品出了问题，而是希望拥有更新的、功能更全、更先进的产品。我们前述的公司职员 A 就属于第二种类型。

（2）搜集信息。如果消费者已经明确地意识到了自己的消费需求，或者说消费者已经认识到要想满足自己的消费需求，唯一的办法就是通过购买某种新产品才能实现，那么，在这种情况下他就会通过种种方法积极地去寻求有关信息，在头脑中形成每种品牌的形象，或者是各种可供选择的购买方案。因此，消费者搜集信息的过程也就是形成各种可供选择的购买方案的过程。消费者搜集信息的途径或者信息来源主要有两种形式：一种是消费者自身早已具有的知识经验宝库，也叫做"内部源泉"；另一种就是从外界环境中去寻求有用的信息，也叫做"外部源泉"。外部源泉又包括除自己以外的其他个体（如邻居、熟人等）、商品组织（广告、经销商等）、大众媒体（报纸、杂志等）。就一般规律而言，消费者首先是到自己已有的知识经验宝库中去寻求帮助，如果自己的经验不够用或不合适，才去外部源泉寻求信息，而且内部源泉所提供的有用信息越多，人们到外部源泉寻求的信息就越少。当然，许多购买决策实质上都是内外部信息相互作用的结果。消费者到底要搜集多少信息，或者说购买决策所需要的信息量是多少，这在很大程度上取决于各种情景因素，如产品风格和价格是否比较稳定，是否为第一次购买，信息来源是否相互冲突，家庭成员之间意见是否一致，产品售价是否很可观，购买者的受教育水平，消费者的经济收入水平和年龄，消费者的人格特征，消费者本人的内驱力的强弱，产品的介入程度的大小，购买决策的类型等因素都会影响信息量的需求水平。如果公司职员 A 对可视电话特别感兴趣，迫切希望购买该产品，那他就会积极地寻求关于该产品的各种信息，比如广泛翻阅广告、打电话向朋友咨询、对生产这类产品的好几个著名企业进行比较，直到自己完全了解和喜爱该产品为止。相反，如果他的购买欲望并不强，那他寻求有关信息的积极程度以及寻求的信息量只会比原来稍微强一点罢了，他只是比以前更关心这方面的信息并搜集一些关键信息就行了。

（3）评价可供选择的方案。当消费者已经搜集到了足够的信息时，他们就会利用两个前后相接的步骤对可供选择的备选方案做出评价。首先是列出自己比较了解的全部品牌的名称，然后以每种产品所必须具备的一系列重要属性作为评价标准，具体评估备选方案中的每个品牌。在列出自己了解的全部品牌时，消费者倾向于列出那些久负盛名的，在自己所在市场销售的品牌。列出的这些品牌往往是市场上出售的部分品牌而已，而且也并非消费者所知道的全部品牌。在评估列出的品牌目录时，大部分消费者首先将会把已经掌握的产品所具有的重要性分别赋予各自不同的权重，给品牌分别打分，最后看哪一种品牌得分最高。当然，许多时候可能有好几种品牌得分都很高，而且差异并不大。这是因为每种品牌可能都有各自独特的重要属性，而且这些属性很可能就是其独一无二的优点。因此，在这种情况下，消费者往往同时有好几种品牌难以割舍，成为自己最后的一组备选方案。在此需要强调指出的是，虽然大部分消费者所认可的产品的重要属性基本相同（见表8-2），但是不同年龄组的消费者对同一属性所赋予的权重并不一定相同。例如，男女老少都认为评价汽车的重要属性一般是安全可靠、持久耐用、容易修理、价格低廉、容易操作、名牌和工艺技术新等，但 30～49 岁的中年人比其他年龄组的消费者更明显地强调安全可靠的性能，而 50 岁以上的消费者比 49 岁以下的人显著强调品牌的名望，29 岁以下的青年人则明显偏爱具有新工艺和新技术这一特性。

表 8-2 五种产品的重要属性

| 轿车 | 家用电脑 | 彩电 | 空调 | 照相机 |
|---|---|---|---|---|
| 安全可靠性 | 运行速度 | 图像质量 | 耗电量 | 照片清晰度 |
| 持久耐用性 | 价格低廉 | 保修期 | 功率与制冷性 | 拍摄速度 |
| 易于维修 | 显示器清晰度 | 价格低廉 | 噪音大小 | 相机规格 |
| 价格低廉 | 存储能力 | 屏幕大小 | 保修期 | 价格低廉 |
| 便于操作 | 软件适用性 | | 价格低廉 | |
| 有无名气 | | | | |
| 是否最新技术 | | | | |

（4）购买决策。经过评估备选方案，此时的消费者已经对某品牌形成了一定

的偏好或购买意图。在这种情况下，如果再不出现其他意外情况和他人的干预，那么消费者的这种购买意图将会直接转化为购买决策。关于消费者购买决策的具体内容，我们将在本章下一小节加以详细讨论。

（5）购后行为。一般来说，消费者的购后行为具有两点意义：一是反映了消费者的需要是否得到了满足。如果得到了很好地满足，那么消费者将会对其购买决策及其所购买的产品做出积极的评价，并把这种购买经验储存在自己的长时记忆中以指导今后的购买行为。二是购后行为不仅直接影响消费者本人今后的购买活动，而且也会影响和左右周围其他人的购买行为。如果消费者对自己的购买决策比较满意的话，那么这种满意的体验将使消费者本人今后继续购买令自己满意的产品，同时消费者也会把自己的满意感告诉周围的朋友、同事、亲属等，从而有利于这些人购买该产品。反之，不仅自己今后很可能不再继续购买，而且其周围的人很有可能也不会去购买。因此，对于市场营销人员来说，产品被消费者购买之后并不意味着营销工作的结束，而是新一轮营销工作的开始。在购后行为阶段，消费者一般根据购前所形成的产品期望值对自己的购买决策做出评价。换句话说，购买商品之后，消费者将试图确定自己的实际购买结果是否符合先前形成的对产品的期望。这种评价结果很可能是下列三者之一：①实际结果符合先前的期望值，此时的消费者具有中等偏上的积极情感体验（比较满意），今后可能购买也可能不购买该产品；②实际结果超出了先前的期望值，此时的消费者具有完全积极的情感体验（很满意），今后将会继续购买该产品；③实际结果不如先前的期望值高，此时的消费者具有消极的情感体验（不满意），不仅今后将不会再购买该产品，而且眼下很可能采取退货或投诉等各种措施来恢复自己的认知系统的平衡。

### 8.4.2　购买决策

对于市场营销人员来说，了解下列问题对于新产品开发、生产特色产品，以及整个营销策略的制定必将提供理论依据：什么是购买决策；购买决策有哪些类型；消费者赖以制定购买决策的人性特点是什么；到底消费者是如何做出自己的购买决策的；消费者的购买决策过程有没有规律可循。下面我们就来讨论这些问题。

1）购买决策概述

购买决策是指消费者从两个或两个以上可供选择的购买方案中做出选择的过程，即购买决策就是在要不要购买、购买何种品牌以及何时何地花多少钱购买等众多备选方案之中做出选择。因此，决策就是做出选择的过程。

2）购买决策的类型

通常划分消费者购买决策类型的方法主要有以下两种：

（1）根据消费者购买决策的不同环节可以分为以下七种类型：①购买基础决策，即要不要购买某种产品。②购买目的决策，即为何要购买，是为了方便自己的日常生活还是为了与他人攀比，是为了炫耀自己的经济实力还是为了送礼等。③品牌决策，即购买何种品牌的产品，是新品牌还是自己熟悉的品牌，是特定的某个品牌还是任何品牌。④购买渠道决策，即从什么地方购买产品，是从商店购买还是从生产厂家购买，是从大型百货商店购买还是从专卖店购买等。⑤付款方式决策，即怎样支付购买款项，是用现金支付还是用信用卡支付，是一次付讫还是分期付款等。⑥购买时机决策，即何时去购买产品，是近期购买还是等较长一段时期后再作打算。⑦购买数量决策，即购买产品数量的多少，是购买大包装产品还是购买小包装产品，是购买一件还是购买多件等。

（2）根据消费者在做出购买决策时所需要的信息量以及决策过程的展开水平可以划分为三种类型：①广泛解决型。由于消费者尚未形成对所购产品的评价标准，也未形成较集中的可供选择的备选方案，因而需要大量地搜寻有关信息以为进一步的决策工作做准备。这种水平的购买决策就称为"广泛解决型"。②有限解决型。消费者虽然已经建立了相关的评价标准，但是还未形成较集中的可供选择的备选方案和一定的购买偏好，因而需要较多地搜集有关产品的各种品牌之间是否存在差异以及差异所在等方面的信息。这种水平的购买决策就称为"有限解决型"。③常规反应型。消费者不仅掌握了所需产品的有关评价标准，而且可供选择的备选方案以及自己的购买偏好也已形成，某些产品已有过购买经验，因而只需要很少量的补充信息，甚至只需回忆自己已经掌握的购买经验。这种水平的购买决策就称为"常规反应型"。

3）个性差异的购买决策类型

个性假设是指消费者在购买决策过程中所表现出来的个性特征与行为表现，即不同的消费者在做出购买决策时会有不同的表现行为，诸如消费决策是理智的还是冲动的，是细致谨慎的还是迅速成交的等。一般根据消费者在购买决策中所表现出的个性特征的差异，可以把消费者划分为四种类型：理性经济型、被动服从型、认知型和情绪型。

（1）理性经济型。这种假设基于消费者在购买决策过程中所表现出的冷静、慎重和理智的行为特点，认为在完全竞争的市场上，消费者时刻凭借充足的市场信息进行完全理性的最优购买决策，即理性经济型消费者所追求的目标是以最小的代价实现最优的购买结果，从而最大限度地满足自己的需要。

由于这类消费者是用理性和经济价值判断来衡量一切，因而对这类消费者而言，"冲动的"、"随意的"或者"情绪性的"购买行为都是不可思议的。但事实上，任何一个消费者都不可能真正做到这一点，因为理性经济型假设的理论基础是不现实的。由于消费者的自身能力和知识以及信息获取条件具有很大的局限性，不可能从市场上获取所需要的完全信息，所以无法形成无数的购买方案可供选择。此外，消费者本人是否具备正确评价各类方案并从中选择出最优购买决策的能力，也存在着很大的个体差异，因此，消费者既不可能也不愿意花费过多的时间去尽可能广泛地搜集信息，更不可能以纯理性的态度去追求最大限度的理想决策，而是以现实的态度用"足够的"信息做出比较满意的购买决策。

（2）被动服从型。这种假设基于消费者在购买决策中表现出的冲动性和易受暗示等特点，把消费者看成是一群自私自利的、一味服从营销人员而毫无主见的人。这种假设认为，由于消费者是冲动的和缺乏理性的，因而表现为患得患失、消极被动，容易受市场营销人员的暗示以及整个营销活动及其氛围的影响。因此，市场营销活动在消费者购买决策的制定和形成过程中起着重要的作用。然而，该假设无法说明消费者本人所具有的理性和主观能动性如何在购买决策形成过程中起作用，因为与市场营销人员及其各种努力比较而言，消费者本人的特性在购买决策的形成过程中具有很强的影响力。目前，仍有许多营销人员信奉这一假设，例如"唤起注意→诱导兴趣→激发欲望→促成交易"这种被广泛认可的推销模式，其实就是把消费者看成是被动接受信息和影响的受体。

（3）认知型。该假设认为，消费者是一群主动解决问题的人，他们具有较强的理解能力并且主动寻求与购买行为有关的信息，这些信息经大脑的加工和筛选，最终形成了对产品的某种偏好与购买决策。因此，这种假设实质上是把消费者看成一个"信息加工系统"。与理性经济型和被动服从型假设相比，认知型假设更具有说服力。因为认知型假设认为，消费者为所有可供选择的购买方案详细地搜寻一切信息事实上是不现实的，信息量只要充分到能够做出"合适的"购买决策即可。这种假设还认为，现实生活中的消费者根本无法获得一个理想的购买决策，只要购买决策能够使自己感到满意即可。

（4）情绪型。这种假设近年来较受人们的欢迎。该假设认为，消费者当时的情绪和心境对购买决策具有十分明显的影响。例如，消费者何时何地花多少钱购买何种产品，将直接受制于本人当时的心境；还有诸多购买行为都是与消费者当时的情绪紧密相连的，如爱、欢乐、希望、焦虑等。有些购买决策甚至就是由消费者当时的情绪状态所直接驱动，低介入产品的购买尤其具有这种特征。因而这种假设认为，只要消费者购买产品时觉得"好"，或者对某产品及其相关属性"感觉好"，那么这种购买决策就是"理性的"，因为能使消费者在情绪上相对满意的购买决策本身就是"理性的"购买决策。

4）购买决策的过程

消费者做出购买决策的过程也就是从备选方案中做出选择的过程。营销研究表明，消费者做出品牌选择的主要规则有以下三种：

（1）补偿性决策规则。这种决策规则要求使用者首先列出某产品必备的重要属性，然后分别计算各备选品牌在这些重要属性上的加权总分，并以分值最高者作为购买的首选品牌。补偿性决策规则的独特之处就在于"补偿"，即它能够使某品牌在一个属性上的积极评价（较高的得分）与其在另一个属性上的消极评价（较低的得分）相互补偿。这是因为每种品牌都有各自的优势属性与劣势属性，所以在优势属性上的较高评价可以补偿其在劣势属性上的较低评价。补偿性决策规则具体包括理想品牌决策和期望值决策两种方法：

①理想品牌决策法。该决策方法是指，在每个消费者心目中都有一个对某产品的理想品牌的印象，并用这种理想品牌印象与实际品牌进行对比，实际品牌越是接近理想品牌就越容易被消费者所接受。例如，消费者首先给自己心目中的理想品牌打分，然后再给实际品牌打分，最后求两者之间的误差。误差越大表示实际品牌与理想品牌之间的差距就越大，消费者的不满意程度也就越大。用公式表示为：

$$D_j = \sum_{i=1}^{n} W_i | B_{ij} - I_i |$$

式中：$D_j$ 为消费者对品牌 $j$ 的不满意程度；$W_i$ 为消费者赋予属性 $i$ 的权重；$B_{ij}$ 为消费者对于品牌 $j$ 所具有的实际属性 $i$ 的信念；$I_i$ 为消费者对属性 $i$ 的理想水平；$n$ 为属性个数。

②期望值决策法。该决策方法是指，消费者依据某产品所必须具备的一些重要属性的实际分值，计算备选方案中的每个品牌的最后加权总分，以最高得分者为选中的购买品牌。用公式表示为：

$$A_j = \sum_{i=1}^{n} W_i B_{ij}$$

式中：$A_j$ 为消费者对于品牌 j 的态度分值；$W_i$ 为消费者赋予属性 i 的权重；$B_{ij}$ 为消费者对于品牌 j 所具有的属性 i 的信念；n 为属性个数。

（2）非补偿性决策规则。与补偿性决策规则不同，非补偿性决策规则并不要求消费者在评价备选品牌时，把某品牌在一个属性上的积极评价（较高的分值）与其另一个属性上的消极评价（较低的分值）相互补偿，而是要求决策者把那些在某一种属性上达不到规定标准的品牌进行排除，不做进一步的考虑。即使该产品的优势属性更多，也不能补偿其劣势属性。非补偿性决策规则具体包括多因素关联法、单因素分离法、排除法、词典编纂法与重点因素法等五种决策方法。

①多因素关联法。该决策方法是指，消费者为产品的各种属性分别规定了一个最低的可接受水平，只有当所有属性都达到了规定水平时，该产品才可被接受。否则，若有任何一种属性未达到可接受的最低水平，即使其余各种属性再突出，该产品也不可能被接受。由于这种决策方法所产生的可接受品牌可能不止一个，因此消费者还需要借助于其他决策方法做进一步的筛选。

②单因素分离法。该决策方法与多因素关联法相反，它要求消费者首先为产品的每种重要属性建立一个最低的可接受水平，然后判断哪个品牌的哪个属性达到了规定的要求。在所有属性中，只要任何一个品牌的任何一个属性达到或者超过了规定的标准，那么该品牌就被接受。由于这种决策方法也可能会产生多个可接受品牌，因此也需要其他决策方法做进一步的筛选。

③排除法。该方法要求消费者首先必须给产品的一些重要属性规定最低的可接受水平，然后排除那些在任何一种属性上不具备所规定的可接受水平的品牌，接着再对那些所有品牌都已经达到规定标准的属性进行排除，不作为筛选标准，同时建立新的属性标准并开始新一轮的筛选。就这样一步一步进行排除，直到最终剩下一个品牌为止。因此，就其实质而言，这种决策方法就是在达到规定标准的各种品牌中寻找"独特优势"或关键属性。

④词典编纂法。该决策方法类似于编纂词典时所采用的词条排序法，即首先将产品的一些属性按消费者所认为的重要性程度，从高到低排列顺序，然后再按顺序依次选择最优品牌。消费者根据排序中第一位最重要的属性对各种备选品牌进行比较，如果只有一种品牌在该属性上得到了满意的结果，那么不论该品牌是否在其他属性上也享有同样好的评价，消费者就选择该品牌从而结束决策过程。如果上述比较过程导致了两个或两个以上的品牌入选，那么消费者就必须依次根据第二、第三、第四重要属性……进行比较，直到最后剩下一个品牌为止。

消费者在词典编纂法中所罗列的产品重要属性，会在一定程度上揭示出消费者本人所具有的消费动机取向。例如，"购买名牌"的消费者具有强烈的"身份取向"，"购买便宜品牌"的消费者则是典型的"节俭型"。

⑤重点因素法。该决策方法将产品众多属性中的一种或有限的几种作为评价标准，不论哪种品牌，只要它在这一种或这几种属性上的实际水平达到或超过了标准就会被购买，而对其他属性的优劣则不予考虑。也就是以极有限的几种属性作为评价标准进行品牌选择。

在应用上述两大类共七种决策方法进行购买决策的过程中，有一个潜在的理论假设，就是消费者会从所评估的备选品牌中选择一个最接近理想的品牌。然而，这种最终购买决策既可能出现也可能不出现，因为消费者可能根本无法从备选方案中找到一个较理想的品牌。一旦出现这种情况，消费者会有两种不同的反应：一是通过进一步的努力以实现决策，例如，通过降低原来的期望值，或者放宽备选方案的范围以寻求其他品牌的信息，从而找到最接近理想标准的品牌，完成购买决策。一般而言，这种决策只有在生活必需品的购买过程中才会出现。二是延迟或者暂时放弃原来的购买计划，并把已经搜集起来的信息储存在自己的记忆中以利今后使用。这种决策一般出现在随意性的购买中，或者具有很大需求弹性的产品购买中。

（3）综合性决策规则。综合性决策规则是指消费者在做出购买决策时，会运用两种决策规则同时帮助选择，并在不同的决策阶段使用不同的决策方法。因此，综合性决策规则一般是由两种决策规则及其方法相互结合后形成的，诸如关联—补偿法、关联—分离法等。

# 8.5　市场营销中的推销模式

　　所谓的推销模式是指根据推销活动的特点及顾客购买活动各阶段的心理特征所归纳出来的一套标准化的推销程序或推销工作指南。下面我们将要介绍的四种推销模式都是在长期的推销实践中被证明为行之有效的推销工作指南。

### 8.5.1　爱达（AIDA）模式

　　爱达模式是四个英文单词"attention，interest，desire，action"的缩写，翻译成中文就是"唤起注意→诱导兴趣→激发欲望→促成交易"。

　　"唤起注意"就是唤起消费者的不随意注意，使其注意力从自我或他人转向营销活动信息，并意识到营销人员所推销的产品的存在。唤起注意的关键在于通过突出顾客地位的方法营造良好的营销氛围。

　　"诱导兴趣"就是让消费者明确意识到购买该产品能够给自己带来许多利益和好处，从而激发消费者对产品的浓厚兴趣。兴趣的诱导主要是通过各种巧妙的方法示范或展示产品的优良属性，以及本产品优于同类其他品牌之所在。

　　"激发欲望"就是让消费者产生非要得到该产品不可的强烈冲动。消费者购买欲望的激发，关键在于使其明确认识到自己目前的实际状况与较理想的状况之间存在着明显的差异。

　　"促成交易"就是通过一系列方法让消费者心甘情愿地购买产品，其关键在于尽可能最大限度地降低消费者的购买风险。例如，通过提供良好的换退货保证及其他售后服务可有效地降低消费者对购买风险的忧虑。

　　虽然爱达模式在长期的营销工作中确实很有成效，但是这种推销模式的一大弊端是把消费者置于消极被动的境地，忽视了消费者自身的主观能动性在购买行为中的作用，也没有考虑消费者自身的消费需求特点，因此它只是一种地地道道的从企业或销售的立场出发的"推销"模式，比较适合工作繁忙的职业阶层和自主意识较弱的人，而不太适合那些独立性和自我意识都特强的消费者。

### 8.5.2　迪伯达模式

　　迪伯达模式的核心在于如何抓住"顾客需求"这一关键环节。该模式有如下所述的一套比较完整的推销程序：

（1）准确地发现并指出顾客有哪些需要和愿望；

（2）把顾客的需要和愿望与所推销的产品密切联系起来；

（3）证实推销的产品符合顾客的需要和愿望；

（4）促使顾客接受你所推销的产品；

（5）刺激顾客的购买欲望；

（6）促使顾客采取购买行动。

从现代市场营销的观点来看，迪伯达模式具有一定程度的"顾客导向"思想。因为这一模式是从顾客的立场和角度出发的，所以营销活动如果取得成功，就在很大程度上满足了顾客的需要。另外，该模式也比较适用于向批发商、厂商和零售商推销各种工业品和服务产品。

### 8.5.3 埃德帕模式

推销的"埃德帕"模式在零售推销活动中较为适用，它是针对有明确购买愿望和购买目标的顾客的推销模式，主要包括以下五个步骤：

（1）把推销的产品与顾客的愿望联系起来；

（2）向顾客示范合适的产品；

（3）淘汰不宜推销的产品；

（4）证实顾客已做出正确的选择，他已挑选了合适的产品，该产品能满足他的需要；

（5）促使顾客购买推销的产品，做出购买决定。

### 8.5.4 吉姆（GEM）模式

吉姆模式是培养营销人员的自信心、提高其说服能力的模式（如图 8-13 所示）。该模式认为，推销业务的"成交"是产品、公司、营销员三要素综合作用的结果。因此，为了顺利地完成推销任务，营销人员必须做到：

（1）相信自己所推销的产品（G）；

（2）相信自己所代表的企业或公司（E）；

（3）相信自己（M）。

企　　　　　　　　　　　　　　　　业（E）

顾
客

产
品　　　　　　　　　　　　　　　　推
销
员
（G）　　　　　　　　　　　　　　（M）

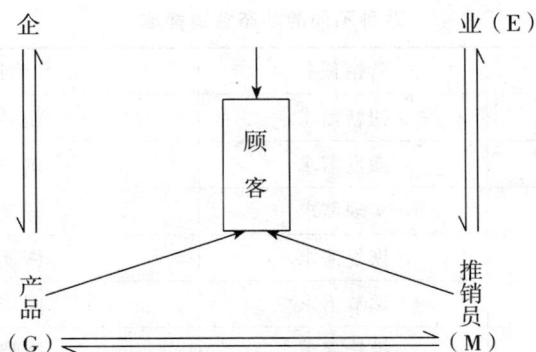

**图 8-13　吉姆模式示意图**

# 8.6　市场营销的动态管理

### 8.6.1　市场营销的动态需求管理

在一般人看来，市场营销的目的就是刺激顾客对企业产品的需求，以便尽量扩大生产和销售。事实上，营销的任务不仅仅是刺激和扩大市场需求，同时还包括调整、缩减和抵制市场需求，这要依需求的具体情况而定。简言之，营销管理，就是调整市场的需求水平、需求时间和需求特点，使需求与供给相协调，以实现互利的交换，实现组织的目标。因此，营销管理的实质是需求管理。

### 8.6.2　八种不同的动态营销管理及其实例

不同的需求状况，有不同的营销任务。根据需求状况和营销任务的不同，可将市场营销分为以下八种不同的营销类型（见表 8-3）。

（1）负需求（negative demand）。这是指全部或大部分消费者对某种产品或劳务不仅不喜欢，没有需求，甚至有厌恶情绪。例如，素食主义者对所有肉类有负需求；有些旅客对坐飞机存在畏惧心理，也产生负需求。

在这种需求状况下，营销任务是扭转人们的抵制态度，使负需求转为正需求。这是一项很困难的任务，必须首先了解这种负需求产生的原因，然后对症下药，采取适当措施来扭转。这种营销类型称为"扭转性营销（conversional marketing）"，可从产品、价格、推广和通路等方面着手。

表 8-3 八种不同的动态营销管理

| 需求状况 | 营销任务 | 营销类型 |
|---|---|---|
| 1. 负需求 | 扭转需求 | 扭转性营销 |
| 2. 无需求 | 激发需求 | 刺激性营销 |
| 3. 潜在需求 | 实现需求 | 开发性营销 |
| 4. 需求衰退 | 恢复需求 | 恢复性营销 |
| 5. 需求失衡 | 调节需求 | 同步性营销 |
| 6. 需求饱和 | 维持需求 | 维护性营销 |
| 7. 需求超饱和 | 限制需求 | 降低性营销 |
| 8. 有害需求 | 否定需求 | 抵制性营销 |

（2）无需求（no demand）。这是指消费者对某种产品或劳务，既没有负需求，也没有正需求，表现为漠不关心，没有兴趣，无需求通常是针对新产品或新的服务项目，消费者因不了解，未认识到其价值，而没有需求。

因此，这时营销任务应是，设法引起消费者的兴趣，刺激需求，使无需求变为正需求，即实行"刺激性营销（stimulational marketing）"。

（3）潜在需求（latent demand）。这是指多数消费者对市场上现实不存在的某种产品或劳务有强烈需求，却不付诸购买行为。例如，人们渴望有一种对人体无害而有益的香烟，若这种新产品问世，就能获得极大的市场占有率。

针对这种需求状况，营销的任务是努力开发新产品，设法提供能满足潜在需求的产品或劳务，将市场上的潜在需求变为现实需求。因此，企业应采取"开发性营销（developmental marketing）"，使消费者的购买行为明朗化。

（4）需求衰退（faltering demand）。由于一切产品的生命周期中都会出现衰退期，即使它曾有畅销好景，但进入成熟期后，人们对它的需求和兴趣就会发生动摇和衰退，即需求朝向下落。这时就急需采取"恢复性营销（remarketing）"，努力使处于衰退中的产品或服务，创造出新的生命周期。

（5）需求失衡（fluctuating demand）。消费者对某些产品或劳务的需求是不规则的，在不同时间、不同季节需求量不同，产品销量随淡旺季之变化，波动很大，因而与供应量步伐不一致，造成企业设备闲置或过度使用，如运输业、旅游业等都有这种情况。

　　针对这种情况的营销任务是，设法调节需求与供给的矛盾，使两者达到协调同步，这种营销活动称为"同步性营销（synchro marketing）"。例如，旅游胜地、风景区等，在节假日需要量特别大，而在平时，则生意清淡。对此，可通过灵活的计价、广告和安排活动等办法，使供求趋于协调。例如，人多的时候，可适当提高价格；人少的时候，适当降低价格，并多安排一些吸引人的活动，多做广告宣传等，力争做到淡季不淡。

　　（6）需求饱和（full demand）。这是指当前的需求在数量和时间上同预期需求已达到一致。此时，产品销售量很高，生产设备得到充分利用，供需达到最佳配合。但是，需求的饱和状态不会静止不变，常常受两个因素的影响而发生变化：一是消费者偏好和兴趣的改变，二是同行业者的竞争。

　　因此，营销的任务是设法维护现有的销售水平，防止出现下降趋势，努力不使竞争者眼红而进入市场。在需求饱和的情况下，采取的是"维护性营销（maintenance marketing）"，其主要策略是保持合理售价、严格控制成本费用等。

　　（7）需求超饱和（overfull demand）。这是指需求量超过了卖方所能供给或所愿供给的水平，这可能是由于暂时性的缺货，也可能是由于产品长期过分受欢迎造成的，如风景区游人过多。

　　这时企业要实行"限制性营销（demarketing）"，就是长期或暂时地限制市场对某种产品或劳务的需求，通常可采取提高价格、减少服务项目或供应网点、劝导节约等措施，劝阻顾客不要浪费资源，及防止竞争者入场。

　　（8）有害需求（unwholesome demand）。有些产品或劳务对消费者、社会公众或公司有害无益，对这种产品或劳务的需求，就是有害需求，如毒品、赌具、有害于人体的食品和化妆品等。

　　对有害需求，营销的任务是抵制和清除这种需求，实行"抵制性营销（counter marketing）"或禁售。抵制性营销强调产品或劳务本身的有害性，从而抵制这种产品或劳务的生产和经营。例如，对毒品、赌品、假药等，就必须采取抵制措施。

## 基本概念

习惯养成购买行为理论　科特勒购买行为模式　购买决策　爱达推销模式　动

态营销管理

# 思考题

---

1. 概述消费者购买行为理论的几种主要流派及其核心观点。
2. 阐述消费者购买行为的主要过程和程序。
3. 列举市场营销中的几种推销模式。
4. 分析八种不同的动态营销管理。

# 第9章　广告心理与市场营销

## 重点内容

- 解释广告的心理功能
- 阐明流行的广告宣传理论及其主要观点
- 明确制订广告方案时要做好的几项工作，即 5Ms 决策
- 了解广告活动中会引起的消费者的一些心理活动规律
- 指出现代广告的发展趋势

赫伯·鲁特有句在市场营销心理学中被广泛传播的名言："做生意若不做广告，就如同在黑夜里向女人送秋波。"此话形象地说明，广告在市场营销实践和营销理论研究中具有举足轻重的地位。还有人说，我们现在所呼吸的空气，就是由"氧气、氮气和广告"组成的。的确，我们无时不见广告，无处不受其影响，我们大家整天都置身在一个广告的海洋里。现代广告不仅已成为企业对目标市场进行直接说服性沟通的主要工具之一，而且也是影响和塑造现代生活的一个主要手段。那么到底什么是广告？广告有何特点？企业进行有效广告宣传的规律是什么？下面我们就来分别讨论这些问题。

## 9.1　广告概述

### 9.1.1　广告的概念

广告有广义和狭义之分。广义的广告所包括的范围极为广泛，它不仅包括我们

后边主要讨论的商业广告，而且也包括文化广告、政治广告、军事广告等，其主要含义用最通俗易懂的话来说就是"广而告之"。但我们这里所讨论的是狭义的广告，即商业广告。关于狭义的广告，不同的学者做出了不同的解释，因此其定义也就五花八门，众说纷纭。我们认为，把握和界定狭义的广告必须紧紧抓住其本身的本质特点，或者说根据下列四个要点界定狭义的广告：第一，广告必须借助于一定的媒体进行非当面的信息传播。广告与人员销售不同，它不是以个人为对象，也不是人与人之间的面对面的信息交流，而是一种借助于诸如广播、报纸等大众传播媒体向众多潜在消费者间接传递信息的方式。第二，广告有明确的广告主或广告人。因为广告为非当面提示方法，而且其影响范围很广，所以为了明确责任必须在广告里明示广告主。第三，广告是一种事先有目的、有计划地传播诸如商品信息、服务信息或创意的工具。随意的叫喊或传播除商品、服务或创意以外的信息的活动不在我们所说的商业广告之列。第四，广告主必须向媒体支付刊播费用，免费广告仅仅是一种极个别的特例。基于上述分析和考虑，我们认为菲利普·科特勒教授给广告所下的定义最为准确："由明确的主办人发起，通过付费的任何非人员介绍和促销其构思、商品或服务的行为。"① 因此，我们在这里采用科特勒的定义。

### 9.1.2 广告的分类

广告的种类很多，依据不同的标准可以划分为不同的类型。如果依据广告的性质划分，可以分为商品广告、企业广告、公益广告、政府广告和个人广告五种类型；如果依据广告内容进行划分，可以分为衣着类广告、食品饮料类广告、建筑类广告、化妆品广告、文具广告和交通工具广告六种类型；如果依据传播媒体进行划分，可以分为大众传播媒体广告（如报纸广告、杂志广告等）、促销广告（SP 广告）两种类型；如果依据广告范围进行划分，可以分为地区性广告、全国性广告、世界性广告三种类型；如果依据广告诉求对象进行划分，可以分为消费者广告、产业广告两种类型。

### 9.1.3 广告的心理功能

现代广告具有许许多多的功能，但最基本的功能是促销功能、传播功能、教育

---

① 科特勒 F. 营销管理：分析、计划、执行和控制［M］. 梅汝和，等，译. 上海：上海人民出版社，1997.

功能和便利功能。所谓的促销功能是指广告具有强化消费者对产品的认识、刺激对产品的需要和欲望、增强对产品的购买信心、加速对产品的购买决策、增加对品牌的偏好及忠诚感等功能，从而起到极大地促进商品销售并扩大市场份额的作用。广告的这种促销功能是广告得以存在的最基本的功能，也是企业进行广告活动的最主要动力。换句话说，广告之所以能够存在并成为广泛影响现代社会生活的一种艺术形式，其主要原因就在于广告具有促进商品销售的功能。所谓的传播功能是指广告具有传播信息、沟通产需、疏通产销渠道、使消费者了解有关的商品或劳务信息的功能。企业生产的新产品或提供的新服务项目必须首先让消费者知晓、了解，然后才有可能使消费者产生购买欲望，而消费者只有通过广告才能知道产品销售信息，因此广告是一种十分有效的传播信息的工具。所谓的教育功能是指广告具有丰富消费者的精神生活、指导科学消费、塑造符合时尚的生活风尚、美化生活的功能。现代广告不仅仅只是一门科学，而且已经发展成为一门融美术、摄影、音乐、曲艺和舞蹈等艺术形式为一体的综合性的精湛的艺术，被公认为是人类文明中的第八大艺术。广告的表现手法可谓五花八门，异彩纷呈。像这种融艺术和经济信息于一体的魅力无穷的现代广告就给消费者带来了一定的潜移默化的影响，使得消费者在接受产品信息的同时受到了一定的文化价值观的熏陶。所谓的便利功能是指广告具有帮助消费者认识和了解商品、简化消费者收集商品信息的范围和程度、缩短购买决策时间、降低购买风险等功能。这是因为广告一般要通过媒体及时地、反复地传播产品的质量、功能、价格、特点、使用方法等信息，而这些信息又是消费者做出购买决策时所必不可少的。试想如果没有广告或者广告信息太少，那么消费者只能到处去搜集所需要的信息，其购买决策过程将因此变得漫长而又繁重。因此，广告使购买决策过程变得容易和简化，例如，许多消费者购买某些商品时就是由最近看过的广告直接指导的，这说明广告确实具有方便消费者购买的作用。

## 9.2　广告宣传理论

在市场营销心理学中，广告宣传理论主要讨论这样几个问题：广告有什么作用、它是如何发挥其作用的，以及怎样做广告等。下面我们介绍几种比较流行的广告理论。

### 9.2.1 广告效果理论

美国广告学家 C. Bedell 认为，广告效果不仅取决于广告本身，而且也取决于产品和其他外部因素，因此广告效果绝非单一因素就能决定的，而是许多与广告有关的因素共同作用的结果。他用下述公式表示其观点：

$$AE = P (3A) [ (II×PP×CQ) A] TF×FT×S. D$$

式中：AE（advertising effectiveness）为广告效果；P（proposition）为广告主题；3A（item appeal，value appeal，name appeal）为产品本身的魅力、价格和名望；II（interest impact）为广告本身的趣味性；PP（persuasive power）为广告本身的说服力；CQ（communication quality）为广告本身的沟通质量；A（audience）为广告对象；TF（timing factor）为广告时机；FT（follow through）为广告之后的销售政策；S. D（stimulants or depressants）为其他增强因素或干扰因素，如当时的天气状况、国家政策突然变化等。

### 9.2.2 传播过程理论

该理论根据人受刺激后的"行为反应顺序"，认为广告的传播是一个逐步深入和发展的过程，广告传播过程可以划分为五个阶段：认知或知名阶段、理解阶段、确信阶段、形成意图阶段和行动阶段。人们一般是首先知道广告主或商品名称，然后由知名促使理解，由理解促使确信，由确信促使意图形成，由意图促使购买行为产生，如图 9-1 所示。在此必须强调指出的是，广告传播过程中的各阶段并不仅仅只是上下顺序阶段关系，而是一个不断反馈的完整链条。

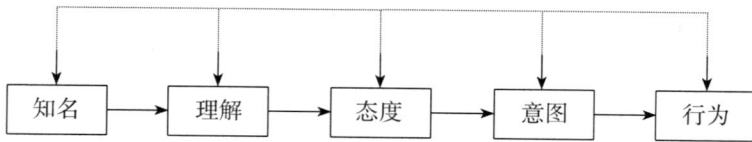

图 9-1　传播过程理论示意图

### 9.2.3 USP 法则

USP 法则也叫做"独创性销售主张"，它的主要前提是"购买这个产品或服务，您就能得到这项特殊的利益"。具体而言，该法则认为，产品越具有与众不同的独特性，消费者就越喜爱，而宣传该产品的广告也就越具有影响力。因此，广告要深入挖掘所宣传产品的那些最受消费者喜爱的独特属性，并以与消费者的欲望相吻合的销售策略进行营销活动。USP 法则的基本思想有三点：一是找出自己产品中具有而其他品牌没有的独有特性（unique）；二是用适合消费者购买欲望的销售策略进行广告宣传（selling）；三是发挥广告的强有力的建议功能向消费者展示别的产品所没有的优越性（proposition）。

### 9.2.4　AIDMA 理论

AIDMA 理论实质上就是我们前面提到的推销的"爱达模式"，只不过该理论比爱达模式更强调"记忆"在消费行为中的作用。AIDMA 理论认为，广告的作用按其先后顺序可以划分为五个阶段：引起人们对广告的注意（attention）、激发人们对产品的兴趣（interest）、刺激人们的购买欲望（desire）、把有关信息储存在头脑里（memory）、引发购买行为（action）。也就是说，成功的广告一般具有五个作用。当然，有些产品广告可能会跳过其中的某些环节，从引起注意直接进入购买行为。不过，就一般情况而言，广告具有上述五种作用。因此，就 AIDMA 理论的实质而言，它实质上是广告作用理论。

### 9.2.5　广告螺旋理论

广告螺旋理论是 O. Kleppner 教授于 1925 年在其《广告过程》一书中率先倡导的。该理论认为，每一种商品在市场上都要经历一个"市场开拓→市场竞争→市场稳定"的发展过程，而且经过上述三个阶段之后产品又会步入"新的市场开拓→新的市场竞争→新的市场稳定"这样一个循环之中；不论是旧的还是新的发展过程，其中的每一个发展阶段都不是从前一个阶段完全结束之后才开始的，而是在前一个阶段发展的中间就已经开始了；商品在市场上的这种发展过程是一种螺旋上升的过程。因此，不论是广告的诉求方式，还是广告的表现内容，都必须顺应市场的这种螺旋发展趋势，主动做出相应的调整和变化，并在不同的发展时期运用不同的广告策略。另外，一个广告在市场上的发展过程也大致类似于产品的发展过程，因而广告运作过程也可以划分为螺旋上升的六个阶段：市场开拓→市场竞争→市场稳定→新的市场开拓→新的市场竞争→新的市场稳定。

广告螺旋理论在广告界比较受欢迎，但其阶段划分标准却因人而异，因而容易产生误解。

## 9.3 广告营销过程

在大中型企业中一般由专门的广告部负责整个企业的广告工作，而在小企业中广告工作则是由营销部门兼管的。不论企业性质、规模如何有差异，不论企业的广告工作到底是由哪个部门来主管的，也不论是由谁来做广告，但有一点是可以肯定的，即制订有效的广告方案是进行广告宣传的关键所在。因此，我们下面主要从市场营销心理学的角度，围绕广告方案的制订来说明做广告的具体过程。

制订广告方案要依次做好下列几项工作：第一是确定广告目标（mission），第二是做好广告经费预算（money），第三是构思和设计广告信息的选择和表达方案（message），第四是选择和确定广告媒体及其具体运作策略（media），第五是广告效果的评价（measurement）。这五项工作在市场营销心理学中也叫做"5MS 决策"问题。图 9-2 概要描述了整个广告工作的全过程。

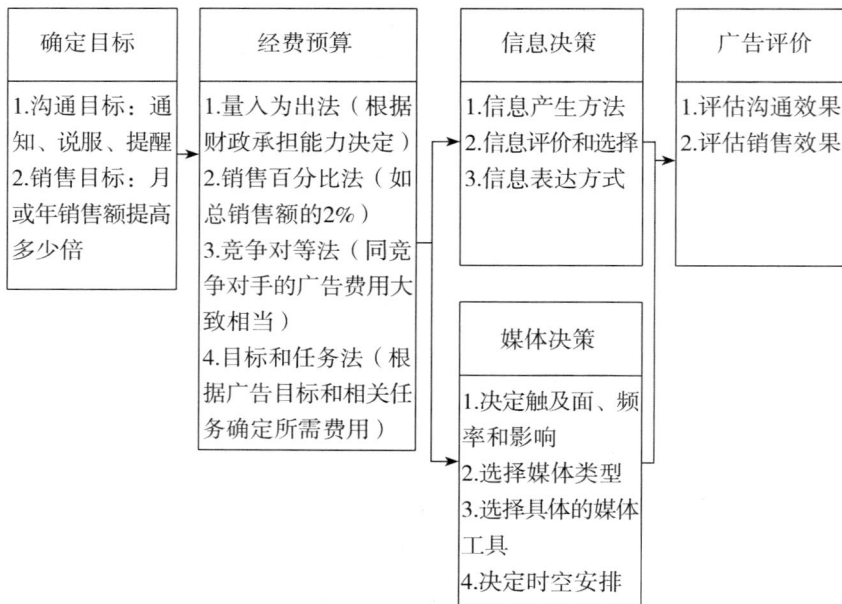

| 确定目标 | 经费预算 | 信息决策 | 广告评价 |
|---|---|---|---|
| 1.沟通目标：通知、说服、提醒<br>2.销售目标：月或年销售额提高多少倍 | 1.量入为出法（根据财政承担能力决定）<br>2.销售百分比法（如总销售额的2%）<br>3.竞争对等法（同竞争对手的广告费用大致相当）<br>4.目标和任务法（根据广告目标和相关任务确定所需费用） | 1.信息产生方法<br>2.信息评价和选择<br>3.信息表达方式 | 1.评估沟通效果<br>2.评估销售效果 |

**媒体决策**

1.决定触及面、频率和影响
2.选择媒体类型
3.选择具体的媒体工具
4.决定时空安排

图 9-2 制订广告方案的决策过程

### 9.3.1　确定广告目标

确定广告目标是制订广告方案的第一步，而所谓的广告目标是指在某个特定的时期内对目标市场所要完成的传播任务和所要达到的沟通水平。例如，某公司在上海市区的年龄在 20～35 岁的 300 万年轻的职业妇女中宣传自己的笔记本电脑，公司希望通过广告宣传使相信该电脑具有优越的信息处理能力的人数在一年内必须从 3% 上升到 17%，销售额相应地能够在现有的基础上提高 8%。这实质上就是一个典型的广告目标。

根据市场营销心理学的研究，广告目标一般可以划分为三种类型：通知、说服和提醒。通知性广告主要用于新产品的市场导入阶段，其主要目的在于促使消费者产生初步的消费需求。例如，向市场介绍一种新产品，或者向消费者说明某种新产品的使用方法，纠正消费者对某种产品的误解等。这些都是通知性广告的具体形式。说服性广告主要用于产品的市场增长阶段，其主要目的在于帮助消费者建立对自己的某个品牌的选择性需求。例如，通过说服性广告突出宣传自己产品的特色，介绍自己的产品优于其他品牌之处，促使消费者形成品牌偏好，劝导其购买自己的产品。提醒性广告主要用于产品的市场成熟阶段，其主要目的在于使消费者时刻保持对自己产品的记忆，强化消费者对该产品的信心，提醒人们别忘了购买该品牌的产品。例如，中国五粮液酒厂常常刊播广告，其目的并不是通知或说服消费者，而是为了提醒消费者在需要时应该想起购买该产品，或者提醒消费者在淡季也能够记住自己的产品。

### 9.3.2　制订广告预算方案

广告预算方案的制订常常要受到许多因素的影响。第一，产品的生命周期阶段将会影响预算方案。处于市场导入阶段的新产品一般需要较大的预算开支，而处于市场成熟阶段的产品一般所需要的广告经费开支较小。第二，产品已有的市场份额也会影响预算方案的制订。市场份额较高的产品或市场占有率较大的产品所需广告费用一般较少，而市场份额较小或希望从竞争对手手中夺取一定市场份额的产品则需要较大的广告预算。第三，市场竞争程度和广告费支出的平均水平也会影响广告预算方案的制订。在一个竞争相当激烈的市场上，或者一个平均广告开支很大的市场上，广告预算水准一般较高。第四，计划中的广告频率也会影响广告预算方案。

一般来说，广告的重复次数越多费用支出也就越多。第五，市场上本产品所具有的产品可替代性也会影响广告预算方案。产品的可替代性越强，或者说同一种商品拥有的不同品牌越多，广告开支就越大。

在制订广告方案的具体过程中，除考虑上述几个因素以外，还必须遵循一些常用的预算方法。例如，量入为出法、销售百分比法、竞争对等法以及目标任务法等就是被实践证明极为有效的制订预算方案时的常用方法。所谓的量入为出法就是首先考虑企业能够承担多少广告费用，然后在此金额范围内制定广告预算。所谓的销售百分比法就是根据已有的或预期的销售额，按照一定的百分比来确定广告费用。就一般情况而言，目前国际上大多数企业常常以销售额的 2%～5% 来制定预算。所谓的竞争对等法就是按照竞争对手的广告费用来决定自己的广告费用，使自己的预算与竞争对手的大致相当。所谓的目标任务法就是首先明确自己的广告目标，然后确定达到这一目标所必须完成的任务，最后在此基础上估算完成这些任务所需要的广告费用。当然，这些方法各有自己的优缺点，比如销售百分比法可以使广告预算与企业的整个营销计划有机地结合起来，促使管理层考虑问题时必须注意到广告促销成本，因而有利于企业稳妥地向前发展。这是它的优点所在。但是，这种方法也具有很大的缺陷，它是根据企业的可用资金而不是根据市场机会安排预算，因而在很大程度上缺乏进取性和创新精神。

### 9.3.3　广告信息决策

科学有效的广告不仅要考虑广告费用问题，而且更为重要的是必须考虑广告信息的创新问题。换句话说，能否设计出具有创造性水平的广告信息将直接影响广告效果的正常发挥。因此，如何设计广告信息就成为许多营销专家孜孜以求的主题。下面我们从四个方面来讨论这一问题。

第一，信息主题的创作。信息主题就是广告所要表达的主要观点或思想，它是否具有创造性将直接影响广告的成败。许多广告创作人员的工作经验表明，信息主题既可以通过与消费者、专家和竞争者的交谈来归纳性地进行创作，也可以通过理论演绎的方法进行创作。

第二，信息内容的确定。通俗地说，所谓的广告信息内容就是广告人对目标市场消费者打算说的主题，也就是我们常说的"广告诉求"。目前在市场营销活动中常用的诉求形式一般有三种：理性诉求，即从正面用事实和证据展示商品的质量、性能、价值等信息，广告人希望展示的这些内容正好就是消费者所需要的或与其利益相一致的；感情诉求，即广告人传播带有幽默、热爱、骄傲等肯定性的感情要求的信息，或害怕、内疚和羞愧等否定性的感情要求的信息，希望激起消费者的某种肯定或否定的感情以促使其做应该做的事（如刷牙、吃保健药品）或停止做不应该做的事（如抽烟、酗酒）；道义诉求，即通过某种形式的伦理说教有意识地引导消费者分辨什么是正确的和什么是不适宜的，规劝人们采取相应的正确行为，这种诉求策略主要用在社会公益广告中，而很少用在日用消费品的广告上。

第三，信息的评价和选择。就一般的最起码的标准而言，一个好的广告通常只强调一个销售主题。换句话说，广告主题的质量及其数量多寡本身就是一个衡量广告信息的标准。广告主题的数量标准这里不再赘述，而其质量标准则有三个：愿望性、独特性和可信性。所谓的愿望性就是广告主题必须是能够引起人们兴趣的或是人们所期待的事情；所谓的独特性就是广告主题及其所表达的信息必须与同类产品中的其他广告有明显的区别之处；所谓的可信性就是广告信息必须是能够被消费者加以证实的。

第四，广告信息的表达。我们都知道，广告的效果不仅取决于它说什么，而且也取决于它怎么说。同一个主题或同一则信息可用极为不同的方式来表达，而其效果也存在着明显的差异。特别是对那些高度类似的产品来说，如清洁剂、香烟等，广告的表达尤其具有决定性的作用。就一般情况而言，广告信息的表达方式主要涉及这样几个问题：用单面论证还是双面论证来展示信息；利用首因效应还是近因效应来展示最强有力的论点；用生活片断还是科学证据作为广告信息的表达形式；广告播放的语调是肯定的还是幽默的；广告用词是否便于引起消费者的注意并容易记忆等。

### 9.3.4　广告媒体决策

广告媒体决策实质上就是寻找成本效益最佳的能够展示预期次数的广告播出途径，它主要包括四项任务：第一项任务就是决定预期的接触面、频率和影响，也就是决定在某一时期内，某个特定媒体一次最少能够触及到多少潜在消费者，每个消费者平均能够见到多少次广告，广告展露质量和打动消费者的效果如何。就广告频率而言，许多营销专家都承认广告播出次数太多无疑会使消费者感到厌倦，而播出次数太少又会使消费者无法注意到广告信息。克鲁格曼曾经提出了一个"三次命中理论"，认为广告展露三次就足够了，第一次展露具有独特的意义，将会引起消费者的"它是什么"的认知反应；第二次展露除引起"它是什么"的认知反应以外，更多的是引起"它有什么"的评价型反应；第三次展露只能起一种提醒的作用。如果超过三次，广告就会引起消费者的厌烦情绪。当然，我们必须注意到，克鲁格曼所说的"展露次数"实质上是广告的实际展露次数（消费者实际上接触了多少次广告），而不是媒体本身的展露次数（消费者所接触的载有广告的媒体次数）。人们能够接触到载有广告的媒体未必就能够真正接触到它所刊载的广告，因此媒体本身的展露次数一定要超过三次以上才能保证消费者真正有三次机会接触到广告，有些人甚至认为载有广告的媒体平均必须展露十次左右才有可能使消费者实际上接触到三次广告。我们还必须注意到，广告展露几次后最好在某些方面稍微做些变化，比如广告的背景音乐或其表演主角换一下，这样可能有助于降低因重复而给潜在消费者带来的厌烦心理，因为俗话说得好："天天吃肉也腻人。"第二项任务就是选择媒体类型，也就是根据消费者的媒体接触习惯和产品属性等因素在各种主要媒体中间选择最有效的媒体类型，如选择电视或选择报纸作为自己的媒体。第三项任务就是选择具体的媒体工具，也就是根据媒体的发行量和观众人数等因素在众多的报纸或电视中间选择某个最合算的刊载信息的载体。第四项任务就是决定广告传播的时间和空间配置问题，也就是根据季节变化和购买频率等因素决定在什么时间、什么地点播出多少次的广告，如某公司决定在 10 月份一个月里面向全国每天播出三次广告，每次广告持续三秒钟。

### 9.3.5 广告效果评价

广告效果的评价主要包括两个方面，一是评价广告的沟通效果，即广告对消费者知晓、了解自己的产品并产生品牌偏好所发挥的影响和作用；二是评价广告的销售效果，即评价广告对自己的产品的市场销售量或市场份额的影响和作用。评价广告的沟通效果一般有两类方法：一类是事前测定，也就是在广告进入媒体播放之前用直接评分法或组织测试法等方法评估广告的吸引力和回忆量等变量；另一类就是事后测定，也就是在广告发布之后用认知测验或记忆测量法评估广告对消费者的品牌知晓程度的影响。评价广告的销售效果一般有两种方法：一种是"历史分析法"，即运用先进的统计技术将过去所有的销售额与以往所有的广告费支出联系起来进行综合分析，从而得出目前的广告费支出对现在或今后的销售额的影响这一结论；另一种就是"现场实验测量法"，即运用心理学上的准实验方法人为地控制某些变量研究广告费支出对销售量的影响，比如有意识地在某些目标市场开支高一些，而在另外一些目标市场则开支低一些，从而研究广告费支出对销售量的影响。当然，广告的销售效果的评价实行起来要比评价广告的沟通效果更困难，这主要是因为产品的销售量不仅受广告本身的影响，而且也受到诸如产品本身的特色、价格等因素的影响。

## 9.4　广告心理与营销策略

如果我们把企业之间竞相开展的广告宣传活动看做是一场"广告战"，那么这种形式的战争就其实质而言不外乎是一场相互斗智斗勇的心理战，更是一场征服"上帝"的心理战。因此，能否抓住"上帝"的心理特点和规律就成为广告战是否能够取胜的关键。下面我们具体讨论广告活动中的心理规律。

（1）唤起人们的注意。广告能否发挥预想的作用，首先取决于它能否唤起人们的注意。日本学者川腾久也曾经说过："抓住大众的眼睛和耳朵是广告的首要任务，广告如果没有这个作用，那它就失去了存在的意义。"注意之所以具有如此重要的作用，其原因就在于"注意是心灵的窗户"。也就是说，外界的一切信息要想进入人的大脑接受加工处理，首先必须过"注意"这一关。我们每个人每时每刻都会接收到来自四面八方的无数刺激，但其中只有一小部分能够受到加工处理，引起相应的行为反应，而这一小部分受到加工处理的刺激就是被人们注意到的那一部分。换句话说，刺激或信息只有受到人们的注意，才有可能引起人们更进一步的反应。同理，广告信息也只有受到人们的注意才有可能激起潜在消费者的购买欲望和购买行为。这正如一句广为流传的广告格言所说的那样，"除非激发兴奋，否则没有销售"。因此，在人们呼吸的空气中都有广告的情况下，如何唤起人们对自己广告的注意就成为任何广告成功的第一步。下面我们介绍吸引消费者注意力的一些要点。

①增大刺激强度。根据心理学上的注意原理，在一定范围内，刺激的强度越大，所引起的大脑皮层的兴奋程度也就越大，人对该刺激的注意水平相应也会增大。因此，适当增大广告的刺激强度无疑将会激起消费者较强烈的注意。例如，广告画面中可采用醒目的标题、夸张的造型、鲜艳的色彩等增加广告的刺激强度，从

而吸引消费者的注意力。有些生产啤酒的企业在街头竖立了一个特别巨大的啤酒瓶，人们从老远就能够发现并记住它。这就是一种利用强烈的刺激来吸引人的注意力的案例。

②适当重复广告信息。心理学的研究表明，反复不断出现的事物容易引起人的注意。同样，一则广告如果连续播放数次之后就易于被人们注意到。当然，广告不能机械地重复，否则将会引起人们的反感。我们在上一节说过，消费者实际所见到的广告信息的重复次数以3次为宜，低于或超过这个限度都会影响人们的注意力的集中。

③增加对比度。一般来说，刺激物之间的对比度越大，就越容易引起消费者的注意。因此，在广告宣传活动中可有意识地增大画面之间的对比度。例如，广告画面中光线强弱的对比，色彩明暗的对比，字体大小之间的对比等都有利于加强消费者的注意力。就色彩之间的对比而言，黑—黄、红—白、蓝—白对比在广告中具有醒目的视觉效果。"万绿丛中一点红"就是这个道理。

④动静结合。在静态的背景上活动的或变化的事物容易引起人们的注意。例如，夜晚的霓虹灯广告最易于吸引消费者的注意力。因此，在广告宣传中如果采用忽明忽暗的光线，或者忽隐忽现的图像，或者连续变化的画面无疑将会强化消费者的注意力。例如，会跳舞的牙刷、会说话的药品等就是利用动静结合的方法来宣传自己的产品的，其效果当然要比死板的说教或常规的产品展示好得多。

⑤新颖奇特。人们一般都具有强烈的求新求异心理，因此凡是超出常规或出其不意的事物都容易引起消费者的注意。在广告宣传活动中，如果巧妙地利用人们的这种心理设计广告，在"奇"字上大做文章，其效果一般都比常规广告要好许多。意大利的威尼斯有座举世闻名的裸体男孩铜像，清澈的泉水日夜从小男孩的生殖器中喷出。突然有一天，"小男孩"尿出的不再是水，而是芳香清澈的啤酒。原来意大利一家啤酒公司为了扩大知名度，别出心裁地在头天深夜把水池里的水换成了自己的啤酒。当人们争先恐后地去品尝"小男孩尿出"的啤酒时，这种啤酒由此身价倍增、众所皆知了。

⑥突出广告主题。心理学的一系列研究表明，人们的注意范围是十分有限的，在一个很短暂的时间内所能注意到的事物数目只有7±2个单位，而且注意强度的大小与注意范围的大小成反比关系。换句话说，人的注意对象越多，在每个对象上的注意力集中程度也就越小。因此，广告画面一定要设计得简洁明快，广告主题突

出醒目。就一般情况而言，在有限的广告篇幅内，除广告主题以外要适当多留出一些空白，其效果可能远远优于杂乱无章的充满整个画面的广告。

⑦幽默滑稽。在广告宣传越来越激烈的今天，消费者每天都要面对数不清的广告信息，使得许多消费者开始对广告宣传产生了明显的厌倦心理。但是，幽默的画面或俏皮的语言往往能够使人们在轻松愉快的气氛中不由自主地把注意力集中在广告信息上。例如，有家饭店门口的广告牌上写着："请到这里用餐吧，否则你我都要挨饿了。"结果是可想而知的，这家饭店高朋满座，生意很红火。

⑧迎合当前需要。消费者当前的优势需要直接影响着其对广告信息的态度。一般来说，凡是符合人们当前优势需要的广告信息都会引起消费者的注意。这是因为消费者希望通过寻求有用的信息以找到满足其需要的途径和方法。因此，广告人要设法了解和掌握目标市场的优势需要，并以此作为广告定位的基础。

⑨利用期待心理。心理学的研究表明，凡是与消费者的期待心理相一致的事物都容易引起他们的注意，而与其期待心理不相一致或期待心理之外的事物则很难引起人们的注意。因此，广告设计之前必须深入了解消费者目前期待着什么，他们希望寻找什么样的产品信息，并以此为基础进行广告宣传活动。

（2）引起潜在消费者的兴趣。在引起人们的注意力的基础上，广告还必须能够激发起人们的兴趣。这主要是因为：第一，兴趣本身就是进一步强化人们对广告的注意水平的催化剂。换句话说，仅仅能够引起消费者对广告的注意是不够的，因为这种注意就其实质而言不过是一种"无意注意"，它本身既没有目的，也不能够维持多长时间。因此，广告所引起的这种"无意注意"要想进一步地维持下去，就必须依靠人们的兴趣作为催化剂。这就是说，引起人们注意的广告，如果能够同时引起人们的兴趣，那么这种"对广告的兴趣"就成为一种强有力的促动力，反过来更进一步地加强人们对广告的注意。第二，兴趣是帮助记忆广告内容的动力所在。我们都知道，凡是能够引起人们兴趣的事物，凡是符合人们兴趣的事物，人们就会不由自主地记住。同样，广告如果能够引起人们较强烈的兴趣，那么广告内容就会牢牢地印刻在人们的大脑皮层上，从而成为指导消费行为的"认知地图"。第三，兴趣也是推动消费者进一步地去寻求产品信息并最终导致其购买行为的主要驱动力之一。市场营销心理学的研究表明，消费者的许多购买行为并不仅仅只是播出几次广告就能够引发出来的，说到底广告仅仅只是许多强有力的"诱发因素"之一罢了。广告所起的这种"诱发"作用如果能够持续地激励人们去搜寻更多的相关信息，那么产生购买行为的可能性才会大大提高，而人们对广告信息所产生的较浓厚的兴趣则成为激励和推动人们主动地去搜寻与该广告有关的更进一步的信息的巨大动力之一。第四，兴趣是形成消费偏好的前提。当人们对广告信息及其所宣传的产品有了一定的兴趣并进一步发展成为从事购买活动的倾向时，兴趣本身也就演变成了消费偏好。这种消费偏好不仅是对产品营销信息优先注意和向往的积极心情，而且也是进行实际购买活动的爱好。因此，如何激发人们对广告本身的兴趣，就成为摆在每一个广告人面前的重要任务。市场营销心理学的理论研究结果和经验事实都表明，激发消费者对广告本身的兴趣必须做好下列几项工作：

①广告的主题要具有创造性。心理学原理告诉我们，与众不同的具有独创性的事物容易引起人们的兴趣，因为它能够调动人的思维使其处于积极活跃状态。因此，广告主题绝不能与他人的雷同，而应该具有独创性。另外，创造性的主题能够使自己的广告与他人的广告明显地区别开来，使消费者产生一种不同于常规的认知情景，从而激发其好奇心和求知欲。换句话说，创造性的广告主题给消费者提供了一种激发思维活力的问题情景，使其大脑皮层处于兴奋状态，因而有利于引起消费者的兴趣。

②广告画面设计新颖、制作精良。人们一般都具有强烈的求新求美心理，而新颖美丽的事物则易于引起人们的兴趣。这是因为新颖美丽的事物符合人们的"爱美之心"，它不仅能使人们得到所需要的信息，而且也能够使人们的情操得到陶冶。因此广告在形式上应力求新颖精致，争取设计和制作都达到完美的境界。

③广告在表现手法上应该具有幽默、夸张、富有情趣等特征，因为这将使得消费者以愉快的情绪和活泼的行为表现对广告做出积极的反应。就一般情况而言，人在愉快、高兴等积极的情绪状态下容易对广告信息产生并保持强烈的兴趣。消极情绪状态下人们是没有多大兴趣去了解和掌握广告信息的。

④广告内容要与人们已有的知识经验紧密结合起来。人们对自己熟悉的事物，或者与自己有密切关系的事物都容易产生兴趣，而对那些陌生的或毫不相干的事物则不会表现出任何兴趣。因此，广告必须与消费者自身的个人爱好和知识经验保持一致。

⑤广告所传递的价值观必须与消费者自身的信念相一致。一系列的研究表明，凡是符合人们的价值观和信念的信息容易引起人们的兴趣，并长久地储存下来。因此，广告人在设计广告之前应该深入了解目标市场的态度体系，并以此为基础设计

出迎合消费者价值观的广告来。

（3）刺激人们的购买欲望。人们的欲望是无穷无尽的，而且满足欲望的方法和途径也是多种多样的。在这种情况下，如何使消费者通过购买自己的产品而不是购买他人的产品来满足需要，就成为企业之所以进行广告宣传活动的主要原因。也就是说，衡量广告质量好坏的一个主要标准就是：广告能否激发人们对所宣传的产品的购买欲望。如果未能激发起人们的购买欲望，那么这种广告的效果就值得怀疑。当然，我们在这里所说的"激发购买欲望"并非仅仅指广告播出之后人们当时就产生并立即付诸行动的购买欲望，而且也包括在广告播出之后虽然当时就已产生但潜伏了一个较长时段才付诸行动的购买欲望。换句话说，广告对购买欲望的激发过程往往需要较长的时间。这一特征就要求我们广告人一方面要适当重复播放广告，另一方面还必须做好下列几项工作：

①把潜在消费者的各种需要和欲望进行细分，并针对他们特有的尚未满足的消费欲望进行广告活动。我们反复说过，每个消费者都具有无数的欲望。这些欲望有些处于外显状态（消费者能够明确地意识到），而另外有些则处于休眠状态（消费者本人还没有意识到）；有些欲望目前已经有可能通过购买某种品牌的产品得以满足，而另外一些欲望目前还不具备满足的条件。在这种情况下，广告宣传的主要使命就是变"休眠状态"的欲望为外显状态的欲望，变不加区分的外显状态的欲望为分化的专门指向自己产品的购买欲望。一句话，广告首先必须把消费者的对"某类"产品的一般欲望转化为对"自己"产品的购买欲望。

②在了解替代品的优缺点的基础上，大力宣传自己产品的优势和不可替代性。市场营销心理学的一系列研究表明，在存在替代品甚至替代品很多的情况下，要想使消费者对自己的产品产生购买欲望，关键在于打消人们的疑虑并充分了解自己产品的优越性和不可替代性。例如，口渴时人们既可以喝水，也可以喝可乐，还可以喝其他各类饮料，那么他们为什么非得喝"可口可乐"不可呢？如果广告诉求的重点是可口可乐无可比拟的口感和大众的价格，以及其中内含的解渴成分，那么消费者口渴时自然会想起可口可乐。

③煽情的广告情节有利于激发消费者的购买欲望。这是因为广告情节如果能够打动人心，使其受到情绪感染，那么消费者自然就会觉得所宣传的产品亲切可信，从而认同该广告所宣传的产品，最终产生购买欲望。

④先声夺人造声势的广告策略有利于激发消费者对产品的购买欲望。这是因为

这种策略在很短的时间内不仅给消费者提供了密集而强有力的广告刺激，而且营造了一种足以压倒任何竞争者的良好的促销氛围。在这种广告策略所形成的先声夺人的销售环境中，消费者优先注意到的是广告和产品，而且看到周围那么多的消费者都在谈论和购买这种产品，从而产生强烈的认同感和购买欲望。

## 9.5　现代广告的发展趋势

随着经济全球化和市场一体化趋势越来越强烈，近年来世界广告业也出现了许多新的发展特点。研究并掌握这些新的动向有利于企业更好地开展广告活动，同时也有利于市场营销研究人员更好地开展自己的研究工作。

第一，全球化的广告业务网络正在逐步形成。我们已经注意到，即使是一些大型甚至超大型公司近年来也并非仅仅依靠自己的力量单枪匹马地到世界市场上打天下，而是与其他国家的竞争对手或合作者结成全球化的广告业务网络共同开拓世界市场。

第二，新的广告媒体层出不穷。除了一些常规的媒体以外，还有诸如 SV（search vision）广告、Video CM 广告、网上广告等。此外，除原有的大众传播媒体以外，还有诸如 DM 等所谓的"小众"传播媒体和"中众"传播媒体。

第三，广告设计和制作工艺越来越电脑化。过去在广告上无法表现出来的许多情景或意象，现在都可以通过电脑加以解决，诸如烤肉串发出的逼真的吱啦声及其所体现出来的那种美味意象、大快朵颐时的美妙体验等都可以借助于电脑进行设计制作。

第四，广告内容越来越娱乐化、情节化、知识化和人性化。借助于人们喜闻乐见的文艺形式如小品、电影等表现广告内容，甚至把广告内容融入科普宣传之中，寓教于乐、借普及实用科学知识来宣传自己的产品，这是目前许多大企业的广告策略。另外，由于生活节奏日益加快，社会发展越来越远离个人意志，因此人们普遍感到压抑和个人的渺小，极希望能够返璞归真。在此情况下，富有人性化的广告特别易于引起人们的共鸣，人性化便成为世界广告发展的一种重要趋势。

第五，广告国际化趋势越来越明显。所谓的广告国际化趋势是指广告技术水平从过去的美国占绝对优势逐渐发展为世界各国均具有水平相差不多的技术趋势，以及广告费用大幅提高、国际性广告公司日益增多等趋势。

第六，广告代理业日趋发展。就广告的业务范围而言，代理范围已从早期的单一的广告制作技术一直延伸到目前的市场调查、生产计划制订和广告效果评估等整个营销领域；就广告的使命而言，广告代理业已不再单纯局限于如何让消费者更多、更快地购买广告主的产品，而且已经演变成主动为消费者的未来生活出谋划策的参谋，广告代理业由此扮演了一个启发人们"如何生活"的角色。

第七，广告营销越来越注重整个社会健康协调的发展，广告本身已经进入了"社会营销时代"。推销产品不再成为广告本身的唯一使命，追求利润也不再是企业对广告的合适定位。相反，满足社会需求、增进社会福祉、促进社会健康协调地发展已成为许多广告追求的目标。

## 基本概念

广告的心理功能　广告效果理论　传播过程理论　广告营销中的 5MS 决策广告活动中的心理规律

## 思考题

1. 概述广告的心理功能，并举例说明。
2. 阐述流行的广告宣传理论及其主要观点。
3. 指出广告活动中会引起消费者的哪些心理活动规律。
4. 了解现代广告的发展趋势。

# 第10章

# 超市营销与顾客心理

## 重点内容

- 确定超市是一种什么样的零售业态
- 分析超市选址策略中的顾客研究
- 了解超市顾客的需要和问题决策过程
- 指出超市营销中的促销组合
- 阐明超市营销中人员服务的关键

## 10.1 零售业与超市

### 10.1.1 零售业和超市

零售包括将商品或服务直接销售给最终消费者，供其个人非商业性使用的过程中所涉及的一切活动。

零售商向顾客出售供他们个人和家庭使用的产品和服务。在分销渠道中，零售商是连接生产商和顾客的最后环节（见图10-1）。制造商生产产品并将产品卖给批发商，批发商从生产商那里购买商品并卖给零售商，零售商再卖给消费者。批发商满足的是零售商的利益，而零售商直接满足最终消费者的利益。也存在既是零售商又是批发商和零售商直接从制造商进货的情形。

零售业历经百货商店、超级市场、连锁经营三次革命。有人把电子零售称作零售业的第四次革命。零售业的业态也是形形色色，每种新的零售业态均是为了满足

制造商 → 批发商 → 零售商 → 消费者

**图 10-1  分销渠道**

新出现的市场需求。零售业态从产生到衰亡一般要经历革新、增长、成熟、衰落四个阶段。

零售可分为商店零售和非商店零售。商店零售的主要类型有百货商店、超级市场、专业商店、超级商店、巨型超级购物中心等。非商店零售在零售业中是一个小的但是不断增长的领域，主要的零售形式包括直接推销、直接营销（邮购营销、电视营销、网络购物等）、自动售货、购物服务，这些形式同使用不同媒体的消费者沟通。现在，电子购物发展迅猛，互联网零售商给予消费者在全球购物的机会，并使用电子代理商帮助他们审查信息并迅速定位到他们想要的网站。

### 10.1.2  超市的业态

超市究竟是一种什么样的零售业态呢？先请看下面一段来自超市的发源地——美国的材料。

美国人口调查局建立并使用一套分类系统以搜集美国零售活动的数据。它将所有的零售公司分成了由四位数组成的层级的标准行业划分代码，比如食品零售商被划分为食品店、鱼肉市场、蔬菜水果市场等。便利店、传统超级市场以及仓储式的杂货店都属于食品店。虽然便利店、传统超市、仓储店同被归为食品店，但是可能满足的是不同的市场细分中的顾客。便利店迎合注重便利但是不寻求低价和宽泛的选择的顾客；仓储式的杂货店迎合那些希望是低价但对服务和店内气氛不是很看重的顾客。

1）**传统的超级市场**（conventional supermarket）

20 世纪 30 年代以前，人们的大多数食物是在附近的夫妻老婆店（mom-and-pop stores）买的。这些店是家庭拥有并经营的。后来这些店逐渐被大型的自助式而且价格相对低的超市替代。刺激超市发展的社会变化有汽车的广泛使用、改善的公路系统、品牌的发展、消费者日益精明、包装和冷冻技术的改进等。这些变化使得消费者到一个超出离家步行范围的店铺购物变得容易起来，也使得消费者有了信息，使得他们在购物时需要店员的帮助变少了。

传统的超级市场是自助式的食品店，提供杂货、肉类，年销售额在 200 万美元以上，面积小于 20 000 平方英尺。在传统的超市，也销售有限的非食品类商品，如健康和美容用品以及一般商品。

一半的传统超市带有促销性质。每周它们都要在某一天的地方报纸上登出这周的降价品。这些重视促销（promotion-oriented）的超市也提供它们自己的优惠券，或回报给顾客两倍或三倍于生产商优惠券面值的钞票，这就是促销定价策略（high-low pricing，Hi-lo）。另一半的传统超市很少使用促销形式，并且每天都以同样的价格出售几乎所有的商品，这就被称为天天低价的策略（everyday low pricing，EDLP）。通常而言，这些商店的价格较促销商店的正常价格低。

2）大型食品零售商（big box food retailers）

在过去的 30 多年里，超市面积增大了，并且开始出售更多品种的商品。在 1979 年，传统超市占了超市销售的 85%，而到了 1995 年，大型的食品零售店形式——超级商店（superstores）、联合商店（combination stores）以及仓储式商店（warehouse-type stores）的发展就占到了 45%。

超级商店是大型的超级市场（面积为 20 000 ~ 50 000 平方英尺）。

联合商店以食品为基础，面积在 30 000 ~ 100 000 平方英尺，25% 的销售来自于非食品的商品，如花、健康和美容产品、厨房用品、胶卷、药品和碟片。

仓储式商店是折价食品商店，以不带装饰的环境提供商品。很多出售的商品都是在供应商提供特别优惠的时候购进的。因此，顾客每次进商店不一定都能买到相同品牌和尺寸的商品。最大同时也是增长最快的是超级仓储（super-warehouse）。这些店面积在 50 000 ~ 70 000 平方英尺不等，并且每家店的年销售额从 3 000 万 ~ 5 000 万美元不等。超级仓储通常低价销售非该店品牌的商品，并且利润低。

3）便利店（convenience stores）

便利店在一个便利的地点提供给顾客有限品种的商品，这种店结账速度快，面积从 3 000 ~ 8 000 平方英尺不等。它们是传统的夫妻老婆店的现代版。

便利店能帮助消费者很快购物，消费者不需要在大商店里找寻，也不需要在收银台前等待。半数以上的商品在购买后 30 分钟内被消费掉。由于小的营业面积和高速的周转量，便利店通常每天都接受送货。便利店只提供有限的商品种类，但是价格比超市高。牛奶、鸡蛋以及面包曾经是销售的主体。现在，杂货、奶制品和烘焙食品占不到销量的 20%，主要的商品类别是香烟、酒、软饮料和做好的食物。

在过去 10 年内，食品零售店面临着折价连锁店（discount chains）的日益增长的竞争。除了在它们的一般商品折价店中低价出售百货商店的商品，Wal-mart 和 Kmart 还开设了超级购物中心（supercenters），在同一屋檐下出售更宽泛的食品和一般商品。超级购物中心为顾客提供一站式购物（one-stop shopping）服务。

传统超市的销量受到这些便利店的变化的冲击。由于便利店更新了商品配置和呈现，消费者更愿意多花一点钱而少花一点时间。

传统超市对超级商店和便利店的入侵做出了反应，把重点放在了易腐烂食品和肉类食品上。此外，它们提供大包装的商品以吸引到仓储式商店的家庭购买者。它们也通过使用更有效的分销系统来降低成本。

基于"采取自助服务方式，销售食品和其他商品的零售店"的特征，本章涉及的超市概念涵盖超级市场（conventional supermarket）、超级商店（superstores）、联合商店（combination stores）、仓储式商店（warehouse-type stores）、便利商店（convenience stores）。

下面看看我国超市的发展情况。

从超市的生命周期来看，我国超级市场 30 多年的发展处于引入期。在此期间，超级市场的发展大致经历了如下阶段：

1）1981—1985 年，兴起阶段

在这段时间，北京、广州、天津等地试办了多家超级市场（指食品自选商场），它们多是在政府的扶持下在原有副食店和菜市场基础上改建的，配上上级分配的收款机、冷冻柜等，在短时期内就开张了。这些超级市场享有一定的优惠政策，如允许价格上涨 3%~5%，有限供应紧俏商品等。在当时市场未开放的条件下，招徕了不少顾客，给超级市场带来了暂时的"繁荣"。

2）1985—1987 年，萎缩阶段

由于许多超级市场是匆忙开业的，在商品供应、加工能力、思想认识等方面缺少充分的准备，于是存在一些明显的弱点：一是价格偏高，没有做到像国外超级市场那样通过产销见面和规模经营等手段，达到降低成本、薄利多销的目的；二是因受包装加工能力及货源供应的限制，经营品种多集中在饼干、罐头、糖果和酒等有限的食品上，谈不上"一次购齐"、方便购买和提高效率；三是仅仅改换了销售方式，管理水平并未提高。随着 1985 年市场的开放，供应超级市场紧俏商品的货源消失了，超级市场就出现了大面积亏损。

3）1987—1991 年，停滞阶段

1985—1986 年大批的超级市场倒闭后，超级市场的发展陷入困境，基本处于停滞状态。但其中一些效益好的超级市场仍然在发挥作用。随着我国商品经济的发展，市场竞争的日益激烈，许多零售企业为了自身的生存与发展在探索新的经营方式。20 世纪 80 年代后期，超级市场这种现代化的零售方式又在上海、广州等地悄然兴起。

4）1991 年至今，复苏阶段

以 1991 年 6 月原商业部在广州召开的"开架销售与市场营销经验交流会"为契机，以近年来全国各地超级市场的兴起为标志，我国超级市场开始复苏，并进入了成长期。由于我国近几年经济发展较快，居民收入水平不断提高，城市工作及生活节奏加快等原因，顾客对"一次购齐商品后备用"有着强烈的需求；同时，由于零售企业自身的物资现代化水平不断提高，包装加工能力取得较大发展等原因，使超级市场的经营具有了可行性，结束了引入期而进入了成熟期。同时，国外大零售企业也纷纷抢占中国市场，如沃尔玛、家乐福等。

# 10.2　超市策略中的顾客心理

零售策略的制定必须要先了解零售环境。零售环境的三个主要因素有：①竞争者；②消费者人口和生活形态的趋势以及这些趋势对零售组织的影响；③顾客的需要和问题决策过程。本节接下来从顾客的人口组成和生活形态的变化、顾客的需要和问题决策过程来阐明顾客心理研究在了解零售环境和制定零售策略中的作用。

## 10.2.1　人口组成和生活形态的变化

零售概念的本质就是要求零售商能比竞争者更大程度、更高效率地满足目标市场顾客的需要。因而一家超市只有准确预测当今社会的深刻变化，并朝着变化的方向调整自己，才可能在市场上立住脚。下述研究的就是随着人口组成和生活形态的变化，人们的超市购物行为发生了哪些变化，超市又如何与变化了的顾客进行沟通。而生活形态中测试得最多的是：活动（activities）、爱好（interests）、观点（opinions），因此生活形态研究又被称作 AIOs 研究和心理图示研究（psychographic research）。

1980 年美国的人口普查发现，美国的人口和家庭组成情况较 20 世纪六七十年代发生了很大的变化。职业妇女的人数急剧增加，达到 4 560 万人。在 8 200 万个美国家庭中，5% 是单亲家庭，25% 是没有孩子的家庭，22.4% 是老年人家庭，13% 是由工作的父亲和不工作的母亲和一个孩子组成的家庭，而以往典型的由工作的父亲、不工作的母亲和两个孩子组成的家庭仅占 7%。以往家庭主妇是超市的主要光顾者，这群人的心理剖面图得到很好的定义，但人口组成的变化使得到超市购物的人开始多样化，在这种变化的过程中，他们在超市购物时的行为又是怎样的呢？

Valarie A. Zeithaml 研究了 5 个人口变量——性别、女性的工作状况、年龄、收入、婚姻状况和一系列超市购物变量之间的关系。这些超市购物变量包括购买时间和频次、在超市里的花费、超市购物行为（事先计划的程度、信息的使用程度、精打细算的程度）、对购物的态度。

他的研究有如下发现：

与女性相比，男性认为购物的重要性低且每次购物花费的时间少。在购物行为上，男性信息使用（如报纸的广告、营养信息、产品更新的信息）的程度、计划的程度（如准备购物单、预算等）以及节约的程度（使用特价、优惠券等）均较女性低。男性每周上超市的次数多。由于男性购物者的增加，男性取向的优惠券以及针对男性的广告信息就会同女性细分群体不同。因为男性对购物、计划和节约的看法同女性不同，减价策略会不起作用，因为男性基本上不在意在超市购物时节约多少钞票。因此，重新设计迎合男性口味的包装和 POP 广告（即售点广告）是上策。

由于职业女性时间上的紧促和经济上的宽裕，其每周上超市的次数、购买的数量、计划的程度、信息使用的程度以及节约的程度较其他女性有显著的差异。在谈到购物是否是一件有趣的事情时，职业女性较其他女性在这方面的得分低。

单身顾客是一个很大的、成长着的，同时也是需要未被满足的群体。冷冻食品原本的目标顾客并非他们，但是却因方便和好的质量非常受他们的欢迎。

随着人口的老龄化，老龄顾客对零售的重要性越来越大。除了节食和健康的需要，他们还有特别的需要。他们把购物看得比较重要，行为上带有强烈的传统倾向。因此，传统的促销最能打动这群人。

1989 年，平均每个美国顾客每年花 142 个小时购物。但是，到了 1993 年，平均数只有 40 个小时。"购物的时代结束了，只是看看的时代结束了。"女性在家庭中角色的变化以及对所有成人的职业压力造就了一个缺少时间的社会。当丈夫和妻子都忙着工作又忙着家庭时，空闲时间就变少了。过去，购物提供了一个社会交往和娱乐的机会。今天，购物却耗费了消费者用来做那些他们必须做且愿意做的事情的时间。这些变化给超市零售商提供了重要的机会，他们可以通过以下途径来接近这些缺少时间的顾客。

（1）顾客需要你的时候就能找到你。向一个职业妇女家庭销售商品，要有一些适应策略，而这些在以前的几代人中是找不到的。那些对时间敏感的顾客想买商品的时候必须能马上找到你。例如，一些超市早上 7 点钟开店，因为不少顾客想在开始一天自己的事情之前购物。

（2）加强服务。许多零售商意识到，对没有时间的顾客必须提供较强的客户服务。零售商可以为顾客保留商品，直至他们付清了所有的货款就是其中的一种。另一种策略是授权销售人员做出决定。顾客并不想花时间等待或和其他一些商店人员打交道。

（3）提供信息。提供给顾客重要的信息可以减少他们的购物时间。信息标志和排放有序的商品也能加速购物。

（4）自动化的过程。自动销售和服务的过程能够帮助顾客节省时间。

（5）提供一站式购物的机会。零售商必须提供给顾客机会，在一个地方做多种购物。一些零售商可以策略性地聚集在一起以帮助减少顾客的购物时间。

（6）喂养顾客。利用缺少时间的顾客牟利的最好的方法之一是，提供给他们高质量、健康的无需再加工的食品。

### 10.2.2　选址策略中的顾客研究

描画商圈并预计销量的方法有：

（1）最容易实施的一种方法是类推模型。这种方法尤其适用于小的零售商。使用这种方法，零售商可以根据类似地区的情况，对新店的销量做出预测。

（2）多元回归模型。它的逻辑同类推模型一样，但是是以统计为基础的并需要更多的客观数据。

（3）吸引力模型。该模型基于这样的前提，即顾客更容易到方便和可供选择商品多的商店购买。

此外还包括 Reilly's 法则、Converse's 模型、Christaller's 法则和 Huff's 模型，而这些方法多使用地理（如距离）、人口和经济（如购买力指数）变量，这些变量对确定市场潜量和接近顾客有帮助，但是这些特征却和消费者的需求没关系。因此，这些方法没能指出吸引该细分中顾客的必要的行动。此外，了解到顾客寻求的利益点和哪些顾客寻求这些利益点对设计有效的零售组合有用。英国和美国有专门公司向零售商出售某个区域内顾客的人口和生活形态的资料。

依照地理位置的人口细分法（consumer demographic segmentation and geographic location），CAC International 将英国消费者的人口细分（性别、生活形态）与地理位置有效连接为 81 种类型。生活形态被从两个维度加以考虑：家庭组成（单身、两人家庭及有未成年孩子的家庭、有成年子女的家庭及合租房间者）和年龄结构（年轻状态 18～24 岁、成熟状态 25～44 岁、稳固状态 45～64 岁、退休状态 65 岁以上）。地理位置被分为六大块：乡村、郊区、市政区、闹市区、传统的郊区居住区以及不同合租房屋区。

PRIZM（potential rating index for zip markets）系统是美国按区域分析了居住在该区域的人的社会阶层、流动性、种族、家庭生命周期、居住情况等资料，以利于客户按邮编等来查询的一种系统。PRIZM 系统把美国的居住区域分为 62 类，分类的依据是，住得近的人有类似的消费行为模式。

### 10.2.3　顾客的需要和问题决策过程

如第 5 章所述，顾客的购买，一般经历以下一系列的过程：识别需要、搜索信息、评估选项、选择地点购买商品、购买后评价。当顾客搜寻信息的时候，所有可能满足其需要的零售形式（超级市场、百货商店、网上零售等）都可能被一同加以考虑。零售策略的制定，必须充分考虑顾客的这一系列购买过程。

1）识别需要

购买过程源于人们认识到有未满足的需要。当一个顾客想要的满意水平同他现有的满意水平有所差距的时候，未满足的需要就产生了。激励顾客逛超市和购物的需要可以被划分为功能型需要和心理型需要。功能型需要和商品的性能有关，心理型需要同人们逛超市、购物和拥有商品得到的心理满足有关。成功的零售商总是试图既满足顾客的功能型需要又满足顾客的心理型需要。通过逛超市和购物可以得到心理型需要的满足包括：

（1）刺激。零售商通过背景音乐、视觉呈现、香味和示范来为顾客创造一个狂欢的刺激性的经历。这些环境鼓励顾客在购物中得到放松。

（2）社会经历。市场有史以来就是社会活动场所的中心，人们可以在此见到老朋友并建立新关系。很多社区的区域性的购物中心都是碰头的场所，尤其对那些十几岁的青少年，就连电子零售商也通过聊天室提供类似的社会经历。

（3）学习新的流行趋势。

（4）自我奖励。当顾客取得什么成就或想缓解压力的时候，他们常以频繁购物来奖赏自己。

2）搜索信息

顾客的信息来源有两种途径：内部信息和外部信息。内部信息来源于顾客本身，如购买经验；而外部信息来源于广告和他人的介绍。

零售商必须确定他们的商店在顾客的考虑集合里。考虑集合是顾客做信息加工的时候所考虑的一系列的备择物。为了被列入考虑集合，零售商应想办法增加顾客在将要去购物时记起该店的可能性。零售商可以通过广告和定点策略提高自己在顾客中无提示的第一提及率，使顾客一有购物需要就想起自己。高额的广告费能增加无提示第一提及率。另外，零售商在一个区域内设立一系列店铺，使顾客经过该区，就会多次接触该店名，提高无提示第一提及率。

3）评估选项：多属性模型（evaluation of alternatives：the multiattribute model）

顾客搜集并回顾所有产品和店铺的信息，评估选项，并选择最符合他们需要的一个。多属性模型为了解顾客的评估过程提供了一个有效的途径。多属性模型是基于这样一个假设：顾客把一个零售商或一个商品视作属性或特征的集合。该模型用来预测顾客对零售商或商品在一些属性上的表现以及这些表现对顾客的重要性的评价。

（1）对表现的看法。比如，顾客在头脑中操作每家超市的客观信息，并对每家超市提供的利益形成了印象。每家超市提供利益的程度在一个 10 点量表上得到反映：10 分意味着最好，1 分意味着最差。

（2）重要性权重。它也是采用 10 分量表，10 分意味着很重要，1 分意味着很不重要。每个去购物的顾客都有一个独特的需要集合。通常，对于一家店的各方面表现有不同的侧重点，因此，在权重上的得分也不同。

（3）评估零售店。它将零售店各方面的表现乘以权重来评估。研究表明，一个顾客对一家商店的总体评价很接近各方面的表现乘以权重得到的值。

（4）选择零售店。当顾客要选择商店的时候，他们并不是执行着以上程序：列举出特征，评价每家店在特征上的得分，决定每项特征的重要性，计算出每个店的总体得分，然后去得分最高的店买东西。多属性模型不能反映出每个顾客的实际决策过程，但是却反映了他们对备择店的评估和选择的结果。

模型为设计零售组合提供了有用的信息，比如，零售商可以知道哪些方面是他们改变的关键点。零售商如何使用多属性模型吸引消费者呢？零售商必须通过市场研究收集以下方面的信息：

（1）顾客考虑的备择店。

（2）顾客做店铺评价和选择的时候使用的特征和考虑的利益。

（3）顾客给每个店在这些特征上的评分。

（4）顾客给每个特征的权重。

通过这些信息，零售商可以通过一些途径影响顾客来挑选他们的商店。

当确认自己的商店在考虑集合里后，零售商可以通过四种方法提高自己的商店被光顾的可能性：

（1）提高对店铺表现的看法。

（2）降低考虑集合内顾客对竞争店表现的看法。

（3）增加某个利益点的权重。

（4）增加一个新的利益点。

第一条途径是改变顾客对零售商表现的看法，增加零售商在这些特征上的评分。因为在所有的利益点上都提高太耗成本，所以，零售商必须把重点放在其目标市场顾客看重的利益点上。在关键利益点上的改变可以导致顾客在总体评分上很大的改变。降低顾客对竞争者在某个或某些利益点的看法的做法，容易触犯法律和不被顾客相信，因此，不宜采取此种做法。改变顾客的重要性权重是影响顾客店铺选择的另一种途径。零售商可以增加表现突出的利益点的重要性权重，降低那些表现次的利益点的重要性权重。通常，改变权重比改变顾客对其表现的看法难，因为，重要性权重反映的是顾客的价值。零售商可以试图增加一个新的利益点，以提高自己在顾客心中的表现。

4）选择地点购买商品

顾客并不总是到得分最高的零售网点去购买。有时基于情境因素（如匆忙）和其他因素（如某个商品只有某家超市才有）而选择得分不是最高的网点购买。

5）购买后评价

当顾客到一个超市买了一个产品后，购买过程并未就此结束。顾客还会做出评价，以确定是否满意。满意度是顾客消费后的评价，以确定一家超市是否达到或超出了他的预期。这些购买后的评价成为影响消费者将来店铺决策的一部分内部信息。不满意的经验会使得消费者向零售商抱怨或改为光顾其他的超市。

# 10.3　超市管理中的顾客心理

## 10.3.1　商品结构

品种是指一家超市的不同的商品种类。对拥有很多品种的商店可以说它的商品结构的宽度好。类别是指一个品种中单个商品的数目。对拥有类别丰富的商品的商店可以说它的商品结构的深度好。大型超市从食品、药品、日用品、玩具、衣物、运动器材直至家电一应俱全，娱乐、餐饮、修理等服务也应有尽有，鼓励消费者一次性完全购物。但是其药品类商品的类别比不上药店多，即药品类商品的深度比不上药店。便利店经营品种少、周转快的商品，商品结构窄且浅，营业时间长，主要是为了满足消费者方便的消费需要。上海像华联、联华、农工商等超市主要是设在居民区内的中小型超市，而经营商品的宽度以及深度又较便利店宽且深，主要满足居民区内普通家庭的日常消费需求。

传统超市为了保持竞争优势，必须减少单个商品的数量，即实施"有效的商品组合"。但它们之所以未实行这一原则，是因为它们担心减少商品数目会降低消费者的商品数目知觉从而影响顾客对其超市的选择。消费者意识到商品数目的减少主要受两个启动线索的影响：喜欢的商品的可获得性以及摆放某一类别的货架空间的大小。研究表明传统超市可以大量减少商品的数目但是并不影响商品数目知觉以及店铺的选择，前提是减少的是不受欢迎的商品但摆放这一类别的货架空间保持恒定。因此，减少商品数目的潜在威胁比想象的要小得多。只要顾客喜欢的商品不减少，以及摆放减少了的商品所属的类别的货架空间保持恒定，原商品数目减少到25%～50%之间是顾客意识到商品确实减少的知觉阈限。

### 10.3.2　商品陈列与店铺气氛

当设计或重新设计一个商店时，必须考虑三点：首先，超市的气氛必须和总体策略相符合；其次，一个好的店铺设计可以影响顾客的购买决策；最后，管理者必须时刻牢记零售空间的生产力——每平方米能产生多少销量。

为了达到第二个目的，零售商必须确定目标顾客并设计能迎合目标顾客需要的店铺。为了达到影响消费者购买决定的目的，零售商必须在店铺呈现和空间规划上下工夫。杂货店是按一个有序的购买过程组织的，并总是呈现尽可能多的商品。商品经常放在能帮助销售的地方。比如，冲动购买的商品（那些没有计划而购买的商品，如糖果、电池）通常放在收银台附近。消费者的购买行为也受商店气氛的影响。想想你被百货商店的吸引人的标志所吸引，想想你被超市现烤的面包的香味所吸引。零售商通过这些感官的吸引力来获得你的注意力。第三个目的是考虑店面设计的花费和能带来多少销量和利润的增加。在做店面设计时，零售商必须把经济因素考虑在内。

商品陈列的一些小窍门可以帮助零售商提高销量。零售商必须了解消费者的购买经历，并回答以下问题：顾客希望怎样找到商品；是按主题概念呈现或制造商呈现，还是按样式、大小、颜色或价格呈现更能帮助消费者观看、了解和最终购买商品。最后，零售商必须使用与特定目的相符合的设备呈现商品。

据研究，超市购物者容易回忆出店铺四周货架摆放的商品的位置，却较难回忆出中间货架上摆放的商品的位置。回忆的正确率同消费者光顾的次数成正比，同商场的大小成反比。超市营销者应把最具盈利性的商品放在四周货架上，因为这些地方更易引起消费者的注意。大型超市或货架较拥挤，因而消费者视线易受阻的超市，最好要有醒目的指示牌来提醒消费者，因为没有消费者愿意在超市里来回寻找商品。

此外，商品的摆放也应注重逻辑和有序。据资料表明，合理摆放商品能大幅度增加超市商品的销售额。商品摆放（商品、商标和价格标签的位置）应遵循显而易见陈列的原则，放满陈列的原则（货架商品丰富、品种齐全）、前进陈列的原则（时间相对久的商品放在前排）以及纵向陈列的原则（系列商品垂直陈列）。人的视线上下移动夹角为25°，左右移动夹角为50°，消费者站在离货架30~50厘米距离处挑选商品时能清楚地看到1~5层货架上陈列的商品，却只能看到横向1米左右距离内陈列的商品。消费者在纵向陈列的商品面前一次性通过时，就可看清楚整个系列商品，从而起到很好的销售效果。

氛围是指通过视觉沟通、灯光、颜色、音乐和香味来营造环境，刺激消费者的知觉和情感反应，最终影响他们的购买行为。

1）视觉沟通

视觉沟通由店里和橱窗里的图形、标志和戏剧般的组成来实现，可以帮助增加销量。标志和图形可以帮助消费者发现一个部门或商品。图形可以增加商店的个性、美观和浪漫的感觉。

2）照明

虽然没有科学的证据，但经验表明可以通过温暖的白色灯光不均匀地照射来达到轻松的氛围。照明配置如果与店宽方向平行，能使店面显得广阔，如果点状灯光随机配置，能使销售空间富于变化，气氛生动。

3）颜色

创造性地使用颜色可以提升零售商的形象并帮助创造氛围。研究表明，暖色（红色、黄色）和冷色能产生出相反的物理和心理效果。比如，暖色可以提高血压、加速呼吸以及引起其他一些生理反应。当我们把这些发现置于零售环境中时，暖色被认为可以吸引顾客并获得注意，但是也可变得让人不愉快。暖色对想产生兴奋的店铺有帮助。相反，冷色是放松、平和、安静和令人愉快的，这些颜色对零售商销售可能引起焦虑的商品有帮助，比如贵重物品。超市与便利店一般都采用明亮、清晰、色彩度高的颜色，目的是烘托出丰富感。

4）音乐

音乐不同于其他制造气氛的元素之处在于它能根据电台或磁带的改变而轻易地做出改变或调整。例如，早上，超市可以播放与成年人相应的音乐，而到了放学的时候，可以放十多岁的儿童喜欢的音乐。零售商可以用音乐来影响顾客的购买行为。音乐可以控制店内通行的速度、创造形象，并吸引或引导消费者的注意力。音乐也可能因抑制消费者评价商品而使顾客不满，因为顾客的大脑会因为音乐超载而不能正确评价商品。音乐节奏影响超市顾客的平均逗留时间和平均开支，尽管消费者对背景音乐的变化觉察不出来。音乐甚至影响到商品的选择，在一项研究中表明，播放法国音乐会使法国酒的销售比德国酒好，播放德国音乐又会使德国酒卖得比法国酒好。

5）香味

很多购买决策过程是建立在情感的基础上的。对于人类感觉而言，气味是最能影响情感的因素。气味，比起其他感觉来，能直接和快乐、饥饿、难过、乡愁等联系起来，这些情感也是营销者想叩响的情感之门。特定的气味可能给顾客带来好一些的心境，也可能让他们在店里停留的时间更长一些。更好的气味能带来更好的销售。

### 10.3.3　促销

超市的促销组合有广告、销售促进和公共关系。

超市广告是营销者为吸引消费者做的广告，常以价格和可获得性为取向，描述的是一部分以促销价销售的商品。生产企业的产品广告说的是到任何地方买我们的品牌和产品；而超市广告说的是到我们这来买产品，数量有限，售完为止。人们很难评定单个产品广告的效果，超市广告则很容易评定，甚至当天就能见分晓。美国有人曾做过一项调查，发现仅有 6.6％ 的美国中西部地区的城市居民认为零售广告是可信的，仅有 13％ 的消费者认为减价广告是可信的。因此超市广告要讲究效果，不可夸大其辞，否则消费者会因期望值过高而产生受骗的感觉。

销售促进的方式有竞赛、对奖、彩票、赠品、优惠券等。据 A. C. Neilsen 1986 年的调查，将近 4/5 的美国家庭购物时使用优惠券。消费者使用优惠券会导致购买加速以及转换使用品牌。了解消费者使用优惠券的行为对于营销经理以及消费者研究是至关重要的。优惠券的特征（让利率等）和个体特征是预测优惠券使用的两大方面的因素。Mittal B. （1994）提出优惠券使用的整合模型（见图 10-2），并以超市消费者为研究对象对模型进行了验证。

在他的研究中，定义了消费者使用优惠券的四个探索变量：花费/利益知觉、与购买行为相关的个体特征、非人口特征的一般消费者特征和人口特征。在花费/利益知觉中，他发现以往仅用经济利益和时间损耗来解释消费者使用优惠券的行为，实际上负担也是相当重要的因素，因使用优惠券而不得不购买不喜爱的品牌，即称为品牌负担，也会影响优惠券的使用率。享受也是另一个重要的变量，确实有一大批消费者把剪券、积累券以及用券购物视为乐趣，尤其是那些经济型的、比较购物的消费者。人口特征的变量对优惠券态度的预测很弱，因为人口变量是通过一

```
┌──────────┐   ┌──────────┐   ┌──────────┐   ┌──────────┐
│  人口变量  │──▶│ 主观的个体 │──▶│ 和购买行为 │──▶│ 花费/收益 │
│          │   │  差异变量  │   │ 相关的个体 │   │          │
│          │   │          │   │  差异变量  │   │          │
├──────────┤   ├──────────┤   ├──────────┤   ├──────────┤
│   收入    │   │  忙碌程度  │   │  比较购物  │   │  经济利益  │
│   教育    │   │ 持家荣誉感 │   │  品牌忠实  │   │  时间损耗  │
│  职业女性  │   │          │   │  店铺忠实  │   │   乐趣    │
│  家庭大小  │   │          │   │          │   │  品牌负担  │
│          │   │          │   │          │   │  店铺负担  │
│          │   │          │   │          │   │ 额外花费负担 │
└──────────┘   └──────────┘   └──────────┘   └──────────┘
                                                    │
     ┌──────────┐        ┌──────────┐              │
     │ 券的使用情况 │◀──────│ 对优惠券的态度 │◀────────────┘
     └──────────┘        └──────────┘
```

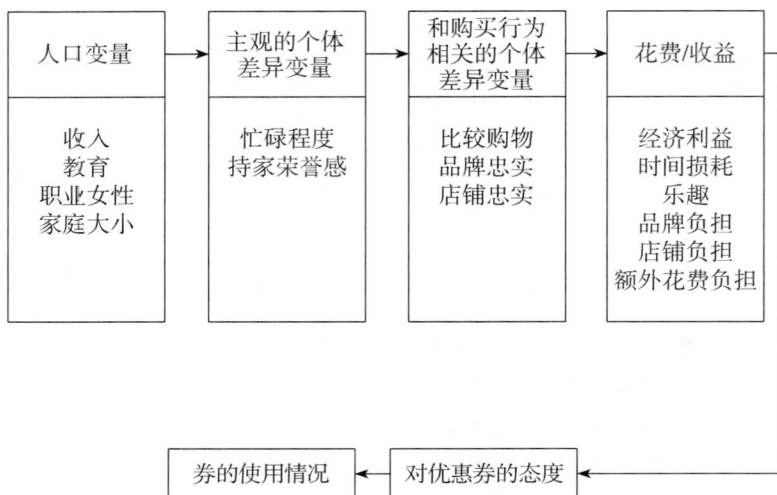

**图 10-2　优惠券使用的整合模型图**

系列的中间调和变量而起作用的。人口变量是客观的个体差异变量，这些变量同与购买行为有关的局部个体差异变量一起，构成了解释谁使用优惠券和为什么使用优惠券之间的中间桥梁，也可以说构成了人和消费购物券行为之间的黑箱结构。举例说明，收入高的职业女性工作繁忙、经济状况好，对于持家的荣耀感并非很强，注重品牌和购物场所，比较购物的程度低，对于使用优惠券带来的费用节省不是很在乎，可对于消费购物券就必须到不喜爱的店面购物或购买不喜爱的品牌则相当在意，尤其不想花费大量的时间，她们对使用优惠券的态度消极，因而不大用优惠券。

公共关系也是一个非常有效的促销手段。

### 10.3.4　人员服务

消费者进超市购物所接触的人员主要就是收银员，收银员的形象代表的是超市的形象。

在一个有关超市收银员角色的定性调查中，分析了管理者及顾客对收银员的影响：顾客在工作中对收银员有最直接的影响；管理人员的影响更正式但是更远。进一步研究发现，顾客对谁有权利控制服务中的遭遇有不同的理解。顾客会花时间挑选商品，但是他们抱怨把时间花费在收银台上。因此，收银员必须态度好。此外，顾客经常把收银员当做零售组织和他们的联络员。而收银员把自己的主要责任定义为"让顾客通过"和"收钱找零"。

Anat Rafaeli 曾经观察 5 家超市的 194 对收银员—消费者的相互作用，发现越是繁忙的时候，收银员的积极情绪就越少，因为收银员唯恐对消费者越友好，相互作用的时间就越长，排队等候的人也就越多；相反，消费者的要求越多，收银员就应该表现出越多的积极情绪，因为热情友好的人易被接受和喜爱，爱挑剔的消费者这时也就容易妥协和合作。

收银员可以通过欢迎（说"欢迎光临"）、目光接触、微笑及致谢（说"谢谢惠顾"、"欢迎再次光临"）向消费者传达积极的情绪，创造友好的购物环境。情况往往是收银员虽然说着"欢迎光临"之类的词，目光却转向键盘或商品。要么语气冷淡，要么有一搭没一搭地表示欢迎，结果是消费者感受到的是例行程序而不是收银员的愉悦和殷勤。因此，积极情绪的呈现有两个层次：一层是欢迎、目光接触、微笑和致谢；一层是包括上述过程的同消费者的接触中表现出来的愉快和殷勤。

消费者对零售业提出批评最多的是在购物交款时等待时间太长。消费者尤其不能接受因为管理者的过错而导致的耽搁，如人员效率低、人员不足以及无快速通道；而外部因素导致的拥挤现象相对易被消费者接受，如下班高峰、大量购物的消费者和一些随机因素。消费者可忍受的排队时间取决于秩序是否井然以及一切能反映等候的时间长短的迹象（队伍中的人数以及他们推车中货物的数量、收银员的速度）。超市管理者应采取相应措施，减少平均排队的长度和分散消费者的注意力。用于减少平均排队长度的措施之一就是设快速收银台，一旦当排队人数超过 5人便自动增设收银台。此外就是使用广告、宣传画等视觉刺激将消费者的注意力从当前排队的经历中转移出来。

也有研究表明，几乎抽样的所有超市的消费者都抱怨受过排队之苦，等候时间的长短看来并非消费者选择超市的显著的决定因素。Kostecki（1996）认为拥挤可以作为商店对消费者吸引程度的指标，超市收银台的瓶颈结构造成的拥挤氛围，实际上鼓励了消费者的消费。长的等候队伍能给潜在的消费者传递生意兴隆的信息。等候的时间可被看成是购买活动的中断，排队的心理体验也可使消费者为下次可能的等候做好准备。

## 基本概念

零售业态　超市策略　超市选址策略　超市促销　超市人员服务

## 思考题

1. 解释超市的零售业态。
2. 试述超市顾客的需要和问题决策过程。
3. 分析超市营销中的促销组合。
4. 指出超市营销中人员服务的关键有哪些。

# 第11章

# 市场营销中的人员推销

## 重点内容

- 阐明人员推销过程的核心
- 概述人员推销过程中态度的说服与转变的理论基础以及改变客户态度的有效方法
- 解释人员推销风格理论的主要内容
- 说明人员推销中如何辨认和鉴定客户以及应有的谈判技巧和策略

## 11.1 人员推销过程的心理分析

从心理学角度来看，推销过程是营销员与客户之间的沟通过程，是营销员说服客户的过程，是客户态度发生转变的过程。

### 11.1.1 推销过程是一种沟通

推销过程是营销员与客户之间的信息沟通。一个完整的沟通模式将回答：①谁；②说什么；③用什么渠道；④对谁说；⑤有何效果等问题。图11-1用9个因素来表示这种沟通模式。其中通报人与接受人分别为沟通的双方，即销售人员与客户；信息和媒体是沟通的主要工具；编码、解译、反应、反馈是沟通的主要功能；噪音是指在沟通过程中发生的意外干扰与失真。销售人员作为通报人，必须知道他们想把信息传递给什么样的消费者、用哪些有效的媒体进行传播、传递一些什么信息，以及如何对信息进行编码、包装。为使信息有效，通报人的编码过程必须与接受人的解译过程相吻合。通报人与接受人两者共有的经验常识越一致，信息的传递就越有效。

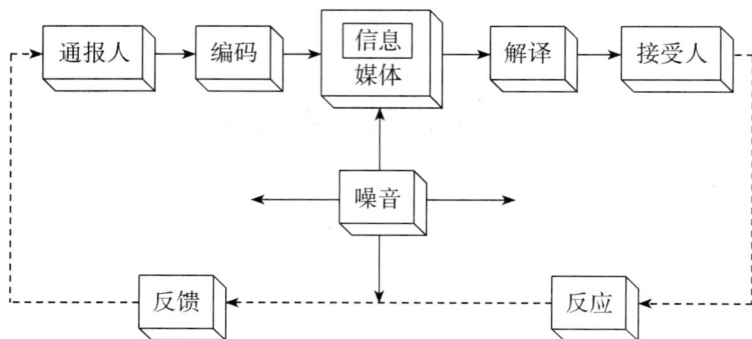

图 11-1 沟通过程中的因素

推销过程不仅仅强调由营销员对消费者的主动说明与介绍，同时也强调营销员广开反馈渠道，了解对方的反应。在宏观销售策略的制定过程中，销售部门经常用市场调查的方式搜集客户的反馈信息。对营销员来说，他必须学会在谈话中认真倾听客户的讲话内容，寻找沟通信息过程中的误区，加以纠正和弥补。所以有人告诫营销员："要学会听。"

商业市场中的噪音指人们每天都将接收到的几百种商业信息。人们由于注意力的有限性、刻板的印象作用或记忆力的局限性而不能接收到特有的信息。在具体谈话中，营销员不良的行为动作、不规范的推销语言，甚至不讨人喜欢的衣着外貌都有可能成为影响客户接收主要信息的噪音。

### 11.1.2 推销过程是说服与态度改变的过程

1）态度的概念

态度可定义为个体对社会事物所持有的稳定的心理倾向。态度来自过去的经验，又影响未来的行为。一般来说，消费者对一种产品越喜好，发生购买行为的可能性越大。如果能够了解消费者对自己的产品商标形象等的态度，厂家和经营者就有可能通过各种努力去强化消费者原有的积极态度，或者去改变他们原有的消极的，甚至是反对的态度，从而促进购买行为。现在态度因素已经被用来作为预测消费者对商标的喜好、购买行为和商业周期转折的指标。

态度的性质归纳起来有以下几点：

（1）态度是后天习得的。先天需要对态度可能产生一定影响。

（2）态度必有对象。这种对象可能是具体的一个人、一个物体、一个商标或一则广告等，也可能是一个团体、一类产品、一个商店或整个公司。此外抽象的思想观点也可能成为态度的对象。

（3）态度有其方向、强度和信任度。态度的方向指对某个对象表现出喜欢、不喜欢或反对；态度的强度指喜欢的程度；而信度则指对某对象的确信水平。

（4）态度一旦形成，将持续相当长的时间。态度可以变化，但短期内较少有大的波动。

（5）态度对人的行为有调节作用。

（6）态度有一定的结构，如图 11-2 所示。

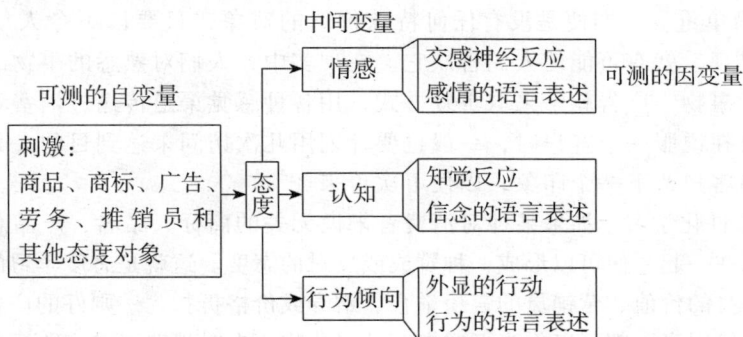

**图 11-2　态度的结构**

态度是人类心理重要的调节机制。首先，为满足需要而对那些能够满足需要的对象产生肯定的态度。人们总是试图购买受益最大、受损最小的产品。购买后感觉越满意，则肯定的态度越强，重复购买的可能性越大，改变这种态度就越困难。其次，态度有种自我防卫的功能。狐狸吃不到葡萄说葡萄是酸的，人们对无法购买的高档或不合用的产品产生否定的态度，可以避免在精神上引起困惑。再次，态度有种价值表现的功能。自我防卫的态度是维护自己的形象，而表现价值的态度则是表现消费者的自我形象。人们常常通过采取某些态度，努力把自己的价值观转换为更易表现的实在东西。例如，对穿着讲究的人来说，几千元一套的西装能表现自己的追求与价值，因而对它有肯定的态度。最后，态度有种知识功能。如果有人对空调产品产生肯定的态度，他会关心与空调有关的各种知识，对营销员提供的有关信息也特别感兴趣。态度是人们决定接受什么信息的参照系。

从态度的功能和特点中不难看出，态度是营销员在说服客户时面对的一种心理结构。推销过程就是说服客户促使态度朝肯定方向转变的过程。

2）态度的形成与转变

态度先于行为，而且态度导致行为。所以经营者才千方百计采用各种市场策略，诸如广告、商标、包装、人员推销等去影响消费者对产品的态度。态度的变化分为两类：一类是过去没有对该产品有关的知识和态度，现在开始形成一定的态度；一类是已有某种态度，现在需要去改变它而形成新的态度。前一类叫做态度的形成，后一类叫做态度的转变。

促使态度形成的方式有：

（1）简单重复。即便是没有任何特殊价值的对象，只要以不令人反感的方式多次重复呈现，就有可能使人们喜欢它。在现实中，人们对熟悉的事物的评价总是高于生疏的事物。广告就是采取重复方式，用各种感觉渠道传送进消费者的注意中心。营销员在说服一个客户时，一般也要计划用几次访问来达到目的，其中有的访问仅仅是给客户留下一个印象，以便下次再来。

（2）条件化学习。如果某种对消费者来说无关的商标、品名、产品总是和奖励或惩罚联系在一起，便可以形成一种赞成或反对的态度。这就是态度学习的经典化作用。商品本身的价值、营销员的言谈举止、赠券或价格折扣、一则好的广告、产品的老字号招牌等因素，都可以作为形成态度的强化物。有时消费者随意购买某种产品后感到满意，便形成了对该产品的积极态度。这是态度的工具性、条件化学习。

（3）观察学习。消费者可以通过观察他人的行为习得一种新的态度。百事可乐用香港明星刘德华做广告，力士香皂用张曼玉做广告，所使用的手法就是消费者通过对明星的崇拜、模仿而形成对该产品的肯定态度。营销员现场操作使用产品，或者让消费者自己试用该产品，也能使他们形成肯定的态度。

（4）态度学习的信息加工方式。消费者是一个活生生的人。有自己的判断能力和决策能力。他们在众多的可供选择的商品面前，需要得到有关商品方面的足够的信息，并分析信息的可信度，对商品的价值和收益的大小进行评估，进而形成不同的态度。营销员的任务就在于给消费者提供足够的信息，尽量让他们对推销的商品持肯定的态度。

态度转变和说服宣传有关。

态度转变的含义比较复杂，有质的转变，如从肯定到否定或由否定到肯定；也有程度上的转变，如从否定到更否定、从肯定到更肯定或反之（如图 11-3 所示）。

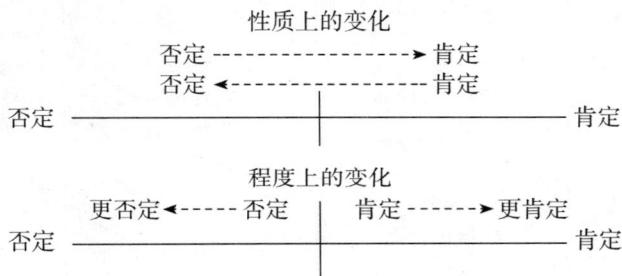

性质上的变化

否定 ------------------► 肯定

否定 ◄------------------ 肯定

否定 ————————————————————— 肯定

程度上的变化

更否定 ◄----- 否定　　　　肯定 ------► 更肯定

否定 ————————————————————— 肯定

**图 11-3　态度变化的两种形式**

在营销活动中，销售人员的目标之一是通过有效的营销策略，使消费者对自己的产品或劳务的消极态度转变为积极态度，或者使原先稍为积极的态度发展为更加积极的态度。对营销员来说，他必须通过有效的人际交往手段，在交谈中观察对方的态度，然后用适当的说服技巧影响这种态度，使它朝积极的方向转变。

### 11.1.3　推销过程中促销组合的形式

促销是市场营销的重要环节，它沟通个体、团体或组织，用提供信息和说服的方法，使一个或更多的客户接受所要销售的有价物，直接或间接地促进交换。

市场营销促销组合由 4 个主要工具组成：广告、销售促进、宣传推广、人员推销。常见的一些沟通促销工具如表 11-1 所示。

（1）广告。它是指任何一种由可确认的出资者付款而采取的非人员的促销形式，它联系着组织或产品与要影响的目标。个体和组织都可以用广告的方式推销产品、服务、设想、建议，甚至推销其自身。广告作为一种用途广泛的现代市场营销促销手段，有如下特性：

①公共展示。广告是一种高度公共性质的沟通方式。这种公共性质使产品具有合法性，保证产品以标准的方式供给消费者，让许多人都接收到同样的信息，形成一种大众都能理解的消费动机。

表 11-1　　　　　　　　　　　　　一些常见的沟通促销工具

| 广告 | 销售促进 | 宣传推广 | 人员推销 |
|---|---|---|---|
| 印刷与广播广告 | 竞赛、游戏 | 记者招待会 | 销售介绍 |
| 外包装 | 赛马、彩票 | 演讲 | 销售会议 |
| 随包装广告 | 奖金和礼品 | 研讨会 | 电话营销 |
| 邮件 | 样品 | 年度报告 | 奖励节目 |
| 产品目录 | 交易会与商品 | 慈善捐款 | 营销员榜样 |
| 电影 | 展览会 | 公共关系 | 交易会 |
| 家庭杂志 | 商品陈列 | | 商品展览会 |
| 小册子 | 表演 | | |
| 海报和传单 | 价格优待券 | | |
| 说明书 | 回扣 | | |
| 广告单行本 | 低息融资 | | |
| 广告牌 | 招待会 | | |
| 醒目招牌 | 以旧换新折扣 | | |
| 售货现场陈列 | 附赠品积分票 | | |
| 视听材料 | 编配商品 | | |
| 标志与标语 | | | |

②渗透性。广告是一种可以使销售者把有关信息作多次重复宣传的渗透性媒介。大规模广告从正面说明了销售者的规模、名望及其成功的经营，同时也使消费者接受各种竞争者的信息，加以比较，做出合理选择。

③放大的表现力。广告通过巧妙地利用印刷、声音和颜色等为公司或组织及其产品提供生动的表达机会，提高其知名度、巩固销售率。

④非人格性。广告不像其他促销形式那样有强迫性，受众并不感到有必要去留心或做出反应。广告的成本一般较高，且对于受众只能独白，无法对话，反馈较慢。

（2）销售促进。这是一种鼓励购买或销售某种产品或服务的短期刺激方法。它能引起强烈的和迅速的反应，使产品供应在短期内非常引人注目，从而暂时提高产品的销售量。据统计，近 10 年来广告的费用增加了 7%～10%，而销售促进的费用增加了 12%～15%。人们越来越重视这种方法，以达到提高其他销售方法的效率，获得直接的、资金周转期较短的经济效益的目的。

销售促进的工具多种多样，如赠券、竞赛、奖金等，归纳起来有 3 个显著特点：

①沟通。它们通常能极大地吸引消费者的注意力，把他们引向产品，并提供足够的信息。

②刺激。它们采取某些让步、诱导或赠券的办法，减少销售者的利润，增加消费者的利益，刺激消费行为。

③诱导。它们具有明显的促使消费者立即进行交易的诱导性。

（3）宣传推广。当事人不需付款，通过在出版物（如报纸杂志）、年终审核等上面刊登商业性的重要新闻，或者通过广播、电视、舞台节目获得有利的介绍，造成对产品、服务或业务单位需求的非人员性刺激。当然，"不需付款"仅仅是表面现象，公司或组织为了宣传推广，要进行大量的"公关"。

宣传推广之所以有吸引力，主要是基于其 3 个特性：

①高度可信性。新闻报道与特写对读者来说一般比广告具有更强的权威性和可信性。

②解除戒备心。宣传推广可使许多避开销售人员和广告的潜在顾客乐意接受，因为信息的发送者表面上看是新闻单位，而不是销售部门。

③引人注目。像广告一样，宣传推广具有能使公司或产品引人注目的潜能。

宣传推广必须有计划、有工具。市场营销人员一般不单独运用这种方法，而是视它为一种计划外的补充手段。随着广告内容和形式的充实和加强，消费者对广告产生一种逆反心理，使广告的影响大为降低，从而突出了宣传推广的潜移默化的作用。一项经过周密考虑的宣传推广活动与其他促销组合手段互相配合使用，将取得极为有效的效果。当然，过分的、露骨的宣传也会引起人们的怀疑，甚至产生反感。

（4）人员推销。这是指在相互交流的环境中通过个人接触，与一个或更多的潜在购买者交谈，为达到推销商品的目的所作的口头劝说。

人员推销在购买过程的某些阶段，特别是推动购买者的偏好、信心和行动阶段，是最有效的工具。与广告等其他促销手段相比，人员推销有 3 个显著的特性：

①个人接触。人员推销包含着两个或更多的人之间的一种活跃的、直接的和相互作用的关系。每一方都能就近观察彼此的需要和特点并立即做出调整。

②培养。人员推销可以引出各种各样的关系，从就事论事的推销关系到个人的

友谊。销售代表如果想和消费者保持长期稳固的关系，通常会牢记对方的利益。

③反应。人员推销可使购买者在听了销售谈话后感到有某种义务，即使用"谢谢"这样的定性客套话回答营销人员，他们也觉得有必要给予所推销的产品以应有的注意，并做出反应。

# 11.2 推销过程中的说服与态度转变

## 11.2.1 协调理论与营销说服

个体对现实中的人和物常有不同的态度，比如，对某位朋友怀有积极态度，而对朋友的某件东西不满意，甚至反感。那么根据协调理论，如果把这位朋友和那件东西结合在一起，个体对两者的态度都有所变化：对前者的积极态度下降，对后者的消极态度会有所改善，出现一种协调的综合性效果。

例如，某位客户对某公司的产品比较看不惯，或者不了解（这时的态度假设为-1或0）；营销员上门，建立了一种和谐的人际关系后，客户对营销员产生了积极和肯定的态度（假设为2）。当营销员向客户介绍产品，征求订单时，客户的态度发生协调作用，对人对物都向相反的方向稍作改变：客户不那么十分喜欢营销员（态度为1或0.5），也不再否定该产品（态度为0.5），在不了解的情况下，客户还会因为喜欢营销员而喜爱上他所推销的产品（态度为+1）。

由于态度的协调作用，营销中不但要求营销员尽力给客户树立一个良好印象，而且也注重公司形象的设计和广告的名人效应。例如，上海的华联商场把自己设计为"穿的天堂"；上海大众汽车公司把自己的产品和公司设计为"满足中档汽车市场的消费需要，引进国外先进技术"的大众化汽车公司。广告中运动员推荐健身养身补品，电影明星推荐各种化妆用品，医生、名人患者推荐医药用品等现象，都是运用"协调作用理论"的实例。

## 11.2.2 平衡理论与营销说服

该理论认为，人感知自身或外界环境是处于三角关系之中（如图11-4所示）。这种三角关系由三个元素构成，即自己、他人、某物。它们也许彼此是肯定的关系，也许是否定的关系。当人们处于肯定的三角关系之中时，意味着平衡状态；而处于否定的三角关系之中时，则意味着不平衡。如果把三角形的每一边连接的两个元素的肯定关系用"＋"表示，否定的关系用"－"表示，那么，三角形是否平衡取决于三边符号相乘是否为"＋"。相乘后为"＋"，此三角关系就平衡；若为"－"则不平衡。平衡的状态有形态较稳定的态度，不平衡则需使三角关系中的某种发生变化以使其达到平衡状态。

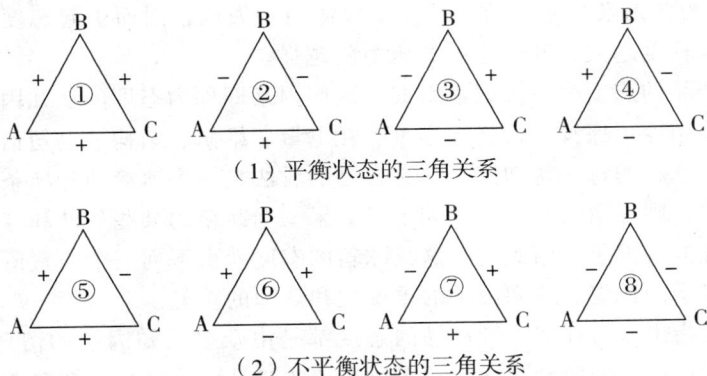

（1）平衡状态的三角关系

（2）不平衡状态的三角关系

（其中 A＝客户 B＝营销员 C＝所推销的产品）

**图 11-4　平衡理论的三角关系**

图 11-4 表示客户、营销员、产品的各种可能的状态。最佳状态是①，其次是⑦。②④⑤⑧四种情况是相当糟的，说明营销员不称职，在客户面前流露出对自己所推销的产品的不信任感。③是那些不懂推销术的人经常面临的窘境：客户既不相信他，也不相信产品。⑦尽管客户相信产品的质量，但对营销员的推销方式很反感。这两种情况出现的责任在营销员，他们必须认真学习如何和客户进行交往，取得对方的信任。⑥所表示的状态是不平衡的，只要营销员继续保持与客户的良好关系，客户会自动改变态度。

在平衡理论中，让客户充分了解营销员对产品的态度很重要。营销员充满自信地介绍产品，示范产品的价值和功能，列举其他人使用该产品所带来的利益，都有助于加强三角形中 B、C 的肯定态度。有时营销员有意附和客户，和他一道讨论产品的"缺点"，是一种很巧妙的推销方法。这样做可以使客户对营销员抱有好感，建立良好的人际关系；然后再用具体的事例或事实说明这些"缺点"不是真的，或者是可以用其他优点来弥补的，逐渐改变营销员与产品的关系，最后达到客户也改变了对待产品的态度的目的。

### 11.2.3 认知一致性理论与营销说服

人们对于一个对象形成新的态度时会有一种倾向，这就是使新的态度与原有的态度、价值观、个性和行为相一致。如果新接受的信息与原有的了解、信念或态度（认知地图中的各因素）不一致，那么就会体验到失调，因而引起态度的变化。一般来说，失调程度越大，改变态度的压力就越强。

客户对产品的态度由许多因素组成，这些因素即称为态度的认知因子，如对电冰箱的态度有制冷、保鲜、价格、容量、耗电量、维修、结构、公司信誉等项认知因子。客户对冰箱的每一认知因子都有自己的看法，一个冰箱的各项条件都和客户的看法相一致，则说明认知因子都和谐；如果一个冰箱的某些条件和客户的看法不一致，则出现失调因子。因此对待这只冰箱的态度就由下列三个因素所决定：失调因子对和谐因子的比例、认知因子的重要性和认知的重叠。

前面已经指出，对任何一种产品的态度都是由众多认知因子的信息所组成的。然而客户依据自己的经验和观察，对于所推销的产品可能很少会拥有全部肯定的认知因子，或者是全部否定的认知因子。这样就看哪种认知因子多些。若肯定的数目多于否定的数目，则消费者或客户对所推销的产品会产生积极的态度。

另外，客户还会重视各认知因子的重要性。例如，上海货与广东货相比，上海货的质量是有口皆碑的，但广告和外包装因素稍逊，而广东货的质量近些年也渐渐赶上上海货，在包装、营销上甚至更胜上海货一筹。此时若客户认为产品的质量是所有因子当中最重要的，便会认准上海货而购买；若客户两种因子都重视，既想质量好又要式样时髦，则会买广东货。随着消费水平的提高，人们越来越重视产品的式样、包装、广告等因素，而适当降低了质量标准，特别是日常生活用品的质量因素。这是上海货逐渐失去中国南方市场的原因之一。推销过程中营销员可针对客户的需要，突出产品中客户认为是重要因素的特征。例如，在推销房地产或公寓楼房时，有几种特征可以强调：交通便利、生活服务设施齐全、超豪华的享受型、中档价格、高档享受的中间型，价格便宜的经济型。这样介绍时可满足不同身份的客户的认知需要。

认知的重叠指的是可供选择的对象之间的相似。当两个产品有着许多共同的特征时，它们的认知重叠就很多。如果两者共有的特征越少，选择它们时可能引起的失调则越大，而且要求改变对它们的态度这种压力也越大。从宏观市场营销角度来说，应尽量通过各种媒体说明本产品和其他产品的不同之处，扩大两种同类产品的差异，促使客户产生态度的改变。而营销员除了按宣传广告的方法当场说明所推销产品的优点外，不要忘记过分的新异会使客户承担更大的风险，因此还要阐明新产品的发展连续性，充分利用客户自己的理智作判断。否则，客户会产生巨大的认知失调，而以最简单的方式否定新产品。

### 11.2.4　改变客户态度的其他有效方法

1）积极参加实践活动，有助于态度改变

研究表明，当实践活动与原有态度不一致时，人们会产生认知失调，倾向于改变原有态度以便与行为保持一致。推销中免费请客户试用产品，有助于态度改变，以讨论的形式吸引新老用户畅谈自己使用某种产品的感受，是一种新兴的推销时尚。

2）群体规定可以有效地改变态度

20 世纪 40 年代美国心理学家勒温所做的群体动力学研究表明，改变个人态度用群体规定比个别劝说效果好。这一原理表现在销售中，就是设法获得某一大型活动的"指定"产品，如"健力宝"曾花了 300 万元人民币由七运会组委会指定为大会专用饮料；柯达、富士彩卷也多次被体育活动的盛会指定为"专用产品"。根据这一原理，有的营销员独创一种推销术：把所有使用该产品的客户罗列出来，推销时作为一种证明材料，说服新的客户。

3）充分利用人的"逆反心理"

逆反心理是一种与一般人对立或相反的态度。它是个体感受到在某些方面享有的自由行动权利被剥夺时，自身激发出的一种动机状态，目的是想保卫行动的自由。逆反心理集中体现在"好奇心"上。营销中越是特别另类的东西或不让人知道的事，人们越想探个究竟；而经正常渠道进行宣传的信息，由于量太大而造成"信息喧嚣"、"广告喧嚣"，很容易使广大消费者产生逆反心理。他们会好奇地试用其他产品。香港有一家经营胶水的商店，打出广告说有块价值数千元的金币用该商店的"强力万能胶水"粘在墙上，谁能掰下来就归谁所有，结果数千人前往应试，但无一人能掰下。新闻媒介也大肆报道，这种胶水因此而名声大振。

### 11.2.5 影响说服的因素

改变态度的重要方式是说服。说服的种类有个人交谈、演讲、新闻传播、政府法令等。说服是一种沟通过程，了解沟通过程每个因素对说服效果的关系，有助于主动地操纵客户的态度。我们把沟通中的九个因素分成四个方面加以叙述。

1）通报人（营销员）的说服力

通报人的任务有三个方面：编码发送信息、接受反馈信息和控制噪音干扰。与接受者有关的说服因素是可信度和意图。

使通报人具有可信度的条件很多。①具有权威和经验：由电影明星做化妆品广告具有权威性，人们很容易把化妆品的作用与明星漂亮的外表联系起来；懂行的或对产品具有丰富经验的营销员，也容易取得客户的信任。②具备有吸引力的人格特征：人的外貌是最基本的人格特征的表现。李默然做"三九胃泰"的广告，且申明是无偿地制作，这是个人道德高尚的内在人格特征；刘德华做"百事可乐"的广告，运用的是名人效应；漂亮的西方妙龄女郎作"永芳"润肤露广告，则用的是迷人的外貌。所以，推销术要求营销员注意提高自身的可信度，男士注重衣着庄重整齐，性格略活泼外向，显示出独特的男人气质；女士则注重挖掘自己的天赋魅力，用不凡的内在气质或赏心悦目的外部包装吸引客户。当然个人的人格特征只在初次见面时最重要，随后只起一种背景作用，而权威或经验上升为主导因素。如过分注重个人魅力，会改变推销的初衷。

意图指接受者能知觉到的来自通报人试图说服他改变态度的压力。当接受者能体验到这种压力时，由于逆反作用而产生警戒心理，有意逃避、抗拒，说服效果降低。当接受人毫无准备，"意外地"听到某种信息时则容易接受。在说服过程中，通报人应注意避免让对方感到自己要改变他的态度的意图。现在市场上的广告已经注意到这一问题，采用暗示或模仿的方式进行宣传介绍。但推销这项工作中改变对方态度的意图太明显，稍有不慎就使营销员无功而返。可以看到不少营销员一见面便大谈产品的好处，只顾把自己事先准备好的"台词"背完，忽视了客户的反应。正确做法是从长远看问题，不在乎一两次的访问失败，注重向客户介绍产品，让客户知道是在为他们的利益着想，而不是别有用心。否则太露骨的说服态度会换来逐客令。

2）接受者（客户）的特点

营销员面对的客户有公司企业的销售代表，也有零散的个体消费者。在推销中要注意对方不仅是未来使用某产品的客户，而且也是个有主观能动性的人。他们有先前的信念和态度，有各自的人格特征。例如，有位营销员用了九牛二虎之力，也无法从另外一名营销员手中夺过一家客户的订单，他出的条件远远优惠于那名营销员，但就是毫无效果。经过询问，方知那家客户已经和那名营销员做了几年的买卖，双方关系很牢固。这种多年形成的态度是一下子难以改变的。

这里再以智力和自尊心为例加以说明。智力高的客户不易接受意义浅显、简单重复的说服，但对意义复杂、深奥的说服很感兴趣。他们知识丰富、有判断能力、善于逻辑判断。营销员要做的是把所有必须购买的理由陈述出来，让他自己去作决策。对付智力低的人则容易，重复说明和略施压力就能奏效。自尊心较强的人比自尊心弱的人更难改变态度，因为他们比较相信自己，自我防御机制较强。对他们要注意改变态度的方法和技巧，既要破坏原来的态度结构，又不要伤害他们的自尊心。常用的方法是给他们"戴高帽子"，因为这样的人虚荣心也较强。

另外，接受者（客户）与说服者（营销员）的关系也很耐人寻味。营销的方法就是组织消费者，让他们自觉、自愿地为某种产品做宣传，如打电话告诉亲朋好友等。这时接受者不会怀疑产品的质量和宣传意图，心理防卫机制减弱。如果营销员能在别人的介绍下去拜见一位新客户，其成功率是很高的。在社交场合，营销员应尽量结识新朋友，并记住名字和相貌。下一次在某种场合如果你能叫出客户的名字，你们的关系就不必从头开始了。

3）信息的有效性

说服信息所要求的态度与原有态度之间有一定的差距，只有这样才能使接受者产生认知失调促使态度改变。但差距不能超出人们的可接受范围，否则会被拒绝。有两种利用差距改变态度的技巧。一是"登门槛技术"：先向接受者提出一个较小的要求，待其接受后再提出较大的要求，对方想维护自我统一性不好再拒绝这个大的要求，力求给人一种统一的印象。当新的态度与原有态度差距较大时，这一技术特别有效。二是"背后鞠躬效应"：先向接受者提出一个较大的要求，遭受拒绝后，再向他提出一个较小的要求，他会很容易接受的。例如，向客户提出征订10万元的订单，对方不答应，马上提出征订5万元的订单（原计划的目标），对方不好再拒绝，因而作一定的让步而答应这小的要求。

信息唤起恐惧的程度太大与太小都不利于接受者理智地改变态度，中等程度的效果最好。例如，有一种化妆品在宣传时突出紫外线对皮肤的损害作用，广告中没有大肆渲染紫外线引起皮肤发黑，可能导致皮肤癌的现象，而是用一幅示意图标明没有涂化妆品的皮肤部分，紫外线顺利透过皮肤伤及皮下组织，其他部分则将紫外线反射出。这种理性的说明比较有说服力。

设计和编写推销语言时，还要考虑单面论证与双面论证。单面论证指仅提供赞成或者反对一个方面的论据，双面论证则是提供态度的正反两方面的论据。研究表明，改变态度的效果因情况不同而不同，两种方式没有简单的优劣差别。第一，接受者的原有态度与要使之形成的态度方向一致时，单面论证最有效，否则用双面论证。例如，客户比较喜欢营销员的产品，营销员只需多讲点该产品的优点；若客户原本不喜欢他的产品，营销员则最好既讲产品的优点，也讲产品的不足。第二，接受对象受教育的程度。中等以上受教育者或智力较高、自尊心较强、有独立判断能力的人，给他提供产品正反两方面的信息由他自己判断比较合适。其他的人则用单面论证的方法提供信息。

4）噪音因素

沟通过程总是在一定背景下进行的，背景条件和情境条件等噪音因素对说服效果有影响。

（1）接种效应。在上门推销前，通过一定的媒介将信息传递给客户，让他有心理上的准备，再具体进行推销说服，这样做比单纯地直截了当地进行推销效果要好。客户由于事先得到预告而中和了逆反心理。广告是目前通用的接种手段，发送销售征订单，散发说明小册子，事先电话联系、预约等都经常为推销高手所采用。

（2）分心。它是指有关因素干扰接受者使其无法正常接受信息。营销员用各种示范动作介绍产品的功能优点，使客户对"说服"的意图分心，有助于引起客户的注意。但是，如果营销员的介绍背景过分花里胡哨，则会喧宾夺主，忘记推销本意。广告中无关部分太多会使观众对广告信息分心，例如，利用大型运动会（如足球赛）作背景，设制巨幅广告牌时，观众的心都被精彩的运动场面摄住，他们可能忽视广告的存在。当然，观众无意中看到广告而使之进入他的潜意识这种情况也是有的。

（3）重复。简单重复可以使无特殊意义的对象变得具有价值。营销员花在每个客户身上的访问次数一般是 4~5 次，以后就不必再重复。此后，客户要么决定和营销员达成交易，要么拒绝。此时营销员若再上门拜访，肯定会引起厌烦，开始产生逆反心理。

# 11.3　人员推销的特征与作用

### 11.3.1　人员推销的特征

如前所述，人员推销是在交易环境中通过个人接触，给顾客（或潜在顾客）提供有关信息，并说服顾客购买产品的过程。它给经营者提供最大的自由，使经营者能随时调整方向，满足顾客的需求。与其他销售方法相比，人员推销最明确，它能使营销人员把全部精力集中在最有前途的销售对象上。而其他销售方法的目标是一群尚未分类的人，其中有许多不是有希望争取到的潜在顾客。

人员推销比广告承担着更长期的任务。商业组织花在人员推销上的钱要多于其他销售方法。广告可随意做与不做，但销售人员的规模和报酬要改变就难些。据一项调整显示，与花在广告上的 878 亿美元相比，美国公司在人员推销上的花费超过了 1 720 亿美元。这笔钱供养着 800 多万从事推销工作的美国人。随着市场竞争日趋激烈，各公司用于营销人员的费用将越来越高。这种高的投入和增长较慢的经济效益形成了鲜明的对比。

现在，中国经济市场上成千上万的人涌入推销、经纪这些行业。由于营销员、经纪人等职业收入颇丰，自由度大，创造性强，训练水平较高，吸引了大批有志于此的人员。不幸的是，公众对营销员等职业有种误解。美国一项调查商学院学生对人员推销的看法的研究报告表明，在各种促销方法中，只有 25% 的学生直接想到使用挨门挨户的人员推销方法，大约 59% 的被调查者对这种手段抱有反感。事实上，现在人们提起营销员，就联想起串街走巷、登门入户、衣着不雅的小商贩，用三寸不烂之舌兜售廉价商品。这是长期以来经济体制所造成的后果。许多专家学者，包括营销员自身，都在为改变和纠正人们的错误印象而努力工作着。

不同的公司里人员推销的目标不尽相同。但它们有一个共同点，就是寻找有希望的对象，说服他们购买产品。因此，对营销人员来说，具备识别哪些人对组织或公司的产品感兴趣的能力至关重要。由于大多数销售对象在决定购买之前要得到有关产品的信息，营销员必须查明顾客的信息需求特点（单面或双面宣传、重视牌子或重视新颖程度等），给他们提供相关且中肯的信息。为此，营销人员必须得到产品和推销过程技巧的良好的专业性训练。

营销人员在完成交易活动中运用的策略是"推",即推动顾客产生立即购买行为,或是推动批发商、中间商、零售商积极从事销售活动。而广告、宣传等促销手段则运用"拉"的方法,先在消费者身上投入一定的资金,让他们产生对某种产品的需要,他们就会去找零售商指名购买这一产品;零销商则向他们的批发商指名购买这一产品;而批发商则向他们的生产商采购这一产品。优秀的营销人员会同时兼用"推"与"拉"的策略,一方面把主要精力放在"推"上,另一方面注意培养和挖掘潜在顾客,激发他们的注意力和兴趣,利用优质的服务使消费者对产品产生信心,促进消费者主动地去寻找所推销的产品。

人员推销直接体现着现代市场营销中以消费者为中心的原则。消费者的需要是否得到满足是衡量社会主义市场经济发育程度的一个参考因素。由于个人接触这一特点,人员推销使消费者能直接感受到服务的好坏,进而形成对该产品和公司的印象,影响后继的消费行为。所以,人员推销对维护市场体系、更好地满足公司和顾客两方面的需要来说都是非常有益的。

### 11.3.2　人员推销的作用

原则上讲,所有从事把商品提供给用户的人都是营销人员。在商品经济高度发达的今天,营销人员由默默无闻的配角逐渐成为企业生产经营活动的中心,成为企业发展的台柱子。营销人员在市场营销中的作用主要表现在以下几个方面:

(1) 寻求用户。营销人员的首要作用在于寻求本企业产品的现实用户和潜在用户。

(2) 沟通信息。营销人员是企业或组织与客户之间联系的纽带。营销人员的重要任务之一就是以最受客户欢迎的方式向现实的或潜在的客户传递本企业或组织的各种信息。

(3) 销售产品。营销人员运用各种方式,使客户对产品产生信心,最后完成交易。这是公司或企业使用营销人员的主要目的。

(4) 搜集情况。营销人员处在市场营销的最前沿,天天和客户打交道,因而对市场比较了解和熟悉。营销人员通过对市场的研究和对用户的访问,可以及时地向企业负责市场营销的决策者提供产品销售状态、价格涨落趋势、用户反映、竞争者动向、未来产品的开发等重要情报。

（5）引导消费。当用户需要的某种产品缺货时，营销人员可以帮助用户分析使用各种产品的利弊得失，引导用户合理选购本企业的其他替代产品。

（6）开展服务。产品质量和企业信誉可以吸引客户，但优质的服务更能稳定住新老客户。这是人员推销的最大优点，是广告等间接促销方式所不能代替的。服务有售前、现场、售后服务之分。售前服务指产品在制造前，营销人员就用建议的形式协助生产商为用户服务，如产品设计服务、咨询介绍服务和技术培养服务。现场服务又称文明服务，包括语言美、讲礼貌、有耐心、有问必答、帮助挑选、上门安装调试、指导或培训操作人员等，它能给客户留下良好的印象，吸引他们经常光顾。售后服务则指产品出售之后，继续保证消费者的合法权益。售后服务的内容较多，包括"三包"服务、维修服务等。售后服务在巩固老客户、发展新客户的销售活动中的作用越来越重要。

# 11.4　人员推销的程序

## 11.4.1　人员推销的程序介绍

人员推销的有效步骤又称推销术，是营销员必须遵循的最基本的规范模式。在此基础上，营销员可以发挥想象力和创造力，针对自己的个性特征和客户的消费心理，设计出适合具体情况的推销术。

任何有效的推销过程所包含的一些主要步骤如图 11-5 所示。

寻找潜在客户与鉴定客户资格 → 接触前的准备 → 接触 → 讲解与示范 → 对付异议 → 成交 → 续后工作

图 11-5　推销过程的主要步骤

## 11.4.2　人员推销的步骤

每一步骤的概念如下所述：

1）寻找潜在客户与准备工作

这一阶段，要做好人员拜访前的一切准备工作。准备的内容很多，可以分为三个方面：

（1）寻找潜在客户，并进行客户资格鉴定。建立有效的发展客户的线索，制作客户消息卡片，确定客户愿意购买的可能性大小。

（2）自我准备。根据销售额，准备访问计划，分配访问时间；准备自己的心理状态，调整好精神面貌；准备好自己产品的知识；准备好身份介绍；准备好衣着打扮。

（3）选择适当的推销策略。设计面谈接触的方法，制作有分量的推销演说，掌握有效的访谈时间，决定推销风格。

2）接触与讲解示范

推销工作就是人与人之间的一种人际关系，营销员应该懂得如何会见客户和向客户致意，从而使双方有一个良好的开端。获得良好的第一印象后，应该立即抓住机会，按照 AIDAS 公式来吸引注意（attention）、引起兴趣（interest）、激发欲望（desire）、取得期望的行动（action）和使客户满意（satisfaction）。把客户作为一个重要人物来谈话始终是一个正确的策略。在介绍产品时，切忌埋头吹嘘产品的特征（产品导向），而要强调客户的利益，证明如果客户购买该产品，那么产品的特征完全可以满足客户的利益。

推销时常用的手段有推销讲解、销售示范等。推销讲解可以事先拟就，到时背诵；也可以先摸清客户的需要和态度，再公式化地背诵推销词；还可以随机应变，及时发现客户的需要，然后帮助解决。销售示范介绍可借助小册子、挂图、幻灯、电影、录音、录像等。最好的介绍是让客户亲自操作，在实践中体验到产品的真正优点。

3）对付异议

没有拒绝就没有推销。对于营销员来说，只怕接触不到客户，不怕客户说再见。你见不到客户，无从了解他的态度，接触了，就意味着你有机会去改变对方的态度。对付异议的技能是推销员的必修课。它要求营销员时刻以"忍"字来克制任何不良的冲动。这也是营销员必须乐观有毅力的客观原因。

顾客的抵触行为有很多原因，可能是心理上的，如抗拒外来干涉、坚持自己的习惯、反抗受别人支配等；也可能是逻辑上的，如对价格、交货时间、公司形象等有异议。要对付这些异议，营销员应坚持用一种积极的方法，请顾客澄清所持这些异议的理由，向顾客提出一些使他们不得不回答其所持异议的问题，否定他们所提的异议的正确性，或者把异议转变为购买的理由。

4）成交

在此阶段营销员应设法促成交易。有些营销员无法到达这一阶段，在刚接触客户时就被赶出门外，有些则由于对访问结束持有错误的态度而处理不当，丧失成交机会。这一阶段的任务有：判断何时结束谈话，进入交易状态，选择何种达成交易的技巧，给客户提供什么诱因，怎样为下一次来访留下线索和依据。

5）续后工作

如果营销员要确保客户满意并有下次交易，这一步是必不可少的。成交以后，营销员应立即着手准备有关交货时间、购买款项、运输方式等履约手续。营销员在接到第一笔订单后，就要制定相关的续后工作日程表，确保有关安装、指导和维修等事项得到妥善安排。若没有成交，营销员可按原订计划再去访问 3~4 次。另外，逢年过节，营销员可以对新老客户进行一些感情投资，作些家常式的访问，这些也是续后工作的一个内容。

## 11.5　人员推销的技巧

### 11.5.1　确定推销风格

根据公司的营销组合战略安排，营销人员被分配与不同的对象接触，其形式与内容大约如下：

（1）推销员与购买者个别接触。推销员面对面或通过电话与潜在客户或老客户交谈。

（2）推销员与购买者群体接触。推销员向购买者群体做销售介绍。

（3）推销小组与购买者群体接触。由公司高级职员、销售代表、销售工程师等人组成的推销小组向购买者群体做销售介绍。

（4）推销会议。推销员把公司有才略的人员带去会见一个或更多的购买者，以便讨论有关问题，或者提供相互见面的机会。

（5）推销研讨会。公司派一个推销小组到客户的公司里为他们的有关技术小组成员举办教育性的研讨会，讲解介绍有关技术的最新发展情况。

因此，营销员常起到"客户经理"的作用，联系着买方和卖方机构的各种人员。推销工作需要相互配合，需要其他人员的支持，如需要高层管理部门、技术人员、客户服务代表、办公室工作人员（包括销售分析人员、订单催办人员、秘书等）的支持。营销员必须花费一定的精力维持好和他们的关系，使之在工作中成为有效的统一体。

推销员有直接的和合约性的营销员之分。直接的（或者公司的）营销员包括专职和兼职的雇员。专职营销员只为本公司一家工作；合约性的（兼职的）营销员可以来自公司内部职工或社会富余人员（从事第二职业），服务的对象不只这一家公司。直接的推销包括内线推销与现场推销两种形式，前者在办公室通过电话或接受潜在客户的访问进行业务工作，后者外出上门访问客户。合约性的营销员包括生产商的代表、销售代理商、经纪人、社会兼职营销员，他们按其销售量的多寡收取佣金。

### 11.5.2 营销人员推销方格理论

推销方格理论是根据布莱克和莫顿于 1964 年提出的"管理方格理论"演变而来的。在市场营销心理学中，人们借助于"管理方格理论"中的 9×9＝81 种领导风格模式对购销双方的行为进行了深入研究，得出了两种与营销情景有关的方格图，其中的每一个方格图都有 81 种不同风格。下面我们就来对其进行讨论。

1）推销方格图

从营销人员的角度来看，我们可以把不同的营销人员的推销风格用两维坐标图加以表示。其中，纵坐标表示营销人员对顾客的关心程度，横坐标表示营销人员对销售的关心程度。纵、横坐标均可分为 9 档，从而形成一个 9×9＝81 的方格图。从理论上证明，其中的每一个方格代表一种特定的推销风格，因此共有 81 种不同的推销风格。这中间最具有代表性的推销风格有 5 种类型：1.1 型、1.9 型、5.5 型、9.1 型、9.9 型（如图 11-6 所示）。

1.1 型是标准的订单承接者。这类营销人员既不关心销售情况，也不关心顾客，可称之为"事不关己型"，其推销态度最差。

1.9 型是人际导向的营销员。这类营销人员对销售情况极不关心，但却十分关心顾客，着重与顾客成为朋友。

5.5 型是使用诱劝等软方法的营销员。这类营销人员对销售情况和顾客都有一定程度的关心，但他们只关心顾客的购买心理，而不考虑顾客需要，可称之为"推销技术导向型"。

9.1 型是"强硬推销者"。这类营销人员十分关注销售情况，但不关心顾客。

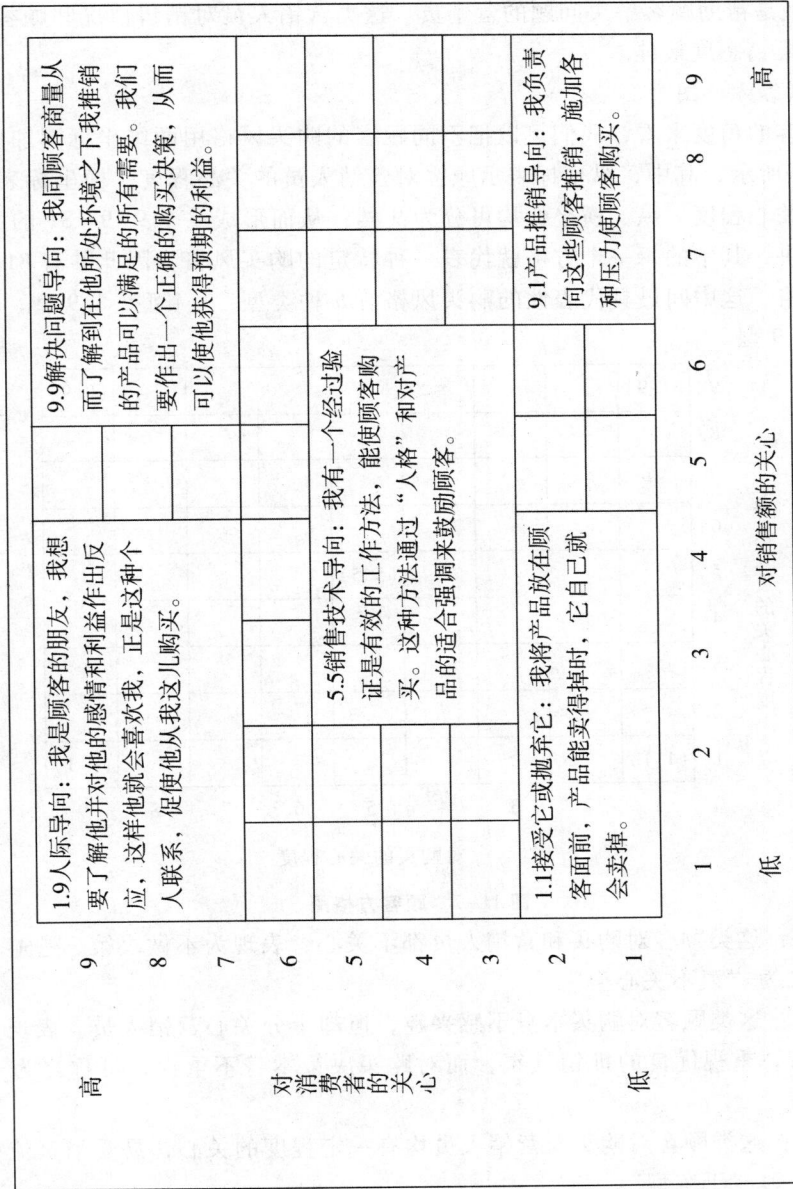

1.9 人际导向: 我是顾客的朋友，我想要了解他并对他的感情和利益作出反应，这样他就会喜欢我，正是这种个人联系，促使他从我这儿购买。

9.9 解决问题导向: 我同顾客商量之下我推销而了解到在他所处环境下的所有需要。我们的产品可以满足他的所有需要，从而要作出一个正确的购买决策，从而可以使他获得预期的利益。

5.5 销售技术导向: 我有一个经过验证是有效的工作方法，能使顾客购买。这种方法通过"人格"和对产品的适合强调来鼓励顾客。

1.1 接受它或抛弃它: 我将产品放在顾客面前，产品能卖掉时，它自己就会卖掉。

9.1 产品推销导向: 我负责向这些顾客推销，施加各种压力使顾客购买。

对消费者的关心　高　9　8　7　6　5　4　3　2　1　低

对销售额的关心　低　1　2　3　4　5　6　7　8　9　高

图11-6 推销方格图

9.9 型是帮助顾客解决问题的营销员。这类营销人员对销售情况和顾客都十分关心，其推销态度最佳。

2）顾客方格图

从顾客的角度来看，我们可以把不同顾客的购买风格用两维坐标图加以表示。如图 11-7 所示，其中，纵坐标表示顾客对营销人员的关心程度，横坐标表示顾客对购买的关心程度。纵、横坐标均可分为 9 档，从而形成一个 9×9 = 81 的方格图。从理论上讲，其中的每一个方格就代表一种特定的购买风格，因此共有 81 种不同的购买风格。这中间最具代表性的购买风格有 5 种类型：1.1 型、1.9 型、5.5 型、9.1 型、9.9 型。

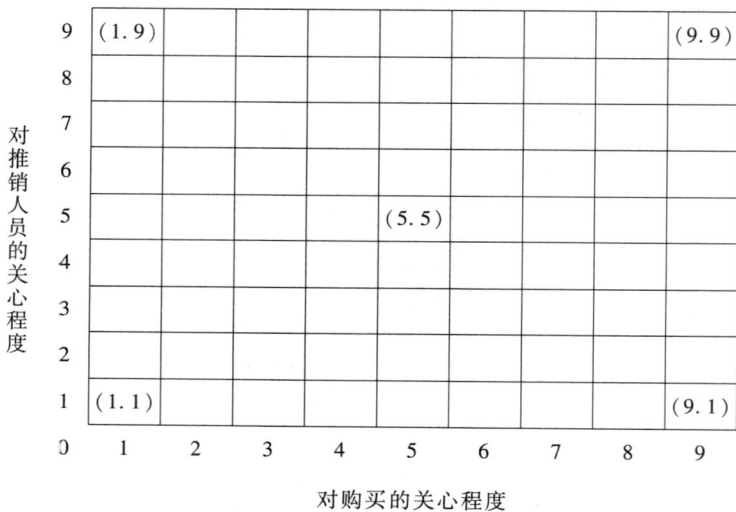

图 11-7 顾客方格图

1.1 型：这类顾客对购买和营销人员都不关心，表现为不做决策、逃避营销人员，可称之为"漠不关心型"。

1.9 型：这类顾客对购买本身不感兴趣，但却十分关心营销人员。表现为重感情、轻理智，重视优良的推销气氛，而对购买决策本身不重视，可称之为"软心肠型"。

5.5 型：这类顾客对购买及营销人员均有一定程度的关心，易受消费流行的影响，可称之为"干练型"。

9.1 型：这类顾客对购买行为十分关心，但对营销人员却存有戒心，本能地采取防卫态度，可称之为"防卫型"。

9.9 型：这类顾客对购买和营销人员都很关心，要求从推销人员那儿得到准确的信息，以解决问题，可称之为"寻求答案型"。

3）推销方格关系表

据研究，营销人员和顾客的类型不同，推销绩效也存在着很大的差异，推销方格关系表如表 11-2 所示。

表 11-2　　　　　　　　　　　　　　推销方格关系表

| 营销人员方格＼顾客方格 | 1.1 | 1.9 | 5.5 | 9.1 | 9.9 |
|---|---|---|---|---|---|
| 9.9 | + | + | + | + | + |
| 9.1 | ○ | + | + | + | ○ |
| 5.5 | ○ | + | + | - | ○ |
| 1.9 | - | + | ○ | - | - |
| 1.1 | - | + | | | |

注：表中"＋"代表可以有效地完成推销任务，"－"代表不能完成推销任务，"○"代表介于前两者之间。

从表 11-2 中我们可以看出：第一，当营销人员的心理态度趋向于"9.9"时推销效果最佳。这类营销人员无论遇到何种类型的顾客均能够有效地完成任务，并能够帮助顾客解决问题。第二，"人际向导型"（1.9 型）的营销人员也是不理想的，这类营销人员只有碰到一位"软心肠型"（1.9 型）的顾客，才能创造出好的推销成绩。

# 11.6　人员推销中辨认和鉴定客户

## 11.6.1　寻找潜在客户的线索

营销员可以由公司提供潜在客户的线索，但仍需自己去探索与培养。寻找线索的方法有下述几种：

（1）向现有客户打听潜在客户的名字。如果 5 名营销员分别向 5 名老客户打听，每个老客户分别介绍5位新的客户，便会有125个潜在新客户。这就是"三五法"。

（2）培养其他能提供线索的来源，如供应商、经销商、非竞争的同行、同行业工会负责人等。

（3）加入潜在客户所在的组织。

（4）从事能引起人们注意的演讲和写作活动。

（5）查阅各种资料来寻找名字，如报纸、电话簿、年度报告、统计文件等。

（6）用电话和信件来追踪线索。

（7）未经事先通知随便拜访各种企业机构的办公室或者居民住宅（突然兜揽生意）。

### 11.6.2 鉴定客户资格

营销员通过检查潜在客户的财务能力、营业量、特别要求、地点和继续交易的可能性等方面而对其进行鉴定，淘汰不合要求的客户，确定每种客户所需访问的次数与交易金额。

具体的鉴定方法有以下三种：

1）ABC鉴定法

市场上处理客户等级的方法是ABC图示法。它以公司的交易额为中心，从累积百分比上区分客户的等级，如表11-3和图11-8所示。

一般情况下，A级客户一年得到9次访问，B级客户6次，C级客户3次。这种访问次数视竞争对手的访问次数与预期客户盈利性而定。除此之外，营销员应花大约25%的时间用于访问没有营业额记录的潜在客户，若经过3次访问仍未成功便可终止访问。

ABC法有若干缺点。它以营业额为依据，容易把暂时的营业额变动误认为是客户等级的变化，混淆客户的等级。如果ABC曲线很平，表明没有什么销售大户存在，则无法决定销售的重点。

2）综合评定法

综合评定法由客户的交易评价、零售力（或生产力）评价、综合评价等三种评价组成，反映客户质与量的特征的综合式评价，可以用"良好"、"好"、"普通"、"稍差"、"差"五种等级表示出来。

表 11-3　　　　　　　　　　　　　　ABC 分析表

| 客户 | 营业额（千元） | 营业额构成比（%） | 累积百分比（%） | 等级 |
|------|------|------|------|------|
| a | 2 000 | 40 | 40 | A |
| b | 1 450 | 29 | 69 | |
| c | 500 | 10 | 79 | B |
| d | 350 | 7 | 86 | |
| e | 200 | 4 | 90 | |
| f | 200 | 4 | 94 | |
| g | 100 | 2 | 96 | C |
| h | 100 | 2 | 98 | |
| i | 50 | 1 | 99 | |
| j | 50 | 1 | 100 | |
| 合计 | 5 000 | 100 | | |

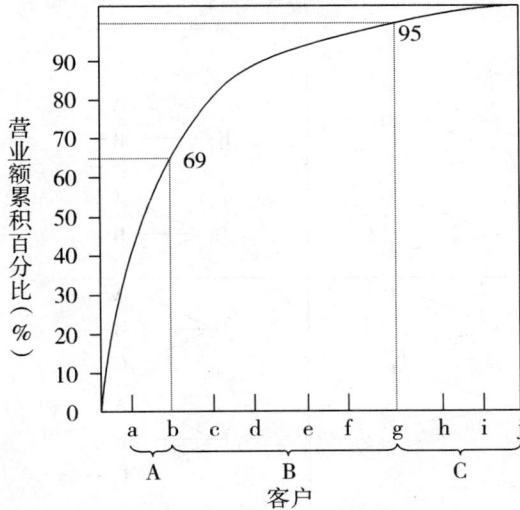

图 11-8　ABC 分析图

首先，从客户的交易额、公司获得的利润率、资金回收时间、客户从公司购入的产品占其总购入的百分比、客户未来发展的可能性等五个方面做五个等级评价。

其次，从客户的零售力方面进行评价：若为零售商，评价的维度是商店所处街道位置的优劣、店铺规模、每年营业额、经营者的资历素质、未来发展的可能性五个方面；若是企业或公司，评价维度相应为公司的地理位置、占地面积、每年营业额、管理人员素质、未来发展的可能性等方面，然后做五种等级评价。

按照表11-4所列标准，分别列出每个客户的交易力评价等级和零售力评价等级，用这两个维度作图，可得出四种综合评价结果（如图11-9所示）。

表 11-4　　　　　　　　　　　　　　客户评价标准

| 合计分数 | 评价内容 | 等级 |
|---|---|---|
| 23 分以上 | 良好 | A |
| 19 ~ 22 分 | 好 | B |
| 15 ~ 18 分 | 普通 | C |
| 10 ~ 14 分 | 稍差 | D |
| 不满 10 分 | 差 | E |

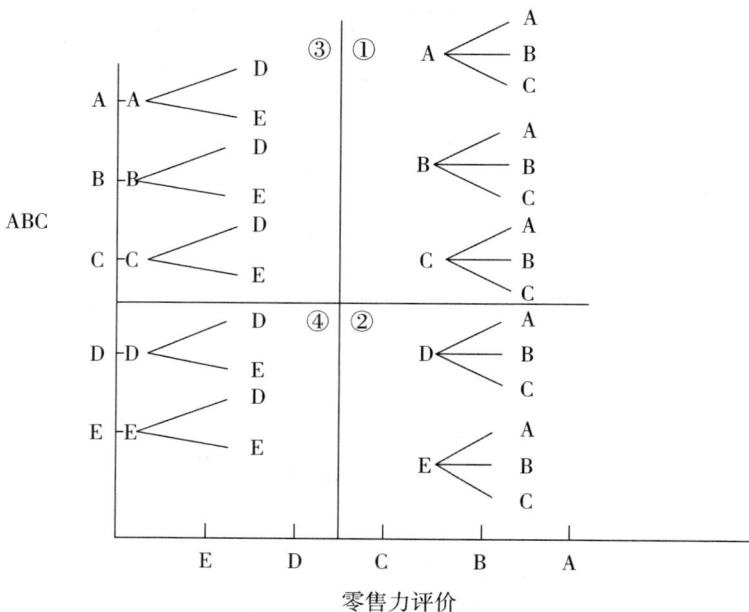

（注：左边项目为交易力，右边项目为零售力）

**图 11-9　综合评价制定标准**

这样，客户的 25 种组合情形分成 4 种结果：①重点管理的客户，他们尚有发展机会，应对他们加强访问与管理；②改善管理的客户，他们的交易额虽少，但潜力很大，有可能跃升为重点客户，因此应和①并重；③次重点管理的客户，虽然也是好的客户，但没有发展前途，要小心维持目前状况；④趋势管理的客户，他们未来不太可能发展，应视趋势而适当停止交易。例如，若纵坐标交易力评价为 A、B、C 其中之一，横坐标零售力评价为 D、E 其中之一，这种客户属于③类；而若纵坐标交易力评价为 D、E 其中之一，横坐标零售力评价为 D、E 其中之一，这种客户属于④类。

　　3）直观预测法

　　营销员在搜集所有线索后对潜在客户加以直观的分类，其中打算在 3 个月内购买的客户称为"热线"；打算在 3 ~ 12 个月内购买的称为"温线"；在 12 个月内没有购买意图，但肯定是潜在客户的称为"长期潜在客户"；而那些不是决策者或有影响的人物，且产品对他没有用处的，是"非潜在客户"。营销员根据这种分类决定访问时间与次数。

### 11.6.3　制作客户卡片的技巧

　　制作客户卡片的目的在于使客户管理系统化，节省时间，提高推销效率。客户的卡片资料可存档或存入计算机信息库，成为公司的用户反馈信息来源。营销员此时成为公司的"情报员"，每人必须花一定的时间写推销报告、制作客户卡片，为公司提供最新的市场信息。同时营销员每次出发前查阅一下卡片，能及时回忆出新老客户的情况，胸有成竹地进行推销。卡片的内容多种多样，公司可为营销员印刷统一的客户卡片。一般卡片的内容有：

　　（1）店名（企业名）、负责人姓名、地址、电话、传真。

　　（2）负责人背景：出生年月日、出生地、学历、经历、现在住址、血型、消遣习惯、优点、缺点、担任职务、社会团体。

　　（3）负责人家庭状况：性别、年龄、关系、职业、爱好。

　　（4）营业状况：营业额、员工人数、店铺大小、兴盛程度、环境评价、管理性质。

　　（5）接触过程：接触人员、主要会谈内容（数量、价格有争议之点的真实记录、丧失什么生意、客户对产品的新要求、产品的适用性）、被拒绝的原因。

（6）预测：要注意的会谈事项、准备客户提出的问题、下一次访问的目的、下一次访问的时间。

上述所需信息，如店名、负责人及地址等基本事项，可以从交换名片、电话簿、有关资料中获得。而有关经营者的性格、营业状况、家庭状况等信息，可以从不和公司冲突的其他同行、同事、熟人处打听得来。至于销售额可以从店铺规模、员工人数乘以市场平均值算出。其他情况则从现场实地调查、同行间听取、观察等手段获得。

### 11.6.4 制订访问计划的技巧

#### 1）公司的销售计划制订

如果每个营销员都没有得到具体的销售额分配，他们的活动便很难纳入科学化管理，推销活动成了漫无目的的活动。营销员的销售额分配一般来自公司计划与营销员个人申报两个方面。

公司的销售计划首先是设定利益目标。若以经营资本利益率为基准来计划，则为：

经营资本利益率=纯利益/经营资本

利益目标=计划经营资本×目标经营资本利益率

然后计算必须达到的营业额：

必达营业额=（经营预算+目标利益）/目标毛利率

例如，设目标利益为 10 000 元，经营预算为 100 000 元，目标毛利率为 15%，则：

必达营业额=（10 000+100 000）/15%=733 333（元）

公司总营业额先大致按客户等级、地区等级、商品等级进行分配，然后由"过去实绩倾向+市场调查+预测+营销员的估计和申报+公司方针"综合平衡，略微提高一点后再分配给每位营销员，营销员必须在规定时间内完成这一销售计划。

#### 2）营销员的时间管理技巧

（1）可能的推销时间

美国一项研究曾经对 1 890 名营销员作了推销时间的调查。研究者让营销员在典型的一周业务时间内，记下一天里每个小时所做的工作（平均每天工作 9 小时 22 分钟），结果发现他们的时间分配如下（如图 11-10 所示）：

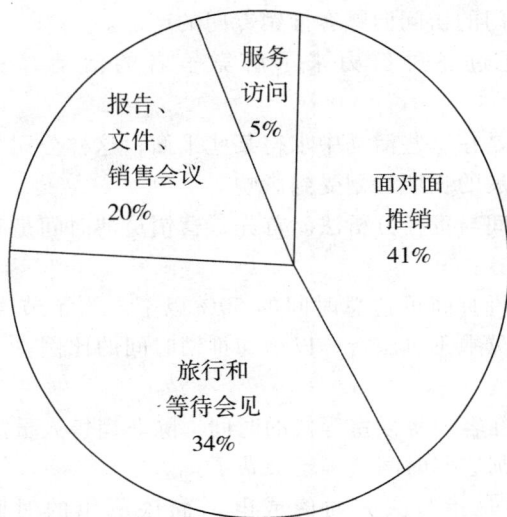

**图 11-10　营销人员的时间管理**

　　①撰写报告：每天每个营销员平均花 20% 的时间（1 小时 54 分钟）撰写销售报告、制作客户卡片、拟订计划（有些工作在午间完成）。

　　②准备工作：每个工作日中，34% 的时间（3 小时 10 分钟）用于开会、旅行、等待会见、打电话。

　　③访问推销：每人每天用 41% 的工作时间（3 小时 50 分钟）从事面对面的销售访问。

　　由上可见，营销员每天花在访问上的时间不超过 4 小时。而另一方面，大多数决策人员上午 9：30 或 10 点以前和午饭后 1：30 到 2：00 以前不愿见任何营销员，大约 4 点后已经结束工作，身心都很疲劳，此时虽说任何人都可以见，但效果很差，因此营销员可能的推销时间非常少，每天不足 4 小时。

　　（2）时间分配原则

　　分配时间可按两种原则进行。

　　第一种是订出访问日程表，列出在哪个月份要访问哪些客户和潜在客户以及要进行哪些活动。例如，贝尔电话公司的营销员从三个思路来安排：

　　①开发市场：通过各种努力来培育顾客、招揽新的业务和获得采购行业的更大重视。

②销售：通过专门的访问向顾客推销专门的产品。

③保护市场：通过各种努力来了解竞争者的活动并保持与现有顾客的关系。

销售人员的目的是在这些活动中求得某些平衡，这样公司才不会为取得目前最大的销量而使市场发展的长期计划受到影响。

第二种是采用时间与责任分析法。首先，营销员的时间是有限的，他必须在有限时间里完成下列任务：

①旅行。有时旅行时间可达总时间的 50% 以上。为了节省外出旅行时间，更多的公司鼓励销售人员乘飞机旅行，以增加推销时间的比例。

②进餐与休息。

③等候。它包括在客户等候室等候的时间。除非销售人员能利用等候时间来做计划或撰写报告，否则这些时间就等于浪费了。

④洽谈销售。这是指与买方面谈或电话商谈所用的时间，可分为"社交性谈话"（用于讨论其他事情的时间）和"商谈销售"（用于讨论公司产品的时间）。

⑤管理事务。这一项内容十分复杂，其中有用于写报告、开发票、参加销售会议和与公司其他人员商讨生产、交货、销售绩效以及其他事务的时间。

由于营销人员用于面对面的推销时间非常少（美国平均为 41%，日本平均为 25%），不少公司训练营销员充分利用电话、简化记录表格、电脑制订访问计划和访问路线、查询有关顾客的市场营销研究报告来增加实际推销时间。这使得销售工作正在逐步走向电子化，在区域管理、客户管理、销售访问日程编制和新客户预测等方面电脑决策系统日益起着重要作用。

另外，很多公司还将营销人员分为内线营销员和现场营销员，并不断扩大内线营销员的规模和责任。纳那斯和安德逊在对 135 家电子产品配销商的调查中，发现平均 75% 的销售人员是内线营销员。这样做的理由还在于：外线或现场营销员的访问成本逐步上升，电子计算机以及革新的电讯设备（移动电话）的使用日益广泛。据预计，未来的内线营销员和现场营销员的比例将是 2∶1。

内线营销人员可分为三种类型：一是技术援助人员，他们提供技术资料和解答顾客的问题；二是销售辅助人员，他们为现场销售人员提供事务性的工作支持；三是电讯、网络市场营销人员，他们用电话、网络找到新的客户线索，审查其资格，并向他们推销。内线营销员的优势体现在：①交叉推销同一产品；②增加订单；③介绍公司新产品；④发展新客户和重新激发老客户；⑤多注意被疏忽的客户；⑥跟踪和核查直接邮购顾客的产品。内线营销员为现场营销员节省下时间，使他们将更多时间用于访问客户，而内线营销员自身可以用更多时间检查库存、跟踪订单执行过程、与较小客户进行电话联系等。

## 11.7　人员推销中的谈判技巧

### 11.7.1　谈判的概念

交易可以分为两种类型："惯例化的交换"和"谈判的交换"。"惯例化的交换"是指交换条款都要按照实施计划中定价和分销规定的条件确定。"谈判的交换"指价格和其他交换条件都是通过双方的讨价还价最后确定。阿恩特认为，越来越多的市场正在采用经过谈判的交换，由两方或多方人员通过谈判达成长期的、有约束力的协议（如合资、特约经营、转包、纵向一体化）。这些市场正从高度竞争性转向高度"驯化"，即竞争的机会越来越少。

由此谈判技术在大多数企业的推销技术中日益占据重要地位。买卖双方必须就价格和其他交易条件达成协议。营销员应当在不作任何有损于盈利率的让步的情况下获得订单。

就谈判而言，价格是谈判的主要内容，但并不是唯一内容。谈判还包括合同完成的期限、所交货物和服务的质量、货物数量、融资、风险、推销和货物管辖权方面的责任、向政府部门提供的产品安全保证等。

谈判具有以下特点：

（1）至少要有两方参加。

（2）参与者在一个或多个问题上有利益冲突。

（3）参与者至少暂时性地以一种特殊自愿的关系聚合在一起。

（4）谈判是双方或他们所代表的各方之间分配或交换一种或多种特殊的资源或解决一个或多个无形问题。

（5）谈判活动中一方提出要求和建议，另一方做出评价，然后做出让步或再提出建议。

所以谈判活动是有顺序地进行的，而不是同时进行的。

### 11.7.2 谈判的技巧

在谈判中，营销人员最重要的素质包括事先准备与计划技巧、谈判主题的知识、在压力和不确定情况下清晰与迅速反映的思维能力、语言表达能力、倾听技术、判断能力和一般性智慧、正直、说服对方的能力和耐心。

1）谈判的时机

李和多布勒列出了以下几种情况，说明对采购代理人来说什么时候谈判是适当的：

（1）许多可变因素不仅对价格，而且对质量和服务都有影响的时候。

（2）无法准确地预先确定将冒哪些业务风险的时候。

（3）所购买的货物需要很长的生产时间的时候。

（4）由于订单变化太多，因而生产经常被打断的时候。

谈判双方如果在价格上存在一个协议区的时候，如图 11-11 所示，那么选择讨价还价就是恰当的。

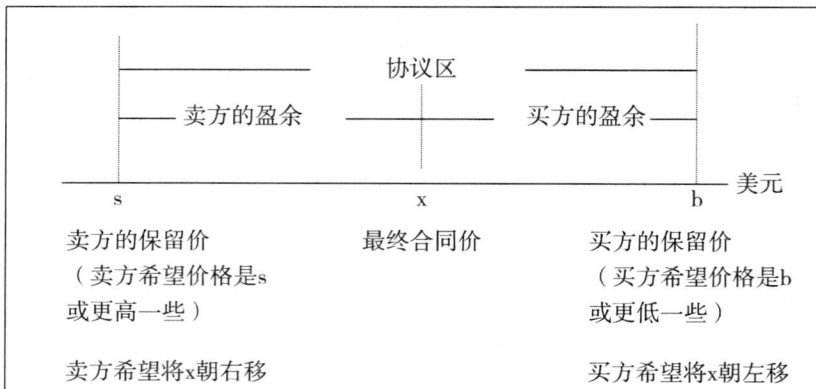

图 11-11　价格协议区

价格协议区可以被看成是一个讨价还价的双方都可接受的结果。例如，讨价还价的双方分别是制造商和经销商。双方在价格谈判中，各自都私下拟定了一个可以接受的价格限度，即卖方有一个保留价 s，这是他可以接受的最低价格。合同的最终价格 x，如果低于 s（即在图 11-11 中，如果 x 位于 s 的左侧），则意味着比没有达成协议还要糟糕；而如果 x>s（即在图 11-11 中，如果 x 位于 s 右侧），那么卖方可以获得盈余。很明显，卖方（制造商）当然希望盈余越大越好，同时又要能与买方（零售商）保持良好的关系。同样，买方也有一个保留价 b，即他愿意支付的最高的价格。如果 x>b（即在图 11-11 中，如果 x 位于 b 的右侧），那么比没有达成交易更糟糕；如果 x<b（即在图 11-11 中，如果 x 位于 b 的左侧），那么买方就可以有盈余。如果卖方的保留价低于买方的保留价，即 s<b，那么就存在一个协议区，并且最后的价格将由讨价还价来决定。

2）谈判的策略

谈判策略可以定义为：为了抓住良好机会，实现谈判目标而采取的全面探讨的一种约定。

至于在谈判中，是采用"强硬"策略还是"温和"策略会有更好的效果，人们有不同的理解。所以费希尔和尤里则提出了另一种策略："有原则的谈判策略"。它被誉为"经典策略"，主要包括四方面要素：

（1）将人与问题分开。因为人在进行谈判时，很容易将感情和正在谈判中的问题的客观是非纠缠在一起。如果凭借谈判者的个性而不是根据谈判双方的利益去设计谈判问题，就可能使该项谈判毫无成效。要将人与被讨论的问题分开，首先，对谈判中掺杂进去或流露出来的感情成分明确地加以指出，并且避免使谈判陷入毫无必要的互相指责；其次，主动听取对方的发言，并且有所反应，双方之间必须有真正的信息沟通，直截了当地谈论利害关系的所在将会得到一个满意的解决方法。

（2）集中在利益上而不是在立场上。立场与利益的区别在于一个人的立场是其进行决策的基础，而一个人的利益则是促使他进行决策的根源。例如，一方在讨价还价中的立场，可以是坚持在合同里规定对迟装货严厉惩罚的条款；但是，该方的利益却是保证原料不间断地供应。由于在每一个利害关系问题上，通常可能有好几种立场可以满足利益的需要，所以，在利益关系问题上进行调和，通常会收到好的效果。

（3）创造对双方都有利的交易条件。订立这样的条件要求有如同头脑风暴法那样的创造性的思维，通过想出许多种选择方案，然后判断哪些条件最适合。寻求对双方都有利的选择方案，会促成进行讨价还价所需的气氛，也有助于双方找到共同的利益所在。

（4）坚持客观的标准。谈判双方出现意见不统一时，最好的谈判策略就是坚持在协议中体现不受单方面立场所左右的公正客观的标准，以使双方都向公正的解决方向让步。这种客观的标准可以是市场价格、已折旧的账面价格、竞争性价格、重置成本、批发价格指数等。

3）谈判的战术

与"有原则的谈判策略"相适应，费希尔和尤里又提出了"有原则的谈判战术"：

第一，如果谈判另一方实力强时，最好的解决办法是了解自己的"BATNA"——谈判协议的最佳备选方案（best alternative to a negotiated agreement），如果双方不能达成协议，那么通过自己的备选方案，订出衡量其他意见是否可行的标准。这样就避免了一方因对手强大而被迫接受不利条件的可能。

第二，如果谈判对手坚持的是自己的立场，而不是考虑自己的利益，并攻击别人或别人提出的建议。这时如果反驳，很可能会被推翻，那么较好的战术就是，把对某一个人的攻击转向对具体问题的讨论，然后研究是什么利害关系促使对方采取这样的立场，从而提出使双方利益都能得到满足的解决方案，并请对方对这种方案提出批评和建议（"如果你处于我的地位，你会怎么做？"）。

第三，当另一方采用威胁手段，如"要么接受要么放弃"的战术的时候，或者在谈判桌旁装出胜利者的姿态很神气时，谈判者应当如何处理？为做出反应，谈判者应清楚地认识到对方所采用的战术，明确地提出问题，并对对方这种战术是否合理和需要提出质疑，即就对方的战术进行谈判。对所采用的战术本身进行谈判时，也要遵循有原则的谈判程序：对该战术提出质疑，请对方说明采用该战术的理由，建议双方都能接受的其他方案，建议用一些原则作为谈判规则。如果这些都失败了，在对方停止采用这类手段之前，终止谈判。采用这种防卫性的原则要比向对方进行反击更为有效。

## 基本概念

平衡理论与营销说服　人员推销　推销风格理论　ABC 客户鉴定法　谈判技巧

# 思考题

1. 为什么说人员推销过程的核心是沟通？
2. 论述人员推销过程中态度的说服与转变的理论基础。
3. 概述人员推销风格理论的主要内容。
4. 解释人员推销中应有的谈判技巧和策略。

# 第12章

## 营销人员的心理素质及其测评

### 重点内容

- 简述营销人员心理素质的研究概况
- 解释营销人员心理素质结构图的内容
- 确定营销人员心理素质的维度构成
- 分析营销人员心理素质的评定量表及其意义

素质一词，对心理学工作者和大众来说分别有不同的含义。

在心理学上，素质是指人生来具有的某些解剖生理特点，特别是神经系统、大脑、感觉器官、运动器官的解剖生理特点。它是能力形成和发展的自然性前提。选拔运动员，教练要测试参加者的各项体能指标，把那些具有某种特长的人称为"身体素质很好的苗子"。这些人经过严格系统的训练，在某一项目中取得了优异的成绩，这时教练会说该运动员在某项目中很有能力，可以打败许多竞争对手。人的先天素质加上专项训练，便组成了从事一项活动所必须具备的能力。

从常识意义上说，素质是人在从事某种活动时所需要的基础与条件。平时我们评价一位营销人员工作业绩太差，常说"他素质不过关"或"他不具备营销员的素质"。这里的素质是相对于推销工作而言的，指缺乏自信、没有必要的知识训练或者没有良好的自我表达能力等。素质成了我们经常使用的评价一个人能力的口头语。因此有人认为各种素质的统一体就是人。素质的含义已经超过了单纯意义上的解剖生理学范围。素质成了能力的代名词。

　　具体分析人的素质时，必须结合特定的活动来进行。一般从四个方面来探讨人的素质的内容：心理素质、行为素质、文化素质和思想素质。这几个方面都统一于人的心理与行为的协调，因而可以用心理素质这一概念来涵盖人的基本素质。

## 12.1　营销人员心理素质研究概述

　　在销售实践中，人们发现许多成功的营销员在个性上会有很多不同。因此，似乎无法仅仅从性格的外向与否、精力充沛与否，乃至表达能力的强弱等方面来妄加断语，判断他或她是否有可能成为一个成功的营销员。

　　从推销职责范围的划分来看，有简单的推销，例如，只需要接受订单就可以；此外，还有要求较多智力成分加入的，甚至是需要创造力成分的推销。就推销的实质而言，推销的过程就是沟通交流的过程，其间受到种种复杂因素的影响，其中包括文化背景、职业习惯、地域特征、个人偏好等。因此，我们这里所要研究的是进行一般营销活动时，营销人员所必须具备的心理素质。

　　国外学者的有关研究很多，粗略列举如下：

　　莫斯（Stam Moss）认为销售经理们要根据以下不同重要程度排列的素质来选拔新的销售力量：热情、做事条理清楚、强烈抱负、高说服力、一般销售经验、良好言语技巧、专业销售经验、被高度评价并推荐、遵循指令及善交际。

　　墨里（Robert Mury）深信一名具有有效的推销素质的人是一名习惯性的"追求者"，是一个强烈需要赢得和支配别人感情的人。他还列出了超级营销员的其他五项素质：精力异常充沛，充满自信，对金钱、地位、名誉的长期渴望，勤奋成性，并有一种把各种异议、阻力或障碍看做是挑战的心理竞争倾向。

　　夏皮罗（Benson E. Shapiro）认为除同理心和自我驱动力之外，还有另外一些选拔的标准：自信心、可爱性、进取心、自律性、身体吸引力、高智商和诚实。

　　蒂尔曼（Bollie Tillman）所列的一张营销员所需素质表中居然有 38 个项目之多，如进取心、抱负、外貌、自信、勇气、礼貌、果断、独立、同理心、精力、热情、道德、机智圆通、乐观、具有说服力等。

　　斯坦通（Stanton）和巴斯基克（Buskirk）建议营销人员要有以下几类素质：①心理特质（智力、企划能力等）；②身体特质（年龄、外貌、健康、言谈举止等）；③经验（个人的教育经验、销售经验、其他的商业经验等）；④环境特质；

⑤人格特质（抱负、兴趣、热情、圆通、情绪稳定、具有说服力、自信等）。

梅耶（David Mayer）和格林伯格（Herbert Greenberg）避开了一般品质的讨论，直接深入到作为一名营销员所应具备的中心素质——同理心（empathy）和自我驱动力（ego drive）。

梅耶和格林伯格开列出了一张最短的优秀营销员的特征表，认为营销人员应当具有最基本的特征是：

（1）感同力，即善于从顾客的角度考虑问题。

（2）自我驱动力，也就是想达成销售的强烈的个人意欲。

（3）自信力，有办法使顾客感到他们自己的购买决策是正确的。

（4）挑战力，即能够将各种异议、拒绝或障碍作为对自己的挑战，从不服输。

我国也有许多学者对营销人员的心理素质进行了研究。其中，马谋超认为成功的营销员应该具备如下良好素质，他主要是从心理素质的角度进行阐述的：

（1）良好的人际关系，也就是作为推销活动基础的沟通能力。

（2）悟性与良知，即智慧与道德感。

（3）体察自己的预感、直觉和潜意识提供的信息，这是创造能力的体现。

（4）既是专家又是杂家，拥有专业知识与其他所需知识，可能包括文化、民俗、心理学、社会学、文学艺术等。

（5）充分的自信，能正确对待推销的后果。

（6）富有冒险精神，因为营销与市场命运紧密相连，所以具有一定的风险性。

（7）付诸行动，因为当你一旦发现自己成了一个只会说空话、谈大道理、纸上谈兵的营销员时，可能你的营业活动就开始走向"惰性化"，离"创新"反而越来越远了。"创新"也并非就是排斥理论，而应该是理论与实践相结合，不可有所偏废。

（8）灵活、适应性强，即营销人员直接面对市场，每天与顾客或与零售商、批发商等打交道，必须练就一身良好的社会适应能力。

（9）良好的态度倾向，即是否积极乐观，是否认为周围的人大多数是善良的、温暖的。

（10）执著，即是否不达目标誓不罢休，想尽一切办法接近目标。

（11）守信，即体现了营销人员所代表的公司、企业的信誉，更是顾客尤为关注的问题。

（12）诚实坦白，因为营销的过程，首先建立在人与人相互信任的前提之下，如果这个前提遭到了破坏，就不可能使推销成功。

台湾的钟隆津在《商业心理学》一书中列出了营销人员 16 个方面的内在素质和 5 个方面的外在素质。

16 种内在素质为：

（1）对公司竭尽忠诚地服务。

（2）具有有关商品的各种知识。

（3）具有良好的道德习惯。

（4）具有识别别人的能力及独具慧眼的尖锐见地。

（5）具有幽默感。

（6）具有良好的社会公共关系。

（7）具有良好的判断力和常识。

（8）对顾客的要求、兴趣给予满足，并真诚地关心顾客。

（9）悟性甚优。

（10）具有用动听言语去说服顾客的能力。

（11）机警善变，而且可随机应变。

（12）忍耐力强、精力充沛、勤勉过人。

（13）见人所爱，满足其需要。

（14）富有创造性，保持乐观。

（15）有记忆顾客面貌及名字的能力。

（16）富有顺应性。

5 种外在素质是：

（1）营销员有能力接近顾客，能引起他们的注意，并保持他们的注意。

（2）有能力将其物品或其所讲解的内容很技巧地提供给顾客，以引起顾客的注意。

（3）有能力激起顾客对其所推销的物品及物品产生的利益具有信心，否则顾客不会采取购买行为。

（4）有能力激起顾客对其所推销的物品产生占有欲，可在示范及说明的过程中博得顾客的信任。

（5）把握顾客对物品的占有欲望，进一步加以促成。

上述研究的层次参差不齐，部分结论的得来完全是经验总结，另有部分研究已经追溯不到其依据。尽管如此，我们仍然可以从中归纳出一般性结论，这些结论基本上反映了理论工作者对成功营销人员基本素质的要求，如进取心、自我驱动力、自信、言语技巧、交际能力、同理心、观察力和灵活反应能力等特质。

## 12.2 营销人员心理素质结构图

本书作者在大量实证研究与经验规律总结的基础上提出以下的营销人员心理素质结构图（如图 12-1 所示）。

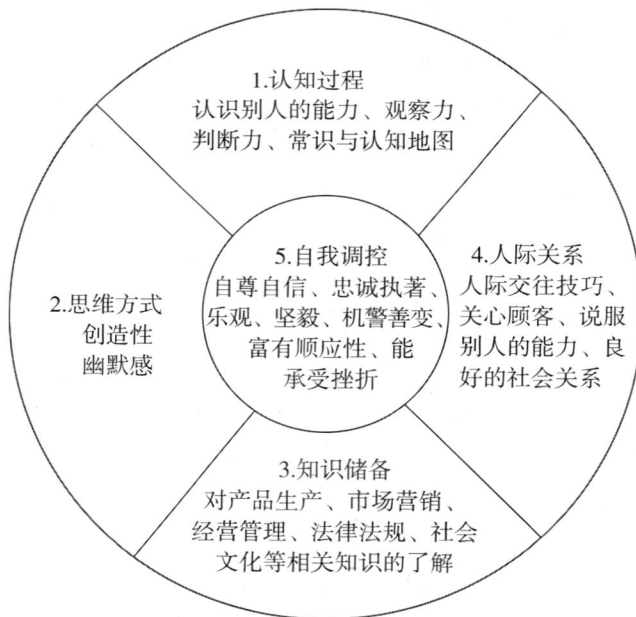

图 12-1 营销人员心理素质结构图

其内容分述如下。

### 12.2.1 认知过程

同任何心理活动一样，在营销员的心理素质中认知过程起着接受刺激形成印象的作用。这是心理过程的第一个环节，也是很重要的环节。如果认知过程有差错，那么随后的推理、发明创造、人际交往都会偏离事实，把活动引向歧途。

营销人员认知的对象比较复杂，不仅包括自然的物质对象，还包括人类社会以及活动在社会海洋里的人。

为了正确地处理各种关系，营销人员还必须正确地认识自己，客观对待自己的优缺点，这就是所谓的"自知"。只有在"知己知彼"的基础上，才能最大限度发挥人的其他潜能，使各种内在素质的组合有一个坚实的背景。

认知过程归结起来有以下几条内容，它们对提高营销人员的心理素质相当重要。

1）准确的社会认知、敏锐的观察能力

营销员的认知属于社会认知。社会认知的对象是自己、他人、人际关系等。营销员依据过去的经验，并结合有关线索进行分析，形成对自己、他人和人际关系的心理表象，最后拼合成营销员观察各种活动的带有指导性的认知地图。观察能力的高低直接影响着认知的效果。培养敏锐的观察力，从细微处见真情，是营销人员随时要操作和完成的心理活动。

心理学研究告诉我们，人的心理活动有一定的规律。心理活动发生于人的大脑里，具有不可感触的神秘性，但这并不是说人的心理活动永远无法被别人所了解。无论怎样隐秘的心理活动，都有一定的外部表现。常见的外部线索有：人用自己的言语、身段、手势主动地表达；观察者利用被观察者无意流露出来的眼神、语气、手势、行为等进行判断。所谓城府很深的人，是善于掩饰自己的心理活动不让它们轻易流露出来的人；那些喜怒哀乐溢于言表的人则被称为外向的、活泼好动的、热心肠的人。只要有丰富的生活经验，是不难从别人的外部线索中判断其心理状态的。

外部线索有些是心理状态的真正表现，有些则是虚伪的、混淆视听的表现。在真正反映了心理活动的那些线索中，有些是显而易见的，有些则只有一点细微的变化。观察力就是在一定目的、任务的支配下，按照一定计划感知事物，把事物的特征区分出来，并建立特征之间联系的能力。例如，营销员选择观察在谈生意时对方说"不"字时的眼睛怎样活动，经过多次观察，不难归纳出对方一边说"不"一边盯着你看，肯定是个难对付的人；对方若垂下眼，或眼光转向其他地方，则表示这个"不"字是有条件的。找到说"不"字的原因后就不难改变对方的态度。

所谓"要理解人心的微妙",就是指营销员要利用顾客的外部线索(如语气、手势、眼神等)来体察顾客的心理活动。例如,珠宝推销商会十分留心顾客的瞳孔变化,因为人在凝视一件心仪的物件时,瞳孔会自然扩大。当然准确的社会认知还包括对环境的认知和把握。例如,有一位营销员这样赞扬商场:"经理,我多次参观您的商场,贵商场规模宏大,堪称市内一流。我特别欣赏你们高雅别致的布局、井然有序的排列、清新高尚的氛围。您所采取的经营方略,的确令我佩服!"

2)良好的判断力

良好的判断力指营销员能准确地从观察到的外部线索中推知对方行为发生的真正原因,又称归因。如前所述,任何一个行为其背后总有动机在推动,而动机又是需要派生的。人的需要是心理活动的原动力,它和人后天形成的另一心理因素——自我调控一起协调控制内部心理活动和外部行为反应。归因就是揭开这一过程的所有面纱,直接把握住事实的真相。知道了人的需要的内容,就不难设计出相应的策略完成双方的交往活动,达到预定的目的。

神入的能力是良好的判断力的一种形式。

神入的能力是指营销员凭借自己丰富的阅历、敏感的观察,根据对方的言谈举止、背景资料或身材相貌直接地、不加思索地把握对方的心态特征。有时人们用直觉、第六感官等名词来描述这种能力的作用。营销员与顾客用个人接触的方式进行交往,双方的心态对交往是否会顺利进行有重要影响,所以营销员要达到推销的目的,必须能在交往中准确地把握对方的心态,设计出合理的、行之有效的沟通策略。当然,初出茅庐的营销员可能会不顾对方的心理状态,一味地推销、推销;或者傻乎乎地询问对方的各种心理感受。这样也能达到目的,但是与优秀的营销员那种直接的神入能力相比是不可同日而语的。

神入的能力并不神秘。人人皆有这种能力,但不同的生活环境使人类的这种天性得到不同程度的发挥。日常生活中常见热恋的情侣之间"心有灵犀一点通",孪生子之间存在"心灵感应",长期合作的伙伴之间的举手投足都能被对方心领神会。通过"心理移情"的方法可以培养这种能力。女性在这个方面的能力比男性相对强些,儿童又比老年人强些。营销人员到40岁左右,这种能力也发展到了高峰时期。一旦过分执著于自己的得失,或者个人主义太盛,这种能力会消失于无形。

　　营销员在敏感的观察力、丰富的阅历的基础之上，根据顾客或零售商、批发商的言谈举止、神态行为、背景资料等洞察对方的心态、风格、策略等。不同的顾客具有不同的心态、不同的偏好，因而要求营销员能够准确地加以归因，采取得当的、有针对性的营销策略。在准确归因、了解顾客的需要以及希望之后，如果能够做个有心人，重新整理顾客对营销员或公司产品的希望和要求，就可以取得更好的实际改进效果，促进良好判断力的形成。为提高判断力，可建立提示表格（见表 12-1）。

表 12-1　　　　　　　　　　　**系统整理顾客的需求，提高判断力**

| 顾客名称：机电产品公司 LLL | | |
| --- | --- | --- |
| 洽商的目的：让顾客了解本公司的新产品 A 与其他公司的类似产品 B 之间的差异 | | |
| 欲在何时之前大量推销 | **本季度末（3 月）** | |
| 顾客的希望、期待事项 | 已说服顾客的什么（哪个顾客已同意），尚未说服顾客的什么（哪个顾客还未同意） | 营销员所采取的应对方式 |
| 1. 操作简单，有经验者 2 天即可学会 | 新手 4 天可学会（LLL 公司的主要负责人同意，但部长不同意） | 请部长列席参观使用者如何操作示范 |
| 2. 希望价位低于××元 | 若开立为期三个月的票据，可以便宜 25%（LLL 公司负责接洽的部门即设计部同意，但资料部不同意） | 揭示其他公司的数据 |
| 3. | | |
| 4. | | |

1. 今后营业活动的重点是什么？
2. 请求对方在洽商时给予操作示范的机会。
3. 将与 LLL 公司相同产业规模的客户事例进行整理、提示给部长。
4. 顾客希望、期待的事项只有这两项吗？针对顾客的需求、期待再做一次整理。

经过系统的整理，加深了对顾客需要的深入了解，从而能够锻炼、提高良好的判断力。

### 3）丰富的常识和准确的认知地图

认知地图是一种形象的比喻，指在生活中通过观察与判断，人在大脑里建立起一幅与观察和判断的对象相似的心理图式。这种地图是全方位的，有时间和空间的延伸性，可以任意拼割组合。人们虽然生活在客观的现实世界中，但他的心理活动则发生在认知地图里，认知地图是人们生活在其中的心理空间。在这里，人们建立了各自不同的反映现实生活中各种事物及其关系的心理结构。这种结构越丰富，说明生活阅历越丰富。它可以帮助我们洞察一切新事物的特点及其发展趋势，帮助我们理解新出现的社会现象。

认知地图的内容很多。常见的有关于人自身的认知，即自我意识或自我心像；关于社会中人与人之间关系的认识；关于社会生活中各种习俗和规律的认识等。人际关系对营销员来说就是吃饭的手段，而各种习俗和规律的认识构成所谓的常识，其作用非常明显。试想，一名不懂"回扣"这一推销常识的营销员，如何和别人竞争！一名不懂中国餐桌上规矩的外国营销员，又如何做到用吃饭的方式联络感情，谈成生意！因此常识越丰富，营销员见过的场面、经历过的事情越多，推销业绩也就越好。

营销员在进行人际沟通、社会交往时，是处于社会环境中的，包括大环境（政策法规、意识形态等）和小环境（家庭环境、学校环境等），这就要求营销员具有丰富的常识与准确的认知地图，对现实环境有系统、清楚的把握。

常识和认知图式可以帮助营销员洞察一切新事物的特点以及发展趋势，帮助营销员认识自身，了解人与人之间的关系，体察社会中各种文化差异、习俗等。

### 12.2.2　思维方式

思维是人的一种较高级的认知过程，是对客观事物的本质和规律的认识。日常生活中人们用思考来指代思维，指人们在心里考虑各种事物及其之间的联系，分析因果。以我国的市场经济为例：计划经济下，工厂用采购员购买所需的原料，用业务员联系由国家指派的销售工作；实行市场经济后，采购员和业务员变成了营销员，改变了以往"坐等别人上门"的销售方法；随着市场竞争日趋激烈，销售部门先是模仿、引进西方国家的一些促销手段，如广告宣传、彩票赠券、回扣等，然后便是发展有中国特色的销售方法。中国经济与国际市场接轨后，销售工作必须有大的突破才能在国际中与别人竞争。这就依赖于销售部门各种人员运用创造性思维，思考出新颖、独特的销售方法，保证商品流通渠道畅通。

营销员的创造性直接关系到他的工作成败。当市场上所有营销员都在用上门推销的方式工作时，若你也用这种方法，最多只能成为其中的一员；若你一边用这种方法，一边想出用"产品爱好者协会"或者其他什么聚会形式扩大新的用户，你就能在竞争中战胜别人。对于营销员来说，在推销中创造性地设计出新的推销思路并逐渐形成自己独特的风格是至关重要的。

营销工作的突破和竞争，必须依赖于销售部门以及相关部门人员利用创造性思维，思考出新颖、独特的销售方法，保证商品销售渠道通畅。现在的营销创新不仅表现在营销观念上，而且表现在营销策略等方面。因此，销售人员就必须注重不断更新变化的市场，采取营销新思维。

例如，在 20 世纪 70 年代，50% 以上的美国人不会在直销营销影响下买任何东西，到了 90 年代，90% 以上的美国人会因为直销营销的影响而至少购买一项产品。可见，直销营销已经成为营销组合的一件新利器。直销营销就是在向公众进行一定诉求的基础上，直接与目标对象沟通，以达成营销目的的活动。由于有公众消费意识的支持，建立与形成了一对一的关系并进行现场展示和集中促销，使直销营销具有可评估性、强针对性、强可控性与强操作性。那么，营销人员如何在直销营销中掌握顾客信息，有针对性地发挥自己的作用呢？

营销人员除了需要具备人们基本的思维方法，如分析、综合、抽象、具体化和概括化之外，还应该突出与职业相关的创造性思维和幽默感。

1）创造性思维

创造性思维是指用新颖的、独特的、有社会价值的思维方式来解决问题的认知过程。创造性思维和创造性想象力、创造性活动相互联系。人们往往自觉不自觉地采用复制性思维的方式去考虑问题，因而，常常引发一些失误或无新的创意。而爱迪生等大师们常常运用如下的思维策略来求新、求异：

（1）看问题要转换视角、多视点。

（2）思考问题时尽量使其形象化。

（3）力争"多产"。

（4）善用组合构思法。

（5）强迫靠并法。

（6）容忍反论和矛盾。

（7）用创造性的眼光看事物。

（8）善于用比喻。

营销人员应当针对不同的消费者人群，采取创造性的、恰当的营销策略。经常用创造性的眼光对待营销活动，可以锻炼自身的创造性潜能，改变千篇一律的推销程式，提高销售业绩。

2）具有一定的幽默感

幽默感有利于形成轻松、诙谐的沟通氛围，既能够对商品进行亲切、自然的介绍，又能够消除顾客的紧张、戒备心理。有诚意的幽默还可以有效地体现出营销人员的坦诚与可靠。由于幽默中包含了对顾客的尊重与理解，所以更能够为顾客所接受。

幽默感可以调和人际间紧张的关系，是营销员必不可少的一种素质。幽默就是用善意的态度说明事物本身及其相互关系之间的不和谐。幽默常借联想的方式起作用，以笑的形式表现出来。用幽默的方法处理尴尬局面相当有效，若用来指出自己的缺点，更能够博得对方的好感。使用幽默的方式时，要求有较高的心理承受能力，能超脱出常规的思维方式，发现事物之间不和谐的关系和失去常态的变异。一般来说，比较成功的营销员都有一定的幽默感。

### 12.2.3 知识储备

作为营销人员的基本素质之一，知识储备指了解和掌握与推销活动有关的一些前人总结的经验和规律。它不同于拥有丰富的常识。常识只要处处留心，就能积累起来；而知识储备则需要通过专门的系统学习。

知识的内容非常丰富，首先是与产品有关的各种信息，如产品的结构与功能、生产工艺流程、成本与价格；其次是与销售有关的知识，如生产管理、经营管理、市场营销、推销技巧、消费心理、合同法律等；最后是其他一些辅助性知识，如经济学、管理学、心理学、伦理学、美学、社会学、公共关系学等。最重要的是第一层次的知识，即充分了解他的产品的各种知识，熟悉产品的使用价值和价格特点，因为营销员在面谈时最重要的目的是向顾客介绍自己的产品是非常优秀而且有用的。如果营销员对产品的用途、优点、操作使用方法不十分了解，仅凭"三寸不烂之舌"，重复泛泛溢美的广告用语，是无法打动顾客的。

其他两个层次的知识可以帮助营销员准确地定位推销的形式和对象。刚入门的营销员，会像个瞎子一样四处奔波，盲目地接近消费者，经常是事倍功半。有关销售和辅助性的知识会像黑夜里的灯塔，指引他们走向成功的彼岸。有了这些知识，他们不再觉得市场难以捉摸、变化无常，不再仅凭着已有的若干推销经验主观地开展工作。

知识储备使营销员成为公司或企业不可忽视的强大人才库。营销员及销售部门是生产与流通过程的重要环节，他们必须掌握整个过程的全部细节，并且肩负着反馈用户和市场信息、建议生产部门改进工艺水平的重任，因此他们对公司或企业的全面了解程度仅次于厂长和经理。成功的营销人员都是未来厂长、经理的候选人。

### 12.2.4　人际关系

搞推销需要时刻与人打交道，如何建立和保持良好的人际关系是值得营销员好好研究的。

其他职业也存在搞好人际关系的问题，但推销这一行业是特别依赖于人际关系的。没有良好的人际交往技巧和丰富的社会关系，营销员很难打开工作局面。

原则上，任何气质和性格的人都能和别人建立良好的人际关系。在实际工作中，性格外向、活泼好动、有幽默感的人更容易和别人沟通。自卑、害羞、内向、沉默寡言则不利于相互交往。

人际关系方面的素质可以从以下几个方面分析：

1）具有一定的面谈技巧

在与客户交谈时，必须具备一些最基本的面谈技巧。首先，要注意运用各种手段达到取得客户信任的目的。双方相互信任是进一步发展关系的基础。第一印象、外表、言谈举止、产品的声誉和质量均可成为取得对方信任的因素。

其次，具体交谈时应遵循一些面谈技巧，避免走入人际关系误区。常见的要点有三尺圈效应、微笑服务、目光接触、从否定回答中找到突破口、真诚关心等。这些技巧既可以在实践中自己摸索而获得，也可以向其他营销员或从书本中学习，并娴熟地加以运用。

2) 关心顾客、满足其兴趣和需要

营销员关心的重点不是自己的销售任务、推销面谈语言或其他与自己利益相关的东西，而是推销对象的心理状态、需要欲求、利益等内容。营销员要真正做到顾客至上，推销的最终目的是让顾客购买产品，满足其需要，使生产、销售、消费三者均获得利益。达到该目的的直接形式当然是说服顾客立即填写订单，购买产品。但是，顾客对产品不太熟悉，对产品的优点、操作和用途有很多疑虑，很难做出立即购买的决定，因此较多的时候是由间接形式达到销售的目的的，如帮助客户解决一些可能与推销产品行为无关的问题，现场操作打消客户疑惑犹豫之心，对客户的生活方式、生活事件表示同情与理解等。有时，关心顾客并不局限于会客室里，因为在街头、在电梯里或是在商场采购时，营销员有可能碰上明天要上门推销的客户，若随时随地礼貌待人、热情助人、关心有困难的人，说不定哪一天因此而获得回报。受到关心的和需要得到满足的客户，可能在营销员走后，主动地找上门来求购产品。虽然营销员的个人销售账单少了，但公司的总销售成绩没有减少。关心顾客，从客户的角度适当考虑他们的利益，热情帮助有困难的客户，是营销员的一种重要心理素质。

3) 说服别人的能力

大多数情况，营销员面对的是用怀疑、不信任的目光打量他的客户，让客户填订单时多半会得到同一答复："不"。因此，营销员必须有说服别人改变态度的能力。真正的推销始于客户的拒绝。

说服顾客改变态度的心理学原理是：根据态度由认知、情感、意向三因素组成这一理论，用提供事实、讲清道理的方式，消除认知方面的误区；分析和判断对方的需要与动机，在情感上感化否定的态度，取得对方的信任；尽量为对方的购买行为提供方便。

有技巧的面谈使顾客愿意和营销员交谈。关心顾客是营销员工作时的注意点，而说服顾客才是真正为了销售的目的而进行的努力。必须注意，无论什么情况下，营销员都不能和顾客形成对立的关系，不能因为一时无法说服对方而失去耐心，或在说服中为了一点小事而争强好胜。这些局面与推销的宗旨是相违背的。

4) 良好的社会关系

社会关系俗称关系网，是营销员的隐形财富。白手起家的营销员，只能挨家挨户跑，大街小巷转，经济效益与劳动强度不成比例。老牌营销员手中都有一定数量的老客户，他们不仅业务上有来往，个人交往也比较多，逢年过节还可能去串串门，联络感情。由于工作需要而接触各行各业人员的人最具推销威力。营销员可以凭借已有的社会关系保证一定的销售额，还可以通过他们发展新的客户。当然，这种社会关系与营销员的生活背景、经济实力、社会地位有很大关系。它不但是营销员的潜在客户的源泉，而且也是营销员以后得以升迁的外部条件之一。

### 12.2.5　自我调控

人的主观能动性、自信心、适应社会能力、心理承受能力、坚韧不拔的意志等心理品质都集中在自我调控这一心理素质上。自我调控是指主体在长期生活实践中形成的一种能力，根据各种环境主动或被动地调整对自己的认知地图、控制自己外显的反应。自我调控是人类心理与行为的"控制器"，它是从初步的自然性条件反射逐渐形成和发展起来的。它的物质基础是大脑神经中枢，心理基础则是已有的主体意识。自我调控是营销人员心理素质的核心。

首先，营销员的自我调控能力表现在自信心的作用上。人际交往最大的障碍是缺乏自信。一个连自己也说服不了的营销员怎能说服别人，没有自信的人生是一种空虚的、失去激情的人生，没有自信的营销员更是个蹩脚的营销员。自我调控可以使自己建立良好的自我心像，用理想的自我激励向更高的目标奋斗。

其次，营销员必须有一定的外部压力加以制约。由于推销的工作比较独立、有创造性，公司会赋予营销员较大的自由处理业务的权利，这是对营销员的信任，同时也是公司或企业在管理营销人员工作上的薄弱环节。有些品质不高的营销员会借助这种"将在外，君命有所不受"的特权为自己谋私利，损害公司或企业的利益。常见的作弊行为有拿着工资干私活、携巨款潜逃、泄露企业机密、利用回扣谋利、虚报费用、虚填发票等。为此，用人单位在选拔营销员时，应从营销员是否有正确的职业道德感、高尚的价值观等角度进行考虑，宁可要忠于公司的人，也不要推销手段高明但三心二意的人。这种自我调控是营销员用良心、道德来约束自己的行为。因此营销员应提高自己的职业道德观、树立正确的人生价值观，不要为蝇头小利而出卖自己的人格。

再次，营销员应该克服自身惰性，始终保持旺盛的精力、乐观的情绪，用自我追求的精神面对困难与挫折，永无止境地奋斗。这是自我调控的能力在人的意志品质上的体现。一般来说，营销员要花大量时间寻找新客户，与客户谈生意，每天平均要拜访十几个人，因此工作强度很大。每到一处，营销员的举止言谈都直接影响推销的结果，若没有旺盛的工作精力，在客人面前露出疲惫不堪的神情，会被对方认为没有自信、没有诚意。更有甚者，营销员的每次访问并非都以推销成功而告结束，大部分情况下是碰到"软钉子"，无功而返，因此挫折感非常明显。若没有一点幽默感，不保持乐观的情绪，缺少忍耐力，是无法把工作做下去的。推销这一行业特别要求营销员善于控制自己的惰性，有能持之以恒地、百折不挠地为争取客户而努力的敬业精神。

最后，自我调控能力表现在营销员的机警善变与适应环境上。人的意志力是行动的重要推动力，但不能简单地理解为永远坚持下去，不管外界环境是否变化，而一味执著于欠妥当的目标。人的意志力体现在对长期目标的执著追求与为达到目标而灵活调整自己行动的随机应变这两者的相互统一上。同时，长期目标也有可能随着时间的变化而作相应的调整。例如，推销的目的是明确无疑的，但营销员每一次具体的交谈都有自己的特点，按照已形成的推销模式应付各种情境固然省力，但可能导致忽视对方的心理状态和需要欲求，仅从自己的角度主观地说服别人的错误。随机应变和适应性强的素质会随着人际交往经验的增加而提高。

综上所述，营销员的心理素质是多种能力的综合体，其核心是自我调控，以提高自信心来加强营销员自身的能量，以乐观、执著、随机应变来克服推销过程中的种种障碍。同时，自我调控对认知、思维、掌握知识、形成良好人际关系起着调节与控制的作用。认知过程是营销员认识推销的目的、任务、对象的过程，思维过程则是分析推销的本质规律、创造性地完成推销任务的过程。掌握知识是为了更好地促进推销工作，做到对市场与推销的各个环节心中有数，有的放矢地进行工作。人际关系对于营销员来说，其重要性类似于水对鱼的作用。离开了人际交往，推销工作就没有实质性内容了。

综上所述，这五个方面的因素相互作用就构成了营销人员的内在心理素质。

超级营销人员是怎样开展营销活动的呢？通过观摩超级营销员的营销活动（见表 12-2），我们可以知道应该向哪个方向发展，以及如何开发自身的创造力潜能，超过他，使自己成为更为"超级"的营销人员。

表 12-2 　　　　　　　　　　**观摩超级营销员的营销活动**

超级营销员：＿＿＿＿＿＿　本人：＿＿＿＿＿＿　观摩日期：＿＿＿＿＿＿

| 从事营销活动所必须具备的营销能力 | | 超级营销员的表现 | 值得借鉴的地方 |
|---|---|---|---|
| 对商业的观念 | 以什么样的态度从事工作 | | |
| | 性格如何 | | |
| | 目标是否明确 | | |
| | 对已决定之事的行动力如何 | | |
| | 以什么样的态度去对待困难 | | |
| | 在工作单位里的人际关系如何 | | |
| 目标设定 | 与去年业绩相比较如何 | | |
| | 粗略或详细 | | |
| | 抽象或具体 | | |
| 负责客户 | A/B/C 等级所占的比例各为多少 | | |
| | 是否容易看到成果 | | |
| | 负责期间有多长 | | |
| 营销活动的基本情况 | 商品知识如何 | | |
| | 商务洽谈的相关知识 | | |
| | 事务处理方式 | | |
| | 公司内部相关人员的支援情形 | | |
| | 访问计划的拟订方式 | | |
| | 洽商的件数 | | |
| | 与顾客之间的人际关系 | | |
| | 如何开发新客户 | | |
| 商务洽谈与进度的追踪 | 有无重点 | | |
| | 与关键人物的面谈接洽率如何 | | |
| | 回答问题的情形 | | |
| | 资料的活用情形 | | |
| | 有无提案 | | |
| | 洽谈内容有无记录下来 | | |
| | 洽谈的进展情况 | | |
| | 无法依照规定进展时怎么办 | | |

## 12.3 营销人员心理素质的维度分析

从上述概述可知，对成功营销人员的心理素质的研究大多集中于特征描述，数量化的分析比较少。而且，往往仅仅从营销人员或顾客的单一角度来进行研究。本书作者从营销员和顾客的角度对成功营销人员的心理素质进行了系统的多元统计分析。

### 12.3.1 营销人员的心理素质的维度分析

被试状况见表12-3。

表12-3 对营销员成功要素进行评价的应测人员构成

| | | 人数 |
|---|---|---|
| 性别 | 男 | 118 |
| | 女 | 76 |
| 年龄 | 25 岁以下 | 72 |
| | 25～35 岁 | 78 |
| | 35 岁以上 | 44 |
| 受教育程度 | 高中及高中以下 | 61 |
| | 大专 | 60 |
| | 本科及本科以上 | 73 |
| 收入 | 1 000 元以下 | 105 |
| | 1 000～2 000 元 | 59 |
| | 2 000～3 000 元 | 13 |
| | 3 000～5 000 元 | 8 |
| | 5 000 元以上 | 9 |
| 工作单位 | 国有企业 | 29 |
| | 机关事业 | 74 |
| | 外资企业 | 29 |
| | 民营企业 | 46 |
| | 其他 | 16 |

　　本研究采用自编的《销售人员心理品质调查表》对作为成功销售人员所应具备的心理品质进行了调查。经因素分析认为，成功销售人员所应具备的七种心理品质分别是自我控制、社会适应、职业道德、工作态度、成就动机、场他控性和耐挫折性。自我控制（$F_1$）①：现实、冷静、洞察力、理智、进取、情绪稳定、心理承受力、兴趣广泛、有礼貌。社会适应（$F_2$）：大胆、自信、聪慧、口才、善解人意、应变能力、交际能力。职业道德（$F_3$）：道德感、职业精神、谦虚、专业知识、坦诚、责任感、欺骗。工作态度（$F_4$）：内向、做作、没耐性、精明、懒惰。成就动机（$F_5$）：危机感、平等意识、创新、竞争性。场他控性（$F_6$）：依赖性、粗心。耐挫折性（$F_7$）：顽强、敏感性、豁达。

　　研究结果与同类研究相比基本一致。比如前面提到的 Benson E. Shapiro 提出的自信心、自律性、进取心等以及马谋超所提出的灵活、适应性强、诚实坦白等都或多或少地体现在以上提及的七个因素中。

　　研究表明，自我控制、社会适应、职业道德三个因素被认为是成功销售人员所需心理品质的主要方面。前两个因素与先前的研究基本一致。自我控制是指主体在长期社会生活实践中形成的一种能力，即根据各种环境主动或被动地调整对自己的认知地图、控制自己外显反应的能力。它是销售人员的心理素质的核心。社会适应能力主要包括善解人意、应变能力强、交际广泛、有一定说服力等。销售人员的工作需要较强的社会适应能力作为支持。而第三个因素职业道德是在当前我国市场经济条件下对优秀销售人员提出的最基本也是最突出的要求。在当前市场经济的运行过程中，人们往往追求利润最大化而忽略了从事任何职业首先所应具备的职业道德、职业素质。

　　通过分析年龄、受教育程度对这七个因素的影响，可以发现，个人资料中年龄阶段的不同和受教育程度的不同在对七个因素的评价上存在极显著差异。从单变量方差分析结果看，$F_3$、$F_4$、$F_7$ 三个因素在三个年龄段上存在显著差异。说明不同年龄对成功销售人员所应具备的心理品质的评价有很大差异。$F_1$、$F_4$、$F_7$ 三个因素在三个教育程度上也存在显著差异，说明大专、本科以上以及高中学历的人对成功销售人员所应具备的心理品质有不同的着重点。

————————————

　　①　F 为英文 factor（译为因子）一词的缩写。$F_1$ 即为因子 1；$F_2$ 即为因子 2，依此类推。

### 12.3.2　营销人员成功要素评价判别体系

本研究初步建立了关于成功销售人员的判别体系，根据研究结果可将人们心目中的销售人员分为三类：

第一类：具有一定的社会适应能力，比较聪慧，具有一定说服力和人际交往能力，但缺乏上进心、懒惰、职业道德感不强。

第二类：既具有较强社会适应和交往能力又积极进取、勤奋理智、敢于创新。

第三类：积极上进、坦诚谦虚、有道德感和职业精神，但社会交往能力较弱，对市场和顾客需求的敏感度不够。

研究发现，在调查对象中有 136 人认为第三类的销售人员是成功的。这表明人们较注重销售人员的态度维度，而对这一职业应具备的社会交际技能认识不够。一般理论上第二类的销售人员是成功的，本研究出现这样的结果可能是人们对这一职业认识存在偏差，也可能与不规范的市场竞争有关。

## 12.4　营销人员心理素质评定量表的编制

### 12.4.1　营销人员的心理素质评定量表的编制

经营企业的成功与否取决于是否有一支具有较高心理素质的营销人员队伍，是否具有一批既有创新竞争意识与洞察力，又保持着真挚外向、坦诚敬业、理智上进的优良品质的营销人才。因此，俞文钊教授早在 20 世纪 90 年代初就进行了一系列的探索与研究。通过访谈、总结、施测与修改，制定出了具有较高效度与信度的营销人员心理素质评定量表。该表能够为营销人员的培训提供科学的依据。

### 12.4.2　营销人员心理素质评定量表简介

该量表分为 7 个分量表，分别代表了 7 种营销人员应具备的心理素质。分别为：

F1：自我控制性。它代表了挫折容忍性、目标自律意识、良好的判断力、认识别人的能力以及计划性。

F2：社会适应能力。它代表了应变能力、说服别人的能力以及人际交往能力。

F3：自信心。它代表了自信、乐观以及幽默。

F4：成就动机。它代表了求胜心理、抱负水平和独立性动机。

F5：推销技巧。它代表了说服方法、关心顾客、了解公司的情况以及满足顾客需要。

F6：创造性。它代表了一般创造性、直觉创造性和逻辑创造性。

F7：职业兴趣。它代表了职业倾向和工作热情。

各分量表编制示例如下：

### F1 卷（自我控制性）

1. 我总不忘过去的错误。
2. 在我的生活中总有一些令人沮丧气馁的日子。
3. 在我的生命中已有过失败的经历。
4. 如果周末不愉快，星期一我便很难集中精力工作。
5. 即使应聘职务失败，我也会愿意尝试。
6. 我已达到不介意大多数事情的地步。
7. 我很少为昨天发生的事情烦心。
8. 任何一件事情遭到否决，我都会寻找报复的机会。
9. 聪明的人知道什么时候应该放弃。
10. 我不能容忍遭到心上人的拒绝。
11. 经常想起实现目标的一切手段。
12. 着手做事情的时候，总是抱着必胜的心情。
13. 常常习惯于在大脑中描画目标。
14. 做任何事情都不会产生不行的念头。
15. 心中思考的问题往往立即付诸实施。
16. 实现目标的愿望比一般人强烈。
17. 为了实现目标往往全力以赴。
18. 常常出于效率上的考虑更改计划。
19. 临睡前思考、筹划明天要做的事情。
20. 经常严格检查预定目标和实际成绩。
21. 我能把注意力集中在胜利和成绩上，任何时候都不放在失败上。
22. 我能确定自己的个性，并预先确定阶段的、近期和远期实现目标的计划。
23. 我能在意识中选择和保持一个自己想要成为一个什么样的人的概念。

24. 我能直接、坦率地接受批评和表扬。

25. 我每天专门抽出时间思考自己的计划，并对达到目的的途径有明确的概念。

F2 卷（社会适应能力）

根据自己的实际情况回答下列问题：

1. 在街上遇到事故时，你的反应是（　　　）。

（1）退避三舍　　（2）好奇，走近观看　　（3）看看能否助一臂之力

2. 假如你遇到意外打击，你会（　　　）。

（1）感到头昏眼花，不过几秒钟就能恢复

（2）不知所措，以至数分钟之久

（3）一段时间内处于伤心悲痛之中

3. 当你知道将要遭受不愉快的事情时，你会（　　　）。

（1）自我进入恐怖状态

（2）相信事实并不会比预料的更甚

4. 当你做出一个决定时，你会（　　　）。

（1）犹豫不决　　　　（2）审慎但果断

5. 假如朋友突然带来一个你最不喜欢的人到你家，你会（　　　）。

（1）非常惊愕　　　　（2）暂时忍耐，以后再把实情告诉朋友

（3）把你的感觉完全隐藏起来

根据自己的实际情况，相符的划"○"，不符的划"×"。

6. 你一般对自己所做的一切肯负责任。

7. 你相信自己如果决定要得到一样东西，就一定能够得到。

8. 你到过一个陌生的地方，过后能作相当准确的叙述。

9. 遗失了钥匙让你整个星期不安。

10. 你觉得很难使你的下属或比你年轻的人服从你。

11. 在匆忙中别人向你打招呼问好，你会停下脚步与他交谈。

12. 你喜欢独立谈话时的话题。

13. 当别人交谈时，你会打断他们的谈话。

14. 经常发现朋友的缺点，要求他们改进。

15. 对自己种种不如意的事情，你总喜欢找别人诉苦。

16. 你常常在别人没有提出要求的情况下主动表达自己的观点。

17. 购物、乘车时，如果售货员或售票员对你的态度不好，你会非常生气。

18. 你讲话时，常用"非常好"、"特别好"或"好极了"一类的字眼。

19. 当你招待朋友需花少量钱时，你仍喜欢这种招待。

20. 你为自己绝对坦率、直言而自豪。

### F3 卷（自信心）

1. 我认为只有按逻辑办事才能解决问题。

2. 在我说"我不明白"时会感到很惭愧。

3. 我很不在乎是否要成为一个十全十美的人。

4. 我经常为我所犯的错误而深感不安。

5. 我对拒绝一次善意的邀请而感到沮丧。

6. 我经常担心会不会失败。

7. 我喜欢在集体活动中出头露面，帮忙办事。

8. 我常担心会被别人打扰。

9. 我常因优柔寡断而失去机会。

10. 即使对于上级，我也能毫无顾忌地与之争论。

11. 我常因感到不如别人而烦恼。

12. 我常因怕难为情而不敢与众不同。

13. 我经常在碰到困难时垂头丧气。

14. 我常对做事不大有信心。

15. 我能遇事不受干扰而当机立断。

16. 只要自己认为是正确的，就不管别人怎么说也要去做。

17. 和大家在一起时，我不喜欢多说，而总是听别人的。

18. 常因在别人面前脸红而苦恼。

19. 遇事我总是喜欢一个人反复思考。

20. 遇到别人轻视自己就气得不得了。

### F4 卷（成就动机）

1. 我设置的目标很低，几乎每个目标都很容易达到。

2. 我对获得很高社会地位的人很钦佩。

3. 我非常喜欢需要承担很大责任的工作。

4. 在工作或学习时，我对自己要求很高。

5. 在学校，别人一直认为我很勤奋。

6. 每当我做一件事时，我常不能坚持到获得一个成功的结果。

7. 我最喜欢没有风险、一帆风顺的工作。

8. 我认为一个人在生活中取得成功的主要原因是努力与能力。

9. 做某事遇到困难时，我很快放弃。

10. 我常在工作中作最大努力以获得领导、同事的赞许。

11. 在争论中我很容易放弃自己的观点，被别人说服。

12. 上学时，我感到很难在全班同学面前讲话。

13. 我常常喜欢对工作事先加以安排、组织。

14. 对于要冒险、个人要承担责任的工作，我最喜欢。

### F5 卷 （推销技巧）

1. 在推销某种商品之前，你最喜欢（　　　　）。

（1）不采取任何调查

（2）有针对性地了解客户的一些情况（需求、收入等）

（3）先了解客户的一般情况（家庭背景、职业）

2. 假如你向一位陌生的客户进行推销，你如何表达你的意图？（　　　）

（1）开门见山

（2）简单寒暄之后就提出

（3）尽量以隐蔽的方式让对方感知

（4）从双方非常感兴趣的问题开始提出

3. 如果你要到某一个大学教授家推销彩电，你准备介绍电视机的（　　　　）。

（1）价格高　　　（2）功能全，寿命长　　　（3）功能全，寿命长，但价格高

4. 如果你要到一位普通职工家里推销彩电，你准备介绍电视机的（　　　　）。

（1）价格高　　　（2）功能全，寿命长　　　（3）功能全，寿命长，但价格高

5. 在推销过程中，你觉得（　　　　）。

（1）较少的面部表情和手势动作会使自己显得诚实、稳重、可靠

（2）应该配合顾客的反应有适当的面部表情和手势动作

（3）丰富的面部表情和手势动作使自己显得亲切、灵活、有感染力

6. 当顾客突然决定不购买你费尽口舌推销的产品时，你的反应是（　　　　）。

（1）恶言相逼

（2）自认倒霉

（3）请其再考虑，以后有机会再买

（4）先肯定，再找出对方拒绝的理由，进行推销

7. 对顾客拒绝的理由，你如何处理？（　　　）

（1）不予理会

（2）看看有没有可取之处

（3）记录下来，提供给公司考虑以后改进产品

8. 当你制订一份推销计划时，有人向你提出有用建议，你会（　　　）。

（1）不予理会

（2）看看有没有可取之处

（3）鼓励他多提其他建议

9. 你认为，推销产品时与客户保持（　　　）距离最合适。

（1）0.5 米左右　　　（2）1.5～2.0 米　　　（3）1 米左右

10. 你对推销的后果所持的态度是（　　　）。

（1）非常在意　　（2）比较在意　　（3）无所谓　　（4）在意，及时总结经验

11. 在推销大宗产品时，你一般（　　　）。

（1）谈好后，马上签订正式合同

（2）过一段时间，再签订正式合同

（3）先当场签订简单意向书，然后再正式签订合同

12. 你在推销让价的过程中，假如最多可让 60 元，好的方式是（　　　）。

（1）49 元，10 元，不让，1 元

（2）26 元，20 元，12 元，2 元

（3）8 元，13 元，17 元，22 元

（4）15 元，15 元，15 元，15 元

## F6 卷（创造性）

1. 我不做盲目的事，也就是说我总是有的放矢用正确的步骤来解决每一个具体的问题。

2. 我认为只提出问题而不想获得答案，无疑是浪费时间。

3. 我认为合乎逻辑的、循序渐进的方法是解决问题的最好方法。

4. 做自己认为是重要的事，比力求博得别人的赞同要重要得多。

5. 我能坚持很长一段时间来解决难题。

6. 在特别无事可做时，我倒常常想出了好主意。

7. 在解决问题时，我常凭直觉来判断正误。

8. 在解决问题时，我分析问题较快，而综合所搜集的资料却较慢。

9. 有时候我打破常规去做我原来并未想要做的事。

10. 幻想促进了我许多重要计划的提出。

11. 我喜欢客观而又有理性的人。

12. 如果要我在本职工作以外的两种职业中选择一种，我宁愿当一个实际工作者，而不愿当一个探索者。

13. 我喜欢坚信自己的结论的人。

14. 争论时，我最感兴趣的是：原来与我观点不一致的人变成了我的朋友，即使牺牲了我原来的观点也在所不惜。

15. 我乐意独自一人整天"深思熟虑"。

16. 我不喜欢那些不确定和不可预言的事。

17. 我觉得那些力求完美的人是不明智的。

18. 即使遇到不幸、挫折和反对，我仍然能够对我的工作保持原来的精神状态和热情。

19. 即使没有回报，我也乐意为新颖的想法花费大量的时间。

20. 我对"我不知道的事"比"我知道的事"印象更深刻。

21. 我往往应用他人想出来的办法。

22. 我根据一点暗示和启发便思考起来。

23. 我把要做的事一做到底。

24. 我常常做事着迷忘记了时间。

25. 我喜欢改变家里房间家具的摆设。

26. 我有时一下冒出许多想法。

27. 我马上去做突然想到的事情。

28. 我快速读完许多书后马上妥善解决问题。

29. 我非常注意别人忽略的问题。

30. 我常常在睡梦中得到解决问题的启示。

### F7 卷（职业兴趣）

1. 我喜欢改变一下日常生活中的一些惯例。

2. 闲暇时，我较喜欢参加一些运动而不喜欢看书。

3. 对于我来说，数字并不难。

4. 我喜欢与比我年轻的人在一起。

5. 我能一口气说出五个认为够朋友的人。

6. 我对一般可以办到的事情会欣然应允，不怕麻烦。

7. 我不喜欢太细碎的工作。

8. 我看书速度很快。

9. 我相信"小心谨慎、稳扎稳打"这句至理名言。

10. 我喜欢新朋友、新地方、新东西。

11. 早上起来我感到自己是幸福的，并预感到这一天有美好的前景。

12. 我能保证在任何情况下寻找积极的因素。

13. 我对人充满了温暖、热爱和善意。

14. 我能在周围人中寻找和学习好的东西。

15. 我能从多侧面观察自己，做到实事求是、讲真话。

我们应该面对不同的企业，编制合适可行的量表，使营销人员能够做到人—岗匹配，并能够积极主动地贯彻企业的营销思路。

## 基本概念

营销人员心理素质结构图　认知地图　自我调控　心理素质评定量表

## 思考题

1. 阐述营销人员心理素质结构图的核心内容。

2. 分析营销人员心理素质的评定量表及其意义。

# 参考文献

［1］陆剑清．市场营销学［M］．北京：北京大学出版社，2010．

［2］陆剑清．心智管理：从"心"认识自己［M］．北京：北京大学出版社，2014．

［3］陆剑清．现代消费行为学［M］．北京：北京大学出版社，2013．

［4］陆剑清，杨晓燕．知识经济时代的营销新模式［J］．上海商业，1998(11)．

［5］陆剑清．市场经济与营销创新［J］．上海商业，1999(4)．

［6］陆剑清．商品价格战的营销透析［J］．上海商业，1999(11)．

［7］陆剑清．市场营销的博弈探析——兼论我国企业营销模式的转变［J］．华东师范大学学报：经济问题研究专辑，1999(7)．

［8］陆剑清．经济全球化与中国企业购并战略［J］．上海商业，2000(5)．

［9］陆剑清．"免费午餐"的营销透析［J］．上海商业，2002(11)．

［10］陆剑清．营销：创新与变革［J］．上海商业，2003(5)．

［11］陆剑清．两种理念的碰撞——数字化时代营销思维变革［J］．上海商业，2004(5)．

［12］饱户弘．经济心理学——销售与广告心理学［M］．褚伯良，译．北京：中国商业出版社，1987．

［13］德格鲁特．销售心理学［M］．罗华平，王业宇，译．北京：中国物资出版社，1990．

［14］马谋超．消费心理学［M］．北京：科学出版社，1988．

［15］李彬彬. 产品设计与消费者心理［M］. 南京:江苏教育出版社,1994.

［16］科特勒. 营销管理［M］. 梅清豪,译. 上海:上海人民出版社,1997.

［17］希夫曼 L G,卡纽克 L L. 消费者行为学［M］. 俞文钊,等,译. 上海:华东师范大学出版社,2002.

［18］Kotler P. Marketing Management Analysis:Planning and Control［M］. 9th ed. Upper Saddle River,NJ:Prentice Hall,1997.

［19］Bickert J. Cohorts Ⅱ:A New Approach to Market Segmentation［J］. Journal of Consumer Marketing,1997(14).

［20］Kahn E. Dynamic Relationship with Customers:High-variety Strategies［J］. Journal of the Academy of Marketing Science,1998:47−53.

［21］Susan F. Consumers and Their Brands:Developing Relationship Theory to Consumer Research［J］. Journal of Consumer Research,1998(24).

［22］Gregan−Paxton J,John D. Consumer Learning by Analogy:A Model of Internal Knowledge Transfer［J］. Journal of Consumer Research,1997(24):266−284.

［23］Yoon C. Age Differences in Consumers Processing Strategies:An Investigation of Moderating Influences［J］. Journal of Consumer Research,1997(24):229−242.

［24］Luta R J. The Role of Attitude Theory in Marketing,in Perspective in Consumer Behavior［M］. 4th ed. Upper Saddle River,NJ:Prentice Hall,1991:317−319.

［25］Duncan,Moriaty S E. A Communication−Based Marketing Model for Managing Relationship［J］. Journal of Marketing,1998(62):1−13.

［26］McNeal J U,Yeh C H. Development of Consumer Behavior Patterns among Chinese Children［J］. Journal of Consumer Marketing,1997(14):45−59.

［27］Howard J,Jagdish N. The Theory of Buyer Behavior［M］. New York:Wiley,1969:46−47.

［28］Howard J. Consumer Behavior in Marketing Strategy［M］. Upper Saddle River,NJ:Prentice Hall,1989.